Peter Reichel

Politik mit der Erinnerung

Gedächtnisorte im Streit
um die nationalsozialistische
Vergangenheit

Carl Hanser Verlag

1 2 3 4 5   99 98 97 96 95
ISBN 3-446-18296-9
Alle Rechte an dieser Ausgabe vorbehalten
© Carl Hanser Verlag München Wien 1995
Satz: Fotosatz Reinhard Amann, Aichstetten
Druck und Bindung: Friedrich Pustet, Regensburg
Printed in Germany

Inhalt

Vorwort 9

1 Gedächtnisorte und Geschichtspolitik 13

Zur Entstehung moderner Erinnerungskultur 19
Gedächtnisorte als ästhetisch-politisches Handlungsfeld 25
Geschichtspolitik im geteilten Deutschland 34
   Die Vergangenheit als Gewinn? Die DDR 36
   Die Vergangenheit als Last: Die Bundesrepublik 40

2 Deutschland nach 1945: Eine Erinnerungslandschaft 48

Steine des Anstoßes: NS-Bauten – ein schwieriges Erbe 52
   Nürnberg: Entmythologisierung der Reichsparteitagsruinen 52
   Prora auf Rügen: Nach KdF-Bad und NVA-Kaserne ein
   kommerzielles Großprojekt? 59
   München: (K)eine späte Erinnerung an die »Hauptstadt der
   Bewegung« 62
Gedächtniskirchen und andere Ruinen 71
   Frankfurt Main: Das Goethe-Haus und die Paulskirche 72
   Hamburg: St. Nikolai 76
Denkmal und Gegendenkmal 80
   Hamburg-Dammtor: Kriegerdenkmal und Antikriegsdenkmal 83
Das Dritte Reich auf dem Friedhof: Hamburg-Ohlsdorf 88
Der Streit um den Frankfurter Börneplatz 97
Traditionell, abstrakt und unsichtbar: Denkmäler für die Opfer
von Krieg und Gewaltherrschaft 103
   Denkmäler der Überlebenden und der Sieger 104
   Erinnerung an die Euthanasieopfer 106
   Im Osten: Denkmäler für den Widerstand und die Befreiung 107
   Im Westen: Denkmäler für die eigenen Kriegstoten 111
   Abstrakte Erinnerungsgesten 114
   Krise des Denkmals: Keine Repräsentation ohne Revision 117
   Unsichtbare und ephemere Denkmäler: Erinnerung an das
   Vergessen 119
   Erinnerung an Walter Benjamin und die Emigration 123

3 Ehemalige Konzentrationslager als Gedenkstätten 127

Buchenwald: Vom »roten Olymp« zur doppelten deutschen
  Vergangenheit 129
Mittelbau-Dora: Kein »Technik-Tempel« in der einstigen
  »Hölle« des Südharzes 135
Sachsenhausen: »Blick zurück und Schritt nach vorn« 137
Ravensbrück: »Eine Gedenkstätte rechnet sich eben nicht« 144
Dachau – »wurde nicht gefragt« 149
Bergen-Belsen: »Die Sensation Belsen eingraben« 154
Neuengamme: »Das Schandmal auslöschen« 162
Ausblick 169

4 Berlin: Die Hauptstadt als zentraler Gedächtnisort 173

NS-Bauten: Keine Großbelastung für Berlin 177
Orte der Täter: Erst planiert oder umfunktioniert, dann
  dokumentiert und ästhetisiert 188
  Die Wannsee-Villa 193
  »Topographie des Terrors« 196
Synagogen und Bahnhöfe: Spuren der Vertreibung und
  Vernichtung 202
Der jüdische Friedhof Weißensee: Ein Monument der
  gescheiterten Assimilation 211
Orte und Opfer des deutschen Widerstands 219
Die Neue Wache: Eine zentrale Gedenkstätte für alle Opfer? ... 231
Deutsche Geschichte, ausgestellt 246
  Das Haus der Geschichte 249
  Das Deutsche Historische Museum 253
  Das Jüdische Museum 258

5 Gedenktage: Kalendarische Erinnerung und
     politische Skandale 261

Deutsche Gedenktage: Kein »geschichtlicher Glanz«, keine
  »allgemeinen Feste« 265
»Ein Volk muß seine Freiheit selbst erobern« 268
Der Mythos der runden Zahl 272
Der 8. Mai: Befreiung und Zusammenbruch 275
  Mit der »Gnade des Kalenders« die Niederlage neutralisieren 276
  Das mißglückte Versöhnungsfest: Bitburg und Bergen-Belsen 280

Die Veteranen und der Victory-Day 287
Die Weizsäcker-Rede: Eine »Sternstunde der Nachkriegs-
   geschichte«? 290
Der 20. Juli: Zweierlei Widerstand im geteilten Deutschland 296
   »Nicht aus eigener Kraft zur freiheitlichen Demokratie« 298
   Warum Ulbricht (nicht) neben Stauffenberg gehört 306
Der 9. November: Eine verpaßte Chance 310
   »Denounced for the truth«: Die Jenninger-Rede 313
   Ein »deutsches Schicksalsdatum«, kein nationaler Gedenk- und
      Feiertag? 320

Schlußwort 324
Dank 328
Anmerkungen 331
Literatur 360
Bildnachweis 381
Namenregister 382

Vorwort

Ein halbes Jahrhundert ist seit 1945 vergangen. Längst hat die Erinnerung an die nationalsozialistische Herrschaft ihre eigene Geschichte und ihre eigenen Zeugnisse hervorgebracht. Aus keiner anderen Zerstörungserfahrung unserer Zeit entsprang eine so außergewöhnliche kulturelle Produktivität. »Vom ersten Augenblick an«, schreibt Imre Kertész, »haftete dem Holocaust eine entsetzliche Angst an: die Angst vor dem Vergessen.« Aus dem »unermeßlichen Leid« ist »unermeßliches Wissen« geworden. Mehr noch. Es hat sich in Erinnerungen, Bilder und Mythen verwandelt. In Auschwitz half der Geist letztlich niemandem, auch den Intellektuellen, Schriftstellern und Künstlern nicht. Nach Auschwitz aber riefen sie »den Geist zum Beistand, um die Anklage gegen ebendiesen Geist zu verfassen«. Ein Paradoxon, gewiß. Aber wie sollten jene ihr Überleben überleben, wenn nicht im Medium des Geistes, der Sprache, der Kunst? So hat der Holocaust sich in eine »Subkultur« (I. Kertész) verwandelt. Längst kann man von einer internationalen, kommerziell organisierten, in den Bildungssystemen verankerten und staatlich geförderten Holocaust-Erinnerungskultur sprechen. Sie ist den Überlebenden inzwischen entwachsen und hat sich ihnen entfremdet. Bald wird das in mündlichen und schriftlichen Zeugnissen fixierte kommunikative Gedächtnis der Überlebenden in den Institutionen des kulturellen Gedächtnisses aufgehen und aufgehoben sein. Daß die Holocaust-Überlebenden vierzig, fünfzig Jahre nach Auschwitz noch einmal mit einer Fülle von Autobiographien, Denkmälern und anderen Erinnerungsgesten öffentlich hervortreten, unterstreicht diesen Übergang.

Heute stützt sich die organisierte Erinnerungskultur des Holocaust auf ein globales Netz von speziellen Erinnerungsträgern – Forschungsinstitute, Archive, Bibliotheken, Museen, Gedenkstätten, Denkmäler und Gedenktage. Sie verfügt über eine große Zahl von Erinnerungsvirtuosen – wissenschaftliche Experten, Künstler, Architekten, Schriftsteller, Filmemacher. Sie benutzt vielfältige Erinnerungsmedien und verfügt über ein ganzes Repertoire von Erinnerungsstrategien. Sie findet in ihren populärsten Produkten immer wieder ein Millionenpublikum – von Anne Franks Tagebuch über das Melodram *Holocaust* bis zu Spielbergs Filmspektakel *Schindlers Liste*. Und Hunderttausende besuchen Jahr für Jahr die prominenten Schauplätze jener Geschichte, in Berlin und München, Nürnberg und Peenemünde, von Auschwitz bis zur Wolfsschanze, vom Berchtesgadener Berghof bis Buchenwald. Und daß die vielen Erinnerungsorte auch ein ebenso begehrtes wie gefürchtetes, also schwieriges und umstrittenes politisches Terrain sind, vor allem in Deutschland, das zeigen die vielen, oft langjährigen Auseinandersetzungen um Gedenkstätten und Denkmäler ebenso wie die spektakulären politischen Skandale aus Anlaß von Gedenktagen. Von ihnen wird dieses Buch berichten.

Umstritten ist die öffentliche Erinnerung an die Zeit des Nationalsozialismus in mehrfacher Hinsicht. Das erklärt die Schärfe und die Erbitterung, mit der bisweilen gestritten wird. Ob es um den Beginn oder um das Ende der nationalsozialistischen Herrschaft geht, um die Gewaltverbrechen oder den Widerstand, über alle wichtigen Fragen wird kontrovers diskutiert, mehr denn je. Trotz oder wegen jahrzehntelanger Forschung und öffentlicher Thematisierung der nationalsozialistischen Vergangenheit: der Konsens über die Bewertung jener zwölf Jahre ist nicht etwa größer, sondern schwächer und schwieriger geworden. Umstritten ist weiterhin auch die Frage, ob und wie diese Vergangenheit in Kunstwerken und speziellen Gedächtnisorten vergegenwärtigt werden kann und soll. Der Streit um die Neue Wache in Berlin als zentraler nationaler Gedenkstätte war kein Einzelfall, vielleicht der Höhepunkt, aber vermutlich noch nicht das Ende der Gedenkstätten-Debatte.

Umstritten ist die Erinnerung an die Zeit des Dritten Reiches hierzulande aber vor allem deshalb, weil sie jahrzehntelang eingebunden war in den innerdeutschen Systemkonflikt. Beide deutschen Staaten haben sich mit Hilfe ihrer Interpretation voneinander abgegrenzt. Beide haben sich mit der symbolischen Vergegenwärtigung der nationalsozialistischen Vergangenheit in Gedenkstätten und Gedenkfeiern gegeneinander zu profilieren gesucht und um ein vorteilhaftes Image und Geschichtsbild bemüht. Das ging nicht ohne Legenden- und Mythenbildung. Die DDR stilisierte sich im Zeichen des antifaschistischen Widerstandsmythos an der Seite der Sowjetunion zum Sieger der Geschichte und zum besseren, zum neuen Deutschland. Aber auch in der Bundesrepublik, die sich als erklärter Nachfolger und Treuhänder des Deutschen Reiches in einer weitaus schwierigeren Lage befand, hatte Legendenbildung Konjunktur. Ob mit der Dämonisierung Hitlers die Deutschen zu hilflos Verführten, ja zu Opfern stilisiert oder von ihrer Mitschuld entlastet wurden, indem man die Verantwortung für die Gewaltverbrechen auf eine kriminelle Führungsclique begrenzte. Ob man die Rolle der Wehrmacht im Mythos der mißbrauchten und verratenen Armee verklärte oder schließlich in der sogenannten Auschwitz-Lüge der extremen Rechten die Gewaltverbrechen überhaupt geleugnet hat, – die Versuche waren zahlreich und zeitweilig auch erfolgreich, die Last der Vergangenheit durch mythische Deutungen erträglicher zu machen. All diese Mythisierungen sind jedoch letztlich gescheitert, jedenfalls in ihrem Bestreben um dominante Geltung. Der Gewinn war beachtlich. In der Konkurrenz der Mythen wurden die Schwächen dieser geschönten Geschichtsdeutungen aufgedeckt, die Korrektur einseitiger Geschichtsbilder erleichtert und die Politisierung der öffentlichen Geschichtserinnerung befördert.

Das Thema dieses Buches liegt also im Schnittpunkt verschiedener Betrachtungsweisen – einer zeitgeschichtlich-politologischen, einer geschichtspolitischen und einer kunstgeschichtlichen. Und innerhalb aller drei Blickrichtungen ist sein Gegenstand – ausgewählte Denkmäler, Gedenkstätten und Gedenktage – umstritten. Immer wieder machen entlegene Gedächtnisorte und weit zurückliegende historische Daten von sich reden, ob durch mißglückte Gedenkfeiern, umstrittene Denkmalsetzungen oder neonazistische Übergriffe auf die Gedenkstätten ehemaliger Konzentrationslager. Immer wieder erscheinen Namen, Ereignisse und Orte der NS-Vergangenheit in den Schlagzeilen der nationalen und internationalen Presse.

Die folgende Darstellung wird sich vor allem darum bemühen, einzelne politische Kontroversen um Erinnerungsorte distanziert und objektivierend vorzustellen und gegenüber den künstlerischen Aspekten des jeweiligen Gegenstands – NS-Bauten, Ruinen, Denkmälern, Museen usw. – die gebotene Zurückhaltung des Nicht-Kunsthistorikers üben. Diesem Bestreben widerspricht nicht das Eingeständnis, daß immer wieder auch eigene kritische Bewertungen in die Würdigung der teilweise hochkontroversen Erinnerungsprojekte einfließen. Insofern ist dieses Buch nicht nur eines über Erinnerungsorte und Geschichtspolitik, es ist auch selbst ein politisches. Ein kritischer Rückblick auf das Ganze dieser Erinnerungskultur darf wohl hier und da andere Akzente setzen, als sie aus situativer Kurzsicht, engem Parteiinteresse und Zeitknappheit oft gesetzt wurden. Zumal Korrekturen in der Praxis zumeist nicht möglich oder nicht opportun waren, womöglich trotz späterer besserer Einsicht. Die Beispiele sind zahlreich. Der von einer Art Allparteien-Koalition erzwungene Jenninger-Rücktritt 1988 gehört ebenso dazu wie das von Bundeskanzler Kohl in die Neue Wache beorderte Blow-up der Kollwitz-Pietà. Die längst in die Unangreifbarkeit entrückte Weizsäcker-Rede vom 8. Mai 1985 verlangt nicht weniger kritische Nachfragen als die nationale Selbstdarstellung in den neuen Geschichtsmuseen. Und gegen die Entscheidung für den 3. Oktober als neuen nationalen Feiertag hat nur eine Minderheit einen Moment lang für den 9. November plädiert, der als vierfacher Bezugspunkt geradezu ein Schlüssel zum Verständnis unserer Geschichte in diesem Jahrhundert wäre. Eine seltene Chance, vielleicht der bedeutendste Anlaß zur Institutionalisierung öffentlicher Geschichtserinnerung, blieb ungenutzt.

I
Gedächtnisorte und Geschichtspolitik

Wer von der Notwendigkeit des Erinnerns redet, sollte vom Nutzen des Vergessens ausgehen. Nietzsche wußte, warum: »Es ist möglich, fast ohne Erinnerung zu leben, ja glücklich zu leben, wie das Tier zeigt, es ist aber ganz und gar unmöglich, ohne Vergessen überhaupt zu leben«, schrieb er in der zweiten seiner *Unzeitgemäßen Betrachtungen*.[1] Er attackierte darin den in seinen Augen lebensfeindlichen, sei es »monumentalischen«, sei es »antiquarischen« Gebrauch der Historie. Aber er wußte natürlich, daß der Mensch das Vergessen nicht lernen kann, daß er vielmehr »immerfort am Vergangenen« hängt, denn so weit und so schnell er auch laufen mag, »die Kette läuft mit«. Deshalb nahm er auch nicht einseitig Partei für jenes – ihm und vielen seiner Zeitgenossen – bisweilen so erstrebenswert erscheinende vitale Vermögen, durch das erst »Glück zum Glücke wird: das Vergessenkönnen«. Das Geschäft der Trivialisierung seiner Einsicht besorgten andere. »Glücklich ist, wer vergißt, was doch nicht zu ändern ist«, sang nicht nur die Wiener Fin de siècle-Gesellschaft in ausgelassener Champagnerlaune in der Silvesternacht, um sich ganz dem Augenblick dieser letzten Stunden hinzugeben.[2] Und wie ist das heute? Welche kulturelle Bedeutung, welche gesellschaftliche Funktion hat das individuelle, vor allem aber das kollektive Vergessen gut einhundert Jahre später, am Ende unseres Jahrhunderts?

Immerhin haben sich die Zeitverhältnisse und Zeitbegriffe seitdem erheblich verändert.[3] Früher war die durchschnittliche individuelle Lebensdauer in der Regel kürzer als die der Dinge des täglichen Lebens. Heute ist es umgekehrt. Früher war in den Wohnungseinrichtungen das Familiengedächtnis vergegenwärtigt – ein symbolischer Ausdruck für die Kontinuität zwischen den Generationen. Heute wechselt man die Wohnungseinrichtungen mit den verschiedenen Lebensphasen und Lebensstilen. Und das Familiengedächtnis hat in transportablen Fotoalben und Filmkassetten Platz. Berufe werden seltener von einer Generation auf die nächste ›vererbt‹ als früher, Kenntnisse und Kompetenzen veralten schneller. Die Beschleunigung der Zeit hat viele Aspekte.[4] Das heute Aktuelle ist immer öfter morgen schon von gestern. Und mit der kürzer werdenden Gegenwart wird dieselbe aufgewertet und die Jugend ›verewigt‹. Man bleibt jedenfalls länger jung. Auch die grau gewordenen Panther sind noch umtriebig. Zu den Zeichen der modernen Zeit gehört allerdings nicht nur die Aufwertung und Dynamik der Gegenwart, sondern eben auch die Suche nach der verlorenen Zeit und die Angst vor dem Verlust des Gedächtnisses, individuell wie gesellschaftlich. Das Champagnerlied aus dem Finale der *Fledermaus* wird allerdings weiterhin gern gesungen und gilt immer noch als Ausdruck festlich gesteigerter, selbstvergessener Lebensfreude. Und auch im Alltag spielt das Vergessen eine nicht unerhebliche Rolle.[5] Über seinen Nutzen belehrt uns – eher stoisch als hymnisch – tagtäglich das umgangssprachliche »Vergiß es!« Es ist der Entlastung unseres überlasteten Gedächtnisses und dem Ausgleich schwankender Stimmungslagen gleichermaßen dienlich. Dabei wird die Aufforderung zu vergessen offenbar nicht als aggressive Einmischung in unsere inneren Angelegenheiten verstanden oder als zynische Zumutung und Ausdruck mangelnder Sensibilität. Sie scheint vielmehr von einer Art »geheimer Übereinkunft« darüber auszugehen, was man vergessen darf und soll: alltägliche Begebenheiten, ärgerliche zumal, die aber eben doch nicht sonderlich erheblich erscheinen.

Das ist in der Öffentlichkeit ganz anders. Dort werden wir gerade nicht zum Vergessen aufgefordert. Allerdings wird permanent mit unserer Vergeßlichkeit gerechnet. Verbote und Gebote, Uhren und Wegweiser erinnern uns immerfort daran, die vielen normativen Vorgaben und technischen Voraussetzungen der öffentlichen Ordnung und unseres komplizierten Zusammenlebens nicht zu vergessen und aus dem Auge zu verlieren, zumindest die in der jeweiligen Situation besonders wichtigen nicht. Mit Hinweisschildern und Erinnerungszeichen ist das von Texten und Zeichen überflutete und ermüdete Individuum ja selbst dort konfrontiert, wo seinem Bedürfnis, einmal Ort und Stunde zu vergessen, ausdrücklich Raum und Schutz gewährt wird, in den städtischen Parks und Freizeiteinrichtungen.

Wie selbstverständlich gehören in diesen öffentlichen Raum nun auch solche Erinnerungszeichen, die uns im schnellen Lauf der Zeit ausdrücklich zur Vergegenwärtigung von Vergangenheit anhalten und uns dieselbe in unterschiedlichen Medien und Manifestationen nahebringen: die Bibliotheken und Museen, die Baudenkmäler und Mahnmale, die Gedenkstätten und Gedenktage, kurz: die mehr oder weniger eigens zum Zweck des öffentlichen Erinnerns eingerichteten Gedächtnisorte. Sie haben aus unseren Lebensräumen längst monumentale Erinnerungslandschaften gemacht. Und auch sie sind Ausdruck der Beschleunigung der Zeit. Walter Benjamin, Maurice Halbwachs und Marcel Proust haben das als Auseinanderfallen von »mémoire involontaire« und »mémoire volontaire« thematisiert.[6] Pierre Nora hat von der Erosion traditioneller »milieux de mémoire« gesprochen. Weil man Geschichte und Gedächtnis nicht mehr gleichsetzen könne, weil die Menschen der Moderne nicht mehr oder immer weniger in »ihrem Gedächtnis hausten«, nicht mehr oder immer seltener in und mit ihren Traditionen lebten, sondern in kritischer Distanz zu ihnen, müßten und würden sie eigens Gedächtnisorte (»lieux de mémoire«) schaffen und einrichten. Weil angesichts einer permanent fragwürdigen Vergangenheit, einer unübersichtlichen Gegenwart und ungewissen Zukunft, immer schwerer abzusehen ist, woran man sich morgen noch erinnern muß, bekommt noch das – tatsächlich oder vermeintlich – bedeutungsloseste Alltagszeugnis »die virtuelle Würde des Erinnerungswürdigen.«[7] Wo die Kriterien fehlen oder abhanden kommen, was die Erinnerungskultur aufnehmen soll, da wird im Zweifelsfall alles aufbewahrt und für denkmalwürdig gehalten, zumal der technologische Fortschritt und der anhaltende Museumsboom fast unbegrenzte Speicherungskapazitäten bereitstellen. Mit der Speicherung allein ist es indes nicht getan. Die Auswahl und Bewertung sind das Problem. Und: Die gespeicherten Daten müssen – unter Umständen über sehr lange Zeiträume – lesbar und benutzbar bleiben, zumal bei brisanten Daten und womöglich lebensgefährlichen Materialien.[8]

Die Hinterlassenschaft des NS-Staates ist kaum lebensbedrohlich, aber doch vermutlich noch für Generationen eine beschwerliche und brisante Erblast. Deshalb wird auch in ihr ein Entsorgungsproblem gesehen – oder kritisch diskutiert.[9] Ob man nun, wie eingangs, mit Nietzsche oder mit Brecht das »Lob der Vergeßlichkeit« anstimmt, der in seinem gleichnamigen Gedicht noch in den dreißiger Jahren schreiben konnte: »Wie erhöbe sich ohne das Vergessen / Der Spuren verwischenden Nacht der Mensch am Morgen? (...) Die Schwäche des Gedächtnisses verleiht / Den Menschen Stärke« – die Rede vom Nutzen des Vergessens hat einen »anthropologischen Wahrheitsgehalt«. Nach 1945 hat sich diese Rede allerdings »in eine Apologie der Verleugnung« verwandelt.[10] Dem Verleugnen und Vergessen der NS-Vergangenheit haben die Virtuosen und Pfleger des kollektiven Gedächtnisses, die Zeithistoriker, Denkmalschützer und Archivare, die Architekten und Bildhauer, die Schriftsteller und Filmemacher nach Kräften entgegengearbeitet, und dabei eine Fülle von Formen und Verfahren der Erinnerung hervorgebracht, ausprobiert und in einer eigenen Kultur der ›Vergangenheitsbewältigung‹ oder besser: Erinnerungskultur[11] organisiert, ritualisiert und verdichtet – welche Interessen und Ziele dabei auch immer im Spiel waren und sind. Der immer wieder geäußerte pauschale Verdacht und moralische Vorwurf einer Verdrängung der NS-Vergangenheit verdeckt jedenfalls mehr als er erhellt. Aufschlußreicher ist es, nach den Medien und Manifestationen des Erinnerns zu fragen, nach den Stationen und Konflikten dieses Prozesses, den Erinnerungsstrategien der verschiedenen Akteure – und den politischen

Interessen, die sie leiten. Das soll in diesem Buch an ausgewählten Beispielen geschehen. Dabei wird sich zeigen, daß Erinnern und Vergessen zwei Seiten desselben Geschichtsbewußtseins (und individuellen Gedächtnisses) sind, gleichwohl immer wieder gern gegeneinander ausgespielt werden. Sei es, weil Erinnern als moralisch, kognitiv und kulturell hoch bewertetes Vermögen, Vergessen aber als – natürliches oder willentlich aktiviertes –, negativ bewertetes Unvermögen gilt. Sei es, weil der Zusammenhang beider Vermögen verkannt und zumeist übersehen wird, daß »die Erinnerung ein Vergessen, das Vergessen eine Erinnerung in sich ein(schließt)«[12], sei es, weil die dem kollektiven Erinnern zugeschriebenen politischen Handlungsantriebe tendenziell überschätzt werden.

So geben sich beispielsweise antifaschistisch orientierte Gruppen traditionell gern dem Glauben hin, daß vor der Wiederholung der Geschichte nur ein Nichtvergessen schützt.[13] »Pamiętajmy!« – »Wir haben das nicht vergessen« und »Nigdy więcej!« – »Nie mehr wieder« schreiben die Überlebenden von Auschwitz auf die Erinnerungsplakate ihrer Gedenkversammlungen.[14] Sie sehen die Gegenwart im bedrohlichen Schatten einer unheilvollen Vergangenheit, stehen seit Jahrzehnten in ihrem Bann, gleichsam mit dem Rücken zur Zukunft. Aber die Zeit geht auch über sie hinweg. Und mit ihr droht die antifaschistisch-sozialistische Erinnerungskultur zu versinken. »Vorwärts und nicht vergessen« heißt es – ebenso traditions- wie zukunftsbewußt – im »Solidaritätslied«, das Bert Brecht und Hanns Eisler Anfang der dreißiger Jahre für einen der wichtigsten Filme (*Kuhle Wampe*) der Arbeiterbewegung schrieben. »Vorwärts und fix vergessen« höhnt heute der Protest gegen die hastige Denkmaldemontage, die Straßenumbenennungen und Museumsumbauten in den ehemals sozialistischen Ländern. Antifaschistisch geprägte Schriftsteller wie Jean Améry oder Günter Kunert erkannten beizeiten das Dilemma, daß die Vergangenheit weder bewältigt, noch aus dem Bewußtsein verdrängt werden könne, »nur langsam, langsam absinken ins Grau der Historie, die schließlich alle Schrecken einebnet«.[15]

Andere, geschichtspolitisch eher konservativ orientiert und vor allem an einer kulturellen Hegemonie in der Gegenwart interessiert, spekulieren darauf, daß in erinnerungs- und geschichtslosem Land »alles möglich« ist und »die Zukunft gewinnt, wer die Erinnerung füllt, die Begriffe prägt und die Vergangenheit deutet«.[16] Mag also unter den verschiedenen geschichtspolitischen Akteuren auch der politische Nutzen der Erinnerung jeweils unstrittig sein, Art und Inhalt sind es nicht. Die Zeugnisse dafür sind zahlreich. Sie dokumentieren die von vielen politischen Kontroversen begleitete Geschichte der Denkmäler, Gedenkstätten und Gedenktage.

Schon Nietzsche hatte ja in der Art und dem Ausmaß des Erinnerns das eigentliche Problem im Umgang mit der Vergangenheit gesehen und eine »kritische« Historie »im Dienste des Lebens« gefordert. Wollte man den Grad und »die Grenze bestimmen, an der das Vergangene vergessen werden muß, wenn es nicht zum Totengräber des Gegenwärtigen werden soll«, schrieb er, man müßte »genau wissen, wie groß die *plastische Kraft* eines Menschen, eines Volkes, einer Kultur ist (...), Vergangenes und Fremdes umzubilden und einzuverleiben, Wunden auszuheilen, Verlorenes zu ersetzen, zerbrochene Formen aus sich nachzuformen.«[17] Die Frage steht nach Auschwitz unter anderen, komplizierteren Voraussetzungen, ist also noch schwerer zu beantworten als zu Zeiten Nietzsches, wenn überhaupt. Der durch die Ermordung der Juden entstandene Verlust ist nicht mehr zu ersetzen, die von ihnen in Jahrhunderten in Mitteleuropa geformte Kultur nicht mehr nachzuformen. Und im Verhältnis von Tätern und Opfern kann vom Ausheilen der Wunden schlechterdings nicht gesprochen werden. Wunden, die noch das Verhältnis der Nachkommen auf kaum absehbare Zeit belasten und komplizieren. Verdrängen die Opfer ihr Leiden und die Geretteten ihre von ihnen selbst so empfundene ›Überlebensschuld‹, dann mag das für sie eine lebenserhaltende Schutzhülle und Stütze sein. Vergessen und verdrängen, verkleinern und verrechnen die Täter ihre Taten, so ist das für die Opfer ein »illegitimes Vergessen«[18] und für die Nachkommen der Nazis und Mitläufer zumindest ein Problem, das immer wieder öffentliche Kontroversen auslöst.

Umstritten waren Umfang, Art und Dauer öffentlichen Erinnerns hierzulande von Anfang an. Früh artikulierte sich ein Schlußstrich-Verlangen, das sich in den Amnestien und in der Integration belasteter Teile der Bevölkerung bestätigt und politisch legitimiert sah und zudem auf die internationalen und – zögerlich – nachgefolgten nationalen Strafprozesse sowie nennenswerte Entschädigungszahlungen verweisen konnte, wenn sie auch hinsichtlich Höhe, Gutachter- und Bewilligungspraxis umstritten waren. Gegen diese staatlich initiierten oder nach Kräften geförderten Bemühungen um innere und äußere Aussöhnung bzw. Integration Westdeutschlands konnten oppositionelle, der Erinnerung an die Verfolgten, Opfer und Überlebenden verpflichtete Initiativen und Institutionen anfangs nur schwer Profil gewinnen und sich erst allmählich etablieren. Und sie blieben umstritten – wie die Vergangenheit selbst, um deren Vergegenwärtigung sie sich so hartnäckig bemühen. Die NS-Vergangenheit und der angemessene Umgang mit ihr werden vermutlich noch auf lange Zeit umstritten bleiben, trotz oder wegen aller Versuche einer Historisierung dieser Zeit.

Der Philosoph Hermann Lübbe suchte anläßlich des 50. Jahrestages der Ernennung Hitlers zum Reichskanzler den Konflikt zu entschärfen, indem er die anfängliche »gewisse Stille« in der Auseinandersetzung mit der NS-Vergangenheit gegen ihre Kritiker verteidigte. Er rechtfertigte sie als notwendige Voraussetzung für die »Verwandlung« der durch die NS-Zeit geprägten und belasteten »Nachkriegsbevölkerung in die Bürgerschaft der Bundesrepublik«. Es sei dadurch »nichts vergessen, aber einiges ausgeheilt« erklärte er Anfang 1983 im Berliner Reichstag, zumal diese Stille mit einer grundsätzlichen Schuldanerkennung einhergegangen sei.[19] Mit dieser inzwischen berühmten Formel stellte er der bundesdeutschen Bevölkerung, ihrem Geschichtsbewußtsein und ihrer Geschichtspolitik ein beruhigendes Zeugnis aus. Aber eine Beruhigung wollte sich auch jetzt nicht einstellen. Wenig später meldete sich der Historiker Ernst Nolte zu Wort und polemisierte gegen die gesellschaftliche Anomalie, durch die in der Bundesrepublik die NS-Vergangenheit nicht in den geschichtlichen Bestand integriert, sondern als bloßes »Schreckbild« etabliert werde, ein Bild, das »wie ein Richtschwert über der Gegenwart« aufgehängt sei.[20] Umgekehrt bezichtigte der Schriftsteller Ralph Giordano die Deutschen einer »zweiten Schuld«, einer »Vergessensschuld«. Während der Münchner Althistoriker Christian Meier nicht moralisierte, sondern analysierte, von einer »relativ starken Geschichtserinnerung« sprach und in ihr eine Voraussetzung dafür sah, daß man sich in der Bundesrepublik nicht mehr nur »verurteilend«, sondern zunehmend auch »verstehend« mit der NS-Vergangenheit auseinandersetzt.[21] Es ist wohl kaum übertrieben, wenn man feststellt, daß sich in den vergangenen Jahrzehnten, verstärkt seit den siebziger Jahren, eine öffentliche Erinnerungskultur herausgebildet hat, die der medialen Vergegenwärtigung der NS-Vergangenheit inzwischen vielfältigen Ausdruck und den kontroversen Deutungen dieser Geschichte sowie dem emotionalen Gedenken Raum und Rahmen gibt.

Von Erinnerungskultur oder von kollektivem Gedächtnis zu sprechen, ist allerdings im allgemeinen weniger geläufig, als auf die Tradition, Kontinuität oder einfach die Geschichte einer Gesellschaft zu verweisen. Daß nicht nur Individuen, sondern eben auch Gesellschaften ›Gedächtnis‹ haben, in ihren Gruppen-, Zeit- und Raumbezügen ausbilden, und daß die kollektive Erinnerung in den kulturellen Prozessen und Institutionen organisiert und gestützt wird, ist keine neue Erkenntnis, auch wenn das Thema in neuerer Zeit wieder stärker diskutiert wird.[22] Es ist sogar von einem »neuen Paradigma« der Geschichts- und Kulturwissenschaften die Rede.[23] Gleichwohl wird der erreichte Stand der interdisziplinären Gedächtnisforschung eher zurückhaltend beurteilt, werden die Ergebnisse der Neurobiologen und Psychologen gar als »ernüchternd« und die der Soziologen und Kulturhistoriker als »weitgehend spekulativ« bewertet.[24] Einig scheint man sich allerdings darüber zu sein, die individuelle (und in gewisser Weise auch die kollektiv organisierte) Gedächtnistätigkeit nicht mehr (nur) als »Aufbewahrungs-«, sondern als »Konstruktionsarbeit« zu begreifen, also nicht mehr von einem bloßen Speicherungs- und Abrufvorgang auszugehen, sondern von einem komplizierten synthetisierenden Bewußtseinsvorgang bzw. politisch-kulturellen Diskurs. »Erinnern«, so eine moderne sozialwissenschaftliche Definition, stützt sich auf Erfahrungen, Kenntnisse und Lernprozesse und »ist aktuelle Sinnproduktion im Zusammenhang jetzt wahrgenommener oder empfundener *Handlungsnotwendigkeiten*«. Bei dieser Sinnproduktion oder Verhaltenssynthese werden Erinnerungen konstruiert und in Geschichten elaboriert, wobei »die Ordnung des erzählten Geschehens (...) weitgehend eine Funktion des Erzählens« ist und nicht eine Funktion »der Ordnung des erzählten Geschehens.« Erinnerung hängt demnach nicht – oder weniger als zumeist unterstellt – von Vergangenheit ab. Eher ist es umgekehrt. Überspitzt könnte man sagen, Vergangenheit entsteht erst dadurch, daß sie erzählt, aufgeschrieben und dargestellt wird, ob in Denkmälern oder an Gedenktagen, in Dokumentationen, wissenschaftlichen Deutungen oder in epischen Werken. Maßgeblich sind also die Motive und Modalitäten der Konstruktion. Durch sie werden Ereignisse und Personen als bedeutsam ausgewählt und ausgezeichnet, gewinnt Vergangenheit ihre jeweilige, gegenwartsbezogene Relevanz. Und insofern das sich erinnernde Individuum bzw. Gemeinwesen ›gegenwärtig(e) Vergangenheit‹ konstruiert, und dabei nach seiner Herkunft fragt und nach seinem Erbe, hat die Vergegenwärtigung des Vergangenen immer auch zugleich auf die Erzeugung, Bewahrung oder Veränderung individueller wie kollektiver Identität erheblichen Einfluß. Sie nimmt damit einen hohen kulturellen Rang ein.

Zur Entstehung moderner Erinnerungskultur

Für die Ausgestaltung der säkularen Erinnerungskultur sind religiöse Weltbilder und technische Gedächtnissysteme prägend gewesen, von den klassischen Mnemotechniken bis zum Computer, das Christentum nicht weniger als das Judentum.[25] Religionen, die ganz in der Geschichte wurzeln, wiewohl sie aus der *Sakralisierung* der Erinnerung an Offenbarung und innerweltliche Erfahrung leben. Sie konnten daher im religiösen Ritual – in Gebet und Gesang, Verkündigung und Festtagen, Märtyrerverehrung und Sakramentalhandlung geradezu »redundante Praktiken der Erinnerung« ausbilden. Im Hinblick auf ihre eschatologische Hoffnung mußten sie es auch. »Christsein hieß«, so der Literaturwissenschaftler Manfred Schneider zugespitzt, »sich den rituellen Wiederholungen von Urworten, den unaufhörlichen Memorierübungen einer Verheißung unterwerfen.«[26] Grundlegend für die mittelalterliche Erinnerungskultur und wirksam bis in unsere Zeit wurde die Verknüpfung von Tod und Erinnerung, zumal sie an eine schon in vorchristlichen Zeiten verbreitete Form anschließen konnte, den heidnischen Ahnen- und Totenkult. Früh entstand der Brauch, denkwürdige Tote in Libri Memoriales einzutragen, später Nekrologien und Totenbücher genannt, und zur Erinnerung an die toten Gläubigen ein spezielles Fest einzurichten (Allerseelen).

Und auch die Existenz der Juden als Juden, also als Angehörige der israelitischen Religionsgemeinschaft steht unter einem Imperativ: »Zachor!« – »Erinnere dich!« heißt die Devise ihres Zusammen- und Überlebens. Die Juden sind aufgefordert, sich an eine Geschichte der Katastrophen und Errettungen, der Gefangenschaft, Verfolgung und Befreiung zu erinnern, zumal in fremder und feindlicher Umgebung.[27] Unter diesem Imperativ sind vielfältige Formen des Erinnerns ausgebildet worden: mündliche und schriftliche Überlieferung, körperliche Markierungen und räumliche Symbole zur Abgrenzung des Eigenen vom Fremden und nicht zuletzt die großen Feste der kollektiven Erinnerung (Pessach, Schawuot, Sukkot, Chanukka, Purim). Grundlegend für die Entstehung einer kollektiven jüdischen Erinnerungskultur wurde dabei das 5. Buch Mose, das sogenannte *Deuteronomium*.[28] Grundlegend deshalb, weil in ihm den noch lebenden, alt gewordenen Augenzeugen des Bundesschlusses am Ende ihrer 40jährigen Wüstenwanderung und ihres Auszugs aus Ägypten eingeschärft wird, nicht zu vergessen, was sie gesehen und erlebt haben. Das war nur möglich, weil es gelang, das »Gedächtnis« dieser Erlebnis- und Schicksalsgemeinschaft über den Zeitraum der maximalen Lebenserwartung einer Generation hinaus zu verlängern, oder mit einer typologisierenden Formulierung: weil es gelang, ein »kommunikatives« in ein »kulturelles Gedächtnis« zu transformieren und eine Erinnerungskultur mit speziellen Institutionen und Verfahren zu entwickeln. Der Gedanke mag sich aufdrängen, daß die große Zahl von jüdischen autobiographischen Zeugnissen in den letzten Jahren und die noch einmal verstärkte Errichtung von Gedenkstätten und Museen zur Erinnerung an die Leiden der Verfolgung und des Völkermords diesen Übergang vom kommunikativen zum kulturell manifesten Gedächtnis ein weiteres Mal vollzieht.[29] Und im Blick auf die deutsche, nichtjüdische Erinnerungskultur mag der beklemmende Gedanke hinzukommen, daß die Ermordung der Juden und die Zerstörung ihrer Kultur und ihrer Geschichte in Europa durch Hitler-Deutschland zur

Übernahme eines zentralen Elements der jüdischen Tradition und Identität durch das Deutschland nach Hitler geführt hat.[30]

In der weiteren Entwicklung des Christentums hat das Virtuosentum ausdifferenzierter und wildwuchernder religiöser Erinnerungspraktiken durch die Reformation zu einer Modernisierung der Erinnerungsmedien geführt – zu einer Reduktion der Sakramentalhandlungen auf Taufe und Abendmahl – und immer stärker zur Selbstreflexion. Das religiöse Ritual drängte zur (Selbst)Rationalisierung. Manfred Schneider hat in seinem schon erwähnten Essay dargelegt, wie sich dieser Übergang, durch den aus »religiösen Seelen Erfahrungsseelen«[31] wurden, allmählich vollzogen hat. Der ursprüngliche Erinnerungs-Imperativ galt dem Gedächtnis der Religionsstifter und religiösen Stiftungsurkunden. Der spätere, neuzeitliche Erinnerungs-Imperativ galt immer mehr den Denkmälern und Medien dieser inzwischen ausgeformten religiösen Erinnerungskultur, den eigenen Anstrengungen, Empfindungen und Beobachtungen. Die religiösen Praktiker und Überlieferungsvirtuosen wurden irgendwann selbstreflexiv.[32] So gesehen ist die *Säkularisierung* ein »Vorgang, worin das Erinnern zum Vergessen führt«, jedenfalls zum Vergessen von religiösen Botschaften, zur Relativierung ihrer Verbindlichkeit und der Wahrnehmung und Speicherung neuer Zeichen, Texte und Bilder. Aus der religionsgemeinschaftlich geprägten Erinnerungskultur kommt somit zugleich ein kräftiger und nachhaltig wirkender Impuls zur *Individualisierung* des Erinnerns. Die autobiographischen Archive der Archive entstehen und füllen sich bis heute.

Für die erinnerungskulturelle Entwicklung in Europa bedeutet die Erfindung und Verbreitung des Buchdrucks einen anderen großen Einschnitt mit folgenreichen strukturellen Veränderungen. Die bis dahin vor allem auf individuelle – mündliche wie schriftliche – Praktiken gestützte Erinnerung wird nun, Schritt für Schritt, veräußerlicht, vergesellschaftet und kulturell überformt.[33] Sie macht dem individuellen Leser bald die kollektive Erinnerung ganzer Völker und Jahrhunderte verfügbar, relativiert und schwächt somit die individuell erlernte Kunst der Erinnerung (Ars memoriae). Und die modernen technischen Speicherungskapazitäten haben das soziale Gedächtnis nahezu unbegrenzt erweitert. Man muß nur noch den Standort der Archive kennen und Computer-Codes für den Zugang zu ihren Datensammlungen, aber nicht mehr deren ganzen Inhalt, man kann es nicht mehr.

Mit der Französischen Revolution und dem Beginn des bürgerlich-nationalstaatlichen Zeitalters kommt eine weitere einflußreiche Komponente hinzu: die *Politisierung* der Erinnerung. Im konfliktreichen Übergang von der feudalen Agrargesellschaft in die bürgerliche Industriegesellschaft ist sie ebenso unvermeidbar wie sie bei der Traditionsstiftung, nationalen Integration und Identitätssuche der alten und neuen, ab- und aufsteigenden gesellschaftlichen Großgruppen unverzichtbar erscheint. In der französischen Verfassung von 1791 heißt es: »Nationale Feste sollen eingerichtet werden, um das Andenken an die französische Revolution zu bewahren.« Aber nicht nur das »Gedenken gehört zum revolutionären Programm«[34], sondern eben auch das Vergessen. Anders formuliert: Wo die Gegenwart, die morgen Vergangenheit ist, geprägt wird von rivalisierenden Machtgruppen und konkurrierenden Weltbildern, wird die Manipulation von Erinnerung und Geschichtsbildern ein unentbehrliches politisches Instrument. Diese Praxis haben die totalitären Bewegungen des 20. Jahrhunderts radikalisiert. Es ist jedenfalls kein Zufall, daß von den doppelgesichtigen, zugleich antimodernen und modernen faschistischen Regimen des 20. Jahrhunderts die Erinnerung an die jeweilige ethnisch-nationale Vergangenheit usurpiert und monopolisiert wurde und kultisch-archaische Züge annahm.

Aber nicht nur für sie hatte die ältere und jüngere Vorgeschichte des eigenen Landes – oder richtiger: eine bestimmte Definition derselben – hohen strategischen und legitimatorischen Nutzen. Auch für die beiden hier im Blickfeld stehenden deutschen Nachfolgestaaten des Dritten Reiches begann die eigene Geschichte nach 1945 nicht voraussetzungslos. Sie konnte es nicht, was immer der Mythos von der Stunde Null die Zeitgenossen und ihre Nachkommen glauben machen mochte und mag. Die beiden deutschen Staaten konnten die Zeit der Hitler-Diktatur nicht überspringen, so sehr sie sich auch bemühten, an die Weimarer Jahre oder an weiter zurückliegende Epochen und Traditionen anzuknüpfen. Die NS-Zeit blieb, zumal in der innerdeutschen systempolitischen Konfrontation, über Jahrzehnte eine schwierige und umstrittene Erb- und Erinnerungslast.

Für die moderne Erinnerungskultur sind in unserem Jahrhundert noch zwei weitere Einflußfaktoren bedeutsam und folgenreich geworden. Einflußfaktoren, die für den Strukturwandel der kulturellen Sphäre in der modernen Industriegesellschaft auch im allgemeinen charakteristisch sind. Zu sprechen ist von der *Demokratisierung* und von der *Materialisierung* der Erinnerungskultur. Beide gehen Hand in Hand. Und beide verändern und erweitern die ursprünglich religiös geprägten Gedächtnisinstitutionen und tradierten Verfahren. Die Säkularisierung macht das Erinnern, das individuelle wie gesellschaftliche Bedürfnis nach einer zeitenübergreifenden, zeit-räumlich orientierenden Perspektive nicht überflüssig. Im Gegenteil. So entstand eine säkulare, bürokratisch und kommerziell organisierte und politisch instrumentalisierte Erinnerungskultur, wie Pierre Nora schreibt: »Das, was eine Gemeinschaft, die bis in ihre Grundfeste in Wandel und Erneuerung hineingerissen ist, künstlich und willentlich ausscheidet, aufrichtet, etabliert, konstruiert, dekretiert, unterhält. Eine Gesellschaft, die von Natur aus das Neue über das Alte, den Jungen über den Alten, die Zukunft über die Vergangenheit stellt. Museen, Friedhöfe und Sammlungen, Feste, Jahrestage, Verträge, Protokolle, Denkmäler, Wallfahrtsstätten, Vereine sind die Zeugenberge eines anderen Zeitalters, Ewigkeitsillusionen. (...) Sie sind die Bräuche einer Gesellschaft ohne Brauchtum; flüchtige Heiligtümer in einer Gesellschaft der Entheiligung; besondere Bindungen in einer Gesellschaft, die alle Besonderheiten schleift.«[35]

Gewiß, diese pointierten Beobachtungen und Bewertungen treffen den signifikanten Unterschied zwischen der religiösen und der säkularisierten Erinnerungskultur. Ihr kulturpessimistischer Grundton verkennt m. E. aber, daß die Erinnerungskultur doch auch ein ästhetisches und politisches Handlungsfeld ist mit gesuchten und eben auch ergiebigen Gestaltungsmöglichkeiten. Jedenfalls arbeiten und streiten auf diesem Feld verschiedene Akteure um die Vergangenheit, ihre Deutung und ihre künstlerische Vergegenwärtigung. Dabei arbeiten ihre Erinnerungsstrategien gleichsam gegen den Strom der Zeit, aber doch aus ihr heraus und in ihrem Fluß. Und ihre Werke und Veranstaltungen wird man nicht einfach als »Ewigkeitsillusionen« abtun können. Man würde ihnen damit kaum gerecht.

Materialisierung und Demokratisierung der Erinnerungskultur haben ihren Niederschlag zunächst in den neuen Medien der Repräsentation des Vergangenen und den erweiterten Speicherkapazitäten gefunden; ferner in der Zunahme und Pluralisierung der Akteure und der Erweiterung des Publikums, das von diesen erinnerungskulturellen Ressourcen Gebrauch macht: den neuen großen nationalen Museen, Kunstsammlungen, Bibliotheken und sonstigen Denkmälern bis zur massenhaften Beteiligung an Erinnerungsfesten. Im Deutschland des 19. Jahrhunderts sind das insbesondere die Reformations- und Lutherfeiern, die Gutenberg- und Schillerfeste, mit denen das zur politischen Klasse aufsteigende, überwiegend protestantische Bildungsbürgertum sein aktuelles politisches Modernisierungsprogramm – Freiheit und nationale Einheit – massenwirksam inszeniert und historisch legitimiert, also durch Erinnerung an eine spezifisch freiheitliche kultur- und religionsgeschichtliche Tradition.

Gleichermaßen Ausdruck von Materialisierung und Demokratisierung der modernen Erinnerungskultur sind auch die seit dem 19. Jahrhundert zahllos eingerichteten Soldatengräber und die Fotografie, um nur zwei vielleicht extreme, massenhaft verbreitete Beispiele zu nennen, zwischen denen in der Verewigung von Erinnerung, in der Idealisierung, Schönung und Überhöhung von Vergangenem aber durchaus eine Parallele besteht.[36] In ihnen werden aus bis dahin privilegierten

Erinnerungsgesten massenhafte Erscheinungen. Lange wurden die gewöhnlichen toten Krieger – im Unterschied zu ihren Heerführern – achtlos und namenlos begraben. Erst im 19. Jahrhundert setzte sich die Praxis durch, jedem toten Soldaten ein ›ewiges Ruherecht‹ zu gewähren. Dessen praktische Durchsetzung stieß allerdings schnell an eine Grenze: in den modernen Materialschlachten blieben die toten Soldaten massenhaft unidentifizierbar oder überhaupt unauffindbar. Daraus entstand eine neue Erinnerungsgeste – die symbolische Repräsentation der toten Krieger im Grabmal des unbekannten Soldaten, dem die mehr oder weniger vollständigen Listen der geehrten Toten beigegeben wurden.[37]

Und auch die Fotografie machte aus einem Privileg ein Massenprodukt. Die Ahnenporträtgalerie der Aristokraten wurde gewissermaßen demokratisiert: »Jede Familie« hat nun ihren »Hofporträtisten« kommentiert Pierre Bourdieu mit freundlicher Ironie das beliebte Familienfotoalbum, aus dem im Verlauf von vier, fünf oder mehr Generationen längst beachtliche private Bildarchive geworden sind. Deren Zeugniswert wird allerdings zurückhaltend beurteilt. Denn:

»Nichts gleicht der künstlerischen Suche nach der verlorenen Zeit weniger als die Vorführungen kommentierter Familienfotografien. Die Bilder (...) evozieren und übermitteln das Andenken an Ereignisse, die es verdienen, bewahrt zu werden. (...) Deshalb gibt es nichts taktvolleres, nichts bestärkenderes und nichts erbaulicheres als ein Familienalbum: Alle Einzelabenteuer, die ein individuelles Andenken in der Abgeschiedenheit eines Geheimnis enthalten, sind daraus verbannt, oder, wenn man so will, der kleinste Nenner der Vergangenheit besitzt die beinahe provozierende Reinheit eines getreulich besuchten Grabmals.«[38]

Vor allem drei Merkmale dieser von Individuen, Familien, Organisationen und nationalen Institutionen beförderten Akkumulation des demokratisierten und kommerziell organisierten sozialen Gedächtnisses kennzeichnen die Erinnerungskultur als eine spezifisch moderne.[39] Die geringe Wahrscheinlichkeit, daß die gespeicherte Vergangenheit wieder verloren gehen könnte, von der Zerstörung durch atomare oder kosmische Katastrophen einmal abgesehen. Die außerordentliche und anhaltende Beschleunigung der Akkumulation dieses Vergangenheitswissens. Durch sie wird die objektive Verfügbarkeit über die Vergangenheit erleichtert und vergrößert, die subjektive Aneignung und Bewertung aber eher erschwert. Das dritte Merkmal ist die Demokratisierung des Zugangs zum kulturellen Gedächtnis und die Beteiligung an seiner Erinnerungsproduktion. Aus der einstigen Gedächtnisgemeinschaft der Gelehrten und religiösen Erinnerungs- und Übermittlungsvirtuosen ist ein ästhetisch-politisches Handlungsfeld geworden, mit zahlreichen Akteuren, pluralistisch organisiert und mit ausdifferenzierten kulturellen Medien, Diskursstrategien und politischen Funktionen. Dieser kursorische Überblick hat vielleicht die wesentlichen Merkmale der mordernen Erinnerungskultur gegenüber der vormodernen etwas erhellen können. Der hier zunächst noch zwischen »kulturellem Gedächtnis« und »Erinnerungskultur« schwankende metaphorische Sprachgebrauch zeigt indes an, daß dieses kulturelle Teilsystem als ästhetisches und politisches Handlungsfeld noch näher charakterisiert werden muß.

Gedächtnisorte als ästhetisch-politisches Handlungsfeld

In gewisser Weise hat Maurice Halbwachs das semantische Problem mit dem von ihm nachhaltig geprägten Begriff »kollektives Gedächtnis« gerade dadurch mitverursacht, daß er sich mit dem gesellschaftlichen Bezugsrahmen des menschlichen Gedächtnisses auseinandersetzte. Er war zusammen und im Anschluß an Bergson und Durkheim einer der ersten, der sich mit der kulturellen und soziologischen Dimension des Gedächtnisses beschäftigt und der neueren Diskussion wichtige Anregungen gegeben und auch begriffliche Angebote gemacht hat. Und obwohl er sich in der Gegenüberstellung von individuellem Gedächtnis (»mémoire individuelle«) und kollektivem Gedächtnis (»mémoire collective«) ausdrücklich auf die geographischen und sozialen Räume als Bedingungen und die gesellschaftlichen Gruppen als Träger des kollektiven Gedächtnisses bezog, ist ihm verschiedentlich der Vorwurf gemacht worden, Erscheinung und Funktion von individuellem und sozialem Gedächtnis gleichzusetzen bzw. durch den individualpsychologischen Terminus ›Gedächtnis‹ mutmaßliche Differenzen tendenziell zu überspielen und analytisch zu verfehlen.[40]

Die Ausweitung, Intensivierung und Präzisierung der neurobiologischen und psychologischen Gedächtnisforschung einerseits und die gleichfalls intensivierte Beschäftigung mit Geschichtsbewußtsein, Geschichtsbildern, Geschichtskultur und Geschichtsbewußtsein andererseits haben die Vorbehalte gegen die Verwendung des Gedächtnisbegriffes in kulturgeschichtlich-politischen Studien eher noch verstärkt. Auch jene Kulturhistoriker, die sich ausdrücklich auf Halbwachs beziehen und seine Theorie des kollektiven Gedächtnisses neu erschlossen haben, rücken – wie es scheint – bei der Operationalisierung und Systematisierung des Gedächtnisbegriffs vorsichtig von ihm ab und sprechen lieber von Erinnerungskultur, ihren kommunikativen und kulturell institutionalisierten bzw. tradierten Formen, bevorzugen also eine kulturalistisch geprägte gegenüber einer psychologisch und biologisch bestimmten Begrifflichkeit.[41] Wohl vor allem deshalb, weil die Individualmetaphorik leicht Gefahr läuft, die für die moderne Erinnerungskultur charakteristischen Strukturmerkmale und Funktionen gerade nicht zu erfassen: Ihre Öffentlichkeit, Materialisierung und Demokratisierung; die Verzeitlichung der gebauten Umwelt durch Gebäude und Denkmäler unterschiedlichen Alters, ferner die Lokalisierung von Erinnerung und symbolische Vergegenwärtigung von Vergangenheit; und schließlich die speziellen Kommunikations- und Reflexionsformen an besonderen Gedächtnisorten, also in Gedenkstätten, Denkmälern und an Gedenktagen.[42] Zur Erinnerungskultur gehören selbstverständlich auch die Leistungen der Geschichtswissenschaft sowie die literarischen, dramatischen, filmischen und bildkünstlerischen Werke. Von diesen wird im anschließenden zweiten Band noch eingehend die Rede sein.

Vergangenheit ist kein im Fortgang der Zeit gleichsam naturwüchsig anfallendes Produkt. Die Vergangenheit einer Gesellschaft wird kulturell gemacht, ist oft Gegenstand kontroverser Interpretationen und Diskurse. Art und Auswahl des in der jeweiligen Gegenwart Vergegenwärtigten werden von politisch motivierten Erinnerungsstrategien beeinflußt. Dabei kann man das Optimum dieses kollektiven Erinnerungsprozesses – und zugleich die mit ihm verbundene Schwierigkeit darin sehen, ein gleichsam ausbalanciertes Zeitverhältnis zu erreichen. Weder soll die Erinnerung den Vergangenheitsstatus des Erinnerten aufheben, noch »im Banne der Anamnesis (...) erstarren«.[43] Die Vermittlung und Verknüpfung der Zeiten »im Akt des Gedenkens« hat vielmehr die hochbewertete Funktion, gleichermaßen der Gegenwart wie der Zunkunftsorientierung zu dienen. Das, was von der Vergangenheit unvergänglich, genauer: unvergessen bleiben soll, wird in einem Bild von ihr festgehalten und die so verwandelte oder aufgehobene Vergangenheit Teil der Kontinuität und Identität, auf die jede Gesellschaft angewiesen ist.

Für die Erinnerungskultur im allgemeinen und die in Deutschland nach 1945 im besonderen sind indes nicht nur die Zeitverhältnisse relevant, sondern auch die politischen Verhältnisse, insofern sie das kulturelle an das politische Teilsystem anschließt. Verschiedene Dimensionen wird man dabei unterscheiden können: Eine sozialpsychologische, die nach der emotionalen und existentiellen Relevanz vermittelter historischer Ereignisse fragt. Für sie hat sich erst in jüngerer Zeit der problematische Ausdruck »Betroffenheit« eingebürgert.* Eine politisch-justitielle und politisch-kulturelle Dimension, in der – unter dem nicht minder bedenklichen, umgangssprachlich aber eingebürgerten Kennwort »Vergangenheitsbewältigung« vor allem die Fragen der Strafverfolgung, der Wiedergutmachung und der Einstellung zur NS-Zeit im Mittelpunkt des Interesses stehen. Und nicht zuletzt jene, gleichfalls politisch relevante und beeinflußte, i. e. S. erinnerungskulturelle Dimension, in der die wissenschaftlich-dokumentarische, die ästhetisch-expressive und die feierlich-rituelle Auseinandersetzung mit der Vergangenheit im Zentrum steht.

Eine solche Unterscheidung erscheint sinnvoll zunächst schon, um die Komplexität und Ausdehnung des erinnerungskulturellen Handlungs- und Problemfeldes anzudeuten. Darüber hinaus wird schnell erkennbar, daß und warum dieses Feld für die Legitimität der dem NS-Staat nachfolgenden geteilten nationalen Erbengemeinschaft so große Bedeutung hat. Abgesehen von der deutschen Kriegsschuld und dem verbrecherischen Charakter des NS-Staates war ja so ziemlich alles umstritten, innerhalb der Bundesrepublik – und zwischen den deutschen Staaten sowieso. Umstritten war und ist nicht nur das jeweilige NS-Bild sowie die Frage, ob und wie lange noch die Erinnerung an die NS-Vergangenheit eine hohe kulturelle und politische Priorität behalten soll. (Zu Beginn des Multi-Gedenkjahres 1995 wurden manche Stimmen laut, die befürchteten, daß nach diesem vielleicht letzten aufwendigen Erinnerungsjahr das öffentliche Erinnern an die NS-Vergangenheit schnell an politischer Bedeutung verliert, zumal dann, wenn es gelingt, die Feierlichkeiten zum 8. Mai mit einem deutsch-israelischen »Versöhnungsfestival« zum Höhepunkt dieses Jahres zu machen[44]). Umstritten war ferner die sog. Wiedergutmachung und die Verjährung der NS-Verbrechen. Und umstritten war und ist weiterhin, ob und wie insbesondere die extreme Realität der NS-Gewaltverbrechen zu bewerten, zu erklären und die Erinnerung daran ästhetisch angemessen oder überhaupt zum Ausdruck zu bringen – und über Generationen hinweg wachzuhalten ist.

Längst hat diese Erinnerungskultur ihre eigene wechselvolle Geschichte. Es ist eine Geschichte permanenter Auseinandersetzungen und Erinnerungsanstrengungen, die in ihrer Fülle und Vielfalt nicht mehr überschaubar sind. Dazu gehören die Tagebücher und Erinnerungen der Opfer und Überlebenden, die Romane, Erzählungen und

---

* Problematisch deshalb, weil in der Regel nicht zwischen dem existentiellen und lebensgeschichtlichen »betroffen sein« und dem »betroffen gemacht werden« durch inszeniertes Gedenken unterschieden und dieses gerne mit jenem gleichgesetzt wird.

Gedichte, Theaterstücke und Filme, Comics und bildkünstlerischen Werke ebenso wie die räumlich und zeitlich fixierten Gedächtnisorte, also die Denkmäler, Gedenkstätten und Gedenktage, von denen im folgenden die Rede sein soll. Der Bogen der denkmalkünstlerischen Auseinandersetzung spannt sich weit, von der eher traditionellen Totenehrung und Totenerinnerung – Kreuz und Davidstern, figurativer Darstellung, Obelisk, Grabstein und Friedhof – bis zu den neueren sogenannten Markierungs- und Prozeßkonzepten, den ephemeren und »unsichtbaren« Denkmälern wie sie von Esther und Jochen Gerz,[45] Christian Boltanski,[46] Norbert Radermacher u.a.[47] entwickelt wurden. Ihnen geht es nicht um die Vergegenwärtigung eines bestimmten Bildes der NS-Vergangenheit. Sie visualisieren den Prozeß der Erinnerung und des Vergessens oder Verdrängens, thematisieren also Probleme der Kommunikation und Konstruktion von Erinnerung, auch der Imagination von Verlorenem und der Repräsentation des Abwesenden.

In jüngerer Zeit ist diese Geschichte der Vergegenwärtigung der NS-Vergangenheit mit ästhetischen Mitteln nun ihrerseits zum Thema kritischer Reflexion gemacht worden. Vor allem der amerikanische Judaist und Anglist James E. Young hat für diese Geschichte wichtige Anregungen gegeben und inzwischen mehrere Arbeiten vorgelegt. In ihnen spielt das Problem der Ambiguität zwischen Faktischem und Fiktionalen eine herausragende Rolle. Young geht davon aus, daß die extreme Realität der NS-Gewaltverbrechen in unseren Sprachen als solche nicht darstellbar bzw. erinnerbar ist. Weil dies in den vielen Erzählungen und Bildern der Erinnerungskultur aber gleichwohl versucht wird, würden – ganz unvermeidlich – Grenzen verschoben, aufgehoben, würde bald das Faktische zur Fiktion, erscheine bald das Fiktive als Faktum.[48] Auch in den KZ-Gedenkstätten und Denkmälern ist dieses Muster zu identifizieren. Indem nämlich das Vergangene symbolisch in Ikonen vergegenwärtigt wird, werden die komplexen geschichtlichen Realitäten zugleich verdrängt und neu geschaffen. Ob in Treblinka durch 17000 Granitblöcke an einzelne jüdische Opfer oder an ganze jüdische Gemeinden erinnert wird, deren Leben in diesem und den anderen Vernichtungslagern ausgelöscht wurde, ob die hundert Holzapfelbäume im Babij-Jar-Park in Denver/Colorado für die über 30000 Juden stehen, die in der gleichnamigen, heute nahezu »erinnerungslosen« Schlucht am Stadtrand von Kiew am 29./30.9.1941 umgebracht wurden,[49] oder ob in Washington, im »Tower of Faces« des neuen Holocaust Memorial Museums mehr als 1300 Photos aus Familienalben der etwa 3000 jüdischen Bewohner einer litauischen Kleinstadt gezeigt werden, die im September 1941 fast vollständig ermordet wurden[50] – hier wird Geschichte zugleich gelöscht und neu definiert.

»Vergeßliche Denkmale« nennt Young denn auch diese Erinnerungsmale und Gedächtnisorte, deren Rhetorik er deshalb für so bedenklich hält, weil sie den Besucher täuschen können. Sie verleiten ihn womöglich, »die Rhetorik eines Denkmals mit dem Wesen der Ereignisse, an die es erinnert, zu verwechseln«. Auch an diesen Orten wird die Geschichte zwangsläufig vereinfacht und verfälscht. Kritisiert wird weiterhin, daß die Gedenkstätten der ehemaligen Vernichtungslager Maidanek und Auschwitz vor allem das Martyrium des polnischen Volkes in Erinnerung rufen und nur allgemein von den Millionen Toten als Nazi-Opfer die Rede ist, während ihre religiösen, ethnischen, sozialen oder staatlichen Identitäten ebenso unerwähnt bleiben wie die Ursachen ihres Leidens und Sterbens, jedenfalls in der Zeit des früheren Ostblocks, als mit der antifaschistischen Orientierung zugleich eine »antiimperialistische« bzw. antiwestliche Stoßrichtung verbunden war.[51]

Das erscheint um so bedenklicher, weil ja die KZ-Gedenkstätten für sich die »Autorität unrekonstruierter Realitäten« in Anspruch nehmen und auf die Todesrampen, Bahngleise, Lagerbaracken und Krematorien, Berge von Brillen, Haaren und Koffern verweisen – »Ikonen der Vernichtung«.[52] Überreste, in denen die Vergangenheit repräsentiert wird, für manchen Besucher aber unmittelbar präsent zu sein scheint, weshalb insbesondere die überlebenden Opfer dazu neigen, aus diesen emotionsbeladenen Gedächtnisorten so etwas wie unantastbare Kultstätten zu machen. Bei Gesprächen in Maidanek, Auschwitz, Yad Vashem und anderswo bin ich wiederholt auf Unverständnis gestoßen, wenn ich gefragt habe, ob die Konzeptionen der Gedenkstätten mit ihrem so oder so stilisierten Holocaust- und Opfer-Täter-Bild nach Jahrzehnten nicht ergänzt, verändert oder überhaupt offen gehalten und diese Veränderungen ihrerseits dokumentiert werden müßten. Schließlich hätte sich mit zunehmender Entfernung von der NS-Zeit unser diesbezügliches Bild verändert, von Asymmetrien und Blickverengungen gelöst zugunsten einer erweiterten, differenzierteren Betrachtungsweise, die lernt, widersprüchliche Ereignisse am selben Gedächtnisort zu tolerieren und in ein komplexes Geschichtsbild zu integrieren. So wie das jetzt in der Umgestaltung der NS-Gedenkstätten in der früheren DDR versucht wird, die nun – neben der DDR-Gedenkstättengeschichte – auch die ambivalente Rolle der Roten Armee als Befreier und neuer Unterdrücker würdigt, ein Bild, das in die jahrzehntelang antifaschistisch verklärte Vergangenheit natürlich nicht paßte.

Bedenklich erscheinen die Inszenierungen der Erinnerung am jeweiligen Gedächtnisort – unter Ausnutzung der Authentizität des Tatortes und der vermeintlichen Unmittelbarkeit der historischen Ereignisse – ja vor allem deshalb, weil die Visualisierung und Vergegenständlichung der Vergangenheit verschleiert, daß sie eben nicht die unvermittelte Geschichte selbst ist, sondern ein rekonstruiertes, zudem politisch gewolltes und mit moralischem Anspruch ausgestattetes Bild von ihr. Das mag gegenüber jeder visualisierten Vergegenwärtigung von Vergangenheit Anlaß geben zu mehr oder weniger großer Skepsis. Erinnerung dürfe nicht inszeniert, sie müsse im Kopf des jeweiligen Individuums evoziert werden: Auschwitz – so Claude Lanzmann (*Shoah*) zugespitzt, sei eine Realität, die jede Fiktion überträfe, die sich aber auch dem dokumentarischen und wissenschaftlich-analytischen Zugriff letztlich entziehe.[53]

Kritisiert wird aber auch die ästhetische Gegenposition, derzufolge Auschwitz nur abstrakt zu thematisieren ist. Von dem Unvergleichlichen – so heißt es in geradezu katechetischer Diktion – dürfe man sich kein Bild machen. Der Satz: »Du sollst dir kein Bildnis machen«, habe aber, so der Historiker Adir Ophir, dieselbe Funktion wie das Gebot: »Du sollst keinen anderen Holocaust haben neben mir«, denn beide Positionen liefen auf eine »Sakralisierung des Holocaust« hinaus, machten ihn zu einer »Ersatzreligion für Assimilierte und Atheisten«.[55] Welcher Position man auch immer zuneigen mag, wichtig ist zunächst nur, zu erkennen, daß die Sakralisierung des Holocaust ein Akt extremer Semiotisierung ist, der das zunächst namenlose und unvergleichliche Ereignis zu einer neuen Metapher werden läßt. Der Holocaust, Auschwitz, wird zum »Archetyp seiner selbst« und damit im Katastrophen-Gedächtnis der Menschheit zu einem neuen, mythischen Fixpunkt. Im Angesicht von Auschwitz scheint die säkularisierte Erinnerungskultur zu einer ihrer kulturgeschichtlichen Grundvoraussetzungen zurückzukehren und sich in eine Erinnerungsreligion zu verwandeln, in die religiös geprägte Erinnerung an ein mythisch gewordenes Martyrium. Für die Erinnerungskultur der Moderne ist das Verständnis des Holocaust deshalb konstitutiv.[56]

Vielleicht bleibt Auschwitz ein Fixpunkt, der uns – wie Saul Friedländer gemeint hat – nur »Mythen und Schatten« liefert, aber keine Informationen, die wir zu verständlichen Realitätsbildern zusammensetzen könnten. Deshalb ließen sich von dieser Vergangenheit nur verschiedene Versionen konstruieren.[57] Vielleicht wird das Monströse der nationalsozialistischen Gewaltverbrechen mit zunehmendem zeitlichen Abstand vom Geschehen aber auch verständlicher, besser erklärbar aus der Heterogenität der Ursachen und des Vollzugs, ohne daß jener fatale Neutralisierungseffekt der großen Entfernung eintritt, von dem schon Jean Améry in den sechziger Jahren befürchtete, daß die Ermordung von Millionen schließlich ein Gewaltverbrechen neben vielen anderen sein wird, im summarischen Rückblick auf ein »Jahrhundert der Barbarei« seines singulären Status‹ beraubt.

Immerhin haben sich neben den Historikern auch Philosophen und

Soziologen um Darstellung und Deutung der NS-Geschichte mit dem Mut zur übergreifenden Perspektive bemüht, von der *Dialektik der Aufklärung* (1947) bis zur *Dialektik der Ordnung* (1992). In der letztgenannten Studie hat der polnische Soziologe Zygmunt Bauman mit großer Überzeugungskraft dargelegt, daß der Holocaust nicht – wie uns der westliche Mythos so gern glauben machen will – einen Bruch der modernen Zivilisation darstellt, sondern eine Möglichkeit derselben. Denn die allgemeinen Grundlagen unseres zivilen Zusammenlebens sind auch die der »Endlösung«: rationale Organisation und funktionale Differenzierung. Der Rassismus war als Vernichtungs- und Züchtungsideologie eine Spielart des *social engineering* und gehört insoweit zum Fundus der Fortschrittsutopien der industriegesellschaftlichen Moderne. Der reaktionär-moderne NS-Staat hatte seine politische Religion aus unterschiedlichen Versatzstücken fabriziert – aus ethnischem Nationalismus, moderner Technologie und einer archaischen Naturideologie. Für dieses Regime wurden die Juden – seit Jahrhunderten der Inbegriff des bedrohlich Andersartigen und Fremden – zwangsläufig und nun buchstäblich zu einem Fremdkörper. Der NS-Staat, der mit der politisch, kulturell, sozial und ethnisch homogenen »Volksgemeinschaft« ein antipluralistisches Leitbild verbindlich erklärte, konnte Minderheiten nicht tolerieren und integrieren, sondern nur aus dem Volkskörper entfernen, durch Vertreibung und Vernichtung.

Doch zurück zur Erinnerungskultur, zu ihrer Entwicklung, ihren Erzeugnissen, Handlungsabläufen und Akteuren, deren Geschichtserinnerung unterschiedlichen Interessen entspringt und keiner einheitlichen Rationalität und Sprache verpflichtet ist. Die Geschichtswissenschaft ist einem primär kognitiven Geltungskriterium verpflichtet, denn sie zielt auf wissenschaftlich-analytische Erkenntnis, also auf objektivierende Aussagen über die Historie, auf die Vermehrung und Verbesserung unseres Wissens. Für die literarischen und visuellen Medien und inszenatorischen Erinnerungsgesten ist demgegenüber ein ästhetisch-expressives Geltungskriterium verbindlich. Diese Erinnerungsanstrengungen suchen den authentischen Ausdruck.[58] Der Umfang und die Vielfalt ihrer Formen, Verfahren und Manifestationen ist außerordentlich groß, schon in dem Feld, das hier im Mittelpunkt des Interesses steht: den Gedächtnisorten und Gedenktagen.

Zumal dazu nicht nur die nachträglich eingerichteten Erinnerungsorte gerechnet werden müssen, sondern eben auch der Umgang mit den architektonischen Überresten der NS-Zeit, den nachgelassenen Erinnerungsorten. Der Bogen spannt sich also von den bizarren Betonklötzen von Todts einstigem Atlantikwall, die uns Paul Virilio so eindrucksvoll vergegenwärtigt hat,[59] über die Ruinen des Nürnberger

Reichsparteitagsgeländes, die NS-Bauten in München und Berlin – um nur einige herausragende Beispiele zu nennen –, bis hin zu den ex post eingerichteten Gedächtnisorten, den inzwischen zu Gedenkstätten umgewandelten ehemaligen Konzentrationslagern, den älteren und neueren denkmalkünstlerischen Ehrungs- und Erinnerungsgesten der Nachlebenden und nicht zuletzt den Gedenktagen zur Erinnerung an Schlüsselereignisse der NS-Geschichte.

In der Auseinandersetzung mit unserer jüngeren, aber nicht mehr jüngsten Vergangenheit tritt neben die – öffentlich wenig spektakuläre, weil intime – Aneignung von schriftlichen Zeugnissen und historiografischen Werken in wachsendem Maße der räumlich und visuell erlebbare, inszenierte Gedächtnisort und die denkmalkünstlerische Symbolisierung. Im folgenden wird allerdings weniger der künstlerische Wert dieser Denkmäler zur Diskussion stehen, auch nicht ihr möglicher Nutzen für eine ästhetische und politische Betroffenheits-Erziehung. Im Vordergrund des Interesses steht hier, die Gedächtnisorte als Beispiele für die zumeist politisch konfliktreiche Aneignung und Bewertung der Geschichte zu sehen. Denkmäler verweisen nicht nur auf ein konkretes Ereignis, eine Person oder Personengruppe, kennzeichnen nicht nur einen Gedächtnisort im Hinblick auf seine besondere Vorgeschichte, sie machen dem späteren Besucher auch Deutungs- und Identifikationsangebote. Denkmäler sind demnach deutungsbedüftig und identifikationsfähig, sprechen den Betrachter an – oder auch nicht. So können sie mit der Zeit bedeutungslos werden, entbehrlich oder eben »unsichtbar«, wie Robert Musil das alltäglich gewordene, ins Stadtbild integrierte Denkmal spöttisch nannte.[60] In der Gegenwart hat die Denkmalskepsis eher noch zugenommen. Einerseits. Im Anschluß an ein bekanntes Adorno-Zitat vertrat ein zeitgenössischer Künstler die Auffassung, daß nach Auschwitz kein Denkmal mehr wahrhaftig sein könne.[61] Verbraucht erschienen ihm alle ästhetisch-politischen Ausdrucksformen – nicht nur das ohnehin kompromittierte vaterländische Pathos, die monumentale Machtdekoration, die sakrale Aura um herausragende Persönlichkeiten und heroisch stilisierte Ereignisse –, verbraucht, weil durch verbrecherische Regimes desavouiert.

Gleichwohl wurden Denkmäler auch nach 1945 gebaut und gestiftet, mit wechselnder Intensität. Seit einigen Jahren sind sie erneut gefragt, werden neue Denkmalskonzepte ausprobiert oder vorhandene Denkmäler umgestaltet und oft – kaum überraschend – kontrovers aufgenommen. Denkmalsetzungen machen Schlagzeilen, provozieren Protest und gelegentlich auch einen politischen Skandal. Ob es nun um die Neue Wache in Berlin geht, die neue nationale Gedenkstätte des vereinten Deutschland, um das unvollendete Krieger- und Gegendenkmal am Hamburger Dammtorbahnhof oder die »Topographie des Terrors« in Berlin, die Freilegung von Ruinenresten und die Dokumentation der einstigen Gestapo- und SS-Zentrale, um das Denkmal für Walter Benjamin im katalanischen Portbou oder um die Umgestaltung der KZ-Gedenkstätten in der früheren DDR – die Auseinandersetzungen sind zumeist heftig und langwierig. Das ist nicht neu. Entstehung, Sturz und Veränderung von Denkmälern haben schon in der Vergangenheit immer wieder starke Beachtung gefunden. Bisweilen mag es scheinen, daß ein »Monument zur Zeit des Verschwindens sein Maximum an Popularität erlangt« – wie etwa der demontierte, für einen Augenblick am Himmel über Berlin schwebende Granitkopf Lenins, ein Medienereignis im Herbst 1991.[62] Die umstrittene Denkmalsetzung, der spektakuläre Denkmalsturz und der unkonventionelle Denkmalkommentar sind deshalb immer auch aufschlußreich für den kontroversen und den zustimmungsfähigen Teil in der sichtbaren Geschichtserinnerung.

Die öffentliche Auseinandersetzung mit Gedächtnisorten und Denkmälern läßt ein ganzes Repertoire an – wenn man so sagen darf – pflegerischen und unpfleglichen Umgangsformen erkennen. Es wird von zahlreichen, oft miteinander konkurrierenden Gruppen genutzt. Denkmalsetzung und feierliches Erinnerungsritual, Zerstörung und Veränderung von Denkmälern und Gedenkstätten sind demnach ein wichtiger Bereich symbolischer Politik und der durch sie maßgeblich mitgestalteten pluralistischen Erinnerungskultur. Deren Akteure wollen teils gruppenspezifische, teils gruppenübergreifende Geschichtsbilder festschreiben und möchten den Erinnerungsdiskurs entweder zentralisieren oder gerade dezentralisieren und lokalhistorisch fixieren. Insofern sie also unterschiedliche Strategien anwenden, Interessen und Ziele verfolgen, sagen die von ihnen errichteten Denkmäler weniger aus über das Ereignis oder die Personen, die vergegenwärtigt werden sollen, sondern mehr über die Motive und Geschichtsbilder der Denkmalsetzer. Eben deshalb sind sie aufschlußreiche kulturelle Zeichen, Zeugnisse einer doppelten historischen Zeit. Mittelbar aussagekräftig für die historische Zeit und das Thema, dem sie gewidmet sind, dokumentieren sie unmittelbar die Rezeptions- und Deutungsgeschichte eines Ereignisses, einer Epoche usw.

Mehr und mehr hat die Denkmalkunst diese prozessuale Dimension der Erinnerung selbst zum Thema gemacht, also das Nebeneinander und Gegeneinander von Vergessen und Verdrängen, Wiedererinnern, Verfälschen und Umdeuten, mit einem Wort: das Problem der Vergegenwärtigung dieser Vergangenheit und nicht mehr nur das Vergangene allein. Zumal die NS-Zeit zwar die Geschichte aller geworden ist, aber für die verschiedenen Gruppen und die Nachgeborenen unterschiedliche, identitätsrelevante Bedeutung hat, ob es nun um Opfer oder Täter geht, die Opfertäter oder Täteropfer, die Mitläufer, Zuschauer und entfernteren Zeitgenossen, Deutsche und Nichtdeutsche, Christen und Nichtchristen, Linke und Rechte usw.

Auch diese Geschichte stand nach 1945 im Zeichen der deutschen Teilung und des Ost-West-Konfliktes. Die politische Instrumentalisierung der NS-Geschichte innerhalb der damaligen Bundesrepublik wurde also durch den innerdeutschen Systemkonflikt verstärkt, zumal beide deutsche Nachfolgestaaten des »Großdeutschen Reiches« sich in ideologisch entgegengesetzter Weise als dessen Erben verstanden. Der östliche Teilstaat stellte sich an der Seite der einen Siegermacht als das siegreiche andere oder neue Deutschland dar. Der westliche Teilstaat suchte die innere Erneuerung und äußere Rehabilitierung durch Annäherung an die westlichen Siegermächte.

Geschichtspolitik im geteilten Deutschland

Der Beitritt der Länder der früheren DDR zur Bundesrepublik ist auch geschichtspolitisch ein Ereignis von großer Tragweite. Die Aufhebung der Teilung Deutschlands hat die Perspektiven auf die deutsche Geschichte im allgemeinen und auf die NS-Zeit im besonderen verschoben, die politisch-historischen Erbschaftsverhältnisse verändert und damit einem höchst konflikträchtigen Politikfeld die bisherige Grundlage entzogen. Die Bewertung des Hitler-Regimes wird – so ist zu vermuten und zugleich zu hoffen – weiterhin kontrovers bleiben, aber sie ist nicht mehr Teil der systempolitischen Konfrontation der beiden deutschen Staaten.[63] Ja, fürs erste scheint sie überhaupt an Bedeutung verloren zu haben. Mit der Vereinigung der beiden deutschen Staaten ist jedenfalls die kürzere stalinistische und die längere nachstalinistische DDR-Vergangenheit in den Vordergrund des politischen Interesses getreten. Sie hat sich gleichsam über die NS-Vergangenheit gelegt und beide Vergangenheiten perspektivisch zusammenrücken lassen. Mit der für das allgemeine Geschichtsbewußtsein nicht unbedenklichen Folge einer dreifachen Entdifferenzierung: Erstens der erneuten Neigung zum Schematismus, wobei die Linke im System-Vergleich traditionell gern die Gemeinsamkeiten totalitärer Regime übersieht, während die Rechte umgekehrt – und auch das ist nicht neu – gern die systemspezifischen Differenzen überspielt. Zweitens die nicht weniger problematische Haltung, vor allem der alten Bundesrepublik, die seinerzeit versäumte oder halbherzige Aufarbeitung der

NS-Vergangenheit nun gleichsam am falschen Objekt nachzuholen, wobei ein schlechtes Gewissen gegenüber der eigenen Aufarbeitungsleistung und ein gutes antikommunistisches Gewissen als doppeltes Motiv verstärkend zusammenwirken mögen. Und drittens schließlich die Gefahr, den tieferen historischen Hintergrund aus dem Auge zu verlieren, denn hinter der in den Vordergrund gerückten DDR-Vergangenheit liegen ja noch die gemeinsamen NS-Altlasten und deren jahrzehntelang zwischen beiden deutschen Staaten höchst umstrittene, in den innerdeutschen Systemkonflikt einbezogene Entsorgung der NS-Vergangenheit, mit je charakteristischen Verzerrungen und Verdrängungen.[64] Der Umgang mit der schwierigen NS-Erbschaft folgte unterschiedlichen politischen Interessen, Interpretationen und kollektiven Identitätsbildungen. Der Soziologe M. Rainer Lepsius hat im Verhalten Österreichs, der früheren DDR und der alten Bundesrepublik gegenüber dem Erbe des Nationalsozialismus drei Varianten unterschieden und gezeigt, daß die Strategien oder Erbstile für die nachtotalitären politischen Kulturen in diesen Staaten konstitutiv gewesen sind.[65] Österreich, das hier nicht Gegenstand der Erörterung ist, konnte seinen »Anschluß« an das Dritte Reich zum Ereignis einer »externen Intervention« machen. Es hat also die Voraussetzungen, den Verlauf und die Folgen der »Heimkehr in das Deutsche Reich« nicht der eigenen Geschichte zugerechnet, sondern der Geschichte Deutschlands zugeordnet. Österreich – so Lepsius – hatte also die politisch hochwillkommene Möglichkeit, die Hypotheken der NS-Zeit zu *externalisieren*.[66]

Für die sowjetische Besatzungszone ergab sich eine andere geschichtspolitische Ausgangskonstellation. Sie konnte den Nationalsozialismus als Faschismus *universalisieren*. Die DDR wurde auf einem antifaschistischen Gründungsmythos errichtet, der als solcher freilich erst nach und nach ins Bewußtsein trat.[67] Unter der Sowjetunion als Sieger- und Besatzungsmacht vollzog sich mit der DDR der Übergang vom Kapitalismus zum Staatssozialismus. Dieser Systemwechsel beseitigte zumindest im nachhinein jene sozialökonomischen Verhältnisse, die damals nicht nur unter Kommunisten als entscheidende Voraussetzung für den Aufstieg der NS-Bewegung und die Errichtung des NS-Staates angesehen wurden. Aber nicht nur strukturell, sondern auch personell reklamierte die DDR für sich, einen grundlegenden Bruch mit der Vergangenheit vollzogen zu haben. Immerhin befanden sich in den Führungsgruppen des SED-Staates nicht wenige Kommunisten, die bereits vor 1933 und danach im Exil oder im Untergrund gegen die Nazis gekämpft und/oder unter ihrer Herrschaft im Gefängnis bzw. Konzentrationslager überlebt hatten.[68] Wie selbstverständlich machte die DDR die in ihrer Sicht verhinderte oder verratene, in jedem Fall aber unvollendet gebliebene sozialistische Revolution von 1918 zum zentralen historischen Bezugsereignis – nicht wenige Lebensgeschichten der Männer und Frauen der ersten Stunde waren durch dieses Großereignis nachdrücklich geprägt worden. Und wie selbstverständlich nahm die DDR die Traditionen und das Erbe des humanistischen und demokratisch-revolutionären Deutschlands für sich in Anspruch. Der solchermaßen erneuerte zweite deutsche Staat konnte sich in zweifacher Weise von der faschistischen Erblast befreien. Zum einen, indem er sie auf die strukturell und personell »restaurative« Bundesrepublik abwälzte. Zum anderen durch die Verknüpfung von bürgerlich-kapitalistischer Gesellschaft und imperialistischem bzw. faschistischem Staat in der kommunistischen Faschismustheorie.

Den westlichen Zonen und der aus ihnen hervorgegangenen Bundesrepublik stand, zumal unter der Besatzungsherrschaft der West-Alliierten, weder die externalisierende noch die universalisierende Variante als geschichtspolitische Strategie zur Verfügung. Wie widerstrebend und zögerlich, opportunistisch, selektiv und selbstentlastend die westdeutsche Gesellschaft und ihre Regierungen mit der NS-Erblast auch immer umgingen, die Bundesrepublik war von Anfang an gezwungen, dieses sperrige und anstößige Erbe zu integrieren – oder mit dem Ausdruck von Lepsius – zu *internalisieren*. Zumal die Bundesrepublik die Nachfolge des Deutschen Reiches beanspruchte und auf internationaler Bühne ein Alleinvertretungsrecht durchzusetzen suchte. So wurde innerhalb der Bundesrepublik und zwischen den beiden deutschen Staaten die sich mit dem NS-Erbe abmühende Politik und Erinnerungskultur zu einem heftig umstrittenen Terrain.

Die Vergangenheit als Gewinn? Die DDR

Denn so erbittert die systempolitische Konfrontation im allgemeinen war, so verhärtet zeigte sich lange die geschichtspolitische Konfliktlinie im besonderen. Das fand seinen Niederschlag vor allem in der zunächst sehr einseitigen Auseinandersetzung mit dem Widerstand gegen Hitler. Die DDR blieb in ihrer forcierten Traditionspflege lange auf den heroisierten kommunistischen Widerstand fixiert, den man im Westen zunächst – ebenso intensiv – ignorierte zugunsten einer gleichfalls idealisierten Darstellung des militärischen und bürgerlichen Widerstands. Für diese, die Zeit des Kalten Krieges prägenden Blickverengungen war auf östlicher Seite die »doppelte Moral« von verklärtem Antifaschismus und fehlendem Antistalinismus der maßgebliche Faktor[69], während auf westlicher Seite jene in jüngster Zeit wiederbelebte, populäre Totalitarismustheorie die entscheidende Rolle spielte, die allzu bereitwillig die NS-Diktatur mit der SED-Diktatur strukturell identifizierte. Dabei gab es in der ideologisch solchermaßen aufgeladenen Auseinandersetzung um die Erbschaft des Dritten Reiches kaum etwas zu gewinnen, mochte sich die DDR auch wie ein ›lachender Erbe‹ aufführen, an der Seite des östlichen Befreiers gar wie ein Sieger darstellen und sich aus der gesamtschuldnerischen Haftung heraushalten, während die Bundesrepublik die gesamte Erblast übernahm oder als Hypothek aufgebürdet bekam, die sie abzutragen, aber auch immer wieder abzuwälzen suchte.

Die Geschichtspolitik war gleichwohl eine kostengünstige Ressource im innerdeutschen Systemkonflikt und zugleich ein politisch hochbedeutsames symbolisches Kapital. Aus der Geschichte konnte und wollte die DDR nicht fliehen, zumindest nicht aus der ganzen. Sie flüchtete nicht einfach – wie das gelegentlich in der Bundesrepublik versucht wurde – vor der Vergangenheit in eine geschichtslose Gegenwart. Die DDR suchte eher umgekehrt aus einer bedrängenden Gegenwart heraus Zuflucht in der Geschichte, richtiger: in einer verfälschten, weil selektiv wahrgenommenen und verklärten Vergangenheit.

Man mag dem ostdeutschen Staat – trotz dieser Vorbehalte – gleichwohl das historische Verdienst nicht absprechen wollen, zumindest anfangs »der braunen Vergangenheit energischer entgegengetreten zu sein und deren Restbestände durchschlagender bereinigt zu haben als der westliche Nachbar«.[70] Den erheblichen Unterschied zwischen einem universalisierenden – und damit auch entlastenden – und einem internalisierenden Umgang mit der NS-Vergangenheit wird man eben doch nicht übersehen dürfen. Dieser Feststellung wird auch nicht dadurch widersprochen, daß man beiden deutschen Staaten charakteristische Verfehlungen und/oder Überzeichnungen in den Diskursen über das Dritte Reich nachweisen kann. So – wie gesagt – in der Würdigung des Widerstands. So in der Frage von individuell zurechenbarer Schuld und kollektiver moralischer Haftung für die NS-Gewaltverbrechen, deren »politischer Kontext« im Westen in der anfänglichen Tabuisierung, Gleichsetzung oder Verrechnung mit anderen Kriegsverbrechen eher »unterthematisiert« blieb, während er im Osten dank der Universalisierungsstrategie »überspielt« werden konnte.

Gewiß, man kann und muß auch der Bundesrepublik Versäumnisse und Verzögerungen im Umgang mit der NS-Vergangenheit vorhalten und speziell auch die westdeutsche Debatte über Schuld und Verantwortung kritisieren, – in der DDR gab es sie nicht oder erst sehr spät. Und man wird auch die politisch-justitiellen Verfahren zur Verfolgung der NS-Verbrechen, die wiederholte Ungleichbehandlung der Hinterbliebenen von Tätern und Opfern, die finanziellen Aufwendungen und oft langwierigen, demütigenden Verfahren für die Entschädigung und sog. Wiedergutmachung gegenüber den KZ-Opfern und Zwangsarbeitern in der Bundesrepublik – sowie die parallele Entwicklung der Holocaust-Forschung, die hierzulande spät begann, kritisch beurteilen müssen, – in der DDR hat etwas Vergleichbares nicht stattgefunden. Im militanten Antifaschismus war für die Juden und ihre Leidensgeschichte »recht eigentlich kein Platz«, wie es in einem nachneunundachtziger Rückblick eines vormaligen DDR-Historikers heißt, wenn es dort auch zur »jüdischen Frage« bzw. zum Holocaust anfangs und nachwirkend durchaus verschiedene Einstellungen und Strömungen gab.[71]

In dem vorherrschenden materialistischen Welt- und Geschichtsbild, das klassentheoretisch orientiert und auf die sozialökonomischen Verhältnisse fixiert war, gab es keinen Ansatz, die kulturellen und politischen Voraussetzungen der Rassenideologie, die Rassenpolitik und die »Endlösung der Judenfrage« als eine zentrale Zielsetzung des NS-Staates zu erkennen. Aus der Sicht der Kommunisten war der faschistische Antisemitismus in seiner politischen Bedeutung dem Antikommunismus nachgeordnet. Die verfolgten und aus den Gefängnissen und Konzentrationslagern befreiten Kommunisten nahmen denn auch für sich in Anspruch, Opfer und – vorgeblich siegreiche – antifaschistische Kämpfer zugleich zu sein. Das Spannungsverhältnis und die Ungleichbehandlung zwischen ihnen und den jüdischen Opfern kam symbolisch und später auch materiell, etwa in der Rentenbemessung, zum Ausdruck. Bereits die bald aufgelöste VVN unterschied die antifaschistischen Kämpfer mit einem roten von den Opfern der sog. Nürnberger Gesetze mit einem grauen Ausweis. Demgegenüber hat die Rückkehr von teilweise prominenten kommunistischen Juden in die damalige SBZ – genannt seien Alexander Abusch und Albert Norden, Hanns Eisler, Walther Felsenstein, Anna Seghers und Arnold Zweig – für die politische und kulturelle Auseinandersetzung mit dem Holocaust keinen nachhaltigen Einfluß gehabt. Der Jerusalemer Eichmann-Prozeß markiert im übrigen – in der DDR wie in der Bundesrepublik – eine Veränderung im Umgang mit dem Holocaust-Thema, den Beginn seiner Enttabuisierung, wobei zunächst seine kampagnenartige Instrumentalisierung gegen den heftig attackierten Antisemitismus in der Bundesrepublik deutlich im Vordergrund stand.[72] Die wissenschaftliche Auseinandersetzung mit dem Holocaust blieb dahinter zurück und im übrigen noch lange der alten Komintern-Formel aus den dreißiger Jahren verhaftet, derzufolge der Faschismus die »offene terroristische Diktatur der reaktionärsten, am meisten chauvinistischen, am meisten imperialistischen Elemente des Finanzkapitals« sei. Willkommen war der DDR der Holocaust zum einen, um immer wieder die Alt-Nazis und den Neonazismus der Bundesrepublik als systembedingt zu attackieren. Nützlich war er zum anderen für »eine allgemeine plakative Anprangerung nazistischer Barbarei«, aus der die DDR immer wieder vorgab, in geradezu vorbildlicher Weise umfassend Konsequenzen gezogen haben. Noch im Spätsommer 1988 konnte DDR-Außenminister Oskar Fischer verkünden:

»Die DDR ist ein antifaschistischer deutscher Staat, in dem Rassismus, Antisemitismus und Faschismus mit ihren Wurzeln ausgerottet sind. Frieden und Völkerfreundschaft sind Verfassungsgrundsatz. Kriegshetze, Rassenhaß und Bekundungen faschistischen Gedankenguts sind verboten und werden strafrechtlich geahndet. Regierung und Volk der DDR werden den Opfern der Nazibarbarei, darunter den über sechs Millionen ermordeten jüdischen Bürgern, stets ein ehrendes Gedenken bewahren. Die Jugend unseres Staates wird konsequent im antifaschistischen Geist erzogen, und es wird alles getan, damit auch die jüngere Generation die Schrecken des Hitlerfaschismus und die unermeßlichen Leiden gerade der jüdischen Mitbürger sowie die heroischen Taten der antifaschistischen Widerstandskämpfer niemals vergißt.«[73]

Jahrzehntelang stand das symbolische Gedenken und der geradezu rituell wiederholte Verweis auf die »Ausrottung« des »deutschen Militarismus und Nazismus« (Art. 6.1 der DDR-Verfassung von 1974) im Zentrum ihrer Geschichtspolitik. Demgegenüber blieben materielle Anstrengungen zur Aussöhnung und Wiedergutmachung bedeutungslos, sofern sie überhaupt unternommen wurden. Umso nachdrücklicher wurde auf die frühe »antifaschistisch-demokratische Umwälzung« der Sowjetischen Zone vor Gründung der DDR verwiesen. Die Entnazifizierung war dort mit umfangreichen Enteignungen, mit einer Bodenreform (»Junkerland in Bauernhand«), einer Strukturreform des Bildungs- und Hochschulwesens und der Säuberung des Justizapparates umfassender angelegt als im Westen. Aber auch in der DDR ermöglichten die frühe Unterscheidung von »aktiven« und »nominellen Nazis« und die funktionalen Erfordernisse der Güter- und Dienstleistungsversorgung im Wiederaufbau zahlreichen ehemaligen Nazis eine Anpassung an die neuen Verhältnisse, ja eine Fortsetzung ihrer Karrierewege, ob in wirtschaftlichen, sozialen oder kulturellen Einrichtungen, in der Nationalen Volksarmee, in der Volkskammer, dem Staatsrat oder im Zentralkomitee der SED. Vielleicht haben die »gewendeten« Alt-Nazis, denen mit der Nationaldemokratischen Partei Deutschlands ein eigenes politisches Auffangbecken geschaffen wurde, in der DDR und für den Aufbau des ostdeutschen Staates nicht die Bedeutung erlangt wie das für die Integration der ehemaligen Nazi-Täter und Mitläufer nach der Amnestiebewegung im Westen als gesichert gelten kann. Aber es gab diese massenhafte Anpassung hier wie dort. Verdeckt wurde das allerdings lange durch die forcierte antifaschistisch-sozialistische Image- und Traditionspflege der DDR mit ihren seit Mitte der fünfziger Jahre errichteten »Nationalen Mahn- und Gedenkstätten«, ihrer »Namensträgerbewegung«, ihren örtlichen, parteiabhängigen »Traditions- und Geschichtskommissionen«.

Die Vergangenheit als Last: Die Bundesrepublik

Die Bundesrepublik war von Anfang an unmittelbar mit der NS-Geschichte konfrontiert. Ihr stand nicht die von der DDR vorgeführte Überwindung durch universalisierende Deutung zur Verfügung. Die Entwicklung der Bundesrepublik vollzog sich mit, bisweilen gegen, aber nie ohne einen kategorischen Erinnerungsimperativ. Die NS-Erblast erschwerte die Suche nach historischer Kontinuität und komplizierte den Prozeß der kollektiven Identitätsbildung, aber ihre Internalisierung in die eigene politisch-kulturelle Entwicklung war und blieb unumgänglich. Mochte sich dagegen auch immer wieder massiver und lautstarker Protest formieren, von der Schlußstrich-Bewegung bis zur »Auschwitz-Lüge«, die Kette lief mit, um noch einmal an das von Nietzsche geprägte Bild zu erinnern.

Die DDR konnte bei defizitärer ökonomischer und politischer Entwicklung stets auf eine angeblich solide Legitimitäts- und Identitätsreserve verweisen, aus der allerdings mit der Zeit immer weniger Nutzen zu ziehen war. Bei der Bundesrepublik verhielt es sich genau umgekehrt. Sie machte den Eindruck, in dieser Hinsicht chronisch unterversorgt zu sein. Trotz eines erfolgreichen Wiederaufbaus und eines weltweit bestaunten Aufstiegs zur Wirtschaftsgroßmacht, einer bemerkenswerten politischen Stabilität und nachfolgenden gesellschaftlichen Demokratisierung blieb die Bundesrepublik in ihrem Selbstbild und Selbstwertgefühl eigentümlich unsicher, gleichsam auf der Suche nach einer besseren Vergangenheit in der Zukunft. Auch die glänzende Fassade der Wohlstandsdemokratie, bald als Modell Deutschland gepriesen, konnte das Bild von den ›häßlichen‹ Deutschen nie definitiv auslöschen. Bei Hakenkreuzschmierereien, der Schändung jüdischer Friedhöfe und Synagogen, bei der Enttarnung der NS-Vergangenheit westdeutscher Politiker ebenso wie bei den zahlreichen NS-Prozessen war es immer wieder gegenwärtig. Von den Steinen des Anstoßes wird noch zu reden sein. Die Westdeutschen taten sich schwer bei der Suche nach einem positiven Selbstbild und vorteilhaften internationalen Image. Es schien kaum oder gar nicht möglich, den extrem negativen Fixpunkt ihrer Vergangenheit – Auschwitz – in ein positives Selbstbild zu integrieren. Dazu waren selbst außerordentliche und vielfältige Anstrengungen kaum imstande. Anstrengungen der Verdrängung und der Erinnerung, der Entschädigung der Opfer und Bestrafung der Täter, der Entnazifizierung und Umerziehung vorbelasteter Bevölkerungsteile, der Lösung aus diskreditierten politischen Traditionen und der Begründung neuer demokratisch-rechtsstaatlicher Verhältnisse. Die Bundesrepublik war also gezwungen, sich in einem langwierigen Lernprozeß an ihrer Vorgeschichte abzuarbeiten.[74] Insofern ist aus dem Rückblick der neunziger Jahre gewiß nicht allein die viel gescholtene Erinnerungsverweigerung darstellungs- und erklärungsbedürftig, sondern ebensosehr die kollektive Erinnerungsanstrengung. Vielleicht verdient sie sogar die größere Aufmerksamkeit. Jedenfalls dann, wenn man davon ausgehen kann, daß »Völker (dazu) neigen« – so Christian Meier – »Untaten großen Stils, die sie begangen haben, zu beschweigen«, was »mindestens so lange (geschieht), bis sie aus deren unmittelbaren Schatten heraus sind.« Trifft diese durchaus plausibel erscheinende Annahme zu, »so ist das Gedenken an den Holocaust in der Bundesrepublik mindestens sehr ungewöhnlich.«[75] Man muß keineswegs so weit gehen und gegen den pauschalen Verdrängungsvorwurf nun ebenso pauschal von einer vorbildlichen, einmaligen, gar übertriebenen Erinnerungsleistung sprechen, um doch anzuerkennen, daß der Umgang mit dem NS-Erbe auf vielen Feldern ein widersprüchliches Bild geschaffen hat.

Auf der einen Seite sind die zahlreichen Versuche nicht zu übersehen, vor der Vergangenheit und der Verantwortung zu fliehen. Auf der anderen aber ebensowenig die große Zahl von Beispielen, sich dieser Vergangenheit und Verantwortung – so umstritten sie bis heute ist – mit immerhin beachtlicher Offenheit zu stellen. Verdrängung und Vergegenwärtigung, Amnesie und Anamnese fanden und finden gleichzeitig statt. In diesem Neben- und Gegeneinander zeigt sich, daß die Geschichtserinnerung mit fortschreitender zeitlicher Entfernung von 1945 intensiver und das Geschichtsbild differenzierter, also wirklichkeitsnäher geworden ist. Die »Befangenheit der Nähe« (Karl Stadler) ist mehr und mehr einer »Unbefangenheit gegenüber dem so Naheliegenden« gewichen.[76] Das wird man als Gewinn ansehen wollen und erkennt doch sogleich die darin eingeschlossene Gefahr. Denn über ein differenziertes und distanziertes NS-Bild lassen sich jene zwölf Jahre eben leichter in übergreifende Entwicklungslinien der deutschen Geschichte einordnen. Zugleich und zum anderen läßt sich dadurch das

Spezifische und Singuläre der NS-Herrschaft, der Eroberungs- und Völkervernichtungskrieg aber auch leichter abschwächen und relativieren. Sei es, daß das NS-Regime als Produkt und Faktor des krisenreichen Modernisierungsprozesses in Deutschland gesehen,[77] sei es, daß die »Endlösung« zu anderen Völkermorden in zeitliche oder kausale Beziehung gesetzt wird – das Thema des fatalen Historikerstreits.[78]

Diese widersprüchlichen Tendenzen der Geschichtserinnerung sind nicht neu, vielmehr für die westdeutsche Erinnerungskultur von Anfang an charakteristisch. Einige Anmerkungen können das vielleicht etwas verdeutlichen. Es sind zwangsläufig knappe Bemerkungen zu den ideenpolitischen, rechtspolitischen und geschichtswissenschaftlichen Aspekten des NS-Diskurses.[79]

Der Nationalsozialismus hat den deutschen Nationalismus und autoritäre Ordnungsmodelle, die traditionell stärker waren als der Konstitutionalismus, nachhaltig geschwächt. Die Bundesrepublik war nicht nur ein posttotalitärer Staat, sie wurde zudem ein postnationalstaatliches Gemeinwesen, mochte die Präambel ihrer Verfassung auch an der nationalstaatlichen Option festhalten. Entscheidend war, daß das Selbstwertgefühl der Deutschen nicht mehr auf dem Bewußtsein völkischer Überlegenheit beruhte oder dem Anspruch einer kulturellen Mission, sondern auf einer ökonomisch, politisch und kulturell verstandenen Leistungs- und Wettbewerbsorientierung innerhalb der westlichen Staatengemeinschaft. Dieser tiefgreifende ideenpolitische Wandel wurde allerdings durch eine gegenläufige Tendenz gebremst oder geschwächt, den Antikommunismus des Kalten Krieges. Die Bundesrepublik konnte so die Abkehr vom Nationalsozialismus mit der Ablehnung des (stalinistischen) Kommunismus tagespolitisch wirkungsvoll im allseits populären Antitotalitarismus bündeln. Mit der erwünschten Folge, daß sie dadurch von einer Auseinandersetzung mit der NS-Geschichte entlastet und abgelenkt wurde. Mehr noch. Zugleich behauptete sich mit dem Antikommunismus eine wichtige ideologische Kontinuitätslinie. Die Westdeutschen konnten glauben, zumindest in dieser Hinsicht immer schon auf der richtigen, westlichen Seite gestanden zu haben. Und schließlich war der Antitotalitarismus auch in der innerdeutschen Systemkonfrontation unverzichtbar, die gesuchte Gegenwaffe zur Faschismustheorie, in der modelltheoretischen Abstraktion von der konkreten Vergangenheit allerdings so wenig wie jene geeignet, die ganze historische Wirklichkeit zu erfassen.

Auch auf dem weitläufigen Feld der politischen und juristischen Auseinandersetzung mit den NS-Gewaltverbrechen lassen sich solch gegenläufige Tendenzen ausmachen.[80] Frühzeitig ließen führende Repräsentanten der Bundesrepublik keinen Zweifel daran, daß der NS-

Staat von Beginn an ein Unrechtsstaat gewesen war, daß für den Widerstand gegen Hitler deshalb eine hohe Legitimation bestand und für die Bundesrepublik als Rechtsnachfolger des Dritten Reiches eine besondere Verpflichtung zur Strafverfolgung der NS-Täter, zur Wiedergutmachung gegenüber den Opfern wie auch zur mahnenden und ehrenden Erinnerung an die Verbrechen und die Leiden dieser Zeit. Dem sozialdemokratischen Juristen, ehemaligen KZ-Häftling, Emigranten und späteren Ankläger im Frankfurter Auschwitz-Prozeß Fritz Bauer ist es zu verdanken, daß der Widerstand gegen Hitler im Braunschweiger Remer-Prozeß vom Odium des Landes- und Hochverrats befreit und das Dritte Reich in umfangreicher Urteilsbegründung nun auch von einem deutschen Gericht als Unrechtsregime charakterisiert und verurteilt wurde. Die Alliierten hatten das bereits Jahre zuvor während des Nürnberger Militärtribunals getan. Und Konrad Adenauer kommt das Verdienst zu, gegen die massive Ablehnung im eigenen, bürgerlich-konservativen Lager und mit Unterstützung der sozialdemokratischen Opposition die »Kollektivverantwortung« (Theodor Heuss) der Deutschen als Schuldanerkennung und Pflicht zur Wiedergutmachung definiert zu haben. Schon im November 1949 erklärte er in einem Interview mit der *Allgemeinen Wochenzeitung der Juden* in Deutschland: »Das deutsche Volk ist gewillt, das Unrecht, das in seinem Namen durch ein verbrecherisches Regime verübt wurde, soweit wiedergutzumachen, wie dies nur möglich ist, nachdem Millionen Leben unwiederbringlich vernichtet sind.«[81]

Das waren anfangs kaum mehr als kluge und couragierte politisch-moralische Vorgaben einzelner, die trotz ihrer einflußreichen Stellung in Politik und Justiz sich nicht als Sprecher von Mehrheitsmeinungen verstehen konnten und dies wußten. Aber ihre Vorgaben wiesen dem gesellschaftlichen Willensbildungsprozeß die Richtung, so langwierig und schwierig er sich auch gestaltete. Denn die Vorbehalte gegen Schuldanerkennung, Strafverfolgung und Wiedergutmachung waren groß. Die Akzeptanz des Dritten Reiches der Vorkriegszeit blieb in weiten Teilen der westdeutschen Bevölkerung beträchtlich. Noch in den siebziger Jahren hielt die Mehrheit der vom Allensbacher Institut befragten Deutschen die Jahre zwischen 1933 und 1939 für den besten und erfolgreichsten Abschnitt in der deutschen Geschichte des 20. Jahrhunderts, wurden die Schattenseiten des Nationalsozialismus davon abgetrennt und die Gewaltverbrechen Hitlers einer kleinen kriminellen Clique zugerechnet, aber eben nicht der deutschen Gesellschaft insgesamt. Daraus erklärt sich das hartnäckige Schlußstrich-Verlangen und beispielsweise auch der große Publikumserfolg von Sebastian Haffners Buch *Anmerkungen zu Hitler* (1978), das überpointiert zwischen Hitlers Fehlern und Verbrechen sowie Leistungen und Erfolgen unterschied und damit – vielleicht unbeabsichtigt – diese gegen jene aufwertete.

Gegen die vielfältigen Amnestie- und Amnesietendenzen gewannen Ansätze und Anstrengungen zur politischen und juristischen Aufarbeitung der NS-Verbrechen erst allmählich an Profil. Wahrscheinlich ist dafür kein Beispiel kennzeichnender und aussagekräftiger als die vierteilige Verjährungsdebatte im Bundestag, von der Forschung allerdings bisher kaum angemessen gewürdigt.[82] Die erste fand 1960 statt. Obwohl rechtspolitische Grundsatzfragen diskutiert wurden – Befürworter einer Fristverlängerung für die Verbrechensverfolgung standen gegen die Verfechter der Beibehaltung üblicher Verjährungsfristen – konnte nicht verhindert werden, daß die fünfzehnjährige Verjährungsfrist für die vor 1945 begangenen Totschlagsdelikte wirksam wurde. Die zweite Debatte wurde 1965 unter dem Eindruck des Jerusalemer Eichmann- und Frankfurter Auschwitz-Prozesses in einem inzwischen veränderten öffentlichen Meinungsklima geführt. Die Reden und Diskussionen der Abgeordneten Adolf Arndt (SPD), Ernst Benda (CDU) und Thomas Dehler (FDP) gelten längst als eine Sternstunde des Parlaments. Daran gemessen fiel das Ergebnis eher dürftig aus: Der Bundestag konnte sich nicht entschließen, die zwanzigjährige Verjährungsfrist für Mord um zehn Jahre zu verlängern und noch weniger, sie ganz aufzuheben. Man behalf sich mit einer Rechenoperation und ließ die Verjährungsfrist erst im Jahre Eins der Bundesrepublik beginnen, also 1949/50, was 1969 eine dritte Debatte zur Folge hatte. Sie führte zur Aufhebung der Verfolgungsverjährung für Völkermord und zur Verlängerung der Verfolgungsverjährung für Mord auf dreißig Jahre, die im Anschluß an die Debatte von 1979 ebenfalls aufgehoben wurde. Damit war nun einerseits für die Strafverfolgung von Mordtaten die zeitlich unbegrenzte Zeugnissicherung gewährleistet, andererseits aber jene zuvor bereits erreichte prinzipielle Unterscheidung zwischen Mord und Völkermord wieder zurückgenommen. Für ihre Beibehaltung hatte der ehemalige Innenminister Werner Maihofer nachdrücklich plädiert: »Über Mord wächst irgendwann einmal Gras, und zwar im Regelfall schon nach einer Generation. Über Auschwitz aber wächst kein Gras, noch nicht einmal in 100 Generationen.«[83]

Die Verjährungsdebatten, Entschädigungsverfahren und NS-Prozesse haben gerade in ihrem jahrzehntelangen schwierigen Verlauf dem öffentlichen Bewußtsein ein Bild von der Art und dem Ausmaß der nationalsozialistischen Gewaltverbrechen vermitteln können, aber auch davon, mit welch großen Schwierigkeiten rechtsstaatliche Institutionen konfrontiert sind, wenn sie sich einer solchen Erblast annehmen müssen. Man wird von einem strukturellen Dilemma der Internalisierung sprechen können. Die Angeklagten konnten immer wieder erfolgreich das rechtsstaatliche Verfahren individueller Straftatzurechung gegen die Strafverfolgungsbehörden ausspielen, durch Berufung auf »Unrechtsbewußtsein« und »Befehlsnotstand«. Zudem waren auch Politik und Justiz erheblichen Beschränkungen unterworfen: dem Rückwirkungsverbot ebenso wie der Vermeidung von Sonderstrafrecht.

Doch trotz vielfältiger politischer Versäumnisse und institutioneller Restriktionen: Die Bilanz der NS-Prozesse vor deutschen Gerichten fällt im allgemeinen sehr viel positiver aus als die der Selbstreinigung der Justiz von ihrer NS-Vergangenheit. Daran haben mehrere zumeist langjährige Prozesse, eine ganze Reihe von Richtern und Staatsanwälten ihren gebührenden Anteil und nicht zuletzt die 1958 eingerichtete »Zentrale Stelle der Landesjustizverwaltungen zur Aufklärung nationalsozialistischer Gewaltverbrechen«. Ihre Leistung wird man zudem als eine geschichtswissenschaftliche Grundlagen- und Quellenforschung von außerordentlichem Rang ansehen müssen. Durch umfangreiche Zeugenbefragungen, Spurensicherungen und Tatrekonstruktionen wurden die Voraussetzungen entscheidend verbessert und oft erst geschaffen, daß sich auch die Historiker mit dem Holocaust beschäftigen konnten.

Sie haben dieses Thema allerdings hierzulande nie zu ihrem zentralen Gegenstand gemacht. Die großen Monographien zur »Endlösung« wurden überwiegend nicht in Deutschland geschrieben. Sie kamen aus dem Ausland in Übersetzungen zu uns und waren nicht selten von Emigranten verfaßt, von H. G. Adlers *Theresienstadt* (1955) und Gerald Reitlingers *Endlösung* (1956), über Hannah Arendts *Eichmann in Jerusalem* (1964) bis zu Zygmunt Baumanns *Dialektik der Ordnung* (1992 / 1989), Raul Hilbergs *Vernichtung der europäischen Juden* (dt. 1982 / engl. 1961) und Arno Mayers *Krieg als Kreuzzug* (1989). Ein nationales Holocaust-Forschungsinstitut wurde nie eingerichtet. Diese Feststellung relativiert nicht den Rang der beiden, bereits in den fünfziger Jahren geschaffenen zeitgeschichtlichen Forschungsstellen in München und Hamburg und ihren Anteil an der Erforschung der Geschichte des Nationalsozialismus. Und die große Zahl von Arbeiten der jüngeren Historiker-Generationen zum Holocaust auch nicht. Auch die ersten großen Mahnmale und Gedenkstätten des Holocaust entstanden nicht hierzulande, sondern in Polen, Israel und den USA, von den erst neuerdings in Mode gekommenen Holocaust-Museen gar nicht zu reden. Und es ist kein Zufall, daß zahlreiche Orte der NS-Gewaltverbrechen, Lager und Verwaltungsgebäude, Synagogen und Bahnhöfe in Vergessenheit gerieten, bevor sie als Gedächtnisorte ausgewiesen und in die Erinnerungskultur aufgenommen wurden. Die »deutsche Katastrophe« wurde beklagt und beschrieben, auch beschönigt und beschwiegen, die »jüdische Katastrophe« aber überließ man »den unmittelbar Betroffenen, den Juden selbst« – so Konrad Kwiet in einer zugespitzten, aber durchaus zutreffenden Bewertung.[84] Jedenfalls in den beiden ersten Nachkriegsjahrzehnten, in denen – wie Hans Mommsen gemeint hat – zwei Problemstellungen überragende Bedeutung hatten: die Kollektivschuldfrage und das »tief erschütterte Kontinuitätsbewußtsein«.[85] Diese bisweilen geradezu zwanghafte Suche nach der rettenden Kontinuitätslinie, machte zunächst ein polarisiertes NS-Bild mit charakteristischen Überzeichnungen und Auslassungen wohl unvermeidlich, im westlichen wie im östlichen Deutschland: Der Terror, die Gewaltverbrechen, die NS-Führung blieben unterthematisiert, wurden dämonisiert oder verharmlost, und mit einem im Osten kämpferisch-siegreichen bzw. im Westen heroischtragisch getönten, eindrucksvollen Bild des Widerstands konfrontiert.

Um ein abschließendes Fazit dieser einführenden Überlegungen zu ziehen: Der Umgang mit der NS-Erblast war zwischen den beiden deutschen Staaten konfliktreich und unter den Verhältnissen der alten Bundesrepublik widersprüchlich und durch wechselnde Phasen, Formen und Manifestationen der Geschichtserinnerung charakterisiert: Es gab die »gewisse Stille« ebenso wie die spektakulären politischen Skandale und Medienereignisse, die aggressive Agitation und leidenschaftliche Anklage, und zugleich doch auch die nachdenkliche und differenzierte Auseinandersetzung, die sich seit den sechziger Jahren auf eine sich nun auch sozial- und kulturgeschichtlich verbreiternde und intensivierende Zeitgeschichtsforschung stützen konnte. Es gab und gibt sie weiterhin: die moralisch-prinzipielle neben der pragmatisch-realistischen Haltung, die verantwortungsbewußten ebenso wie die unverantwortlichen Einstellungen und Entscheidungen. Kritische Aufklärung und Geschichtslüge, Versöhnungshoffnung und Schuldangst, höhnische Leugnung der Tat durch die Täter, Hilflosigkeit und Hochmut, selbstgerecht auftrumpfende Schlußstrich-Mentalität, Sehnsucht nach historisch-politischer Normalität und Angst vor einer zweiten Schuld, der Vergessensschuld lagen und liegen miteinander im Widerstreit. Das ist kaum verwunderlich. Diese Einstellungen sind zunächst Ausdruck eines so oder so subjektiven, oft irritierten und immer interessegeleiteten Verhältnisses zur Vergangenheit. Einer Vergangenheit, die unterschiedliche Deutungen erlaubt, ja verlangt, zumal in einer pluralistischen Gesellschaft und im Wechsel der Generationen sowieso. Man wird dieses oder jenes Verhalten politisch und moralisch gleichwohl anstößig finden und kritisieren. Angesichts des nach der Vereinigung verschobenen Zeithorizontes ist zu hoffen, daß die Linie des öffentlich-kontroversen Diskurses über die NS-Vergangenheit nicht aufgegeben wird und er gewichtiger Teil unserer Erinnerungskultur bleibt. Sie wird auch in der Zukunft für die zeitenübergreifende Orientierung, die staatliche Selbstdarstellung und gesellschaftliche Selbstverständigung eine mutmaßlich wichtige Rolle spielen. Ein Rückblick auf das bisherige öffentliche Gedenken, das feierlich-ritualisierte ebenso wie das in Monumenten gestaltete, bestätigt, daß dies schon in der Vergangenheit so war. Die sich nun anschließende Rundreise durch die Republik zu zahlreichen, aber natürlich ausgewählten Gedächtnisorten, kann das vielleicht anschaulich und verständlich machen.

2
Deutschland nach 1945:
Eine Erinnerungslandschaft

Mag auch immer wieder über den Anachronismus von Denkmälern und Gedenkstätten gespottet werden. Mögen sie manchem bloß vergessene steinerne Fossilien eines überlebten Personenkultes oder Ausdruck eines mythischen Geschichtsverständnisses sein: Sie werden besucht, beguckt, manchmal wohl auch bestaunt und vielleicht noch häufiger beschrieben und besprüht. Ob die Denkmäler nun auf den Namen Wilhelm und Hermann oder Bismarck, Marx und Engels hören, ob sie Walhalla oder Wartburg heißen, Kyffhäuser, Deutsches Eck oder Porta Westfalica, Befreiungshalle oder Feldherrnhalle, Brandenburger Tor oder Siegestor, Siegessäule oder Sowjetisches Ehrenmal, Kölner Dom oder Paulskirche, Plötzensee oder Prinz-Albrecht-Gelände, Buchenwald oder Bergen-Belsen – und neuerdings wieder Neue Wache: Sie alle sind unentbehrliche Objekte der fotografischen Begierde, unverzichtbare Bezugspunkte für den auf historischen Spuren wandelnden Besichtigungstourismus und noch mehr.

Der Bau von Denkmälern und Gedenkstätten – soviel verrät schon diese Aufzählung – erweist sich seit langem und wohl auch weiterhin für symbolische Politik als ein unverzichtbares Medium.[1] Mit ihm streben die politischen Akteure als Denkmalsetzer an, ein zeit- und gruppenspezifisches oder gruppenübergreifendes Geschichtsbild sichtbar zu machen und buchstäblich festzuschreiben, sei es zur Legitimation ihrer eigenen politischen Ziele, sei es zur ideellen Verpflichtung und demonstrativen Integration ihrer Anhänger, zumal im Ritual wiederkehrender Gedenkfeiern. Zudem wollen sie den Erinnerungsdiskurs entweder harmonisieren und zentralisieren oder umgekehrt gerade differenzieren und dezentralisieren und das heißt vielfach auch lokalhistorisch fixieren. Für eine demokratische Gesellschaft ist jedenfalls die Mehrzahl und Mehrdeutigkeit von Erinnerungsbildern charakteristisch. Insofern zeigt nicht erst der Denkmalsturz in der Grenzsituation eines politischen Systemwechsels an, daß die symbolische Aussage von Denkmälern weder dauerhaft verbindlich noch ohne weiteres über lange Zeit verständlich ist. Die Intention der Denkmalsetzer und die Funktion des Denkmals fallen nicht zwangsläufig und unbegrenzt zusammen, zumal dann nicht, wenn jene mit ihren Setzungen einen allgemeinen und überzeitlichen Geltungsanspruch erheben. Mit anderen

Worten: Identifikationsangebote und Nobilitierungsgesten werden nicht umstandslos angenommen und akzeptiert, sondern überprüft, verworfen, ergänzt oder einfach ignoriert. Jedenfalls im Rahmen einer pluralistischen Gesellschaft und im Wechsel der Generationen sowieso. Gleichwohl oder gerade deshalb ist das Denkmal eine aufschlußreiche künstlerische und historisch-politische Manifestation. Es ist Zeugnis einer doppelten historischen Zeit. Mittelbar sagt es etwas aus über die historische Persönlichkeit und das Ereignis, welche(s) vergegenwärtigt werden soll. Unmittelbar dokumentiert es die Interessen und Geschichtsdeutungen der Denkmalsetzer, während die Kommentierungen von Denkmälern und Gedenkstätten zumindest punktuelle und situative Einblicke in ihre spätere Rezeption erlauben. Deshalb wird man auch nur zögernd und mit Vorbehalt die Frage beantworten, ob und welche Bedeutungen sich beim Betrachten von Denkmälern aktualisieren und welche Gefühle an Gedächtnisorten geweckt werden, zumal bei feierlichen Anlässen. Kaum zu bezweifeln ist allerdings, daß das Denkmal dem im Raum schweifenden Auge einen erhabenen und vielleicht auch erhebenden Fixpunkt bietet und daß die alltägliche, verfließende Zeit durch Gedenkfeiern und Fest-Zeiten einen Rhythmus erhält. Sie wird angehalten, überhöht, gleichsam transzendiert. Säkulare Feier und religiöser Kult sind nicht von ungefähr verwandte, außeralltägliche Erscheinungen.[2] Und der unübersichtlich nahe städtische Raum bekommt – wie auch die unübersehbar weite Landschaft – durch Baudenkmäler feste, aus-gezeichnete Bezugspunkte. Vielleicht kann man die allgemeinste und durchaus politisch relevante Funktion von Denkmälern und Gedenkfeiern darin sehen, daß sie unser allgemeines – die persönliche Lebenswelt übergreifendes – Raum-Zeit-Bewußtsein strukturieren.[3]

Geschichtsbilder, Kenntnisse über und Meinungen zu zentralen Fragen der Geschichte des Nationalsozialismus werden zweifellos durch die zeit-räumlichen Gedächtnisorte in hohem Maße fokussiert. An den 30. Januar knüpft sich immer wieder die Frage: War die Ernennung Hitlers zum Reichskanzler eine Machtergreifung oder eine Machtübertragung? Mit der Gedenkstätte Plötzensee, dem Bendlerblock in Berlins Stauffenberg-Straße und den jährlichen Gedenkfeiern zum 20. Juli verbindet sich die Frage nach den Motiven, den Perspektiven und dem Warum des Scheiterns des militärischen Widerstands. Und gleich mehrere Gedächtnisorte in Deutschland – beispielsweise Buchenwald und Bergen-Belsen, die Wannsee-Villa und das Prinz-Albrecht-Gelände, die Pogromnacht des 9. 11. und die zahlreich zerstörten Synagogen – lösen die immer wieder Ratlosigkeit offenbarende Frage aus: Wie konnte das alles geschehen?

Wie wichtig diese Fixierung und Strukturierung ist, wird immer dann offensichtlich, wenn sich der vertraute Raum und das gewohnte Ritual, ja das Zeitgenössische überhaupt gleichsam über Nacht verändern und die alten architektonischen und kalendarisch wiederkehrenden Orientierungspunkte durch neue ersetzt, ergänzt oder in veränderter Perspektive gesehen werden, wie das im vereinten Deutschland nun der Fall ist – und ganz besonders deutlich sichtbar wird in Berlin, der altneuen deutschen Hauptstadt.

Von dieser Gegenwart geht der Blick hier erst einmal zurück in die Geschichte der Gedenkstätten und Denkmäler, die nach 1945 in beiden deutschen Staaten – und weltweit – für die Toten des Krieges und der Gewaltherrschaft Hitler-Deutschlands errichtet worden sind.[4] Ihre Vielzahl und Vielfalt erweist sich längst – in Berlin wie im ganzen Land – als differenzierte und mit Malen dicht besetzte Erinnerungslandschaft. Aber nicht nur das ist ein bemerkenswerter Tatbestand gegenüber dem immer wieder zu pauschal und ungenau erhobenen Vorwurf des Vergessens und Verdrängens der nationalsozialistischen Vergangenheit. Im kollektiven Gedächtnis greifen ja – wie im individuellen Gedächtnis auch – Vergessen und Erinnern beständig ineinander. Insofern sich dieser Prozeß denkmalkünstlerisch manifestiert hat, sind seine Spuren also so oder so zu einem Element der öffentlichen Erinnerungskultur geworden. Bemerkenswert ist zudem, daß in dieser Erinnerungslandschaft Täter wie Opfer ihre steinernen Spuren hinterlassen haben. Denkmalgeschichtlich gesehen besteht nämlich zwischen den Tätern und den jüdischen Opfern des NS-Staates eine merkwürdige Affinität, irritierend – vielleicht, doch nur auf den ersten Blick. Beide, Täter wie Opfer, haben früh an den möglichen eigenen Untergang gedacht und dabei auf die Macht der sprechenden Steine gebaut oder – im Fall der verfolgten Juden – auf die Kraft der anklagenden Steine vertraut. Denkmale – so eine weitere Annäherung an das Thema – »sind Formen des Nachlebens«[5], die ja durchaus nicht nur von den späteren Nachkommen geschaffen werden. An ihr Nachleben denken bereits die Lebenden.

Schon auf dem »Reichsparteitag des Sieges«, Anfang September 1933 also, dachte Hitler an das Ende und über den Untergang der »Herrenrasse« hinaus. In seiner sogenannten Kulturrede erklärte er: »Selbst wenn ein Volk erlischt und Menschen schweigen, dann werden die Steine reden.«[6] Überhaupt versprach er sich ja von den monumentalen Worten aus Stein eine fesselnde – sei es erhebende, sei es einschüchternde – Kraft, vergleichbar der Magie und Suggestion vor allem seines gesprochenen Wortes.

Und die jüdischen Opfer? Am Tag vor dem Judenboykott, am 1.4.1933, suchte das *Frankfurter Jüdische Gemeindeblatt* seine Leser mit dem Hinweis auf das in der jüdischen Überlieferung wurzelnde Vertrauen in die Zeugenschaft und Überzeugungskraft der klagenden und anklagenden Steine zu trösten: »Wenn keine Stimme sich für uns erhebt, so werden die Steine dieser Stadt für uns zeugen.«[7]

Sie tun es bis heute, mal mehr, mal weniger. Denn im Wechsel von Verdrängen und Erinnern ist in den Jahrzehnten seit 1945 wohl häufiger offenbar geworden, daß die von den Tätern und den Opfern hinterlassenen bzw. die von ihren Nachkommen gesetzten Steine eben nicht aus eigener Kraft reden können, sondern stets erst durch die Nachlebenden zum Sprechen gebracht – oder eben zum Verstummen verurteilt werden. Aber selbst solche Steine, die – zerstört und verschüttet – schon jahrzehntelang unsichtbar oder unansehnlich, also verstummt waren, können unter bestimmten Voraussetzungen anstößig werden, also abermals zu sprechen beginnen, wie die ehemalige Judengasse am Frankfurter Börneplatz oder die Fundamente der Gestapo-Zentrale im früheren Prinz-Albrecht-Palais, um nur die beiden prominentesten Beispiele zu nennen, die jahrelang nicht nur die kommunale Öffentlichkeit beschäftigt haben. Hinzu kommen die ungezählten Erinnerungsgesten, mit denen seit 1945 eine Vielzahl von Einzelpersonen und Gruppen, lokalen Initiativen und staatlichen Institutionen ihren Erinnerungswillen zum Ausdruck gebracht haben – in traditionellen und modernen Mahnmalen ebenso wie auf Friedhöfen und im Erhalt von Ruinen, und nicht zuletzt mit der Umwandlung von ehemaligen Konzentrationslagern in Gedenkstätten.

Sichtbar geworden ist das kollektive Gedächtnis aber auch im schwierigen Umgang mit dem steinernen Erbe des NS-Staates selbst, den Partei- und Staatsbauten, den Fabrikanlagen und Freizeiteinrichtungen, den Siedlungshäusern und Stadtneugründungen, den Verwaltungs- und Verkehrsbauten und der Kriegsarchitektur, den Kasernen, Bunkern, Flugplätzen usw.

Für den späteren Umgang mit der NS-Architektur lassen sich verschiedene Varianten erkennen: Abreißen oder Sprengen als seltene, aber demonstrative Geste der Sieger oder spätere Verlegenheitslösung der Besiegten. In den weitaus meisten Fällen wurden die Gebäude jedoch weitergenutzt, wo erforderlich nach eher oberflächlicher Fassadensäuberung. Vereinzelt kam es auch zum Wiederaufbau von NS-Bauten.

Steine des Anstoßes: NS-Bauten – ein schwieriges Erbe

Die Baupläne des Hitler-Staates sind weitgehend Absicht geblieben, bloß auf Bildern, in Büchern und im Modell überliefert. Nur knapp zehn Prozent der geplanten Gigantomanie wurde auch gebaut. Gleichwohl hat sich die Nachwelt nicht an das dezidierte frühe Diktum des Architekturhistorikers Nikolaus Pevsner gehalten, wonach »jedes Wort über ... die nationalsozialistische Architektur zuviel (sei)«. Im Gegenteil. Über kein Thema der ästhetischen Kultur des Nationalsozialismus ist mehr geredet, mehr geschrieben worden als über die NS-Bauten. Zusammen mit der einstigen Reichsautobahn, dem früheren Volks- alias KdF-Wagen und den alten Ufa-Filmen gehören Hitlers »Worte aus Stein« zur attraktivsten, bisweilen auch anstößigsten Hinterlassenschaft des Dritten Reiches.

Fünfzig Jahre danach diskutieren Historiker, Denkmalschützer und Kommunalpolitiker immer noch – oder wieder – über die Entnazifizierung der NS-Architektur. Und die aktuellen Fragen sind die alten: Abriß oder Restaurierung, gar Wiederaufbau? Umfunktionierung und Weiternutzung oder Rekonstruktion und Dokumentation von historischen Tatorten? Drei Städte rücken dabei – vor allen anderen – ins Blickfeld: München als einstige »Hauptstadt der Bewegung«, Nürnberg als »Stadt der Reichsparteitage« und Berlin als frühere Reichs- und geplante zukünftige Welthauptstadt »Germania«. Aber im Umgang mit der NS-Architektur geht es nicht nur um die Frage, wie die im Dritten Reich entstandenen Bauten zu entsorgen sind.

Nürnberg: Entmythologisierung der Reichsparteitagsruinen

»Nürnberg! du vormals weltberühmte Stadt« riefen wohl nicht nur die jungen Berliner Studenten Ludwig Tieck und Heinrich Wackenroder beim Anblick der fränkischen Metropole aus. Das nationalromantisch bewegte 19. Jahrhundert geriet über Nürnberg schnell ins Schwärmen. Keine zweite der alten Reichs- und Kaiserstädte war so sehr Symbol der verklärten mittelalterlichen Vergangenheit wie des »Reiches Schatzkästlein«. Keine andere verkörperte so sehr die Tradition altdeutscher bürgerlicher Lebenswelt. Nürnberg, das war die Stadt Dürers und der Meistersinger, denen Richard Wagner ein musikalisches Denkmal setzte. Der traditionslose deutschtümelnde NS-Staat hat mit diesem Bild Politik gemacht und in Nürnberg die passende Kulisse gefunden für seine Selbstdarstellung als totalitäres Bewegungsregime: fa-

Ehem. Reichsparteitagsgelände, Trafostation mit entferntem Adler

schistische Massenorganisationen und militärischer Führerstaat vor altfränkischem Ambiente.[8]

Der Name Nürnberg war vor 1933 weltbekannt und er ist es auch später geblieben. Nach 1933 wurde er – wie Theodor Heuss das in seiner Rede zur Hundert-Jahr-Feier des Germanischen Nationalmuseums Ende August 1952 umschrieb – »von der Geschichte verschmiert«. Und er ahnte wohl, wie schwierig es sein würde, »den Begriff ›Nürnberg‹ wieder zu reinigen«. Denn er war sich im klaren darüber, daß es unmöglich sein würde, »das Gedächtnis des Geschehenen der bösen Jahre mit Worten« auszulöschen, und daß es unstatthaft wäre, »die Gnade des Vergessen-Könnens zur Schnell-Technik des Vergessen-Sollens aus(zu)bilden«.[9] Nürnberg hat sich nach 1945 – wie andere Städte auch – gleichwohl immer wieder darum bemüht, seine Nazi-Vergangenheit abzustreifen, vor allem durch ein unpolitisches Image, durch Christkindlmarkt und Lebkuchen, durch Spielzeug, einen prominenten Fußballclub, als Sitz der Bundesanstalt für Arbeit und nicht zuletzt eben als Stadt mit dem größten Museum deutscher Kunst und Kultur und damit zugleich einem der großen Museen der Welt.[10]

Dennoch wird mit dem Namen dieser Stadt bis heute die Zeit des Nationalsozialismus assoziiert. Und das gleich dreifach: als Stadt der Reichsparteitage, als Stadt der Nürnberger Gesetze und als Stadt der 13 Nürnberger Prozesse. Daß Nürnberg immer wieder mit seiner NS-Vergangenheit konfrontiert worden ist, hat allerdings auch mit dem steinernen Erbe aus jener Zeit zu tun, dem Reichsparteitagsgelände und seinen bizarren Baubeständen, teils unfertigen Monumentalbauten (Kongreßhalle, Großes Stadion, Märzfeld), teils vollendeten (Zeppelintribüne), teils zerstörten Gebäuden (Luitpoldhalle).[11] Denn während der private und gewerbliche Baubestand Nürnbergs zu über 90 Prozent zerstört oder beschädigt worden war, blieb das Reichsparteitagsgelände von den Bomben weitgehend verschont, ein Areal, das mit rund 25 Quadratkilometern etwa 15mal so groß ist wie die Nürnberger Altstadt.

Bis weit in die siebziger Jahre hat sich die Stadt nach Kräften bemüht, den historischen Zusammenhang zwischen Nürnberg, den Reichsparteitagen und dem Nationalsozialismus – als Bewegung wie als Regime – unkenntlich werden zu lassen. Am liebsten hätte man den Nationalsozialismus überhaupt vergessen gemacht und Nürnberg von diesem Image befreit. So verfielen die Ruinen, wurden umfunktioniert, weitergenutzt und instandgesetzt oder – noch spät – teilweise gesprengt, aber Gras wollte über diese monströsen »Worte aus Stein« nicht wachsen – oder doch nur spärlich. Zumal das Interesse an diesem Areal unter auswärtigen bzw. ausländischen Besuchern – manche von ihnen auch Neo-Nazi-Touristen – groß ist. Hinweisschilder auf die Überreste aus brauner Vergangenheit vor den Stadtmauern finden sich in der Innenstadt allerdings nicht.

Teile des vormaligen SA- und nachmaligen Kriegsgefangenenlagers wurden nach Kriegsende von den Amerikanern zur Internierung von führenden NSDAP- und SS-Mitgliedern benutzt. In anderen Teilen hatte die UN-Flüchtlingsorganisation ein Lager für »displaced persons« eingerichtet. Ende der vierziger Jahre wurden die Lager durch die Stadt Nürnberg zu einer Wohnsiedlung für Flüchtlinge und Heimatvertriebene umgebaut (Wohnsiedlung Langwasser). Zeitweilig befand sich auf dem Gelände auch ein Sammellager für Ausländer. Als dieses Lager 1960 schließlich aufgelöst wurde, standen für den nun angestrebten Auf- und Ausbau einer Trabantenstadt Langwasser die seinerzeit gebauten elf (von geplanten 24) Märzfeldtürme im Weg. Die Stadt wollte daraus Platten für die Montage von Fertighäusern gewinnen. Die Katholische Kirche hätte es lieber gesehen, wenn aus den Trümmern der Türme ein Kirchturm gebaut worden wäre, unter dem geschichtsverfälschenden Motto: »Der Sieg des Kreuzes über das Hakenkreuz«. Aus dem Trümmerschutt baute man schließlich einen Lärmschutzwall, an der heutigen Karl-Schönleben-Straße. Die Sprengung der Märzfeldtürme geriet zu einer spektakulären Aktion. Eine nachhaltige Debatte über Nürnberg und den Nationalsozialismus löste sie allerdings nicht aus. Man schien bloß erleichtert, daß ein weiteres Stück Vergangenheit unsichtbar geworden war: »Das Märzfeld streift seine Vergangenheit ab«, kommentierten die *Nürnberger Nachrichten*. Unsichtbar wurde auch, daß hier eine große Zahl sowjetischer Kriegs-

Ehem. Reichsparteitagsgelände, Graffiti an der Haupttribüne des Zeppelinfeldes

gefangener ums Leben gekommen war und daß man vom Bahnhof Märzfeld die jüdischen Einwohner Nürnbergs deportiert hatte.

Höchst aufschlußreich für die Schwierigkeiten im Umgang mit den steinernen Zeugnissen des nationalsozialistischen Größenwahns ist insbesondere die Nutzungsgeschichte der Kongreßhalle, ein zwar unvollendeter, aber gleichwohl ungewöhnlich stabiler hufeisenförmiger Rundbau. Der Plan, hierher den Hauptbahnhof zu verlegen, wurde rasch verworfen. Viel sinnvoller und einträglicher erschien den Stadtvätern die Nutzung als Ausstellungs- und Kongreßhalle. 1949 fand in dieser monumentalen Ruine die Deutsche Bauausstellung statt, ein Jahr später feierte Nürnberg darin seinen 900. Geburtstag. Zu den Attraktionen zählte ein Freiluftcafé im oberen Stockwerk. In den fünfziger Jahren hielten in der Kongreßhalle die Oberschlesier und Sudetendeutschen Landsmannschaften ihre Versammlungen ab, fanden hier Volksfeste und Zirkusveranstaltungen statt. Mittlerweile hatte die Stadt zum Erhalt des Gebäudes eine runde Million Mark investiert, und man dachte über Konzepte einer langfristigen kommerziellen Nutzung nach. Zunächst stand der Plan zur Diskussion, die Kongreßhalle zu einem großen Fußballstadion umzubauen. Der »Club« feierte Erfolge, Länderspiele und große Einnahmen winkten. Mit den Vorarbeiten beauftragte man einen mit Monumentalbauten bestens vertrauten Fachmann, den ehemaligen NS-Architekten und Erbauer des Berliner Olympiastadions Werner March. Doch dieser Plan wurde genausowenig Wirklichkeit wie die Absicht, aus der Ruine ein Autokino oder ein Altersheim zu machen. Über Jahre diente sie dann verschiedenen Mietern als Lagerhaus und den Nürnberger Symphonikern als Übungsraum. Später entstand daraus im südlichen Seitentrakt ein »Serenadenhof«, der für Konzert- und Theateraufführungen genutzt wird. Die Stadt erwirtschaftet nicht unerhebliche Mieteinnahmen aus diesem »markanten Felsklotz« *(Nürnberger Nachrichten),* denen allerdings immense Instandsetzungskosten gegenüberstehen.

1987 machten Nürnberger Geschäftsleute von sich reden, die mit Millioneninvestitionen aus der Kongreßhalle ein Erlebniszentrum machen wollten. Die Stadt versprach sich davon einen Beitrag zur »Entmythologisierung« des Bauwerks, wogegen eine Bürgerinitiative protestierte. Deren Konzeption hätte die Kongreßhalle teilweise in ein Mahnmal umgewandelt. Auch das Landesamt für Denkmalschutz in München erhob Einspruch und erklärte die Kongreßhalle zu einem »der wichtigsten Zeugnisse der Gigantomanie des Nationalsozialismus«, unverzichtbar als »Mahnmal einer für die heutige Generation unvorstellbar gewordenen Staatsidee«. Mit dem Denkmalschutzgesetz von 1973 waren alle bayerischen NS-Bauten unter Denkmalschutz gestellt worden. Die Stadtspitze mußte die lukrative Idee mit dem Freizeitcenter schließlich fallen lassen.

Auch das Zeppelinfeld ist zusammen mit seiner Tribüne vielfältig nutzbar und hat die Stadt immer wieder in Verlegenheit gebracht. Hier fanden die meisten Massenveranstaltungen während der Reichsparteitage statt. Hier veranstalteten die Amerikaner 1945 eine ihrer Siegesparaden. Anschließend sprengten sie das vergoldete Hakenkreuz samt Lorbeerkranz von der Haupttribüne. Schon 1946 wurden die traditionsreichen Autorennen auf dem Norisring wieder aufgenommen. Freiluftveranstaltungen vielfältiger Art kamen hinzu: politische und religiöse Großveranstaltungen ebenso wie politisches Theater und Rock-Konzerte. Die US-Armee nutzte die Zeppelinwiese als Sportgelände, die Squash- und Tennisspieler trainieren hier bis zum heutigen Tag. Wegen Baufälligkeit mußte bereits 1967 die Säulengalerie weggesprengt werden. Hätte man damit bis 1973 gewartet, stünde sie vermutlich noch. Die Instandsetzung, gar Wiederherstellung der Tribünenanlage – mit Kosten von drei Millionen Mark –, erschien damals aber unvertretbar und auch unerwünscht. Lieber wollte man »wieder ein Stück des Erbes nationalsozialistischer Vergangenheit niederreißen«. Nürnberg, so hieß es offenbar unbekümmert um die Nähe zum NS-Jargon, sei bemüht, »die Erinnerung an seine Vergangenheit als Stadt der Reichsparteitage auszumerzen«.[12] Erst 1983 bewilligte die Stadt eine runde halbe Million Mark für die Restaurierung der Reste der Zeppelintribüne. Eine Arbeitsgruppe zur Vorbereitung der Ausstellung *Faszination und Gewalt* zum 50. Jahrestag der »Machtergreifung« mußte sich allerdings mit sehr viel bescheideneren Mitteln begnügen. Zusammen mit den 1989 aufgestellten und über das gesamte, unübersichtlich weitläufige Gelände verteilten Informationstürmen wurden für die jährlich über 100 000 Besucher nun erstmals lokal- und nationalhistorische Zusammenhänge erkennbar. Der plakative und didaktische Gestus (»Nie wieder Faschismus, nie wieder Krieg«) erinnert indes ein wenig an die antifaschistischen Spruchweisheiten östlicher Gedenkstätten. Ein umfassendes, integriertes und langfristig angelegtes Konzept für die Nutzung dieses Geländes ist allerdings bis heute Desiderat geblieben, so sehr man sich darum auch vor Ort bemüht hat, durch Ausstellungen, Tagungen, Publikationen und andere Aktivitäten, die zumeist vom Pädagogischen Institut der Stadt Nürnberg ausgingen und bei denen immer wieder die Frage der Wirkung und Nutzung der NS-Bauten im Mittelpunkt stand.[13]

Einen weiteren Versuch unternahm Nürnbergs Oberbürgermeister Urschlechter, als er auf die Idee kam, Anfang der neunziger Jahre auf dem Gelände um den Dutzendteich eine Bundesgartenschau auszurichten. Hitlers »Große Straße« und späterer US-Feldflugplatz wäre in eine »Friedensallee« verwandelt worden. Aus der Zeppelintribüne hätte man eine große Blumenarena gemacht. Und in der Kongreßhalle wäre ein »einzigartiges Großgewächshaus« entstanden, der Monumentalbau hätte Nürnberg als ein »Plantopolis« oder »Ökopolis« endlich alle Ehre gemacht. Doch der Plan fand im Stadtrat keine Mehrheit.

Ebensowenig das Konzept der neuen Nürnberger Kulturreferentin Karla Fohrbeck, die 1989 ihr Amt antrat und schon bald danach eine kulturpolitische Krise in der Stadt auslöste.[14] Sie wollte das einstige Reichsparteitagsgelände in einen »europäischen Friedensort« verwandeln, Nürnberg zur internationalen »Wächterstadt« erheben und zu einem zentralen Ort der »freiwilligen Versöhnung« umgestalten. Für ihr »europäisches Gesamtkunstwerk, das Geist, Seele, Körper und Kopf umfaßt«, waren verschiedene Elemente vorgesehen. Panzerglasgeschützte Tafeln mit Titeln wie »Einsicht«, »Umkehr«, »Vergebung« und »Versöhnung« sowie Texte aus der Bibel und der geistig-literarischen Tradition Europas. Dazu ein »Friedenshain« und eine »Friedensallee«, Gedenksteine für die Opfer und dort, wo einst Hitler gestanden hatte, auf der Führerkanzel, sollte die Skulptur *Bruder Eichmann* von Alfred Hrdlicka stehen. Anfangs wurde das Konzept durchaus beifällig aufgenommen, zumal nun erstmals eine Gesamtkonzeption vorlag. Doch schon bald überwogen die Bedenken. Insbesondere die religiösen Inspirationen und Intentionen des Plans provozierten Kritik.[15] Denn, so lautete der Tenor der Ablehnung, die ganzheitliche Konzeption abstrahiere von den historisch-politischen Zusammenhängen und reduziere den Nationalsozialismus auf eine religiöse Dimension. Den Holocaust begreift Karla Fohrbeck als »fundamentalistischen Glaubenskrieg, in dem ein selbsterwähltes Herrenvolk gegen das auserwählte Volk in Israel vorgegangen« sei. Aus ihrer Sicht eine folgerichtige Interpretation, die allerdings Ursachen und Verlauf der »Endlösung« auf höchst fragwürdige Weise umdeutet. Dubios aber wird ihr versöhnungstheoretischer Anspruch, wenn sie »Gnade und Barmherzigkeit« für die »Opfer des Faschismus« fordert. Insofern erscheint dieses Konzept in doppelter Hinsicht zweifelhaft. Zum einen wegen der dem historischen Gegenstand wenig angemessenen Metaphorik und ideellen Perspektive: »Kunst und Leben gegen Diktatur und Tod, Bäume gegen Stein, Individualität und Vielfalt gegen Gleichschaltung und Monotonie.« Zum anderen, weil man einen Schauplatz der Täter und organisierten Parteigänger schwerlich umwandeln kann in einen Gedenkort für die Opfer.

So ist das weitläufige Reichsparteitagsgelände eine bizarre Landschaft geblieben: monumentales Freilichtmuseum und Gedenkstätte, Gewerbegebiet und Ort von allerlei Großveranstaltungen, Spielwiese, Sport-, Zelt- und Parkplatz. Jedenfalls ein Gelände der Ungleichzeitigkeiten, gegensätzlichen Nutzungen und denkwürdigen Impressionen.[16] Da kann es vorkommen, daß auf der Führerkanzel ein kurzgeschorener Jüngling mit Hitlergruß posiert, während einige hundert Meter weiter

Eingang zur Ausstellung »Faszination und Gewalt« an der Rückseite der Zeppelintribüne. Im Vordergrund die beiden 1988 aufgestellten Plastiken »Overkill I und II« von Hans Jürgen Breuste.

im Serenadenhof ein junger Operntenor für den abendlichen Auftritt übt. Drum herum auf den verlassenen und verwahrlosten Plätzen türmt sich achtlos abgestellter Müll. Und vor dem Eingang zur ständigen Ausstellung *Faszination und Gewalt* ist kunstvoll Militärschrott aufgetürmt: die Antikriegsobjekte *Overkill I und II* des Hannoveraner Künstlers Hans Jürgen Breuste. In einem Telefonhäuschen fordert ein Aufkleber der jungen Nationaldemokraten: »Kein Wahlrecht für Ausländer!« Ein zweiter ist dagegen gesetzt: »Fuck off, Nazi Skins!« Auf dem Trödelmarkt am S-Bahnhof Dutzendteich wird jüngste und jüngere deutsche Vergangenheit verramscht: Militaria der Wehrmacht und der Volksarmee.

Der gehobene Kunstgeschmack durfte sich derweil an einer Skulptureninstallation erfreuen, die der Bildhauer Karl Prantl aus den Granitplatten der Großen Straße gefertigt und zeitweilig in der Nürnberger Kunsthalle ausgestellt hat. Die Platten, die einst aufgerauht waren, um dem Marschtritt der Wehrmacht-Kolonnen Halt und Widerhall zu geben, sind geschliffen und geglättet, gleichsam zu Edelsteinen verwandelt. »Damit wird Geschichte pervertiert«, schrieb Hermann Glaser, denn: »in den Steinbrüchen, aus denen die nun ästhetisierten Produkte stammen ... mußten KZ-Opfer arbeiten. Was soll da das Geschwätz vom Granit als ›Element der Urnatur‹; es geht um die Aufmarschstraße, nicht um den Gang zu den Müttern.«[17] Die SPD-Rathausfraktion hätte die Steine gern erworben und wieder benutzt – für die geplante »Friedensallee« in der Siedlung Langwasser im Anschluß an Speers »Große Straße«. Vergangenheitsbewältigung durch Oberflächenbearbeitung und Umnutzung.

Im Sommer 1994 berichtete das verdienstvolle Pädagogische Institut der Stadt Nürnberg, daß Demonstrationen und Ausschreitungen von Neo-Nazis auf dem Gelände in jüngster Zeit wieder rückläufig waren. Das Interesse von Touristen an den Riesen-Ruinen ist indes unvermindert groß. Vor allem Ortsunkundige klagen allerdings, daß dieses Areal – 15mal so groß wie die Nürnberger Altstadt – schwer zu finden ist. In der Innenstadt fehlt jeder Hinweis auf die steinernen Zeugnisse aus brauner Vergangenheit.[18]

Prora auf Rügen: Nach KdF-Bad und NVA-Kaserne ein kommerzielles Großprojekt?

Nach der Vereinigung wird auch der Osten Deutschlands mit seiner anstößigen architektonischen NS-Vergangenheit konfrontiert. Zumal es auch hier ein Beispiel jener gigantomanischen Großbauten gibt, die das populäre, wenn auch nur zum Teil zutreffende spektakuläre Bild der NS-Architektur geprägt haben.[19] Gemeint ist Prora, das »KdF-Seebad für 20000« bei Binz auf Rügen. Ein Prototyp, dem weitere folgen sollten, und neben den KdF-Schiffsreisen vielleicht der wichtigste Propagandaträger für den modernen Massentourismus, der in Deutschland unter den totalitären Bedingungen des NS-Regimes seinen Anfang nahm.[20] Die Gesamtanlage des Gebäudeensembles weist einen symmetrischen Grundriß auf und folgt in einem riesigen Kreisbogen der sanft geschwungenen Bucht der Prorer Wiek.[21] Zwei jeweils etwa 2000 Meter lange, fünfgeschossige, flachgedeckte, nur ca. sieben Meter tiefe Bettenhäuser in Kammbauweise (mit 10000 seeseitig ausgerichteten, knapp 13 qm kleinen Zimmern hinter endlosen Fluren) flankieren den zentralen Festplatz, der von Empfangshallen, Verwaltungsbauten, Theater und Cafés eingefaßt sein sollte sowie einer ursprünglich vorgesehenen Festhalle für 20000 Menschen. Zur See hin wird der Festplatz um eine noch als Ruine erhaltene Kaianlage aus Beton und Ziegelverkleidung ergänzt. Über ihre monumentale Treppenanlage sollten die per Schiff ankommenden KdF-Urlauber gleichsam geschlossen ins Zentrum dieser kasernenartigen Ferieneinrichtung geführt werden. Für die mit der Reichsbahn über den neuen Rügendamm Anreisenden wurde ein eigener Bahnanschluß gebaut. Bei Kriegsbeginn mußten die nahezu abgeschlossenen Rohbauarbeiten eingestellt werden. Während des Krieges fanden dort vorübergehend evakuierte Hamburger eine Notunterkunft. Nach 1945 wurden die Rohbauten für Reparationsleistungen und zur Baustoffgewinnung genutzt. Zwischen 1950 und 1990 dienten die zu Kasernen umgebauten Gebäude militärischen Zwecken, zunächst der Roten Armee, später dann der Nationalen Volksarmee.

Anders also als die nur für militärische und politische Massenaufmärsche gebauten Straßen, Stadien und Plätze in Nürnberg und München handelt es sich bei diesem Gebäudekomplex, im Volksmund »Koloß von Rügen« genannt, um Bauten, die für öffentliche Aufgaben ebenso genutzt werden können wie für gewerbliche und private Wohnzwecke. Das erleichtert und erschwert die zukünftige Nutzung. Prora ist nicht Nürnberg. Die einst als KdF-Bad geplante, später als Kaserne genutzte Liegenschaft kann aber auch nicht umstandslos in ein kommerzielles Großprojekt – etwa in ein Ferienzentrum mit Aquapark und Spaßbad – überführt oder sich selbst überlassen werden und zur Ruine verfallen. Dazu ist dieser Ort von seiner Lage und der Größe der Baumasse für die Insel und ihre weitere Entwicklung ökologisch wie ökonomisch zu bedeutsam, und auch seine Bedeutung als sozial- und baugeschichtliches Denkmal ist kaum bestreitbar.

Die mit Verzögerung begonnene, maßgeblich von der Werkgruppe Prora um Jürgen Rostock initiierte und beförderte Diskussion um die zukünftige Nutzung mußte deshalb von unterschiedlichen Aspekten ausgehen und nach Möglichkeit zwischen widerstreitenden Nutzungsinteressen einen Ausgleich finden. Um einen solchen Ausgleich und zugleich um den Versuch, ein auch langfristig inselverträgliches Umbau- und Umnutzungskonzept zu erarbeiten, ging es auf den beiden öffentlichen Prora-Symposien im Frühsommer und im Herbst 1994.[22] Der Widerstand der Rüganer gegen die vom Bund favorisierte und zunächst stark forcierte schnelle Veräußerung der Immobilie an einen Großinvestor hatte sich in dieser Zeit formiert. Mehrheitlich wurde nun gefordert, den inzwischen auch denkmalgeschützten Komplex im Besitz des Bundes zu belassen und ein zugleich naturbezogenes und geschichtsbewußtes, vielfältiges Nutzungskonzept zu finden. Das Ende dieses aus guten Gründen zeit- und kostenintensiven Willensbildungsprozesses war im Winter 1994/95 noch nicht abzusehen. Manches sprach zu diesem Zeitpunkt dafür, daß dort nicht ein hochmoderner touristischer »Megabetrieb« (so ein potentieller Investor) gebaut, sondern eine kleinteilige und differenzierte Mischnutzung gefunden wird, mit Wohnungen und Büroräumen, gewerblichen und Ferieneinrichtungen, Kranken- und Kurhäusern, Theater und Museum, Jugendherberge und Sportzentrum, Tagungs- und Bildungsstätten – und nicht zuletzt: vielleicht auch mit einer Dokumentation zur Geschichte dieses Baudenkmals und damit zur Geschichte der NS-Gemeinschaft *Kraft durch Freude*, einem Kernstück der Sozial- und Kulturgeschichte des NS-Staates. Es wäre die erste Dokumentation dieser Art und Prora damit auch für den Ausstellungstourismus eine gewisse Attraktion. In Kooperation mit einem kritisch statt apologetisch konzipierten Informationszentrum im Peenemünde, das auf die Jahre 1936 bis 1945 begrenzt wird, könnte diese Dokumentation das in der allgemeinen Öffentlichkeit noch zu wenig bekannte und verstandene reaktionärmoderne Doppelgesicht des Dritten Reiches anschaulich begreifbar machen. Wie nirgendwo sonst.

Die westdeutsche Raumfahrtindustrie hatte 1992 den Versuch gemacht, mit Unterstützung des Bonner Ministeriums für Forschung und Technologie auf dem ehemaligen Fernraketen-Testgelände der Heeresversuchsanstalt Peenemünde auf Usedom den 50. Jahrestag des ersten erfolgreichen Starts einer V2 als Beginn der modernen Raumfahrt zu feiern. Der Versuch scheiterte unter massivem nationalen und internationalen Protest und nicht zuletzt aufgrund einer Initiative von Günther Gottmann, dem Leiter des Berliner Museums für Verkehr und Technik. Er konfrontierte die vermeintliche Sternstunde menschlicher Technologie mit ihrer Kehrseite, der menschenverachtenden Raketenproduktion durch KZ-Häftlinge in den Bergstollen der Mittelbau-Werke im Südharz.

Die Schweriner Landesregierung veranstaltete 1994 zwei Kolloquien und berief eine international zusammengesetzte Expertenkommission. Diese sprach sich nachdrücklich gegen die Errichtung eines Raumfahrtparks in Peenemünde aus, konnte aber nicht verhindern, daß für den Aufbau eines solchen »Space-Center« ein privater Verein gegründet wurde, getragen vom Landkreis, der Kommune, der örtlichen Sparkasse und unterstützt auch von der internationalen Raumfahrtindustrie. Die Gefahr war Ende 1994 noch nicht abgewandt, daß in Peenemünde tourismus- und arbeitsmarktpolitische Interessen zusammen mit einer unpolitischen und unhistorischen Technikbegeisterung die nationalsozialistische Vorgeschichte dieser Landschaft ausblenden oder verharmlosen könnten.[23]

München:
(K)eine späte Erinnerung an die »Hauptstadt der Bewegung«

Auch in München ging es zuallererst um Umnutzung. Auch dort hieß die Devise Spurenbeseitigung. Vielleicht stärker als anderswo. Doch dann gab es 1993 eine spektakuläre Gegenaktion. Nun wurde am Geburtsort der nationalsozialistischen Bewegung Geschichte von allen Seiten gezeigt. Fast ein Jahr lang hat München 1993 mit einer Vielzahl von Kongressen und Vorträgen, Führungen und Ausstellungen sich seiner eigenen Vergangenheit als einstiger »Hauptstadt der Bewegung« angenommen und – so schien es manchem – zu entledigen versucht. Aus der Fülle der Veranstaltungen ragten zwei Ausstellungen im Münchner Stadtmuseum heraus: *München – Hauptstadt der Bewegung* und *Bauen im Nationalsozialismus: Bayern 1933-45*.[24] Letztere verdient besonders hervorgehoben zu werden, ist sie doch die baugeschichtliche Ergänzung zur sozialgeschichtlichen Studie über *Bayern in der NS-Zeit,* die bis heute als vorbildlich gilt und Ende der siebziger Jahre vom Münchener Institut für Zeitgeschichte unter Federführung von Martin Broszat vorgelegt wurde. Und Bayern hat ja nicht nur bewegungs-, sondern auch baugeschichtlich eine Art Vorreiterrolle gespielt: mit dem Haus der Deutschen Kunst, dem ersten Repräsentationsbau des NS-Staates, und dem im Norden der Stadt gelegenen ersten Konzentrationslager des Reiches – Dachau.

Alle bayerischen Gemeinden – über zweitausend – wurden angeschrieben und über die Bautätigkeit in der NS-Zeit befragt. Mehr als 4000 Bauten bzw. Bauplanungen konnten nachgewiesen werden. Sie wurden in der Ausstellung und sind im vorzüglichen Katalog systematisch und vollständig dokumentiert, von der Schauseite des Dritten Reiches, den politischen Repräsentationsbauten, über Verkehrs- und

Umschlag für das Veranstaltungsprogramm 1993/94 mit Königsplatz

Freizeitbauten, Siedlungen und Bauernhöfe, Industrie- und Militärbauten bis hin zur Schattenseite, den vormaligen Konzentrations- und Zwangsarbeitslagern und späteren Gedenkstätten. Die Ausstellung vermittelte nicht nur einen bestechenden Eindruck in ihrem Detailreichtum, ihrer Vollständigkeit und in ihrem Verzicht auf alle inszenatorischen Effekte – ganz im Gegensatz zur parallelen Ausstellung zu *München – Hauptstadt der Bewegung*, die Martialisches und Privates in einer vermeintlich wirklichkeitsnahen Multi-media-Show unterhaltsam und ein wenig gruselig präsentierte. Die Architektur-Dokumentation wartete auch mit teilweise überraschenden Ergebnissen auf. Daß die monumental-klassizistische Repräsentationsarchitektur der sogenannten Führer- und Gauhauptstädte nicht identisch ist mit dem Bauen im NS-Staat überhaupt, daß man kaum das einzelne Gebäude, wohl aber das Ensemble, »die gesamte gesellschaftliche Anordnung« und Funktionalisierung als nationalsozialistisch identifizieren kann, wird mehr und mehr auch einer größeren Öffentlichkeit geläufig. Daß aber die genormten Behelfsbauten und Baracken den Großteil der Bautätigkeit ausmachten, daß nach 1933 in Bayern in großer Zahl Sakralbauten entstanden und Monumentalbauten auch in kleineren Gemeinden geplant waren, war bislang nicht bekannt. Und: Die monumental-totalitäre Architektur blieb ebenso ein – allerdings spektakulär präsentiertes – Randphänomen wie das moderne Bauen. Es dominierte das Mittelmaß einer bodenständigen Architektur. Damit wurde diese

Ausstellung auch zum Lernort, denn sie trug zur Entdämonisierung bei, zeigte Zusammenhänge und Kontinuitäten auf, ohne zu verwischen, daß auch alles Bauen im NS-Staat letztlich nur einem Ziel diente: der Vorbereitung des Eroberungs- und Völkervernichtungskrieges.[25] Das waren Anstöße und Anregungen, um aus der immer noch weit verbreiteten Unsicherheit und Ratlosigkeit herauszukommen, wie denn mit der baulichen Erblast des Dritten Reiches heute umzugehen sei. Außerhalb des Museums ist der Gegenstand dieser Ausstellung eigentümlich unsichtbar.[26]

Wer in München nach steinernen Spuren des Dritten Reiches sucht, hat es jedenfalls nicht leicht.[27] Was schon vom Haus der (vormals: Deutschen) Kunst zu Recht gesagt wurde, gilt noch mehr für die weniger prominenten NS-Bauten und die von den Nazis nur genutzten Gebäude: »Die nazistische Vergangenheit gibt sich nur dem Eingeweihten zu erkennen.«[28] Denn wem wäre noch gegenwärtig, daß beispielsweise im Justizpalast (Prielmayer Straße) der Volksgerichtshof unter seinem berüchtigten Vorsitzenden Freisler die Mitglieder der Widerstandsgruppe Weiße Rose zum Tode verurteilte, an die hier erst seit dem Sommer 1993 zwei Gedenktafeln erinnern,[29] daß in den Kellern des 1944 zerstörten Wittelsbacher Palais (Brienner- / Türkenstraße), dort wo heute die Bayerische Landesbank residiert und im April 1919 die Regierung der Räterepublik ihren Sitz hatte, die Gestapo Tausende politisch Verfolgter verhörte und folterte[30], und daß aus den Bunkern unter dem ehemaligen Zentralministerium und heutigen Landwirtschaftsministerium in der Ludwigstraße der NSDAP-Gauleiter Paul Giesler bis zuletzt seine Befehle gab? Welcher Passant, welche umherschweifenden Blicke könnten entdecken, daß hinter den bis heute durch steinerne Stahlhelm-Reliefs geschmückten Fassaden des bayerischen Wirtschaftsministeriums (Von-der-Tann-Straße) einst das Luftgaukommando residierte, daß im Prinz-Carl-Palais (Von-der-Tann-Straße) Sonderveranstaltungen der NSDAP stattfanden, daß der Sitz des Bundesnachrichtendienstes in München-Pullach eine ehemalige SS-Siedlung ist, daß das heute von der Bundeswehr genutzte Ge-

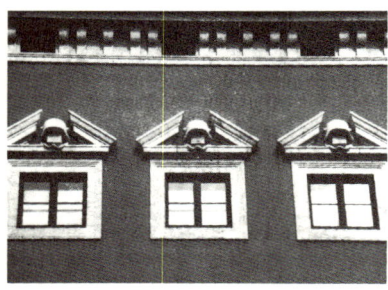

Fassade des Wirtschaftsministeriums mit deutschen Stahlhelmen (ehem. Luftgaukommando).

bäude in der Neuherbergstraße einst die SS-Standarte »Deutschland« beherbergte und das im Südwesten gelegene Ramersdorf eine NS-Mustersiedlung gewesen ist.[31] Hinweistafeln suchte man lange ganz und heute immer noch in nicht wenigen Fällen vergeblich. Erläuterungen zur Bau-, Nutzungs- und Umnutzungsgeschichte der Gebäude finden sich nicht, jedenfalls nicht vor Ort.

Exemplarisch sei der schwierige Umgang mit NS-Bauten am Haus der Kunst und am Königsplatz verdeutlicht. Das zwischen 1934 und 1937 von Hitlers erstem Architekten Paul Ludwig Troost gebaute Haus der Deutschen Kunst wurde im ersten Jahrzehnt nach 1945 teils als Offizierskasino von den Amerikanern genutzt, teils für Ausstellungen: sei es des bayerischen Kunsthandwerks, sei es der örtlichen Künstlerszene, sei es der internationalen Moderne. Eines der ersten großen Ausstellungsprojekte war die 1949 gezeigte Ausstellung *Der blaue Reiter*. Vielleicht eine »tröstliche Ironie der Geschichte«, daß in diesem trostlosen Troost-Bau, in dem einige Jahre zuvor nur »artreine« deutsche Kunst gezeigt worden war, nun auch die damals als »entartet« gebrandmarkten Werke der klassischen Moderne zu sehen waren. Während im Innern gewisse Umbauten vorgenommen wurden, blieb das Gebäude äußerlich weitgehend unverändert. Pläne, es abzureißen, wurden schnell wieder verworfen. So gering sein architektonischer Wert eingeschätzt wird, so groß war sein realer Raumwert. Das Nutzungsspektrum reichte vom Kunstsalon bis zum Faschingsfest. Der als Zeitzeugnis beizeiten unter Denkmalschutz gestellte Bau war unentbehrlich vor allem für den Münchener Kunstbetrieb. Mag sein, daß der ehemalige NS-Kunsttempel nun der »Umerziehung der Bevölkerung diente« und seine ursprüngliche Funktion durch Umnutzung neutralisiert wurde, immer wieder wurde er jedenfalls zum Stein des Anstoßes.[32] Auch dieses Gebäude konnte oder wollte seine Vergangenheit nicht abstreifen. Die zum 50. Jahrestag der Ausstellung *Entartete Kunst* gezeigte Rekonstruktion der damaligen Schau fand in der Öffentlichkeit verhaltenen Beifall, aber auch deutliche Kritik. Der Kunsthistoriker Hans-Ernst Mittig nannte sie einen »Meilenstein in der ablenkenden Verarbeitung des Nationalsozialismus durch konservative Wissenschaft«.[33] Als das längst baufällige Gebäude die 1989 geplante van Gogh-Ausstellung nicht mehr übernehmen konnte, löste dies die überfällige Debatte über Nutzung und Restaurierung aus. Die Sanierungskosten wurden auf mindestens zwanzig Millionen Mark veranschlagt. Und die Meinungen gingen weit auseinander. Abriß wurde vorgeschlagen, aber auch vorsätzlicher Verfall. Einige plädierten für einen Neubau. Man entschied sich für eine umfassende Sanierung, nicht zuletzt aufgrund von Initiativen aus der CSU-Fraktion. Auch in der Publizistik meldeten sich gewichtige Stimmen für eine umfassende Instandsetzung als

Denkmal. Denn noch immer lege dieses Haus, so hieß es, »eindringlich Zeugnis ab von der zwingenden Korruption der Kunst, die sich mißbrauchen ließ zur Ästhetisierung faschistischer Politik und sich fortan mißbrauchen läßt zur Repräsentation des bürgerlichen Staates«.[34] Im Sommer 1991 begann die Renovierung des Gebäudes mit einem beachtlichen Kostenaufwand. Schließlich, so der damalige bayerische Ministerpräsident Max Streibl (CSU), müsse die »heimliche Hauptstadt« Deutschlands mit Blick auf die »neue Hauptstadt« sich national und international behaupten.

Aufschlußreich ist auch die lange Entnazifizierungsgeschichte des Königsplatzes.[35] Sie begann mit der von General Eisenhower persönlich verfügten Sprengung der beiden »Ehrentempel«, um die herum bis 1944 am 9. November das alljährliche Spektakel für die »Gefallenen der Bewegung« stattfand. Alternative Vorschläge, an dieser Stelle je ein katholisches und evangelisches Gotteshaus zu errichten (Kardinal Faulhaber) oder Tempel für den Weltfrieden und die Völkerverständigung zu bauen, konnten sich nicht durchsetzen. Mit der Zerstörung der Ehrentempel war aber der Auftrag der Alliierten nur teilweise erfüllt. Der Kontrollratsdirektive Nr. 30 zufolge waren alle öffentlichen Bauten und Zeichen zu zerstören, die an den Nationalsozialismus erinnern könnten, es sei denn, sie hatten großen architektonischen Wert oder waren von öffentlichem Nutzen. In einer Ausführungsbestimmung des Kultusministeriums vom April 1947 zu jener Direktive hieß es, es dürfe kein »ruinenhafter Zustand« geschaffen werden. Vielmehr sei eine »definitive Form ... anzustreben, die dem unbefangenen Beschauer weder über die Tatsache der Veränderung noch über die Art der Veränderung etwas sagt«.[36] Auslöschung der Vergangenheit durch Ästhetisierung. Aber genau das gelang eben nicht oder nur unzureichend. Die massiven Fundamente der Ehrentempel blieben jedenfalls erhalten. Ihre Sprengung hätte die benachbarten ehemaligen Parteibauten in Mitleidenschaft gezogen, die aber noch anderweitig gebraucht wurden. Gras sollte über die Angelegenheit wachsen. Tatsächlich wurden die Freiflächen mit Baumreihen bepflanzt, die sich im Laufe der Jahrzehnte zu kleinen Gehölzen auswuchsen und von den Naturschutzbehörden als Biotope eingestuft wurden. Obwohl es noch einen Wettbewerb zur Bebauung gab und auch die Öffentlichkeit auf eine befriedigende abschließende Lösung drängte, geschah zunächst nichts mehr. Schon bald zeigte sich aber, daß der Platz für Großveranstaltungen unentbehrlich war, was die Instandsetzung des Granitbelages erforderlich machte und die Wiederherstellung der früheren Grünfläche langfristig auszuschließen schien. Doch Anfang der siebziger Jahre kam diese Frage erneut auf die politische Tagesordnung. Nun forderte die SPD-Rathaus-Fraktion, die »Verschandelung des historischen Platzes« zu

Königsplatz als Parkplatz (ca. 1987)

beseitigen. Der Ruf nach »Rückgestaltung« des Königsplatzes zum »klassizistischen Juwel« wurde vielerorts laut. Man verlangte die Wiederherstellung seiner ursprünglichen Gestalt, die ihm Klenze gegeben hatte, der Baumeister König Ludwigs II. Doch eine Auseinandersetzung mit der Umgestaltung durch die Nationalsozialisten und der späteren, halbherzigen Entnazifizierung fand nicht statt. Die *Süddeutsche Zeitung* wußte, warum: »Nach fast 35jährigem Abstand vom ›Dritten Reich‹ sollten wir wieder die Selbstbewußtheit zu einer klaren einfachen Gestaltung haben, anstatt unsere Unsicherheit hinter der Forderung nach Grün zu verstecken.«[37] In der Auseinandersetzung um die Alternativen Beplattung versus Begrünung fand letztere aber schließlich die Mehrheit. Bei der Finanzierung der 6,5 Millionen Mark teuren Rückgestaltung des Platzes verfiel die Stadt auf die Idee, die 62000 Platten für eine Viertelmillion Mark an ein bayerisches Straßenbauunternehmen zu verkaufen, das diese später an anderer Stelle neu verlegte und der Stadt wiederum in Rechnung stellte. Erst jetzt wurde die Entnazifizierung des Königsplatzes abgeschlossen, waren die Spuren des »Tausendjährigen Reiches« scheinbar getilgt. Im Katalog zur Ausstellung *Der Königsplatz 1812–1988*, die parallel zur symbolischen Rückgabe des alten Platzes gezeigt wurde, heißt es mit einem selbstkritischen Seufzer, sei zugleich »ein Stück jüngster Geschichte beseitigt oder vielmehr verdrängt (worden)«.[38]

Von Verschweigen und Verdrängung der NS-Vergangenheit zeugt auch der Umgang mit den NSDAP-Parteibauten. Der nördliche, ehemalige »Führerbau« (Arcisstr. 12) wird seit den fünfziger Jahren von der Musikhochschule genutzt. Der südliche ehemalige Verwaltungsbau

Ruine der Alten Pinakothek, Südseite (1946)

der NSDAP (Meiserstr. 10) beherbergt verschiedene kunst- und kulturwissenschaftliche Institute. Entnazifizierung fand hier durch Umnutzung und Fassadensäuberung statt. Zwar wurden die Adler und Hakenkreuze entfernt, Informationstafeln zur Entstehung und Nutzungsgeschichte dieser Gebäude fehlen hier aber bis heute ebenso wie auf dem nahegelegenen Grundstück des einstigen sogenannten »Braunen Hauses« (Palais Barlow). Jener klassizistischen Villa, die Hitler im Sommer 1930 für die Parteileitung erworben und mit deren Umgestaltung er den Architekten Paul Ludwig Troost beauftragt hatte, dem er kurz zuvor im Haus des Verlegers Bruckmann begegnet war.[39]

Daß es auch in München Alternativen zu dieser Art architektonischer Vergangenheitsverdrängung gab, mögen die beiden abschließenden Beispiele verdeutlichen. Die Alte Pinakothek hatten Bombeneinschläge im Innern und im Außenbau schwer zerstört. Lange war der Klenze-Bau vom Abbruch bedroht. Lange war seine Wiederherstellung eine offene Frage. Noch sieben Jahre nach Kriegsende befand sich das Gebäude im hoffnungslosen Ruinenzustand. Daß es dennoch gerettet wurde, ist vor allem Hans Döllgast zu danken, Architekturprofessor an der Technischen Hochschule.[40] Die Rettung war ebenso mühsam wie sensibel, kostengünstig, ungewöhnlich und insofern auch heftig umstritten. Die einen forderten jahrelang einen Neubau, die anderen ebenso beharrlich den Wiederaufbau. Einig war man sich nur, daß die Präsentation von Teilen der bayerischen Gemäldesammlung im weitgehend unbeschädigt gebliebenen vormaligen Kunsttempel des

Wiederaufbau der Alten Pinakothek (Hans Döllgast)

Dritten Reiches, dem Haus der Deutschen Kunst, nur ein unbefriedigendes Provisorium sein konnte. Mochten schließlich auch die gewichtigeren Gründe für einen Wiederaufbau sprechen, es war keine einfache Aufgabe, ihn zu bewerkstelligen. Der Innenbau mußte völlig verändert werden. Das ursprüngliche, im südöstlichen Flügelbau gelegene Treppenhaus wurde aufgegeben. Die Erschließung des Gebäudes ging und geht nun vom Ort der größten Zerstörung an der Südfassade aus und erfolgt über zwei korrespondierende Treppenläufe symmetrisch zum Eingang im südlichen Seitenschiff. Die äußeren Mauerlücken schloß Döllgast mit Trümmerbausteinen und Betonbändern unter Berücksichtigung der Fassadenstruktur. Vor der unverputzten Ziegelsteinmauer verlaufen die ursprünglich in der Mauer verborgenen Regenfallrohre und die das Dach tragenden Stahlrohrstützen. Auf diese Weise gelang es ihm, die »gewaltige Wunde« zu schließen und doch »ganz oder wenigstens teilweise sichtbar zu lassen«. Für die aufgebrachte Öffentlichkeit war das bloß ein »Schandfleck«. Die staatliche Bauverwaltung sprach hinhaltend und besänftigend von einem »Dauerprovisorium«, doch Döllgast beharrte offensiv auf seiner Konzeption: »Warum etwas vertuschen! Die Leute sollen sehen, daß die Pinakothek ihre Geschichte hat und daß auch ihr der Krieg nicht erspart geblieben ist.«[41] Dabei blieb es.

Zur selben Zeit wurde auch die Sicherung des ebenfalls schwer beschädigten Siegestors notwendig. Auch hier sollte zunächst eine stilgerechte Wiederherstellung des ursprünglichen Zustands die NS-Zeit

Siegestor

vergessen machen. Doch die SPD-regierte Stadt setzte sich in den fünfziger Jahren mit einer Kontrastlösung gegen den staatlichen Denkmalpfleger durch. Über die unbeschädigt gebliebenen Schlachtenreliefs kam statt der Attika eine schlichte Wandfläche. Sie trägt die Inschrift: »Dem Sieg geweiht – Vom Krieg zerstört – Zum Frieden mahnend.«[42]

Gedächtniskirchen und andere Ruinen

Angesichts der von Horizont zu Horizont reichenden Trümmerwüsten, ihrer Häßlichkeit und Trostlosigkeit, wäre ein romantisierender, pietätvoller Umgang mit Ruinen dem Großteil der Bevölkerung vermutlich ganz einfach unangebracht erschienen. Das Gebot der Stunde hieß Trümmerbeseitigung. Verkehrswege mußten freigelegt, sanitäre Einrichtungen repariert, Notbehausungen geschaffen und erste Baumaßnahmen eingeleitet werden. So ungewiß die Zukunft erschien, in dieser Situation einer nie zuvor erlebten Zerstörung materieller und ideeller Werte, der Blick ging doch eher nach vorn als zurück. Die Ruinen erinnerten aber nur daran, »daß das Leben mit seinem Reichtum und seinen Wechseln hier einmal gewohnt hat« – wie Georg Simmel lange vor dieser Erfahrung über die Ruine als architektonisches Symbol geschrieben hatte.[43] Doch wer wollte daran jetzt noch erinnert werden, zumal die Schuttberge ja nicht nur Symbol waren für Verlust und Niederlage, sondern eben auch an Versäumnis, Versagen und Schuld gemahnten. Daß in manchen Städten aus den Trümmerbergen Vergnügungs- und Freizeitstätten geschaffen wurden, mag Zufall sein, aber es wirft doch ein bezeichnendes Licht auf den Willen, von der Vergangenheit wegzukommen.[44]

Dazu bot der Umgang mit Ruinen gerade bei traditionsreichen und architektonisch bedeutsamen Sakral- und Profanbauten allerdings auch andere Möglichkeiten.[45] Vor allem die »naive Wiederherstellung« – der Normalfall des Wiederaufbaus, durch den die Zerstörung scheinbar rückgängig gemacht wurde, zumal sich die Baumaßnahmen zumeist auf die Fassadengestaltung beschränkten, während der Wiederaufbau der Innenräume modernen Anforderungen Rechnung trug. Als »archäologische Rekonstruktion« hat man die weitergehende Auslöschung von (bau)historischen Veränderungen bezeichnet, denn sie suchte – um den Preis der Zerstörung späterer Veränderungen – zum Urzustand zurückzukehren.

Zu diesen Konzepten nahmen die Puristen eine Gegenposition ein.

Für sie war Zerstörtes unwiederbringlich verloren, weshalb sie sich – je nach Lage und Objekt – für die bloße Wiederherstellung des schlichten Raumes aussprachen, für die Einbeziehung moderner Bauelemente, für die Erhaltung des ruinösen Zustands oder für eine »erinnernde Wiederherstellung«. So sehr die bereits vorgestellte Alte Pinakothek als Modellfall für eine solche, »erinnernde Wiederherstellung« gilt, so sehr kann man das Frankfurter Goethehaus als das vielleicht aufschlußreichste, gewiß aber prominenteste Beispiel ansehen für eine nun umgekehrt vergessende oder vergessen machende Wiederherstellung.

Frankfurt Main: Das Goethe-Haus und die Paulskirche

Frankfurt war – wie Hamburg und Köln – erheblich stärker zerstört als München. »München kann man sich vorstellen, Frankfurt nicht mehr«, notierte der junge Schweizer Architekt Max Frisch im Mai 1946 in seinem Tagebuch.

> »Eine Tafel zeigt, wo das Goethehaus stand (...), die Ruinen stehen nicht, sondern versinken in ihrem eigenen Schutt, und oft erinnert es mich an die heimatlichen Berge, schmale Ziegenwege führen über die Hügel von Geröll, und was noch steht, sind die bizarren Türme eines verwitterten Grates (...) ein Schweigen aus Disteln und Moos, eine geschichtslose Erde (...) Jahre, die niemand mehr zählt.«[46]

Nicht alle dachten so. Andere zählten die Jahre durchaus. Wo manche durch das Erlebnis dieser Zeitenzäsur rat- oder gar mutlos wurden, vertrauten sie auf die Kontinuität der Zeit und bauten buchstäblich auf den Mythos der Wiederkehr. Im August 1949 sollte Goethes 200. Geburtstag gefeiert werden. Anlaß genug für den Literaturwissenschaftler und Vorsitzenden des Freien Deutschen Hochstifts, Ernst Beutler, energisch den Wiederaufbau des Goethehauses zu betreiben.[47] Beutler hatte sich dafür beizeiten eingesetzt und war dabei weit- und umsichtig zu Werke gegangen. Bald nach Kriegsbeginn ließ er alle baulichen Details registrieren und die gesamte Inneneinrichtung an verschiedenen Orten auslagern, was den Wiederaufbau entscheidend begünstigte. Nachdem ausgerechnet an Goethes Todestag 1944 das Haus durch Bomben völlig zerstört worden war, schrieb Beutler einen Aufruf in der Form einer Todesanzeige: »Am 22. März 1944 (...) starb auch das Haus seiner Kindheit, starb die Stadt seiner Jugend.« Die Erinnerung an den Tod und die Geburt Goethes wurde auf diese Weise wirkungsvoll verwoben mit der Zerstörung und der angestrebten Wiederherstellung seines Geburtshauses. So, als könnte mit der Wiederkehr seines Geburtstages und der Wiedereinweihung seines Geburtshauses die Rückkehr von Goethes Geist befördert werden und die Erneuerung der humanistisch-idealistischen Tradition in Deutschland. Mit Erfolg mobilisierte Beutler jedenfalls die kulturelle und wissenschaftliche Prominenz der Zeit. Nur wenige versagten sich der geforderten ideellen und materiellen Unterstützung. Der Pädagoge Herman Nohl sah in der Wiedererrichtung des Goethehauses nicht nur das »schönste Denkmal (...), das wir Goethe jetzt bauen können«, sondern zugleich ein »Zeichen unverzagten Lebenswillens«, ja, ein Zeichen dafür, »daß der Glaube an den deutschen Geist« noch »nicht verloren ist«. Für den katholischen Publizisten und Mitherausgeber der *Frankfurter Hefte* Walter Dirks war es später »eines der ersten Symbole der Restauration«. Schon einige Jahre zuvor hatte er seine Ablehnung des Wiederaufbaus unmißverständlich zum Ausdruck gebracht: »Es gibt Zusammenhänge zwischen dem Geist des Goethehauses und dem Schicksal seiner Vernichtung« schrieb er;

»wäre das Volk der Dichter und Denker (und mit ihm Europa) nicht vom Geist Goethes abgefallen, vom Geist des Maßes und der Menschlichkeit, so hätte es diesen Krieg nicht unternommen und die Zerstörung dieses Hauses provoziert. Die große Vernichtung steht folgerichtig am Ende eines Weges, der von Goethe weggeführt hat (...): es hatte seine bittere Logik, daß das Goethehaus in Trümmer sank. Es war kein Versehen, das man zu berichtigen hätte, keine Panne, die der Geschichte unterlaufen wäre: es hat seine Richtigkeit mit diesem Untergang. Deshalb soll man ihn anerkennen.«[48]

Man tat es nicht: 1951 war die Rekonstruktion des Goethehauses beendet, 1954 folgte der Neubau des Goethemuseums. Mitte der neunziger Jahre wurde durch dessen Umbau das letzte bauliche Element beseitigt, das die Bomben mehr oder weniger überstanden hatte, der Volger Hof. Dort hatte Thomas Mann im Mai 1932 gesprochen und die Pflege dieser ehrwürdigen »Stätte geistig-nationaler Überlieferung« angemahnt. »Möge der Staat Preußen und möge die Verwaltung dieser Stadt es sich zur Pflicht machen, Not und Verfall der Zeit vom Frankfurter Goethehaus fernzuhalten.«[49]

Dem – leicht spöttisch und treffend – »magisch-sakramental« genannten,[50] historischen Umgang mit einer prominenten Ruine steht, auch in Frankfurt, als Alternative der Wiederaufbau eines anderen Architektursymbols gegenüber: die Paulskirche, wahrscheinlich der politisch bedeutsamste Bau der westdeutschen Nachkriegsgeschichte überhaupt. Ein Bau, der zwar für das Scheitern des ersten freigewählten deutschen Parlaments steht und insoweit vielleicht »dem parlamentari-

Links: Frankfurt, Ruine der Paulskirche (um 1945).
Rechts: Frankfurt, wiederaufgebaute Paulskirche (Rudolf Schwarz)

schen Gedanken in Deutschland bleibenden Schaden zugefügt«[51] hat, der aber zugleich als Symbol des freiheitlichen Denkens und Redens und der nationalen Einheit gilt.

Die Vollruine sollte zur Hundertjahrfeier der Revolution von 1848 im Mai 1948 wiederhergestellt sein. »Ganz Deutschland muß die Paulskirche wieder aufbauen, von außen und von innen, im Stein wie im Geiste!« hieß es im Aufruf der Stadt Frankfurt/Main.[52] Und aus dem ganzen Land trafen Geld- und Sachspenden ein, auch aus Ostdeutschland. Hoch war der Anspruch an den »ehrwürdigen Raum«, von dem nur noch eine »ausgeglühte Mauerschale aus roten Sandsteinquadern« stand: hier sollte sich »das deutsche Volks zu Aussprache und Feier« versammeln. Die Architektengruppe unter Leitung von Rudolf Schwarz entwarf dafür eine so strenge und schlichte Form, daß darin – wie die Architekten hofften – »kein unwahres Wort möglich sein sollte«. Der ursprünglich klassizistische protestantische Sakralbau erhielt eine geradezu asketische Gestalt, innen wie außen, mit flachgewölbtem Dach und ohne säulengetragene Empore. Dadurch entstand ein kahler, hoher, heller Saal, zu dem man durch eine dunkle und niedrige Eingangs- und Wandelhalle aufsteigt.

Man wird den Architekten nicht absprechen können, daß sie damit einen dritten Weg gegangen sind zwischen Rekonstruktion und Abbruch und auf diese Weise den »Willen des deutschen Volkes« architek-

Johannes Grützkes Monumentalgemälde mit dem Zug der Abgeordneten in der Wandelhalle der Frankfurter Paulskirche.

tonisch festzuschreiben versuchten, »eine bessere Ordnung aus dem Zusammenbruch aufzubauen, durch ihre reine und arme Gestalt«. Und man wird nicht ihnen anlasten wollen, daß ihre architektonische Interpretation des Wiederaufbaus Programm blieb und nicht Symbol wurde. Die Volksvertreter sind nicht gekommen, jedenfalls nicht zur politischen Aussprache, sondern allenfalls zur Feier der alljährlichen Friedenspreisverleihung des Deutschen Buchhandels. Frankfurt wurde nicht – wie anfangs gehofft und erwartet – die neue Bundeshauptstadt des westdeutschen Teilstaates. Statt dessen kamen Geld und Kultur. Erst hinterließ der Wirtschaftsboom in der Stadt seine Spuren, dann der Kulturboom. Den Bankkathedralen folgten die Kunst- und Museumstempel.[53]

Und so sind die Volksvertreter schließlich doch noch gekommen – im *Zug der Abgeordneten*, dem Monumentalgemälde von Johannes Grützke, das seit Frühjahr 1991 die Treppenrotunde ziert.[54] Eine »Malerei«, so ein humorvoller Kritiker treffend, »deren närrischer Posaunenton einen unterhaltsamen Rundgang lang nachhallen mag und dann verläßlich verklingt«. Gewiß nicht viel, aber eben auch nicht so wenig, wenn man bedenkt, was hier ein Künstler hätte anrichten können, der mit feierlichem Ernst und politischem Pathos zu Werke gegangen wäre. Schon während des Wiederaufbaus war erwogen worden, dieses karge Denkmal politischer Hoffnungen und Niederlagen mit einem Kunstwerk eindrucksvoll zu schmücken. Daß es dazu erst vierzig Jahre später kam, war wohl kein Zufall. Jetzt hätten manche Stadtväter ihre Paulskirche gern in den klassizistischen Vorkriegszustand zurückgeführt, wogegen sich nun allerdings die Denkmalpfleger wehrten, die seinerzeit so heftig gegen den geschichts- oder richtiger: schmucklosen Wiederaufbau gestritten hatten.

Hamburg: St. Nikolai

Anderswo blieben Ruinenkirchen in dieser Zeit als solche erhalten: in Darmstadt die Ruine am Kapellplatz, die nahezu vollständig zerstörte Frauenkirche in Dresden,[55] die durch Neubauten von Egon Eiermann ergänzte und dadurch auch teilweise entwertete Ruine der Kaiser-Wilhelm-Gedächtniskirche in Berlin, St. Aegidien in Hannover und St. Nikolai in Hamburg. Manche sahen darin »Mahnmale des großen Geist-Antipoden, den die Kirche Luzifer nennt«. Das war gewiß aufrichtig gemeint, aber doch auch der in dieser Zeit verbreitete, wiewohl fragwürdige Versuch, die deutsche Katastrophe religiös zu deuten und mit der christlichen Leidens- und Hoffnungsgeschichte zu verknüpfen. Ganz diesseitig in seiner Argumentation blieb der Beitrag des Kunsthistorikers Otto H. Förster zur damals viel beachteten Vortragsreihe *Was wird aus den Kölner Kirchen?*, die im Winter 1946/47 stattfand.[56] Er warnte davor, »klaffende Wunden mit fälscherhaften Mätzchen zu schließen«, damit »noch zwei oder drei Geschlechter nach uns sehen..., wie nahe auch das Letzte dem Untergang war, und sich immer aufs neue zum Nachdenken aufgefordert fühlen«. Vielleicht ist dieses Bewußtsein nirgendwo nachdrücklicher zum Ausdruck gekommen als in der Ruine von Alt-St.Alban in Köln, die neben dem gotischen Gürzenich steht, dem Festhaus der Stadt, oder richtiger: in ihn hineinragt, denn die dunklen Außenmauern der Ruine bilden die Innenwände der hellen Treppenhalle des neuen Baus. Der mit dem Komplex befaßte Architekt Rudolf Schwarz erinnerte sich Jahre später:

Köln, Ruine der St. Alban-Kirche mit Elternpaar (K. Kollwitz)

Trauerndes Elternpaar von Käthe Kollwitz (1959 aufgestellt).

»Die Gewölbe waren eingestürzt, und es stand nur noch eine unverständliche Versammlung von Bögen, Pfeilern und Wänden unter dem offenen Himmel, ein sinnloser, trauriger Rest (...) Er mahnt an die unerforschbare Bosheit des menschlichen Herzens. So steht er neben dem Festhaus. Die Feste des Lebens werden vor den Hintergrund des Todes gestellt. Diese Ruine ist sinnlos, und das trostlose Elternpaar der Käthe Kollwitz kauert ganz klein und verloren in der leeren Ödnis (...).«[57]

Demgegenüber war der Umgang mit einer anderen bekannten Kirchenruine, mit St. Nikolai in Hamburg, lange unsicher und unentschieden.[58] Die Kirche war nicht stärker beschädigt als andere Kirchen der Stadt, weshalb man auch hier zunächst an einen raschen Wiederaufbau dachte. Erst nach dem Krieg wurden die Außenwände abgerissen und mit ihnen die Skulpturen. Zu dieser Zeit erschien den Denkmalpflegern die Neugotik des 19. Jahrhunderts nicht wiederaufbauwürdig. Und die Kirche zog sich aus der inneren Mitte Hamburgs freiwillig zurück. Die Gemeinde, der es für den Wiederaufbau an Geld fehlte, baute im wohlhabenden Harvestehude eine neue Nikolai-Kirche. Mitte der fünfziger Jahre verlangte der Finanzsenator den Abbruch der Ruine an der autobahnähnlichen neuen Ost-West-Straße, die inzwischen die Altstadt endgültig zerstört hatte. Mit anderen westdeutschen Großstädten lag Hamburg im städtebaulichen Trend der Zeit: So entstand eine autogerechte und zugleich geschichtsvergessene

Hamburg, Ruine der St. Nikolai-Kirche: »Ecce homo« (1974, O. Kokoschka)

Stadt. Doch die Ruine blieb stehen. Für ihre weitere Nutzung gab es im Laufe der Jahre viele Pläne – vom Kinderspielplatz bis zum Friedensmahnmal für alle Opfer des Zweiten Weltkriegs.

1974 wurde dann in der Turmhalle das Kokoschka-Mosaik *Ecce Homo* angebracht und eingeweiht. Unter dem Mosaik steht der Satz: »Ich tue meinen Mund auf für die Stummen.« Doch schon bald mußte der Zugang zur Ruine wegen Baufälligkeit gesperrt werden. Später nahm sich ein Förderkreis der Ruinenrettung an. Der Senat bewilligte zur weiteren Sicherung einen Millionenbetrag. So blieb der Turm der Nikolaikirche erhalten: »Zur Demonstration eines rückwärts gewandten, romantisierenden Deutschtums und dessen Kraft zur Erneuerung war sie einmal (nach dem ersten großen Brand von 1842 / d. Verf.) errichtet worden. Ein vom Wirtschaftswunder im Stich gelassenes Symbol für Krieg und Zerstörung im zwanzigsten Jahrhundert ist sie geworden.«[59] Darauf verweist seit einigen Jahren auch eines der blauen Schilder, die – inzwischen an zahlreichen Gebäuden der Stadt angebracht – den Besucher bauhistorisch informieren. Bezüglich seiner jüngsten Vergangenheit ist die Auskunft allerdings recht einsilbig: »1943 und 1944 bis auf den Turm und die Außenmauern zerstört.«

Aus Anlaß des 50. Jahrestages der »Operation Gomorrha« ist die Ruine 1993 wie nie zuvor zum Mittelpunkt des städtischen Lebens gemacht worden. So, als sollte alles Versäumte in wenigen Tagen nachgeholt und die Verlegenheit und Gleichgültigkeit vergangener Tage vergessen gemacht werden. Eine Woche lang wurden weltliche Gedenkfeiern und ökumenische Gottesdienste zelebriert, Ausstellungen und

Filme gezeigt, Stadtteilrundgänge, Barkassenfahrten, Geschichtsspaziergänge und ökumenische Prozessionswege organisiert. Es wurde gepredigt und gesungen, geredet und geradelt, gegessen und getrunken. Gäste aus Coventry, Dresden, Rotterdam und St. Petersburg weilten in der Stadt. Den Höhepunkt bildete die Einweihung des Glockenspiels und die Aufhängung des Monumentalkunstwerks *Ecce Homo* von H.D. Rühmann: ein auf den Kopf gestellter, auf fünfzig Meter Länge aus 5000 Fotokopien vergrößerter, 180 000 Mark teurer, sieben Tonnen schwerer, von Telekränen gehaltener und an der Ruine St. Nikolai installierter Mann – aufgehängt und nackt: das war gewiß eine seltene Attraktion, für manche aber auch einfach eine Zumutung. Wem das noch nicht genug war, dem boten sich auch noch manche musikalische Vergnügungen. Und wem das zu viel, zu bunt und zu laut wurde, den lud ein tägliches Mittagsgebet bei Orgelmusik zur Meditation ein: »Hören, schweigen, sich besinnen« hieß das passende Motto.

»Als Hamburg im Feuersturm versank« titelte eine Lokalzeitung die Programmankündigung. Darin wurden die Bombentonnen, die Toten, Verletzten und Ausgebombten so gezählt wie die kaum weniger

Hamburg, Ruine der St. Nikolai-Kirche: »Ecce homo« (1993, H.D. Rühmann).

beachtlichen Zahlen der stolzen Festbilanz mit Hunderten von in- und ausländischen Gästen, Tausenden von Teilnehmern, zahlreich mitwirkenden Künstlern, den Sponsoren und Spenden. Kein Zweifel, aus der Erinnerung an die »schrecklichsten Tage seiner Geschichte« hatte Hamburg etwas gemacht: ein Volksfest und ein Friedensfestival mit Galakonzert und Weltfilmpremiere.

Denkmal und Gegendenkmal

Im Vergleich zu heute und zur frühen Nachkriegszeit scheinen sich die sechziger Jahre im Denkmalbau eher zurückgehalten zu haben. Vielleicht eine überraschende Feststellung, denn die wissenschaftliche, kulturelle und auch politische Auseinandersetzung mit dem Nationalsozialismus wurde in diesem Jahrzehnt thematisch wie formal differenzierter, breiter und intensiver als zuvor geführt. Doch das traditionelle Denkmal hatte sich überlebt. Und neue Wege mußten erst gefunden werden. Oskar Negt und Alexander Kluge stellten Anfang der siebziger Jahre die rhetorische Frage, ob Denkmäler nicht überhaupt doppelt hergestellt werden müßten: »das eine Denkmal, um einen bestimmten – möglicherweise Verzerrungen und Irrtümer enthaltenden – geschichtlichen Stand festzuhalten; das andere, damit es von den Menschen im weiteren Verlauf deformiert, verändert, korrigiert werden kann.« Es sei notwendig, argumentierten sie, »sowohl die Geschichte wie die Differenz zur Geschichte«, und das heißt eben auch: die Einstellung der Nachlebenden zu ihr, »in der Öffentlichkeit von Denkmälern festzuhalten«.[60]

Denkmal und Gegendenkmal waren zunächst und vor allem charakteristisch für die Erinnerungskultur im konfrontativen innerdeutschen Verhältnis und Ausdruck der um demonstrative Eindeutigkeit und Abgrenzung bemühten Systeme. Aber nur im geteilten Berlin ließen sich Denkmal und Gegendenkmal sichtbar miteinander konfrontieren, wenn auch nicht in direkter Gegenüberstellung. Eine Chance dazu bestand immerhin, aber sie wurde erstaunlicherweise nicht genutzt. Beim Wettbewerb für ein Mahnmal des unbekannten politischen Gefangenen, den 1952/53 das Institut für zeitgenössische Kunst in London ausschrieb, gewann der englische Künstler Reg Butler den ersten (nicht ausgeführten) Preis mit einer recht unkonventionellen Denkmalarchitektur, einem etwa vierzig Meter hohen Stahlgerüst (»Blutgerüst«) mit einer Plattform und am Sockel mit drei überlebensgroßen Figuren als Sinnbild für Unterdrückung und Folter, das den Betrachter an »Gefängnis und Schafott, an Wachturm und Guillotine« erinnern sollte.[61] So groß die Beteiligung an diesem Wettbewerb mit über dreitausend Entwürfen war, so gering war die politische Resonanz: Keines der beteiligten Länder mochte einen Entwurf übernehmen, keiner wurde ausgeführt. Verschiedene Standorte waren im Gespräch. Die Felsen bei Dover wurden in Betracht gezogen, aber auch West-Berlin. Die Akademie der Künste befand, daß es »innerhalb der freien Welt keinen geeigneteren Ort« dafür gäbe »als die ehemalige Reichshauptstadt«. Nur hier würde der Turm in einem doppelten Sinn verstanden werden können – und müssen: »als ein Mahnmal im gegenwärtigen Kampf zwischen Freiheit und Tyrannei und als Sinnbild des politisch-moralischen Selbstbewußtseins dieser Stadt als einer Insel der Freiheit« und zugleich »als ein Zeichen der Erinnerung an alles, was einst von Berlin aus befohlen, an politischen Verbrechen in Deutschland begangen und erlitten wurde. Ein Motiv der Entsühnung und der Elan einer kämpferischen Geistesgegenwart würden sich verbinden.«[62] Man wundert sich, warum Berlin, warum die Alliierten, warum die Bundesrepublik diese Chance nicht erkannt und genutzt haben. In Berlin, wo die antagonistischen Systeme so sichtbar bedrohlich nah aneinanderstießen, wäre ja der Ort für die demonstrative Geste eines Gegendenkmals wie nirgendwo sonst gewesen.

Auf die unmittelbare Konfrontation von Denkmal und Gegendenkmal hat man verzichtet, aber nicht auf die systempolitische Eindeutigkeit der öffentlichen Erinnerungsgesten. In Ost-Berlin war die mehrfache Hervorhebung des antifaschistisch-sozialistischen Widerstands so wenig zu übersehen wie in West-Berlin die ebenfalls mehrfache Nobilitierung des militärisch-bürgerlichen Widerstands, während die anderen Widerstandsbewegungen und Opfergruppen erst allmählich und widerstrebend zur Kenntnis genommen wurden, im Westen früher als im Osten, wobei dieser mit der Errichtung seiner KZ-Gedenkstätten zuvor wichtige Anstöße gegeben hatte.

Die Konfrontation von Denkmal und Gegendenkmal ist jedoch nicht nur im konfliktreichen zwischenstaatlichen Verhältnis geeignet, den Gegensatz von Geschichtsbildern sichtbar zu machen. Auch innerstaatlich ist das Modell von Nutzen, zumindest in einer Gesellschaft mit kontroversen Geschichtsdeutungen und konkurrierenden Akteuren auf dem Felde der Geschichtspolitik. In der Demokratie ist die unangefochtene Erinnerung ein eher unwahrscheinlicher Fall und eine den gesellschaftlichen Gruppen, Wertorientierungen und Geschichtsbildern entsprechende pluralistische Erinnerungskultur das angemessenere Erscheinungsbild. Denkmal und Gegendenkmal sind aber nicht erst und allein eine Folge der schrittweisen Pluralisierung unserer jüngeren Denkmalkultur. Diesen Typus gibt es auch als Ausdruck der zeitlichen Abfolge von Wertewandel und Systemwechsel, der sich ja nicht notwendig nur im Sturz und im Neubau von Denkmälern Ausdruck verschaffen muß, sondern eben auch in der Erhaltung eines unzeitgemäßen und umstrittenen Denkmals und seiner kommentierenden Konfrontation durch ein Gegendenkmal. Ein eindrucksvolles Beispiel findet sich in Würzburg.[63]

Wie in vielen anderen Städten war auch in Würzburg in den frühen dreißiger Jahren, also noch in Weimarer Zeiten, ein Soldaten-Ehrenmal aufgestellt worden: eine Gruppe von sechs Soldaten, die einen aufgebahrten toten Kameraden auf ihren Schultern tragen und dabei einen zeitlupenartig erstarrten Bewegungsablauf vollziehen, vom Erheben des Leichnams zur Beisetzung. Die Theatralik steigert die Wirkung des massigen Trauermonuments trotz aller Bedrohlichkeit, die von der soldatischen Formation ausgeht. Dieses ästhetische Identifikationsangebot reichte nach dem Zweiten Weltkrieg nicht mehr aus. Nun kam aber offensichtlich niemand auf die Idee, die unbekannten Soldaten mit einem Gegendenkmal für den unbekannten Pazifisten zu konfrontieren und ihm die Inschrift zu geben, von der einst Tucholsky träumte: »Hier lebte ein Mann, der sich geweigert hat, auf seine Mitmenschen zu schießen. Ehre seinem Andenken!« Vielmehr wurde, nur etwa dreihundert Meter entfernt, im Frühjahr 1954 zur Erinnerung an die Bombenopfer und die Zerstörung der Stadt ein zweites Trauerdenkmal aufgestellt: eine aus einem Mann, einer Frau und zwei Kindern bestehende liegende Figurengruppe, überlebensgroß und aus einem dunkelgrünlich-porösen Stein gefertigt, der wie ausgeglüht wirkt und an verkohlte Leichen erinnern läßt. Eine Verbindung zwischen beiden Denkmälern besteht gleich mehrfach. Zum einen durch die räumliche Nähe und den Umstand, daß sie vom selben Bildhauer geschaffen wurden. Zum anderen durch das Todesmotiv und sepulkrale Pathos. Dort die wuchtige Erhabenheit des soldatischen Heldentodes. Hier das monumentale Memento mori des – sinnlosen – zivilen Opfertodes. Welcher Art der geschichtliche Zusammenhang ist, dessen Todesfolgen hier bildlich dargestellt werden, das bleibt allerdings ebenso offen oder besser: unklar wie der – auch räumlich entferntere – Zusammenhang zwischen diesen Toten und jenen, die auf dem Friedhof in der Werner-von Siemens-Straße begraben liegen: die im Ersten Weltkrieg im Kampf für das wilhelminische Kaiserreich gefallenen jüdischen Soldaten und die im Dritten Reich ermordeten Würzburger Juden.

Hamburg-Dammtor: Kriegerdenkmal und Antikriegsdenkmal

Eines der wohl bekanntesten und umstrittensten Denkmäler in der Bundesrepublik überhaupt steht am Hamburger Dammtorbahnhof. Es ist auch ein besonders interessantes, weil denkmal- und zeitgeschichtlich höchst aufschlußreiches Beispiel.[64] Genau genommen handelt es sich nämlich um ein doppeltes Gegendenkmal. Denn so wie sich das bislang unvollendete Gegendenkmal von Alfred Hrdlicka als antifaschistisches Mahnmal gegen das im März 1936 eingeweihte Kriegerdenkmal stellt, so steht dieses – wenn auch wegen der räumlichen Entfernung von etwa einem Kilometer nicht unmittelbar zu erkennen – in Opposition zu dem im August 1931 eingeweihten zentralen Kriegsopferdenkmal am Rathausmarkt, einer hoch aufragenden Stele mit einem Relief von Ernst Barlach: eine trauernde Mutter mit einem Kind auf der einen und der Inschrift »Vierzigtausend Söhne der Stadt ließen ihr Leben für Euch« auf der anderen Seite.

Schon unmittelbar nach dem Ersten Weltkrieg kam es zu einer politischen Auseinandersetzung über verschiedene Denkmalprojekte und Ehrungsformen für die Opfer des Krieges. Auch über den Standort gingen die Ansichten auseinander. Die einen wünschten einen – auch angelegten – Krieger-Ehrenfriedhof innerhalb der weiträumigen Ohlsdorfer Friedhofsanlage. Stadtbaudirektor Fritz Schumacher plädierte für eine Denkmalanlage vor dem Wasserturm im Hamburger Stadtpark. SPD und KPD wollten nur ein Antikriegsdenkmal. Und die Kriegsopferorganisationen machten sich erfolgreich für eine soziale Einrichtung stark: die Wohnsiedlung Kriegerdank für die Kriegshinterbliebenen und -versehrten. Nachdem der Versuch einer »Gesamtkriegerehrung« mit einer »Heldengedenkhalle« nicht zuletzt der hohen Kosten wegen gescheitert war, reifte Mitte der zwanziger Jahre in Senat und Bürgerschaft der Plan, im Zentrum der Stadt ein schlichtes Denkmal zu errichten. Ein Wettbewerb wurde ausgeschrieben, zusätzlich lud man mehrere bekannte Künstler ein, unter ihnen Ernst Barlach, Wilhelm Kreis, Hugo Lederer und Hans Poelzig. Schließlich entschied man sich für die schlichte Stele des Architekten Klaus Hoffmann, die auf Betreiben Schumachers mit dem genannten Barlach-Relief geschmückt wurde.

Mochten sich auch namhafte Persönlichkeiten nachdrücklich für dieses »Kriegserinnerungsmal« aussprechen – so beispielsweise Thomas Mann –, der die Bürger der Stadt für die »künstlerische Würde« und »wahrhafte Volkstümlichkeit (...) der aufrechten Schmerzensmutter mit ihrer kleinen Waise« einzunehmen suchte,[65] der Widerstand nationalistischer und militaristischer Kreise war von Anfang an groß. Auf eine würdige Einweihungsfeier wurde vorsorglich verzichtet, das

Hamburg, »Kriegsgedenkmal« am
Rathausmarkt mit Barlach-Relief
(1932).

Denkmal fast heimlich enthüllt, eine Rede nicht gehalten. Mochte der Senat auch hoffen, mit einem alle Opfer einbeziehenden Kriegsdenkmal Sonderwünsche nach Einzeldenkmälern abwehren zu können, mit denen er immer wieder besonders vom Bund der 76er Vereine – dem Traditionsverband für das Hanseatische Infanterieregiment Nr. 76 – attackiert wurde, die Hoffnung erfüllte sich nicht. Schon ein Jahr später gab er dessen Forderungen nach und wies den 76ern einen Platz in den Wallanlagen zu.

Aber damit mochte man sich nicht begnügen. Nach 1933 entschieden sich Kriegervereine, Militärs und Nazis für den sehr viel publikumswirksameren, weil verkehrsreichen Standort am Dammtorbahnhof. Den Auftrag erhielt der Bildhauer Richard Kuöhl, der schon vor 1933 im Auftrag seines früheren Lehrers, dem von den Nazis entlassenen Fritz Schumacher, zahlreiche Bau- und Grabplastiken in der Stadt geschaffen hatte und im norddeutschen Raum zudem durch den Bau von Kriegerdenkmalen hervorgetreten war. Im März 1936 wurde das Kriegerdenkmal unter Beteiligung zahlreicher Militärformationen, Soldatenvereine und schaulustiger ›Volksgenossen‹ eingeweiht: ein etwa neun Meter langer, vier Meter breiter und sieben Meter hoher Muschelkalkblock mit einem auf drei Seiten umlaufenden Reliefband mit überlebensgroßen, in 22 Vierergruppen ausmarschierenden Soldaten im zeitgemäßen Outfit der 1930er Jahre – und nicht in dem des 76er

Regiments von 1870/71 oder 1914/18, an das dieses Denkmal doch erinnern sollte. Daß es sich nicht nur um ein beliebiges der vielen Regimentsdenkmäler jener Zeit handelt, lassen auch andere, in das Nationalheroische und Nationalgemeinschaftliche ausgreifende Widmungselemente erkennen. So die (hier im Zitat kursive) Inschrift über dem Reliefband, die aus dem seinerzeit berühmten Gedicht *Soldatenabschied* von Heinrich Lersch stammt: »Laß mich gehn Mutter, laß mich gehn. / Deinen letzten Gruß will ich vom Mund dir küssen: / *Deutschland muß leben, und wenn wir sterben müssen!*« So das zweite Motto: »Großtaten der Vergangenheit sind Brückenpfeiler der Zukunft.« So auch eine zeitgenössische Denkmalbroschüre, in der es heißt: »Das Ehrenmal soll der nationale Wallfahrtsort für unsere Stadt werden (...), daß dem wieder marschierenden und wieder wehrwilligen Deutschland die Tore der Freiheit und Gleichberechtigung aufspringen (...)« Und der einzige Politiker bei der durch und durch militärischen Einweihungsfeier, ein Senatsmitglied, erklärte dieses Denkmal zu einer ständigen Aufforderung, »zu jeder Stunde in Reihen geschlossen hinter der Fahne zu marschieren, die der Führer uns voran hält, dem hohen Ziel zu, das für uns verkörpert ist mit allen unseren Wünschen und Hoffnungen in dem hehren Worte: Deutschland!«[66] Nur drei Jahre später hatte sich dieser Zweck des Denkmals erfüllt: Die Marschkolonnen der deutschen Wehrmacht formierten sich, der Zweite Weltkrieg begann.

Als er zu Ende war, wurde das Denkmal allerdings nicht beseitigt, wie das die alliierte Kontrollratsdirektive zur Liquidierung deutscher militärischer und Nazi-Denkmäler vorgesehen hätte und wie das auch von zahlreichen antifaschistischen und antimilitaristischen Organisationen und Einzelpersonen wiederholt verlangt wurde. Das Denkmalschutzamt setzte den Erhalt des Denkmals durch. Es konnte sich mit Erfolg auf die Ausnahmeregelung berufen, wonach solche Denkmäler

Denkmalpfleger bei der Reinigung des Kriegerdenkmals

nicht zerstört werden mußten, die lediglich dem Totengedenken von verstorbenen Einzelpersonen und regulären militärischen Einheiten dienten. Und so blieb der »Kriegsklotz« stehen.

Im Zuge der bald einsetzenden Remilitarisierung wurde er unentbehrlich, für die soldatischen Traditionsvereine ebenso wie für Alt- und Neonazis und für den »Nothilfe«-Kameradschaftsbund jenes 76. Wehrmachts-Regiments, das die Tradition der alten 76er Regimenter fortgesetzt hatte, sowieso. Die Behörden verweigerten der »Nothilfe« nicht, eine Gruftplatte »Kameradschaft ehemaliger 76er« anzubringen, die man bei dem Bildhauer Kuöhl in Auftrag gegeben hatte. Auch sonst setzte man auf Kontinuität. In der Vereinszeitung hieß es über das Kriegerdenkmal etwa: »Es ist in seiner Einmaligkeit zum Wahrzeichen der Hamburger Innenstadt und zum Symbol guten deutschen Soldatentums schlechthin geworden.«[67] So sahen das auch zahlreiche andere Soldatenverbände und zumeist rechtsgerichtete Organisationen, von der HIAG (Hilfsgemeinschaft auf Gegenseitigkeit der Soldaten der ehemaligen Waffen-SS) bis zur Gesellschaft für Wehrkunde, vom Verband Deutscher Soldaten bis zum Volksbund Deutsche Kriegsgräberfürsorge. Jahr für Jahr fanden hier Gefallenenehrungen mit Kranzniederlegungen statt. Seit ihrer Gründung im Jahr 1955 / 56 beteiligten sich auch Bundeswehrabordnungen regelmäßig.

Das Denkmal war aber nicht nur Ort fragwürdiger Ehrungen und soldatischer Demonstrationen, es wurde auch immer wieder zum Stein des Anstoßes. Ambulante »Bildhauer« (so die *taz*) bemalten und beschrieben den Klotz, den die Polizei verschiedentlich gegen Demonstranten schützen mußte. »Nachgerade ein Witz« der Denkmalgeschichte, wenn man bedenkt, daß Hamburg dieses Denkmal in der ersten Republik gar nicht haben wollte.[68] Schon früh wurde literarischer und politischer Protest laut. Im Mai 1958 schrieb Peter Rühmkorf auf der *Konkret*-Titelseite:

»Zerstäubte Helden und geschleifte Mauern: / Erleuchtung zweier Kriege, nicht des Lichts – / Du wirst den nächsten nicht mehr überdauern / Und Deutschland nicht und abernichts. // Und merkt euch Klotz und Spruch, das habt zum Zeichen: / Was war nun Deutschland und was wird es sein? / Was ist es, wenn nicht unsresgleichen? / Und NEIN von unserem NEIN.«[69]

Anfang der siebziger Jahre beschloß die zuständige Bezirksversammlung, zumindest die Inschrift aus dem Lersch-Gedicht zu entfernen. Die Springer-Presse entfachte eine Protest-Kampagne. »›Deutschland‹ soll gestrichen werden« – schlagzeilte die *Bild*-Zeitung. Es formierte sich auch eine rechtsextremistische »Bürgerinitiative zur Erhaltung des Ehrenmals am Dammtor«. Sie warb noch in den neunziger Jahren per Anzeigenaufruf um Spenden. Der Senat annullierte den Beschluß. Erst

Hamburg, Kriegerdenkmal (1936, Richard Kuöhl) mit Gegendenkmal (1985/86, Alfred Hrdlicka).

als sich 1980 während der Anti-Kriegswoche und 1981 während des Evangelischen Kirchentages die Auseinandersetzungen verschärften, konnte sich der Ruf nach einer wirkungsvollen Umgestaltung Gehör verschaffen.

1982 wurde ein Wettbewerb ausgeschrieben. Den Auftrag erhielt schließlich der Wiener Bildhauer und Graphiker Alfred Hrdlicka, der ursprünglich selbst zur Jury gehört hatte. Es entstand ein mehrteiliges Werk.[70] Der erste, 1985 eingeweihte Teil setzte sich mit der im Volksmund »Feuersturm« genannten Bombardierung Hamburgs auseinander. Eine brüchig wirkende schwarze Bronzewand, die eine ausgeglühte Hausfassade mit verkohlten Menschen(resten) visualisiert. Darüber, teils Symbol, teils statisches Element, ein Hakenkreuzteil, darunter »eine zerschmetterte Karyatide«, eine ehedem tragende weibliche Figur, und auf der anderen Seite in Marmor »ein herabstürzender Atlant – Bauelement und Mensch zugleich«.[71] Ursprünglich waren als weitere Teile vorgesehen: der Komplex *Glaube und Schönheit*, der den rassistisch überhöhten Schönheitskult der Nazis mit der Menschenverachtung und Menschenvernichtung in ihren Konzentrationslagern konfrontieren sollte. Die beiden anderen Teile sollten dem individuellen *Soldatentod* sowie den Opfern von *Verfolgung und Widerstand* gewidmet werden. Doch Hrdlicka änderte sein Konzept teilweise.

Im September 1986 konnte der zweite Teil eingeweiht werden: *Fluchtgruppe-Cap Arcona*, genannt nach jenem Schiff, das zusammen mit anderen Schiffen 7000 KZ-Häftlinge aus Neuengamme auf die Ostsee brachte, wo es von britischen Bombern versenkt wurde. Auf einem Granitblock steht eine mal stärker, mal schwächer herausgearbeitete, teils verzweifelt bewegte, teils schon leblose Figurengruppe in Marmor, Opfer, Flüchtende, Getroffene, Ertrinkende – »wie in einer Woge von Bombenfeuer und Wasser«.[72] Um das dritte und vierte Element dieses Ensembles – entstand Streit. Hamburg war nicht bereit, die dafür von Hrdlicka verlangten zusätzlichen Mittel zur Verfügung zu stellen, und Anfang 1990 gab der Senat bekannt, daß man sich mit dem Fragment begnügen wolle.

Inzwischen ist die Auseinandersetzung mit der Denkmalsanlage vor Ort weitergegangen. Seit 1985 sind erläuternde Texttafeln aufgestellt. 1991 wurde der »Verein zur Erhaltung des 76er Denkmals« gegründet. Nach einer gründlichen Oberflächenreinigung des Denkmals triumphierte der Verein per Anzeige: »Wir haben es geschafft!« Protest provozieren Denkmal und Gegendenkmal weiterhin. Sie werden beschädigt und wieder repariert, bemalt und wieder gesäubert. Aus Anlaß der Debatte um eine Beteiligung der Bundeswehr beim Einsatz von UN-Truppen in Somalia kam das alte 76er Denkmal zu neuen Ehren. Die deutschen Stahlhelme bekamen – vorübergehend – einen blauen Anstrich. Denkmalpfleger haben darauf hingewiesen, daß das fortdauernde Bemalen und Reinigen des Denkmals allmählich dessen umlaufende Reliefplastik zerstört und damit diesen Klotz überhaupt gefährdet. Man wird an Hrdlickas Worte erinnert, der sich seinerzeit nachdrücklich für den Erhalt des Kriegerdenkmals aussprach, als Zeugnis und zugleich als Deutungsvorgabe für seine Gegendeutung:

»Ich habe den ›Klotz‹ immer verteidigt (...) er darf nicht abgerissen werden. Das wäre, wie wenn man das letzte Exemplar von ›Mein Kampf‹ verbrennt (...) Man muß doch wissen, was die Nazis wirklich wollten. Der ›Klotz‹ ist nicht schlecht gemacht, – er hat so etwas Futuristisches. Er zeigt das heroische In-den-Krieg-Ziehen; doch wie der Krieg ausgeht, das sieht man nicht. Und so wollte ich diesem Denkmal die Realität des Krieges und des Faschismus gegenüberstellen.«[73]

Das Dritte Reich auf dem Friedhof: Hamburg-Ohlsdorf

Fernab der City befindet sich ein Denkmal-Ensemble, das sehr viel umfassender an die Zeit des Dritten Reiches erinnert, aber nahezu unbemerkt blieb und deshalb bis heute auch nicht zum Stein des Anstoßes wurde. Hier konnte man schon Jahre zuvor sehen, wie der Krieg ausgegangen ist. Denn hier sind die Zeugnisse der Kriegstoten unübersehbar zahlreich vorhanden, in Einzel- wie in Massengräbern. Natürlich ist das Dritte Reich nicht auf dem Ohlsdorfer Friedhof begraben, aber in einer bestimmten Weise ist es das eben doch. Begraben ist dort eine große Zahl von Menschen, die in jener Zeit gelebt haben und gestorben sind – als Zivilisten oder als Soldaten unterschiedlicher Nationalität, als Verfolgte, Widerstandskämpfer, Verschleppte und KZ-Häftlinge. Und eben deshalb ist das Dritte Reich dort noch präsent, in Denkmälern und Massengräbern, aber auch in den Grabmalen privater Einzelgräber.[74]

Die Grabsprüche und Symbole, mit denen die Angehörigen sich und ihre Toten hier bedacht haben, widerspiegeln etwas vom Doppelgesicht des Dritten Reiches. Und das ist vielleicht der interessanteste Befund. Zwei Seiten derselben Zeit: einerseits die staatsabgewandte, vermeintlich unpolitische Idylle des stillen Winkels, des kleinen bürgerlichen Auto- und Hausbesitzerglücks oder Bildungsstolzes, andererseits der in die private Lebenswelt vorgedrungene, das einzelne Individuum formierende Einfluß des Staates, der Wehrmacht, der Partei und anderer NS-Organisationen. Erst in jüngerer Zeit ist ja diese Perspektive auf das Doppelgesicht des Dritten Reiches freigelegt und dargestellt worden, also das Nebeneinander von Gewalt und Faszination, von Massenbegeisterung, Massenbewegung und Massenmord.[75] Das Hitler-Regime, das innerhalb und außerhalb Deutschlands soviel Angst, Schrecken, Zerstörung und unermeßliches Leid verbreitete, behielt bis in die späten Kriegsjahre in der Bevölkerung einen breiten Rückhalt. Auf dem Ohlsdorfer Friedhof konnte man steinerne Spuren davon schon lange entdecken. Aber sie blieben lange Zeit unbeachtet, von den Angehörigen der Verstorbenen abgesehen, wurden gepflegt und haben so die Jahrzehnte überdauert. Nirgendwo sonst findet man an öffentlicher Stelle in Hamburg so viele und so gut erhaltene Nazi-Zeichen: Hakenkreuze, Adler, Stahlhelme, Symbole der SS und der vielen NS-Organisationen – und natürlich auch viel Glücks- und Todeskitsch. Ein überraschender, für manche gewiß auch empörender Befund.

Immerhin war ja bereits im Mai 1946 jene Anweisung Nr. 30 der alliierten Kontrollbehörde ergangen, mit der sie die »Liquidierung deutscher militärischer und Nazi-Denkmäler und Museen« angeordnet hatte. Diese Anweisung verbot die »Zurschaustellung von Monumenten, Denkmälern, Plakaten, Statuen, Gebäuden, Straßenschildern, Emblemen, Gedenktafeln und Insignien« und erklärte sie für ungesetzlich, »weil sie darauf abzielen, die deutsche militärische Tradition zu erhalten und fortzusetzen (...), der Nazipartei zu gedenken, oder geeignet sind, Kriegsereignisse zu verherrlichen«. Doch schon bald wurde dieses Verbot eingeschränkt: »Der Zerstörung und Beseitigung sind nicht unterworfen« – so heißt es da – »Denksteine, die lediglich zum Andenken an verstorbene Angehörige regulärer militärischer Einheiten errichtet worden sind (...) (und) Einzelgrabsteine«. Vor allem dieser Ausnahmeregelung verdanken wir die Erhaltung dieser Grabmale mit ihrem vielfältigen NS-Bilderschmuck.[76]

Und eben deshalb sind sie für den historisch interessierten Betrachter von Bedeutung. Die namentliche Identifikation und Hervorhebung eines verstorbenen Menschen als geliebter und geachteter Person, nicht selten verbunden mit der Geste des Schmerzes über den zu früh Verstorbenen, dieser Ausdruck von Individualität und Intimität wird hier fast durchgängig erweitert zugunsten eines »volksgemeinschaftlichen« Zusammenhangs. Der Gestorbene oder gewaltsam Getötete ist zunächst buchstäblich in einen familiären Rahmen eingebettet. Aber zugleich wird er einer Berufsgruppe, einer NS-Organisation, einer Wehrmachtseinheit oder Waffengattung zugeordnet. Die Trauerbekundung und Trostsuche folgt auch hier durchweg christlicher Tradition und bedient sich dabei ihrer Leidens- und Hoffnungssymbole sowie ihres rituellen Repertoires an Bekenntnis- und Trostformeln, nicht selten im zeitgemäßen, deutsch-christlich geprägten Bekenntnismuster: »Eine feste Burg ist unser Gott« heißt es auf einem Grabstein – und wie zur Bekräftigung gleich daneben das Hakenkreuz.

An den Soldaten-Einzelgräbern ist noch etwas anderes erkennbar: Die Unterordnung des einzelnen gefallenen Soldaten unter eine Waf-

Hamburg, Grabstein aus der NS-Zeit auf dem Ohlsdorfer Friedhof

fengattung, seine militärische Einheit oder eben unter »Volk, Reich und Führer« scheint eine bestimmte Rückwirkung auf die Thematisierung des Todes und die Bekundung der Trauer zu haben. Jedenfalls ist der persönliche Schmerz eigentümlich zurückgenommen, versachlicht, beherrscht durch die Annahme einer von außen kommenden Tröstung, die den Tod des getöteten Soldaten aus einer höheren, gleichsam schicksalhaften Bestimmung heraus sinnstiftend erklären will. Recht oft kann man hier – wie auch auf den Soldatengräbern anderer Friedhöfe – lesen: »Er starb den Fliegertod«, »Er starb den Heldentod« oder schlichter: »Er starb den Soldatentod«. So, als ob das Sterben für etwas die Erfüllung seines Lebens, die Bestimmung des soldatischen Auftrags und Strebens ist.[77]

Spätestens hier wird erkennbar, daß der Tod des getöteten Soldaten einer besonderen Erklärung und Rechtfertigung bedarf und offenbar auch eine spezifische Erinnerungspflicht begründet.[78] Die Passepartout-Formel dafür lautet: »Mortui viventes obligant«. Wobei es eben nicht die Toten sind, die die Lebenden zu irgendetwas verpflichten würden oder könnten. Nein, es sind immer die Nach- und Überlebenden, die als Grab- und Denkmalsetzer die gewaltsam Gestorbenen – vielleicht in stiller Übereinstimmung, aber wer könnte das prüfen? – für ihre Zwecke benutzen. Sie identifizieren die toten Soldaten als Helden und Opfer, als Retter und Befreier des Vaterlands, als vorbildliche Verkörperung von männlicher Treue und Tapferkeit, Ehre und Pflichterfüllung. Ihr Tod darf nicht sinnlos gewesen sein und muß insofern zum bleibenden Vermächtnis für die Nachwelt stilisiert werden: Ein Vermächtnis, das allerdings den Unterschied zwischen dem Tod der Täter und der Opfer nicht aufheben kann. Auf dem Ohlsdorfer Friedhof gibt es ein eindringliches Beispiel dafür, daß und warum getötete NS-Täter und getötete NS-Opfer nicht unter die gern und oft benutzte, nivellierende Denkmalinschrift »Opfer der Gewaltherrschaft und des Krieges« gehören. Wenige Meter voneinander entfernt befinden sich zwei Grabmale ungleicher Toter. Als wäre die Sprachlosigkeit und tödliche Konfrontation zwischen Nazi-Tätern und jüdischen Opfern symbolisch nachgestellt, steht auf der einen Seite des Weges das Familiengrab der Warburgs, denen Hamburg soviel verdankt und die nach 1933 zu den Verfolgten und Vertriebenen gehörten. Einige von ihnen wurden in Auschwitz und Sobibor ermordet. Und auf der anderen Seite die adlerbekrönte Stele für einen SA-Brigadeführer.

Im übrigen kann man nicht davon absehen, daß das Vermächtnis der toten Soldaten zumindest bis 1945 eine Verpflichtung an die nachfolgenden Generationen war, den toten Kriegern an Kampfesmut und Opferbereitschaft nicht nachzustehen. »Der einzelne stirbt, aber die Art lebt fort«, verhieß die NS-Rassenideologie. »Tod und Zeugung

Links: Hamburg, Ohlsdorfer Friedhof: Grabstelle für einen SA-Brigadeführer
Rechts: Hamburg, Ohlsdorfer Friedhof: Grabstein der Warburg-Familie

sind Fanfarenstöße in der ewig gleichen Melodie des Lebens«, hieß ein »Führerwort« für die SS-Totenfeier. Das mochte für die, die an solche Spruchweisheiten glauben wollten, tröstlich klingen und den Tod eines Angehörigen vielleicht weniger dramatisch erscheinen lassen. Zumal dann, wenn sie nicht durchschauten, daß die Nazis – ebenso virtuos wie verlogen – jeden Tod, der ihnen politisch nützlich war, in ein notwendiges Opfer verwandelten. Kontingenz, Zufall, Sinnlosigkeit gab es in ihrem mythisch vernebelten Weltbild nicht.[79] Die Beispiele solcher Umdeutungen sind zahlreich. Nicht alle sind so prominent wie das des wahrscheinlich durch einen Unfall ums Leben gekommenen Fritz Todt, den die Nazis zu einem »Opfer für den Befreiungskampf des deutschen Volkes« machten – oder das von Reinhard Heydrich, der durch ein Attentat des tschechischen Widerstands ums Leben kam, zu Lebzeiten keineswegs eine besonders populäre Figur in der NS-Führung, aber als Techniker der totalitären Herrschaft eine repräsentative Figur der neuen NS-Elite war. Die Nazis stilisierten ihn zum Märtyrer.

Im christlichen Traditionsverständnis und Sprachgebrauch ist ein Märtyrertod die Wiederholung und Bekräftigung des Opfers Christi und zugleich Ausdruck für die Glaubensstärke und die Hoffnung auf ein Leben nach dem Tode. Die Nazis verachteten das als »religiös egoistisch«, um gleichwohl am Begriff des Märtyrers und Opfers festzuhalten. Für sie waren Märtyrer – oder mit dem von ihnen bevorzugten Ausdruck: »Blutzeugen« – uneigennützige Menschen, die »um ihrer rasse- und volksverwurzelten Überzeugung willen Schweres tragen, heroische Größe wahren (und) ihr Leben opfern«. Auch wenn dieser Tod nicht mehr auf ein Jenseits verwies, sondern auf die ganz und gar diesseitige »Volksgemeinschaft«, die Umdeutung und Inszenierung als Opfertod wurde durchaus als »Wiederholung der Passion Christi« (George L. Mosse) verstanden. So konnte ein höchst profanes und zufälliges Ereignis, ein Unfall oder ein Attentat, sakral überhöht werden. Das war auch deshalb möglich, weil ja die deutsche Sprache die Unterscheidung von passiv-zufälligem »victime« und aktiv-freiwilligem »sacrifice« nicht kennt. Unser Opferbegriff schmückt sich gern mit einer sakralen Aura.

Von einem freiwilligen, aus Einsicht in eine wie auch immer verstandene höhere nationale Notwendigkeit gebrachten Opfer kann nun aber bei dem Unfallopfer Todt und bei dem Attentatsopfer Heydrich nicht die Rede sein, so wenig wie bei den »November-Märtyrern«, die beim gescheiterten Hitler-Putsch im November 1923 getötet wurden, oder den »acht Blutzeugen«, die am 8. November 1939 im Münchener Bürgerbräukeller ums Leben kamen, zufällige Opfer des Bombenattentats durch den schwäbischen Handwerker Johann Georg Elser, der Hitler töten wollte.

Der NS-Staat hatte es indes nicht nur mit den gewaltsam zu Tode gekommenen, sogenannten »Parteisoldaten« zu tun, die im übrigen konsequent mit den gefallenen Soldaten des Ersten Weltkrieges in eine »vaterländische Front« eingereiht und als Vorkämpfer des Dritten Reiches dargestellt wurden. Das eigentliche Problem war die schnell wachsende Zahl der getöteten Soldaten des Zweiten Weltkrieges. Die Fürsorge für die neu anzulegenden Soldatenfriedhöfe übernahm die Wehrmacht bzw. der Volksbund Deutsche Kriegsgräberfürsorge (VDK), der seine Organisation allerdings dem Oberkommando der Wehrmacht unterstellte, um seinen Einfluß auf die Einrichtung und Pflege der Kriegsgräber nicht zu verlieren. Der VDK wurde 1919 als eingetragener Verein gegründet und prägte jene Kriegerdenkmal-Architektur, an die das Dritte Reich anknüpfte: Friedhöfe als Heldenhaine, deren Baumbepflanzung – zumeist Eichen – nach Jahrzehnten einen Naturdom bilden sollten.[80] Zusammen mit großen Rasenflächen als gärtnerischem Ausdruck militärischer Einheit und Geschlossenheit eine durch und durch symbolische Inszenierung. In einer VDK-Veröffentlichung von 1934 heißt es: »Die lebendige Vegetation ist für uns das Symbol für das neue Leben, das aus dem Tode sprießt.«[81] Auch die vom VDK begründete Tradition des Baus von monumentalen Totenburgen mit ihrer teils germanisierenden, teils antikisierenden Formensprache

Hamburg, Kriegerdenkmal
auf dem Ohlsdorfer Friedhof
(1953)

setzten die Nazis fort, um nun die monumentalen Formen ins Monströse zu steigern. Verantwortlich war dafür seit 1941 jener Wilhelm Kreis, der sich bereits um die Jahrhundertwende mit zahlreichen Bismarcktürmen einen Namen gemacht hatte. Seine Entwürfe blieben Pläne und insoweit nur eine Fußnote in der politischen Architekturgeschichte.[82]

Mehr als eine Fußnote wert ist allerdings der Hinweis, daß der VDK auch nach 1945 zunächst an der Tradition der Heldenhaine und Totenburgen festhielt. So hat der damalige Chefarchitekt des VDK, Robert Tischler, nicht nur 1955 die *Deutsche Totenburg* bei El Alamein gebaut, er war 1953 auch am Bau des Kriegerdenkmals auf dem Soldatenfriedhof in Ohlsdorf beteiligt, ein Monument in etwas bescheideneren Dimensionen. Es ist dem Gedenken an die im Zweiten Weltkrieg gefallenen Hamburger Soldaten gewidmet. Die Denkmalinschrift sucht Sinnstiftung und Trost in einer unseren Ohren inzwischen recht fremd klingenden mystischen Lyrik: »Sonne und Sterne seht ihr nicht mehr, Ihr Geopferten, aber Ihr lebt in den Herzen derer, die glauben« und »Ihr findet sie, wo Ihr nach Ihnen fragt, im Osten gefallen, im Westen beklagt«. Man mag darin einen zeittypischen Ausdruck der Hilflosigkeit sehen, für den Soldatentod noch eine Sinngebung zu finden, vor dem unumwundenen Eingeständnis der Sinnlosigkeit dieses Sterbens schreckt der Text allerdings zurück.[83]

Diese Ratlosigkeit, den gewaltsamen Tod einer Vielzahl von Menschen zu thematisieren und ihn glaubhaft mit irgendeiner Sinnstiftung zu verbinden, kommt noch deutlicher in jenem Ohlsdorfer Denkmal zum Ausdruck, das dem Massenmord, den KZ-Toten gewidmet ist. Jenem 1949 errichteten 16 Meter hohen Betonrahmen, in dem 105 Urnen mit Erde aus 26 Konzentrations- und Vernichtungslagern übereinanderstehen. Die Inschriften heißen hier: »1933 – 1945« und darunter: »Unrecht brachte uns den Tod. Lebende erkennt Eure Pflicht«, und auf der Rückseite ist zu lesen: »Gedenkt unserer Not, bedenkt unseren Tod, den Menschen sei Bruder der Mensch.«[84] Diese Mahnworte lösen den konkreten historisch-politischen Zusammenhang der NS-Gewaltverbrechen ins Allgemein-Menschliche auf. Die Bezüge sind unklar, das Pathos unbestimmt, die Aussage undeutlich. Eine allgemeine Memento mori-Paraphrase und der Versuch, Thomas Hobbes' realistisches Menschenbild und Machtverständnis (»Der Mensch ist des Menschen Wolf«) idealistisch umzukehren. Aus diesem Gedächtnisnebel befreit den Betrachter keine Information, kein Erklärungsversuch, daß und warum Tausende von Hamburger Juden deportiert und fern ihrer Heimat ermordet worden sind und daß Tausende von Ausländern im Hamburger KZ Neuengamme getötet wurden. Und, natürlich – möchte man sagen –, schweigt sich das Denkmal über seine eigene kontroverse Vorgeschichte aus. Ursprünglich wollten die Verfolgtenorganisationen vor dem Rathaus ein Denkmal für die NS-Opfer errichten – als Stein des andauernden öffentlichen Anstoßes. Bemerkenswert erscheint dieses Denkmal aber auch deshalb, weil es im Vergleich zu späteren nicht nur auf Analyse und Aufklärung verzichtet, sondern auch auf eine expressiv anklagende Geste und zudem – befremdlich genug – mit der Urnen-Erde ein traditionell soldatisch-nationales Symbol benutzt wurde, wie es etwa im Langemarck-Kult verbreitet war und – mit Luft, Wasser und Feuer – auch in Tessenows Neuer Wache in Berlin seinen durchaus zeitgemäßen Ausdruck fand.

Eine Vielzahl anderer, an die NS-Zeit erinnernder Mahnmale auf dem Ohlsdorfer Friedhof fristet ebenfalls ein mehr oder weniger un-

Hamburg, Denkmal für die KZ-Opfer auf dem Ohlsdorfer Friedhof (1949)

Hamburg, Ohlsdorfer Friedhof: Relief des Denkmals für die Bombenopfer (1952, Gerhard Marcks)

auffälliges Dasein. So die Ehrenanlage für jüdische Verfolgte und das Ehrengrab für die Opfer des Nationalsozialismus und des Widerstands, die Friedhöfe für die britischen Soldaten und die sowjetischen Kriegsgefangenen sowie die einstige Ehrenanlage gefallener Kämpfer der NSDAP, die nach 1945 zwar oberirdisch abgeräumt und zugeschüttet wurde, von der aber die Gruftanlagen erhalten geblieben sind.

Deutlich hervor hebt sich allerdings die weiträumige – zwischen 1948 und 1952 umgestaltete – Anlage mit dem von Gerhard Marcks gestalteten Mahnmal für die Opfer des Bombenkrieges.[85] Beigesetzt wurden hier die Überreste von etwa 37 000 Toten der Bombennächte von Ende Juli bis Anfang August 1943. Noch im Herbst 1944 war die ursprüngliche Anlage »für die Opfer des feindlichen Terrors« eingeweiht worden. Große Holzbalken, knapp über der Grasfläche, tragen die Namen der Stadtteile, aus denen die Leichen auf Lastwagen von ausländischen Zwangsarbeitern hierhergebracht wurden. Denkmalkünstlerisch verdient dieses Mahnmal vor allem deshalb besondere Beachtung, weil es zu den wenigen Beispielen gehört, die statt christlicher Symbole antike Mythen und Figuren benutzen. In einer Rundbogennische bringt der Fährmann Charon mehrere Personen in seinem Boot über den Fluß Styx.

»Ich habe dies Motiv gewählt und damit auf das vorchristliche Zeitalter zurückgegriffen«, erläuterte Marcks seinen Entwurf, »weil hier eine christliche Todesauffassung nicht am Platze war. Weder ist in dieser Art Tod irgend etwas Versöhnliches zu sehen, noch sterben die Bombenopfer als Märtyrer für eine Idee, sondern alle, Männer, Frauen und Kinder, wurden in den Wahnsinn hineingerissen ohne Antwort auf die Frage: warum? (...) Aus diesem Grunde habe ich auch dem Charon grausame Züge gegeben; er ist die Personifikation der Gleichgültigkeit und des organisierten Massenmordes. Die Insassen des Kahnes, die Toten, sind von dieser Scheußlichkeit unberührt.«

Man wird fragen wollen: inwiefern nicht. Denn so sehr der Verzicht auf eine christlich überformte Todesdarstellung und Tröstungsgeste für dieses Mahnmal einnehmen mag, so befremdlich erscheint andererseits – wie ein Kritiker schrieb – die »stumme und verklärte Hingabe« der Opfer an ihr »Schicksal« – ohne Anklage und Analyse. Und damit erweist sich das Mahnmal durchaus als Ausdruck des Geschichtsbildes seiner Zeit. Zwar verzichtet es auf christliche Formelemente und Sinngebungen, zugleich aber wird die Verantwortung für das Massensterben und Massenmorden der Zeit, sofern überhaupt eine Ursache aufscheint, im »Fährmann« personifiziert und dämonisiert, während die Toten gegenüber dem Geschehen ebenso unbeteiligt wie unwissend und unberührt erscheinen, schicksalergeben wie gegenüber einer Naturkatastrophe oder einer Epidemie.

Der Streit um den Frankfurter Börneplatz

Von ganz anderer Art ist ein Friedhof in Frankfurts City. Ein vor Jahren gesichts- und – scheinbar – geschichtsloser Ort mit verkehrsreicher Kreuzung, Blumengroßmarkt und Parkplätzen.[86] Hier störte kein kriegsverherrlichendes Monument. Hier befand sich kein Mahnmal für die von den Nazis niedergebrannte Hauptsynagoge, nicht einmal ein Denkmal für Ludwig Börne, nach dem dieser Platz nun wieder benannt ist, jenem bedeutenden deutsch-jüdischen Freiheitskämpfer und politischen Publizisten, der – immer noch weithin unbekannt – ganz im Schatten seiner berühmten Mitkämpfer Georg Büchner und Heinrich Heine steht.[87] Das Problem lag tiefer. Als man für einen Verwaltungsneubau der Frankfurter Stadtwerke den Börneplatz zur Baustelle machte, stieß man auf Reste einer achthundertjährigen Geschichte der Frankfurter Juden, die mit der letzten Deportation 1942 untergegangen war. Daß man beim Graben auf Spuren der Vergangenheit stoßen würde, war abzusehen. Schon Ende der siebziger Jahre hatte es einen Aufruf der Jüdischen Gemeinde zu einer denkmalpflegerischen Neugestaltung des Platzes gegeben und zunächst eine durchaus aufgeschlossene Reaktion seitens der Stadt. Das änderte sich mit der Entscheidung, hier das neue Kundenzentrum der Stadtwerke zu errichten. Zwar war im Ausschreibungstext von den »Belangen der Jüdischen Gemeinde« die Rede, doch hatte man dieselbe erst spät in die Beratungen einbezogen. Gleichwohl zeichnete sich zunächst eine Kompromißlösung ab zwischen Stadt und Jüdischer Gemeinde, derzufolge die Neubebauung auf einen Teil des Platzes beschränkt werden und im Bereich südlich

Frankfurt, Börneplatz in den 1950er Jahren

des jüdischen Friedhofs eine Gedenkstätte entstehen sollte. Doch der Konflikt eskalierte in dem Maße, in dem sich die Fronten zwischen Befürwortern und Gegnern des Baus verhärteten und der ursprüngliche Kompromiß einer Verbindung von gewerblicher und Gedenkstätten-Nutzung diesem Ort, seiner Geschichte und der deutschen Gegenwart immer weniger angemessen erschien.

Die Schriftstellerin Eva Demski, maßgebliche Initiatorin eines Aktionsbündnisses für einen sofortigen Baustopp brachte dieses Bewußtsein in einem Appell im August 1987 so zum Ausdruck:

»An jenem Börneplatz, der nach der Vernichtung seiner Bewohner zu einem der trübsten und abstoßendsten Beispiele neuzeitlichen Städtebaus verkommen ist, gibt die lang versiegelte Erde diese Lebensspuren preis. Wir sollten das Gefundene dankbar und respektvoll behandeln und sichern ... Vollkommen verächtlich wäre es, diese Steine und Spuren nach den Nutzungsbedürfnissen irgendeiner Behörde zurechtzustutzen, wegzuräumen, zu verkleinern oder der Museumsfülle dieser Stadt hinzuzufügen. Der Ort, an dem die Spuren sich Tag für Tag kraftvoller zeigen, muß bleiben. Dort waren die Menschen. Es geht nicht an, den Platz, der gerade begonnen hat zu sprechen, wieder zum Schweigen zu bringen.«[88]

Aber er wurde zum Schweigen gebracht. Ob der Kompromißvorschlag des Oberbürgermeisters Brück (CDU) nun hieß, vier, fünf oder sechs der gefundenen Judengassen-Fundamente samt Kultbad »Mikwe« in einer Art archäologischem Guckkasten im Keller des Kundenzentrums zu sichern, ob Appelle und Unterschriftenaktionen, Go-ins und Sit-ins für Aufmerksamkeit und öffentlichen Druck sorgten, die freigelegten Grundmauern der einstigen Judengasse wurden im Spätsommer 1987 nach archäologischer Registrierung Stück für Stück weggebaggert. Zwei Jahre nach dem Theaterskandal um das Fassbinder-Stück *Der Müll, die Stadt und der Tod* quälte sich Frankfurt nun erneut mit einem Fall fragwürdiger Vergangenheitsbewältigung ab. Standen sich auf der Bühne des Frankfurter Theaters in einem »absurden Bürgerkrieg« zwei ursprünglich »verbündete Freiheitsforderungen« (B. Korn) gegenüber: der Schutz der Minderheit und der Schutz der Kunstfreiheit, so war die Schieflage dieses Konfliktes noch offensichtlicher. Die »Rettet-den-Börneplatz«-Initiative wollte einen Ort retten, dessen ursprünglicher Ghettocharakter mit seiner »quälenden Enge ... ineinander verkrallter Mauern«[89] sich bereits dank der Judenemanzipation im 19. Jahrhundert längst aufgelöst hatte, als die Nazis das letzte bauliche Monument und Symbol beseitigten, die große Frankfurter Synagoge, und wenig später die Frankfurter Juden. Jene aber, die das Bauvorhaben zügig durchsetzten, gaben vor, etwas zu schützen, was weder angegriffen noch gefährdet war: den Rechtsstaat. Die besondere historisch-moralische Dimension dieses – auch von den sozialdemokratischen Stadtregierungen zu lange vernachlässigten – Tat- und Leidensortes mochten sie nicht erkennen. »Es ist nicht richtig«, erklärte Ministerpräsident Wallmann vor dem CDU-Kreisparteitag Frankfurt/Main, »daß der Börneplatz und das jüdische Ghetto mit Auschwitz zu tun haben«, was so auch niemand behauptet hatte. Und er fuhr fort: »Nicht der christlich-mittelalterliche Antisemitismus ist

Frankfurt, freigelegte Kellerfundamente der ehem. Judengasse (1987)

Schuld an Auschwitz, sondern – und das sage ich mit Zögern und Zweifeln – der falsche Weg, den dieses Land seit der Aufklärung gegangen ist. Und deshalb ist es falsch und unhistorisch – und ich sage das mit allem Nachdruck –, zwischen dem Börneplatz und den Gaskammern des ›Dritten Reiches‹ eine Verbindung zu ziehen.«[90]

Wallman und Brück mochten sich mit dieser Umdeutung noch nicht begnügen und fügten hinzu, daß auch deshalb kein Anlaß zur Scham und keine Veranlassung für ein Mahnmal bestehe, weil Frankfurt in der Vergangenheit »Zuflucht für Juden« aus ganz Deutschland gewesen sei. Unerwähnt blieb, wie sie im Frankfurter Ghetto lebten. Geflissentlich unerwähnt blieb auch, was Frankfurt »seinen« Juden verdankt – die *Frankfurter Zeitung* und das Frankfurter Institut für Sozialforschung, die Frankfurter Universität, Rothschild und Börne, das Philanthropin, Krankenhäuser, Museen, Sakralbauten und nicht zu vergessen: kontinuierlich hohe Steuerleistungen, mit denen sich die Juden ihr Überleben erkauften und die Obrigkeit ihren Judenhaß vergessen konnte. Und unerwähnt blieb schließlich auch, daß Frankfurt seinen Juden alles genommen hat, Heimat, Besitz, Identität und zuletzt das Leben.

In einem eindringlichen Essay hat Walter Boehlich den Frankfurter Stadtoberen einen bedenkenswerten Rat erteilt: »Einmal sollten die Frankfurter den Juden auch etwas geben, was nicht nur kalt fiskalische ›Wiedergutmachung‹ ist, sondern etwas anderes, mehr: Sie sollten ihnen den Börneplatz schenken, wiedergeben also...« Immerhin war

Frankfurt, Schilder am ehem. Jüdischen Friedhof

Frankfurt, Museum Judengasse im Kundenzentrum der Stadtwerke (1992)

ihr dieser vormals jüdische Gemeindebesitz von der Jewish Restitution Successor Organization (der es die amerikanische Militärregierung übereignet hatte) für einen Spottpreis verkauft worden, eine Art Arisierung post festum. Denn damals war kaum jemand der Meinung, daß in Deutschland wieder Juden leben würden oder sollten. Und Boehlich verknüpfte seinen Rat mit einem konkreten Vorschlag: »Warum nicht einen fast leeren, verwilderten, wüsten Platz schaffen, der ganz anders wäre als die anderen Frankfurter Plätze, auf andere Weise trostlos, ein Ort, an dem vielleicht Tag für Tag zwei oder drei Menschen trauerten über das, was es nie mehr geben wird? Wäre das, nach allem, zu teuer?«[91]

Immerhin 8,6 Millionen Mark hat die Stadt für das Museum Judengasse im Kundenzentrum der Stadtwerke ausgegeben, das Ende November 1992 eingeweiht wurde. Darin enthalten sind die Kosten für die Rekonstruktion von zwei Ritualbädern und den Kellermauern von fünf Häusern, aber noch nicht die für die notwendigen Umbauten des neuen Kundenzentrums. Bei der Eröffnungsveranstaltung hoben Frankfurts Oberbürgermeister von Schoeler und der Vorsitzende des Zentralrats der Juden in Deutschland, Bubis, übereinstimmend hervor, daß man mit dem neuen Museum unter »schlechten Bedingungen Optimales« erreicht habe. Und selbst der Leiter des Jüdischen Museums, Heuberger, meinte, die jüdische Geschichte Frankfurts sei nun am historischen Ort »nachvollziehbar gemacht« worden. Und die elektronische »Infobank«, an der Besucher per Computer die Geschichte der Judengasse mit der einzelner Häuser und Familien verknüpfen könnten, sei sogar einmalig in Deutschland. Eva Demski, die engagierte Gegnerin des Museums, nannte es eine »schlechte Kopie«.[92] Schon 1987 hatte der Architekturhistoriker Dieter Bartetzko eindringlich davor gewarnt, durch Rekonstruktion und Restauration – hier wie überall in Deutschland – »die Vergangenheit schönend« zu retuschieren. Dabei würde der »Symbolwert der Ruinen« verkannt und ignoriert. Die »geschundenen Mauern« waren hier wie anderswo längst zu Symbolen geworden für die gepeinigten Menschen, die man von hier vertrieb und in den Todeslagern ermordete.[93]

Aus all diesen Versäumnissen und Verfehlungen haben die nachfolgenden Oberbürgermeister Hauff und von Schoeler insofern eine Konsequenz zu ziehen versucht, als sie beschlossen, ein Frankfurter Lern- und Dokumentationszentrum des Holocaust zu errichten. Es soll sich von herkömmlichen Gedenkstätten in spezifischer Weise unterscheiden. Für dieses Institut sind manche Namen denkbar, nicht zuletzt der von Ludwig Börne, alias Loew Baruch, der sich, weil er in Deutschland wirken wollte, 1818 taufen ließ, und »der deutschen Nation ihren Judenhaß« vergab, in der Einsicht, daß es »eine Nation der Kinder ist (die) hundert Mal am Tag zusammenbrechen (würde), wäre sie ohne Vorurteile«.[94] Vorgeschlagen wurde auch der Name Raul Hilberg. Schließlich entschied man, das »Studien- und Dokumentationszentrum zur Geschichte und Wirkung der nationalsozialistischen Vernichtungspolitik« nach Fritz Bauer zu benennen, dem heute beinahe vergessenen früheren hessischen Generalstaatsanwalt (1903–68), der sich als unbequemer Jurist und Rechtspolitiker nicht nur bei der Reform des Strafrechts und Strafvollzugs hervorgetan hat, sondern auch bei der juristischen Verfolgung der NS-Gewaltverbrechen. Der Auschwitz-Prozeß, der 1963 begann und zusammen mit einigen anderen politischen und kulturellen Ereignissen den Auftakt bildete für eine neue Phase in der westdeutschen Auseinandersetzung mit der NS-Vergangenheit, wäre ohne ihn kaum denkbar gewesen.

Bauers letzte Großtat blieb unvollendet. Gegen den erklärten Wunsch und Willen seiner durch die NS-Zeit belasteten Kollegen hatte er ein Verfahren gegen zwanzig hohe NS-Juristen vorbereitet, unter ihnen Hitlers Justizstaatssekretär Dr. Franz Schlegelberger, wegen ihrer Beteiligung am Euthanasieprogramm zur »Vernichtung unwerten Lebens«. Bauer starb, bevor das Verfahren eröffnet werden konnte, und nach seinem frühen Tod wurde es eingestellt. In einem Nachruf hieß es, Bauer sei ein »Fremdling« in diesem Land gewesen, von wenigen geachtet, von vielen aber gehaßt, einer, der »auf eine schwer erträgliche Weise allein lebte«.[95]

Das Zentrum soll keine Obergedenkstätte werden. Auf sinnstiftende Deutungen und Darstellungen soll verzichtet werden und auch auf die Einrichtung von gegenwärtig weltweit so beliebten Erlebnisräumen mit ihren trivialen und sentimentalen Identifikationsangeboten. In den polnischen und anderen ostmitteleuropäischen Gedenkstätten steht oder stand der Sieg des nationalen und / oder antifaschistischen Widerstands im Vordergrund, in Israel der Sieg des Zionismus und das Ende der Diaspora, in den USA der Sieg der Demokratie über das Böse. Und auch die deutschen Gedenkstätten sind voll solcher sinnbildenden Stilisierungen. Hanno Loewy, Mitbegründer und Leiter des Fritz-Bauer-Instituts, plädiert demgegenüber dafür, daß man sich dem Ereignis selbst und mit kritischer Distanz nähert und dann der bislang überhaupt vernachlässigten Frage, wie wir nach 1945 in Literatur, Film, Theater, Kunst und öffentlicher Debatte mit dem Holocaust umgegangen sind. Das sei »eine einzige Gedenkstätte«.[96]

Traditionell, abstrakt und unsichtbar: Denkmäler für die Opfer von Krieg und Gewaltherrschaft

Die Formenvielfalt der Denkmalästhetik ist groß. Sie reicht von traditionellen figurativen und architektonischen Denkmälern über mehr oder weniger abstrahierende Formen bis hin zu solchen Monumenten, die von vornherein unsichtbar oder nur befristet sichtbar gemacht wurden. Denkmäler, die dem Betrachter zutrauen und zumuten, was herkömmlich das Denkmal selbst leistet – oder auch nicht: die visuelle Vergegenwärtigung von Vergangenem. Tatsächlich folgt die denkmalkünstlerische der allgemeinen politischen und kulturellen Entwicklung und macht ihre Verwerfungen mehr oder weniger mit: vom traditionsbezogenen und traditionsbewußten zum situativen Denkmal, vom eher monologischen Monument zum dialogischen oder dialektischen Denkmal, vom Denkmal mit einem allgemeinen und »ewigen« Geltungsanspruch zum ephemeren, sich selbst auflösenden Denkmal, sei es wegen seiner Materialbeschaffenheit, sei es wegen seines a priori befristeten Geltungsanspruchs.[97]

Allerdings kennt ja bereits die Denkmalsgeschichte des 19. Jahrhunderts das Nebeneinander von »ewigen« Monumenten und ephemeren Denkmalsinszenierungen.[98] In den zwanziger Jahren ist die Gleichzeitigkeit von traditionellen und modernen Formen nicht zu übersehen, wenngleich letztere deutlich in der Minderzahl bleiben. Und so war es auch nach dem Zweiten Weltkrieg. Auch hier dominierte zunächst das überkommene figurative oder architektonische Denkmal: Kreuze, Krypten und Kirchen, Inschriftmauern, Grabsteine und Stelen, sowie – in schnell zunehmender Formenvielfalt – die figurative Darstellung der Opfer von Gewaltherrschaft und Krieg.[99] In nicht wenigen ehemaligen Konzentrations- und Vernichtungslagern hat man sich bemüht, den Ort selbst oder bestimmte Teile – wie Krematorien, Erschießungsmauern, Folterkeller und Gefängniszellen – als bleibendes Zeugnis des Leidens zu erhalten, in Auschwitz und in Maidanek, in Theresienstadt, Mauthausen, Natzweiler, Fort Brendonk u. a. Der Radius des Blickfeldes muß hier allerdings – wie auch im folgenden und mit diesem eng verknüpften Kapitel – auf das östliche und westliche Deutschland beschränkt bleiben.

Denkmäler der Überlebenden und der Sieger

In der unmittelbaren Nachkriegszeit setzten zum einen die Sieger und die überlebenden Opfer Denkmäler. Zum anderen waren es die Besiegten. Unweit vom Brandenburger Tor errichteten die Sowjets das einzige Siegesdenkmal einer Besatzungsmacht auf deutschem Boden. Das andere bauten sie in Wien. Die Briten und überlebende jüdische Gefangene stellten in Bergen-Belsen ein Denkmal für die Toten des Konzentrationslagers auf. In Hamburg wurde der in Urnen symbolisierte Schrecken fast sprachlos aufgetürmt. Auch in Stukenbrock/Bielefeld, in Dachau und in Flossenbürg/Oberpfalz gestalteten ehemalige Häftlinge Grabanlagen und Denkmäler. Daß Flossenbürg und Stukenbrock so früh zu Gedenkstätten umgewandelt wurden, hat spätere einschneidende Korrekturen nicht verhindern können. Vielleicht sind sie dadurch sogar begünstigt worden.

In Flossenbürg wurde zwischen 1946 und 1948 aus den abgerissenen Wachtürmen eine Sühnekapelle errichtet, andere Gebäude hat man abgerissen oder umgenutzt. Die Baracken des Lagers und der SS-Wachmannschaften wurden abgerissen und durch Siedlungshäuser für Flüchtlinge und Vertriebene ersetzt. Im einstigen SS-Casino bewirtete später der Gasthof »Plattenberg« seine Gäste. Eine der Hallen, in denen Häftlinge einst Teile für Messerschmidt-Flugzeuge herstellten, wird heute privat genutzt. Und im nahgelegenen Steinbruch, in dem Tau-

Gedenkstätte Flossenbürg (mit Gedenkstein 1948/49)

Obelisk, Stukenbrock

sende Gefangene Schwerstarbeit leisten mußten, wird jetzt von einem privaten Unternehmen Granit gebrochen und bearbeitet. Vom früheren KZ Flossenbürg sind nur noch wenige bauliche Überreste erhalten und als solche erkennbar. Die bescheidene Grab- und Gedenkstätte nimmt nur einen kleinen Teil des einstigen Lagergeländes ein. In der wiederaufgebauten Gefängnisbaracke befindet sich eine kleine Dokumentation. Eine Gedenktafel erinnert an Widerstandskämpfer des 20. Juli 1944, die hier Anfang April 1945 ermordet wurden: unter ihnen Pfarrer Dietrich Bonhoeffer und die Offiziere Wilhelm Canaris und Hans Oster.

Wie Dachau wird auch Flossenbürg von der Bayerischen Verwaltung der Staatlichen Schlösser, Gärten und Seen betreut. In dieser friedlichen und gepflegten, ruhigen Museums- und Parklandschaft bleibt das schwer Verständliche unverständlich, bleibt das unerhörte Geschehen ein seltsam fernes, abstraktes Ereignis, daß sich nämlich in Flossenbürg und in seinen Außenlagern zum Zeitpunkt der Befreiung mehr als 45 000 Gefangene befanden, daß zwischen 1938 und 1945 insgesamt mehr als 100 000 Menschen durch dieses Lager hindurchgehen mußten und mindestens 30 000 von ihnen hier den Tod fanden.[100]

In Stukenbrock errichteten befreite Häftlinge bereits im April 1945 einen zehn Meter hohen Obelisk. Er trug auf drei Tafeln in russischer, englischer und deutscher Sprache die Inschrift: »Hier ruhen die in der/faschistischen Gefangenschaft/zu Tode gequälten 65000 russischen Soldaten/Ruhet in Frieden Kameraden/1941-1945«. Anfang der sechziger Jahre wurde ein neues Ehrenmal errichtet. Aus den im Lager verhungerten, an Seuchen und Krankheiten zugrunde gegangenen oder ermordeten russischen Kriegsgefangenen hatte man – unverfänglichere – »sowjetische Kriegstote« gemacht, von denen es nur noch hieß, daß sie »fern ihrer Heimat starben«. Und als ob soviel Verharmlosung noch nicht Hohn genug gewesen wäre, wurden die ermordeten Rotarmisten – in der Hochzeit des Kalten Krieges – auch noch mit allgemeinem Friedens-Pathos bedacht: »Gedenkt ihres Leidens und Sterbens / und sorget Ihr, die ihr noch im Leben / steht, daß Friede bleibt, Friede / zwischen den Menschen, Friede zwischen / den Völkern.« Zwar spricht ein 1982 von der Gemeinde aufgestellter Gedenkstein von »sowjetischen Kriegstoten« und von »Kriegsgefangenen«, die im Lager umkamen, im ganzen ist aber die Tendenz nicht zu übersehen, die Vergangenheit des Lagers unter dem Einfluß des antikommunistischen Zeitgeistes zu verfälschen. Da ließ die Landesregierung in den fünfziger Jahren den roten Stern und die rote Fahne auf dem Obelisken durch ein orthodoxes Kreuz ersetzen. Und die Gemeinde zögerte nicht, 42 ermordete russische Offiziere vom Gemeinde- auf den Kriegsgräberfriedhof zu verlegen. Der für sie errichtete Gedenkstein wurde ausgetauscht – durch ein Denkmal für die Vertriebenen und Flüchtlinge aus den früheren deutschen Ostgebieten.[101]

Erinnerung an die Euthanasieopfer

So paradox es erscheinen mag: Erinnerung und Spurenauslöschung gingen und gehen immer wieder Hand in Hand. Dafür gibt es mit den einstigen Zentren der »Vernichtung unwerten Lebens« – Grafeneck und Hadamar – für die sechziger Jahre zwei weitere aufschlußreiche Beispiele. Daß und wie zwischen Februar und Dezember 1940 in den baden-württembergischen Heil- und Pflegeanstalten Grafeneck – zwischen Reutlingen und Ulm gelegen – mehr als zehntausend Patienten ermordet wurden, ist aus dem Steinkreuz über zwei Urnen-Sammelgräbern und einer Grabplatte schwerlich zu entnehmen. In erhabenen Buchstaben auf blankpoliertem Untergrund heißt es da: »Ich weiß, der Herr wird des Elenden Sache / und der Armen Recht ausführen« (Psalm 140,13) – »Zum Gedenken an die Opfer der Unmenschlichkeit / Grafeneck 1940«. Anfang der sechziger Jahre wurde die berüchtigte Gas-Garage abgerissen und durch einen Neubau des Samariterstiftes ersetzt, ein Alten- und Behindertenheim.[102]

Dank der Initiative eines örtlichen Arbeitskreises und eines internationalen Aufbaulagers im Sommer 1989 hat Grafeneck inzwischen eine architektonisch bemerkenswerte Gedenkstätte erhalten. Sie besteht aus einer Natursteinmauer mit einem tiefen Riß, der an den jüdischen Friedhof im polnischen Kazimierz erinnert, und darüber auf einer

Grafeneck, Gedenkstätte

Stahlträgerkonstruktion ein fünfeckiges Dach, das auf das Motto dieser Gedenkstätte anspielt: »Du sollst nicht töten«, so, als könne oder als müsse das hier tausendfach mißachtete Fünfte Gebot seinen Geltungsanspruch gerade an diesem Ort wieder erheben.

In der seit Anfang des Jahrhunderts bestehenden Landesheil- und Pflegeanstalt Hadamar bei Limburg an der Lahn wurden zwischen 1941 und 1945 mindestens 15 000 körperlich und geistig behinderte, pflegebedürftige Menschen getötet – durch Gas, Medikamente, Krankheiten, Aushungern. Auf dem Friedhof oberhalb der heutigen psychiatrischen Klinik findet sich ein Obelisk mit der Aufforderung an den Betrachter: »Mensch, achte den Menschen!« Umstandslos und unverständlich, auch als frommer Wunsch. Verschlüsselt erscheint die Geschichte dieses Hauses auch in seiner Eingangshalle. Dort steht die Chiffre: »1941 – 45 / Zum Gedächtnis«. Erst Ende 1983 ist hier eine Ausstellung zur Geschichte der Anstalt im Rahmen des »Euthanasie«-Programms eingerichtet worden, seit 1991 in erweiterter, neukonzipierter Form.[103]

Im Osten: Denkmäler für den Widerstand und die Befreiung

Im Rückblick auf die Denkmalsetzung und Gedenkstättenpflege der späten vierziger und fünfziger Jahre erkennt man, daß sich nicht nur Sieger und Besiegte bei der Bestattung der Toten voneinander unter-

Hadamar, Fotografie im Keller der Gedenkstätte eines baugleichen Verbrennungsofens aus Flossenbürg am historischen Standort

schieden, abgrenzten und teilweise wohl auch mit Skepsis beobachteten. Auch unter den besiegten Deutschen zeichneten sich bald deutliche Differenzen ab. Während die westlichen alliierten Sieger und die KZ-Überlebenden aus vielen europäischen Ländern die Toten der Konzentrationslager begruben und früher oder später deren Grabstätten mit Erinnerungszeichen versahen, dachten die besiegten West-Deutschen vor allem an ihre gefallenen Soldaten, an die Bombenopfer und an die ermordeten Widerstandskämpfer.

Demgegenüber dominierten im Osten die Symbole des internationalen Sieges über den Faschismus, wobei man gleichermaßen auf die Überlegenheit der sozialistischen Tradition wie die der Solidarität der antifaschistischen und militärischen Kräfte verwies.[104] So zeigt beispielsweise das von René Graetz für die Gedenkstätte Sachsenhausen geschaffene Denkmal eine 40 Meter hohe Stele mit 18 roten Winkeln für die einzelnen Häftlings-Länder. Auf dem Sockel breitet ein sowjetischer Soldat schützend seinen Mantel um zwei befreite Häftlinge aus. Berühmt geworden ist das Buchenwald-Denkmal von Fritz Cremer, das erst in seiner zweiten, Befreiung, Schwur und Sieg expressiv zuspitzenden Fassung die DDR-Führung befriedigte: ein Kind und zehn Männer – keine ausgemergelten, vom Tode gezeichneten Gestalten – vielmehr eine Gruppe in kämpferischer Pose, mit Fahnenbanner und Gewehr, Schwurhand und geballter Faust – die Opfer als Kämpfer, als Sieger. Etwas anders ist die Situation in Ravensbrück. In der Gedenkstätte des ehemaligen Frauen-KZ steht eine von Will Lammert geschaffene bronzene Frauengestalt hoch über dem Schilfufer, eine Tote in ihren Armen tragend, so, als wollte sie diese auf den Schwedtsee hinaustragen, auf dessen Grund die Asche von ungezählten Toten liegt. Ursprünglich sollten am Fuße der Stele weitere Frauenfiguren stehen, doch der Künstler starb, bevor er das Mahnmal vollenden konnte. Die beiden fertiggestellten Frauenskulpturen stehen vor der Wand mit den Gedenktafeln für die verschiedenen Nationen, aus denen die Opfer kamen. Eine weitere, von Fritz Cremer gestaltete Frauengruppe empfängt den Besucher am Eingang der Gedenkstätte. Doch das kämpferische, ja siegreiche Zeichen setzen nicht die entkräfteten Frauengestalten, sondern die Inschrift von Anna Seghers mit ihrer kraftvoll-pathetischen Umdeutung der Geschichte. So verwandelt sie die »zarten schmächtigen Körper« dieser Frauen zu »stählernen Schutzschildern«,[105] die sie nicht waren, nicht sein konnten, weshalb die Nachlebenden ihnen auch nicht ihr Leben und ihre Zukunft verdanken. Nach der Staatsgründung der DDR wurde die »memorative Funktion« der Denkmäler um eine »imperative Funktion« erweitert – oder durch sie eben auch verdrängt und überlagert.[106] Nun war nicht mehr das Leiden der passiven Opfer gefragt, sondern der Sieg der widerständigen, revolutionären, ihren Peinigern letztlich überlegenen Aktivisten.

Im allgemeinen werden in der Geschichte der politischen Denkmäler der früheren DDR drei Gruppen oder Typen unterschieden: Denkmäler für den »antifaschistischen Widerstand« und die »Opfer des Faschismus«, Denkmäler für sozialistische Vorbilder und zur Geschichte der Arbeiterbewegung und schließlich Denkmäler für die Entwicklung der DDR selbst.[107] Die ersten beiden Typen prägten zunächst die Erinnerungskultur. In der Zeit der »antifaschistisch-demokratischen Umwälzung«, der Rückbesinnung auf das historische »Erbe« und die fortschrittlichen »Traditionen«, insbesondere die sozialistisch-revolutionäre Arbeiterbewegung, standen die beiden ersten Denkmaltypen zwangsläufig im Vordergrund. Erst mit Abstand wurden auch die Errungenschaften der sozialistischen Gegenwart denkmalwürdig. Seit Mitte der sechziger Jahre hat die DDR die bis dahin

Sachsenhausen, »Befreier« (1961, Mahnmal von René Graetz)

separaten Erinnerungsdiskurse verschiedentlich in Denkmalensembles zusammengefaßt und in die städtebaulichen Konzepte integriert. Die denkmalkünstlerische Überhöhung der Gegenwart bekam ihr eigenes Profil neben der Erinnerung an die Vergangenheit.[108]

So behielt die Erinnerung an ihre »großen« sozialistischen Vorkämpfer – Marx, Engels, Lenin, Thälmann – und an die sozialistische Bewegung in der DDR, die sich schließlich als »sozialistische« Nation verstand, zentrale Bedeutung. Sei es durch die Errichtung neuer, nicht selten monumentaler Denkmäler. Sei es durch die Umgestaltung traditionsreicher Gedenkstätten – wie etwa der auf dem Friedhof Berlin-Friedrichsfelde. Schon im Januar 1946 wurden die traditionellen Januardemonstrationen wieder eingeführt. Am 15. Januar 1919 waren Rosa Luxemburg und Karl Liebknecht ermordet und dieser mit zahlreichen weiteren Revolutionsopfern in Friedrichsfelde beigesetzt worden. Das 1926 von Mies van der Rohe geschaffene Revolutionsdenkmal, ein sechs Meter hoher roter Klinkerkubus, den die Nazis zerstört hatten, wurde jedoch nicht wiederaufgebaut. Wilhelm Pieck setzte sich schon 1945 dafür ein, das Gedenken an die durch die Nazis getöteten Sozialdemokraten zu integrieren. So fand an diesem Erinnerungsort symbolisch Ausdruck, was am 21./22. April 1946 auch organisatorisch für die sowjetische Besatzungszone vollzogen wurde, die Vereinigung von SPD und KPD zur SED.[109] Dabei war von Anfang an daran gedacht, daß an diesem Ort Massendemonstrationen stattfinden sollten. Das Areal besteht aus einem monumentalen Gedenkstein (»Die Toten mahnen uns«), der umgeben ist von einer – bei einem Durchmesser von 45 Metern – kreisförmigen Umfassungsmauer mit Urnen und Gedenktafeln für tote Sozialdemokraten und Kommunisten, einer größeren Öffnung und einem Rednerpult mit der Inschrift »Den toten Sozialisten«.

In noch umfassenderer Weise bringt der Volkspark Friedrichshain den Anspruch der früheren DDR denkmalkünstlerisch zum Ausdruck, krönender Abschluß einer konfliktreichen, kämpferischen und letztlich siegreichen demokratisch-sozialistisch-revolutionären Entwicklung zu sein: von dem in den fünfziger Jahren neu gestalteten Friedhof für die »Märzgefallenen« der bürgerlichen Revolution von 1848, über den 1960 hinzugefügten »Roten Matrosen« (Hans Kies) für die Novemberrevolution 1918, das Ende der sechziger Jahre errichtete »Denkmal für die deutschen Interbrigadisten« (Fritz Cremer), die Spanienkämpfer, das Anfang der siebziger Jahre eingeweihte »Denkmal des deutsch-polnischen Widerstands« zur Erinnerung an den internationalen antifaschistischen Widerstandskampf bis hin zu der noch im September 1989 aufgestellten »Glocke des Weltfriedens«, mit der sich die DDR kurz vor ihrem Ende selbst auszeichnete, für »vierzig Jahre Friedfertigkeit«.

Vielerorts suchte die DDR mit demonstrativen Erinnerungsgesten ihr Traditions- und Selbstverständnis zum Ausdruck zu bringen. So mit dem Portal des preußischen Stadtschlosses, von dem aus Karl Liebknecht am 9.11.1918 die »Freie Sozialistische Republik« ausgerufen hatte und das sie nach der Sprengung des Schlosses dem Treppenhaus ihres neuen Staatsratsgebäudes vorblendete. So das Denkmal für die Opfer der Köpenicker Blutwoche. Es verdient nicht zuletzt deshalb Interesse, weil es eine Erinnerungsgeste für die Opfer des Faschismus – im Juni 1933 waren von der SA mehrere hundert Kommunisten, Sozialdemokraten und Gewerkschafter verhaftet, gefoltert und viele von ihnen ermordet worden – demonstrativ durch ein Zeichen des siegreichen Widerstands überhöht: eine geballte Faust auf einer sechs Meter hohen armartigen Stele, auf deren Vorderseite die Reliefdarstellung von Opfern eingelassen ist.

Im Westen: Denkmäler für die eigenen Kriegstoten

Auf Stilisierungen und geschichtspolitisch motivierte Umdeutungen konnten und mochten auch die Denkmalsetzer im Westen nicht verzichten. Auch sie waren um Sinnstiftung und Wertorientierung nach Kräften bemüht, wobei das überragende Interesse zunächst den zivilen Toten und gefallenen Soldaten galt.[110] Manchen erschien es dringlicher, und gewiß war es unverfänglicher, die Toten mit Erinnerungsmalen zu ehren, die durch die vormaligen deutschen Kriegsgegner zu Opfern wurden, als jene Toten, die Opfer der deutschen Gewaltherrschaft geworden waren. Sie rückten nur partiell, widerstrebend und mit erheblicher Verzögerung ins Erinnerungsbild.

Das Bundesentschädigungsgesetz weist in seiner Fassung von 1977 aus, daß es auf dem Gebiet des früheren Großdeutschen Reiches über 1600 Konzentrationslager, Außenstellen und Zwangsarbeitslager gab. Nur an wenigen Orten hat man Gedenkstätten errichtet. Eine bemerkenswerte Bilanz, um so mehr, wenn man sie mit einer anderen Zahl konfrontiert: Die Zahl der auf dem Gebiet der früheren Bundesrepublik errichteten Denkmäler für die Toten des Zweiten Weltkrieges wird auf 35 000 bis 40 000 geschätzt.

Keine Gemeinde hat vergessen, ihre Weltkriegstoten zu ehren. In mittleren wie größeren Städten wurden ihnen oft mehrere Denkmäler gesetzt. Zahlreiche gesellschaftliche Organisationen und soldatische Traditionsvereine traten ebenfalls als Denkmalsetzer in Erscheinung. Anders als nach dem Ersten Weltkrieg fand die Ästhetisierung des Erinnerns und Mahnens ihren Ausdruck nun vorzugsweise in Symbolen der christlichen Ikonografie. Zwar führte der VDK unter seinem Chefarchitekten Tischler in der Anlage von Soldatenfriedhöfen im In- und Ausland zunächst die Tradition des Dritten Reiches fort: mit Heldenhainen und Totenburgen, während Friedhöfe mit individuellen Namenskreuzen erst später angelegt wurden. Immerhin wurden noch nach 1945 400 Soldatenfriedhöfe angelegt, die dem traditionellen Typ entsprachen. Aber nicht mehr die nationale Ikonografie dominierte, mochten sich auch Adler und Eisernes Kreuz behaupten, zumal bei soldatischen Traditionsvereinen. Nicht mehr der heldenhaft kämpfende und fürs Vaterland gestorbene Krieger war die zeittypische Denkmalsfigur, prägend wurde nun das Motiv des Leidens, Trauerns und Tröstens.[111] Denkmalswürdig erschienen nicht mehr das Kriegserlebnis, sondern die Kriegsfolgen. Und die Kriegerfriedhöfe wurden nicht mehr als Ort der »nationalen Sammlung« inszeniert, sondern mehr als Ort der »inneren Sammlung«. Eine umfassende Bestandsaufnahme hat nachgewiesen, daß 90 Prozent aller Denkmäler in der Ästhetisierung des Gedenkens teilweise oder ganz der christlichen Ikonografie folgen. Ob Pietà oder Schmerzensmann, Leichnam oder Sarg, Dornenkrone oder Kreuz, Christi Auferstehung, tröstender Engel oder tröstende Maria – die christliche Überhöhung des politisch bedingten und gewaltsam erlittenen Todes kommt dabei nicht nur den zivilen Kriegstoten – oder richtiger: ihren Angehörigen – zugute, sondern auch und gerade den toten Soldaten, wenn auch die Evangelische Kirche die symbolische Identifikation des Soldatentodes mit dem Opfer Christi ausdrücklich ablehnte.

Die Formensprache folgte vielfach den klassisch-modernen Figuren der Barlach, Kollwitz, Marcks und Lehmbruck. Die Figuren und Reliefs sind insoweit tendenziell eher unspezifisch und idealisierend, wenn sie dem Kriegsopfer als gefesselte, gestürzte, trauernde und verzweifelte Gestalt symbolisch-verallgemeinernden Ausdruck zu geben versuchen. Das macht sie dann auch von Fall zu Fall zu Projektionsflächen für divergierende Deutungen und Erwartungen. So beispielsweise das schon Anfang der fünfziger Jahre von dem Bildhauer Eugen Schwab geschaffene Kriegsopferdenkmal auf dem Göppinger Friedhof, ein altarähnlicher Block mit umlaufendem Relief.[112] Ein Reliefbild zeigt eine schwebende Figur mit einem die Opfer des Krieges – Männer, Frauen, Kinder – zudeckenden Tuch: für die einen eine »Kriegsfurie«, die alles menschliche Leben von der Erde hinwegfegt, während andere darin den hoffnungsvollen Ausdruck erkannten für eine höhere, bei allem doch noch Schutz gewährende Macht; eine dritte Gruppe sah darin – ganz auf das innerweltliche Tageserfordernis eingestellt – das erwünschte Sinnbild für den Mantel des Vergessens und Schweigens. Im Hinblick auf diese Position erscheint es nur konsequent, die Opfer der deutschen Gewaltherrschaft entweder zu ignorieren oder – wo das nicht mehr möglich war – auszugrenzen und die Erinnerung an sie auf die einstigen Leidensorte zu beschränken, die zögernd und zumeist nur widerstrebend eingerichteten KZ-Gedenkstätten. Denn diese Erinnerung war und blieb eine Selbstanklage, die Schuld- und Schamgefühle hervorrief, Gefühle, die soviel unbequemer sind als der Genuß des Selbstmitleids und tränenerfüllten Trauerns.

Bemerkenswert erscheint hier zum einen die ursprüngliche Trennung in der Totenehrung zwischen den eigenen und den – sei es wegen ihrer religiösen, sei es wegen ihrer nationalen Herkunft – fremden Toten. Bemerkenswert ist zum anderen die offenbar bis in unsere Gegenwart ungebrochene Kontinuität und Aktualität der Errichtung von Kriegerdenkmälern, vorzugsweise in ländlichen Räumen, insbesondere in Bayern. Und bemerkenswert ist gewiß auch die Vielzahl der Denkmalsetzer. Sie reicht von den soldatischen Traditionsverbänden, den Kommunen und dem VDK über die christlichen Kirchen bzw. Gemeinden bis hin zur Aktion Sühnezeichen. Quantität und Kontinuität des Kriegerdenkmals haben nicht verhindern können, daß es – wie das traditionelle Denkmal überhaupt und so manche andere Tradition auch – in den siebziger Jahren in eine Krise geraten ist.

Vielleicht hat das kein Künstler so treffend zum Ausdruck gebracht wie Braco Dimitrijévic mit seinem zehn Meter hohen Obelisk im Garten des Charlottenburger Schlosses in Berlin.[113] Eine Persiflage auf den traditionellen Denkmaltypus schlechthin. Dieses Denkmal ist keinem Helden und keinem historischen Datum gewidmet. Seine In-

Berlin, Garten des Charlottenburger Schlosses: Denkmal-Persiflage (1977, Braco Dimitrijévic)

schrift heißt: »11. März. Dieses könnte ein Tag von historischer Bedeutung sein« – es war der Geburtstag eines zufälligen Passanten. Aber nicht nur das war verkehrt gegenüber dem Gewohnten. Die Inszenierung des Trivialen machte sich gleich mehrfach über die Traditionspflege lustig. Die banale mehrsprachige Inschrift ironisierte die üblicherweise nationalen Symbole, und der triviale Anlaß verspottete den prominenten Platz, der traditionell bedeutsamen Denkmälern – oder Denkmälern als Bedeutungsträger vorbehalten ist. Vielleicht hatte der Künstler es aber auch besonders gut mit dem Denkmal gemeint und sich an Musils Einsicht gehalten, daß dasselbe »einen wider unsere Natur gerichteten Anspruch an uns« stellt und zu dessen Erfüllung besondere Anstalten erforderlich seien. Auch Denkmäler, so Musil, müßten sich heute mehr anstrengen: »Ruhig am Wege stehn und sich Blicke schenken lassen«, könnte jeder. Die Denkmalkunst unserer Tage hat sich viel einfallen lassen, experimentiert mit Formen und Materialien und sucht immer wieder nach neuen Konzepten, um wenigstens von Zeit zu Zeit öffentliche Aufmerksamkeit zu finden. Alle Anstrengungen der Denkmalästhetik wären aber wohl vergeblich, wenn nicht auch die geschichtspolitische Auseinandersetzung und das öffentliche Erinnerungszeremoniell sich an Denkmälern festmachen würden.

Abstrakte Erinnerungsgesten

Wie es scheint, haben sich die siebziger Jahre im Denkmalbau zunächst eher zurückgehalten. Eine vielleicht überraschende Feststellung, denn durch die Anstöße der 68er-Bewegung wurde ja die wissenschaftliche, ästhetisch-kulturelle und politische Auseinandersetzung mit dem Nationalsozialismus thematisch wie formal differenzierter, breiter und intensiver als zuvor geführt. Doch das traditionelle Denkmal schien überholt. In einigen Städten, so beispielsweise in Stuttgart und Göttingen, wurden allerdings bereits neue, abstrakte Konzeptionen realisiert.

Stuttgart, Mahnmal für die NS-Opfer (1970, Elmar Daucher)

Göttingen, Mahnmal für die jüdischen Opfer (1973, Corrado Cagli)

Stuttgart stellte 1970 das von Elmar Daucher geschaffene, aus vier großen Steinquadern bestehende Mahnmal auf, mit einer Inschrift von Ernst Bloch: »1933 – 1945 / verfemt verstoßen gemartert / erschlagen erhängt vergast / Millionen Opfer der nationalsozialistischen Gewaltherrschaft / beschwören Dich: / Niemals wieder!« In Göttingen wurde zum 35. Jahrestag der Reichspogromnacht, am 9. November 1973, am Ort der einstigen Synagoge, ein Mahnmal des italienischen Bildhauers Corrado Cagli eingeweiht.[114] Über einer Vertiefung, zu der sechs doppelseitig von Betonwänden begrenzte Treppen hinabführen, liegen sechs Stahlträger so übereinander, daß sie über der zwei Meter abgesenkten Freifläche einen Davidstern ergeben. Über ihm erhebt sich pyramidenförmig und gedreht eine fast sechs Meter hohe Stahlplastik aus 86 Chrom-Nickel-Stahl-Dreiecken – zu einer Flamme geformt, einem Feuer, das auf die Katastrophe anspielt, der das jüdische Volk zum Opfer fiel, ob man sie nun mit dem christlich geprägten Begriff »Holocaust« oder mit dem hebräischen »Shoah« bezeichnet.[115] Bilder des Brennens und Verbrennens werden schließlich auch durch die Inschrift an einer der Betonwände evoziert: »Berge werden weichen und Hügel werden wanken, / aber meine Gnade wird von dir nicht weichen« / Jesaia 54,10 / Zur Erinnerung an die 1938 niedergebrannte Synagoge / und den Leidensweg der Jüdischen Gemeinde / Stadt Göttingen.« So eindrucksvoll dieser Ort gestaltet ist, was man erst dann ganz bemerkt, wenn man aus der Tiefe in die Höhe blickt, ins Licht, gebrochen durch die vielen Stahlverstrebungen, so befremdlich erscheint die Inschrift.

Hamburg, Moorweidenstraße: Denkmal an der Sammelstelle für die Deportationen (1983, Ulrich Rückriem)

Daß die Stadt Göttingen, der Denkmalsetzer, wie alle anderen deutschen Städte in der NS-Zeit auch, mit »ihren« Juden ganz ungnädig umgegangen ist, nämlich gnadenlos, wird jedenfalls diskret verschwiegen. Den konkreten historischen Zusammenhang von ideologischer Verblendung und Gewaltverbrechen, von Versagen und Verantwortung politischer Akteure macht das religiös überhöhte Gedenken auch hier unkenntlich.

Unkenntlich und unverständlich bleibt auf den ersten Blick auch das, worauf der Gedenkstein von Ulrich Rückriem an der Moorweide in Hamburg verweisen will: ein mehrfach zerteilter und wieder zusammengesetzter, inschriftloser Granitblock, der in seiner Monumentalität und Abstraktion wegen seines »metaphorischen Bedeutungsumfangs« Anerkennung fand, aber, wie es scheint, nur geringe öffentliche Beachtung findet, trotz der ergänzenden Schrifttafeln, die zunächst nicht vorgesehen waren.[116] So mag er als Grabmal gesehen werden, Assoziationen zur Jerusalemer Klagemauer wecken oder an ein schützendes Haus erinnern, das Hamburg seinen jüdischen Bürgern ab 1941 nicht mehr sein wollte. Denn dieser Platz an der Moorweide war jener Ort, an dem sich Tausende der etwa 24 000 Hamburger Juden, die überwiegend im nahen Grindelviertel wohnten, einfinden und auf ihre Deportation warten mußten, weshalb Rückriem auch die gesamte dreieckige Rasenfläche zum Monument erklärt, zum Gedächtnisort, zum *Platz der jüdischen Deportierten*. Zunächst war dieser Ort eher eine Erinnerungschiffre. Daß er »dem Gedenken an die jüdischen Bürger Hamburgs, die in den Tagen der nationalsozialistischen Gewaltherrschaft von diesem Platz zu Tausenden in den Tod geschickt wurden« gewidmet ist, mußte (nur?) den Ortsunkundigen durch eine später hinzugefügte Schrifttafel mit dem genannten Text erklärt werden.

Krise des Denkmals: Keine Repräsentation ohne Revision

So ist die Denkmalästhetik von traditionellen zu modernen Formen fortgeschritten, zeitweilig in eine Krise geraten und erfreut sich längst wieder einer neuen Konjunktur – dank ihrer Unentbehrlichkeit bei der Ausgestaltung von immer mehr Gedächtnisorten, aber auch dank der Kontroversen um ihre eigenen Produkte und dank der veränderten denkmalpflegerischen Rahmenbedingungen im vereinten Deutschland sowieso. Die Umwidmungen und Stürze von Denkmälern, die Auseinandersetzungen um die Errichtung von Denkmälern und Gedächtnisorten, zeigen immer auch an, in welchem Maße der Umgang mit der jeweils als erinnerungswürdig auszuzeichnenden Vergangenheit konsensbedürftig und konsensfähig ist, sofern im ironischen Spiel mit den Motiven der Denkmalsetzer und den Formen und Funktionen des Denkmals dieses nicht überhaupt für überflüssig erklärt wird. Es ist insofern kaum überraschend, daß dort, wo gesellschaftlich übergreifende, nationale Symbolisierungen notwendig erscheinen oder unvermeidlich werden – wie zuletzt bei der Neuen Wache in Berlin, von der später noch die Rede sein wird – die Konsensfrage eher umgangen wird, sei es durch eine forcierte Entscheidung, sprich: Setzung, sei es durch das Herunterspielen des Bedarfs breiter gesellschaftlicher Zustimmung.

In einer offen, pluralistisch strukturierten Gesellschaft konkurrieren die unterschiedlichen gesellschaftlichen Gruppen auch hinsichtlich ihrer Einstellungen zur Vergangenheit miteinander. Umstritten sind deshalb immer wieder die denkmalkünstlerischen Erinnerungsgesten, die diese Einstellungen – mehr oder weniger – zum Ausdruck bringen, je nachdem wie offen oder eng die Vorgaben der Auftraggeber definiert sind. Das Denkmal ist aber nicht nur mit dem Freiheitsanspruch pluralistischer Gesellschaften konfrontiert, der jedem Bürger, jeder Gruppe Meinungs- und Irrtumsfreiheit zubilligt. Insofern das Denkmal oft eine Nobilitierungsgeste ist, die das Erhabene, Exklusive und Hierarchische betont, steht auch im Spannungsverhältnis zum Gleichheitsanspruch demokratischer Gesellschaften.[117]

Die zeitgenössische Denkmalskunst hat vor Konflikt und Kontroverse natürlich keine Scheu. Im Gegenteil. Die öffentliche Aufmerksamkeit, die sie aus der längeren Auseinandersetzung um Denkmäler, Denkmalsentwürfe und Gedächtnisorte erfährt, kann ihr nur von

Nutzen sein. Selbst dann, wenn sich die Vollendung lange hinzieht oder ein Denkmal überhaupt unvollendet bleibt. Der Streit um das Berliner Prinz-Albrecht-Gelände, das Doppeldenkmal am Hamburger Dammtorbahnhof oder das Walter-Benjamin-Denkmal im katalonischen Portbou illustrieren das je auf ihre Weise. Das Problem der Denkmalskunst ist das Denkmal selbst, also der künstlerische Ausdruck für die Erinnerung an Personen(gruppen), Ereignisse usw. Um so mehr, wenn die Künstler davon ausgehen, daß – nach heutigem Verständnis – in jedem »Prozeß der Denkmalbildung selbst ein »geschichtsrevisionistisches Potential« liegt, dem diese nur schwer oder überhaupt nicht entrinnen kann.[118]

In Gedenkstätten wie Maidanek und Auschwitz-Birkenau erinnern die Berge von Brillen, Haaren und Koffern im übertragenen Sinne an die Juden, die hier ermordet wurden. In diesen »Ikonen der Vernichtung« scheint für nicht wenige Besucher die Vergangenheit unmittelbar präsent zu sein, weshalb diesen Gedenkstätten die »Autorität einer unrekonstruierten Realität« zugeschrieben wird. Insbesondere die überlebenden Opfer neigen dazu, aus ihnen unantastbare Kultstätten zu machen, unentbehrlich für ihre Opferidentität. Diese Gedenkstätten können oder mögen zumeist nicht differenzieren zwischen dem emotionalen und dem kognitiven Aspekt der Erinnerung, weshalb sie zeitspezifische und nationalgeschichtlich geprägte Geschichtsbilder fixieren, Gedenkfeiern ritualisieren und die materiellen Überreste der Ermordeten zu Opferreliquien verklären.

Als neuromantischen Holocaust-Kitsch haben Kritiker denn auch die 1987 eingeweihte Kindergedenkstätte in Yad Vashem bezeichnet. Dort wird in einer Felsenhöhle an die ungezählten ermordeten jüdischen Kinder durch eine Art Son-et-lumière-Spektakel erinnert: Die Besucher sind in fast völlige Dunkelheit gehüllt, umgeben von einer Art Sternenhimmel, den in Glasscheiben und Spiegeln reflektierende Kerzenlichter erzeugen. Das wird ergänzt durch eine Auswahl von Bildern, die das Leiden und die Ermordung jüdischer Kinder in eine Kollektion von ausgesuchten Kinder-Schönheiten verwandeln, während eine monotone Tonbandstimme unablässig ihre Vornamen in das Dunkel ruft.[119] Bedenklich erscheinen solche ins Sakral-Monumentale ausgreifenden ästhetischen und didaktischen Überformungen vor allem deshalb, weil sie die Authentizität der Tat- und Leidensorte ausnutzen und die Visualisierung der Vergangenheit unkenntlich macht, daß Geschichte die deutende Re- oder eben auch Dekonstruktion einer vergangenen Gegenwart durch die Überlebenden und Nachkommen ist, einer Deutung, in die zeitgenössische Präferenzen, Wertorientierungen und Interessen einfließen.[120]

Von jener Vergangenheit, so argumentieren insbesonders jüdische

Intellektuelle, könne man nur noch verschiedene Versionen konstruieren, seien sie wissenschaftlicher oder literarischer Natur, weshalb es vor allem auf die prozessuale Dimension des (kollektiven) Gedächtnisses ankomme, also auf die Thematisierung von Vergessen und Verdrängen, von Wiedererinnern, Deuten und Umdeuten.

Unsichtbare und ephemere Denkmäler:
Erinnerung an das Vergessen

Zeitgenössische Künstler haben daraus denkmalästhetische Konsequenzen gezogen und sich – und uns – vom traditionellen Denkmal verabschiedet. Auch und gerade dort, wo sie es noch einmal benutzt haben, bevor sie es als Teil der Denkmalskonzeption zum Verschwinden brachten.[121] Gemeint ist das durch eine vorübergehend große publizistische Aufmerksamkeit weit über die Stadtgrenzen hinaus bekannt gewordene Harburger *Mahnmal gegen den Faschismus, Krieg, Gewalt – für Frieden und Menschenrechte*.[122] Die Bezirksversammlung hatte die Errichtung dieses Denkmals 1983 beschlossen. Wenn es schon kein Gegendenkmal ist, dann doch ein gewisses Gegengewicht zum monumentalen Kriegerdenkmal vor der Johanniskirche, das dort seit 1932 steht, ein nicht durch Dolchstoß, sondern am Kopf verwundeter,

Harburg, Denkmal gegen Faschismus und Krieg (1986, Esther und Jochen Gerz)

Harburger Mahnmal, Detail

kampfentschlossener Infanterist. Die Abgeordneten hatten als Standort an einen Park gedacht. Die Künstler Esther und Jochen Gerz, die den Auftrag erhielten, entschieden sich für einen verkehrsreichen Platz über einer Fußgängerunterführung und umgeben von Geschäften, Restaurants, S-Bahnstation und Marktplatz. Im Oktober 1986 wurde ihr Denkmal eingeweiht, eine zwölf Meter hohe, im Seitenmaß einen Meter breite, viereckige verzinkte Stahl-Stele, bleiummantelt und mit einer Aufforderung der Künstler an die verweilenden Betrachter:

»Wir laden die Bürger von Harburg und die Besucher der Stadt ein, ihren Namen hier unseren eigenen anzufügen. Es soll uns verpflichten, wachsam zu sein und zu bleiben. Je mehr Unterschriften der zwölf Meter hohe Stab aus Blei trägt, um so mehr von ihm wird in den Boden eingelassen. Solange, bis er nach unbestimmter Zeit restlos versenkt und die Stelle des Harburger Mahnmals gegen den Faschismus leer sein wird. Denn nichts kann auf Dauer an unserer Stelle sich gegen das Unrecht erheben.«

Und die Aufforderung tat ihre Wirkung, auch wenn sie zunächst für Ratlosigkeit und Irritationen sorgte. Wie kaum anders zu erwarten war, machten sich mit den bereitliegenden Stahlstiften zahlreiche Passanten nicht nur zu Mitautoren des Mahnmals im Sinne der künstlerischen Intention. Auch Hakenkreuze wurden eingeritzt. Sprayer hatten keine Chance, weil der fette Bleigrund alle Farbe absorbiert. Was offenbar Versuche provozierte, den Bleimantel mit Hammer und Meißel zu entfernen. Am wirkungsvollsten waren wohl solche Streichaktionen, die die bereits eingravierten Namen durch wilde Übermalungen und Linien unkenntlich machten. Die Stele ist in fünf Jahren siebenmal abgesenkt worden, immer dann, wenn die für Menschenhände erreichbare Fläche vollgeschrieben war. Letztmalig wurde sie im November 1993 abgesenkt – oder soll man sagen: eingeweiht?[123] Einen Ausschnitt davon kann man noch durch einen Sehschlitz in einer Tür von der Unterführung aus erkennen. Auf dem balkonartigen Denkmal-

Saarbrücken, Schloßplatz: »2146 Steine – Mahnmal gegen Rassismus« (1993, Jochen Gerz)

platz oberhalb erinnert nur noch die Aufforderung der Künstler zur Unterschriftenaktion gegen Faschismus und Gewalt an die »begrenzte Zeitlosigkeit« (U. Krempel) jenes Mahnmals.

Die beiden Künstler haben sich verschiedentlich zur Denkmal-Ästhetik geäußert.[124] »Mahnmale«, so Esther Shalev-Gerz, »sollten nicht die Namen der Opfer tragen, sondern die Namen der Täter.« Und Jochen Gerz hat sich wiederholt mit dem gegenwärtig Verdrängten, dem unsichtbar Vorhandenen beschäftigt: »In der Kunst wie auch sonst suche ich nach einem Bild für etwas, das kein Bild sein kann. Bei jeder tatsächlichen Passage zwischen Abwesenheit und Bild findet ein Verrat statt (...).« Sein 1993 entstandenes unsichtbares Mahnmal auf dem Platz vor dem Saarbrücker Schloß, in dessen Kellerräumen die Gestapo verhörte und folterte und wo seit einigen Jahren eine ständige Ausstellung zur Judenverfolgung im Saarland zu sehen ist, verbirgt deshalb das zu erinnernde, gesuchte Bild der ausgelöschten Geschichte.[125] Gerz hat nämlich, zusammen mit Studenten der Saarbrücker Kunst-Akademie, mehr als 2100 Pflastersteine vom Schloßplatz aufgenommen und ihnen die Namen der jüdischen Friedhöfe eingeschrieben, die bis 1933 in Deutschland existierten. Danach wurden die Steine wieder eingesetzt, mit der Aufschrift nach unten. So wurde aus dem Schloßplatz ein »Platz des unsichtbaren Mahnmals«, ein »Friedhof jüdischer Friedhöfe«, eine Anspielung auf den jüdischen Schriftglauben und das Bilderverbot und auch eine Geste, die auf den jüdischen Brauch verweist, beim Besuch des Friedhofs einen Stein auf das Grab zu legen.

Eine Nobilitierungsgeste ist auch dies, allerdings eine sehr subtile, keine didaktisch oder expressiv auftrumpfende, eher eine schamhaft zurückhaltende und hoffentlich auch eine, die es vor Vandalismus schützt. Eine Geste, die vermeidet, daß sich das Denkmal in der Wahrnehmung des Betrachters an die Stelle des zu Erinnernden setzt, ihm also die Anstrengung der Vergegenwärtigung und Imagination, der Aneignung von und Auseinandersetzung mit gedeuteter Vergangenheit zumutet und nicht abnimmt. Auch die ephemere Denkmalinstallation *The missing house* des französischen Künstlers Christian Boltanski bemüht sich um einen direkten Bezug der Erinnerungszeichen auf das Verlorene und Vergangene. Boltanski fand bei der Ortserkundung für seinen Beitrag zur Ausstellung *Die Endlichkeit der Freiheit* (1990) in der Großen Hamburger Straße eine durch eine Bombe in den Wohnblock gerissene Lücke. An die Brandmauern der benachbarten Häuser ließ er die Namen, Berufe und Wohndauer der früheren Bewohner des zerstörten Hauses anbringen. Erst bei den Recherchen hatte er mit seinen Mitarbeitern herausgefunden, daß die besonderen Lebensgeschichten der zumeist jüdischen Hausbewohner an diesem Ort eng mit der allgemeinen politischen Geschichte jener Zeit verknüpft sind. Unweit dieses Hauses befand sich in dem früheren jüdischen Altersheim eine der Deportationssammelstellen, von der Zehntausende jüdische Bürger Berlins in die östlichen Vernichtungslager gebracht wurden. Daran erinnert die Mitte der achtziger Jahre aufgestellte Figurengruppe von Will Lammert. Dokumente der bürokratisch organisierten Deportation hat Boltanski in einer weiteren Installation gezeigt, genannt *The*

Museum. Boltanskis Interesse galt dem Nicht-Darstellbaren, dem Tod, der Auslöschung von Lebenswelten, ihrer »Umwandlung in etwas Namenloses«. Auch sein Werk spricht die »Sprache der Spurensicherung«, möchte den Verlust unmittelbar erfahrbar machen und inszeniert ihn als »Blick in die Leere«. Das hat beim Publikum viel Beifall gefunden. Manche Kritiker blieben skeptisch und sprachen von »Archivierungspoesie« und »romantischer Ruinenästhetik«.[126]

Erinnerung an Walter Benjamin und die Emigration

Ein Monument ohne Monumentalität ist auch das von dem israelischen Bildhauer Dani Karavan geschaffene Denkmal für Walter Benjamin, das nach langwieriger unrühmlicher Vorgeschichte im Mai 1994 im katalonischen Portbou in den Pyrenäen eingeweiht werden konnte, dort, wo sich Benjamin dreiundfünfzig Jahre zuvor auf der Flucht vor den Nazi-Verfolgern das Leben nahm. Es ist kein unsichtbares Denkmal, sondern eines, das sich zwischen Illustration und Abstraktion bewegt, eine dreiteilige, stählerne Treppeninstallation, ein anspielungsreiches »Passagen«-Werk der Grenzüberschreitung und des Transitorischen, das sich nicht nur auf Benjamins Leitmotiv und Lebensende beziehen läßt, sondern eben auch auf die – vielleicht – lebensrettende Grenz- und Durchgangsstation, die dieser Ort für zahlreiche Flüchtlinge war.[127] Karavans schmale, von hohen Stahlwänden eingefaßte Treppen-Passagen am Friedhof von Portbou, der in Terrassen zum Mittelmeer abfällt, richten den Blick des Besuchers jedenfalls nicht auf Benjamins (unbekanntes) Grab oder andere Gräber, sondern auf andere Bezugspunkte im Gelände, die fast unvermeidlich zu Metaphern des Übergangs mit ungewissem Ende werden: das Kommen und Gehen der Wasserwirbel in der Bucht, die Berge, der Zaun, das Zollhaus, die Züge und der überdimensioniert erscheinende, von Gustave Eiffel gebaute Bahnhof und nicht zuletzt der Olivenbaum, der mit dem Meereswind zu kämpfen hat. Für Karavan ein auch anderswo benutztes Symbol des Friedens und der Hoffnung, wie er überhaupt sein Benjamin-Denkmal nicht als Mahnmal verstanden wissen will, sondern als »eine Hommage an alle, die der Barbarei zu entkommen versuchten«.

In einigen Interviews hat Karavan seine Arbeit erläutert. Er habe kein »objekthaftes Kunstwerk« schaffen wollen. Es sei ihm vielmehr darum gegangen, »einen ruhigen Ort zu schaffen, von dem sich die Eindrücke wie von selbst erschließen«. So könnten sich die »einzelnen Stationen«, »wie ein Ring zusammen(fügen), oder wie eine Passage«, der Blick aufs Wasser am Ende der abwärtsführenden Treppe und auf ein kleines Stückchen Himmel beim Rückweg, auf Berge und auf die sich im Wind behauptenden Olivenbäume. Gewiß, solange hierher nicht Touristenströme geschleust werden, ist das ein Ort der Ruhe, an dem man nur das Rauschen des Windes und des Wassers hört, wenn nicht von Zeit zu Zeit die Geräusche ankommender und abfahrender Züge herüberdringen.

In den vierziger Jahren war Portbou ein Grenzort und eine Durchgangsstation für ungezählte Flüchtlinge, die hier keine Spuren hinterlassen haben, auch Benjamin eigentlich nicht. Es könnte nun eine Attraktion für eilige Touristen werden. Zwar erkennt man erleichtert, daß Karavan nicht versucht hat, »etwas zu machen, das Benjamins Tragödie repräsentiert«. Denn er weiß, daß »künstlerische Mittel (...) nie in der Lage (wären), mit der schrecklichen Realität der damaligen Zeit zu konkurrieren«. Aber wissen und respektieren das auch die anderen? Wie kann, wie soll man sein Werk davor schützen, als Flucht-Erlebnisraum mißbraucht zu werden, wenn schon seine Förderer ihn rühmen, ein Künstler zu sein, »der auf ganz moderne Weise solche ursprünglichen, ›magischen‹ oder ›heiligen‹ Plätze schafft«?[128] Und war es eine glückliche Idee, diese schmalen Treppen und Tunnel auch noch »Passagen« zu nennen? Karavans Werk hätte sich doch auch ohne die namentliche Anlehnung an die monumentale Studie von Benjamin behauptet, ohne der fast verschwiegenen Erinnerungsgeste noch mit einer rhetorischen Inszenierung spektakulär nachzuhelfen. Dafür gibt es hier bereits ein Beispiel.

Schon bald nach dem Ende der Franco-Ära hat die Gemeinde Portbou eine Erinnerungstafel für den deutsch-jüdischen Kulturphilosophen an der Friedhofsmauer angebracht.[129] Inzwischen ist sie halb verwittert und kaum noch lesbar. Eine ganz unaufdringliche, unauffällige Erinnerungsgeste. Eine bescheidene, unaufwendige Ehrung Benjamins, der hier eher zufällig endete. Ein Namhafter unter den vielen namenlos gescheiterten Flüchtlingen. Und zugleich – natürlich außerhalb Deutschlands – eine Erinnerung an jenes Deutschland, das Benjamin und viele andere vertrieb und dessen Gewaltregime im baskischen und katalonischen Norden Spaniens keineswegs zufällig Spuren hinterließ, als es Franco im spanischen Bürgerkrieg militärisch unterstützte.

Die Anregung zu dem Denkmal war 1989 vom damaligen Bundespräsidenten Richard von Weizsäcker ausgegangen. Benjamins 50. Todestag stand bevor. Mit der Planung beauftragte das Auswärtige Amt den Arbeitskreis selbständiger Kulturinstitute, dessen Geschäftsführer den israelischen Künstler Dani Karavan gewinnen konnte. Der Auftrag – auf eine runde Million Mark veranschlagt – wurde erteilt, doch zur Ausführung kam es zunächst nicht. Finanzbürokratie, Parlament und Boulevardpresse legten sich quer, um die »Grabpflegemaßnahme« zu

Portbou (Spanien): Eingang zum »Passagen«-Denkmal für Walter Benjamin (1994, Dani Karavan)

stornieren. Der Bundesrechnungshof und der Haushaltsausschuß waren dagegen, und die Boulevardpresse sowieso. Dem öffentlichen Druck gab schließlich auch das Auswärtige Amt nach. Es sei nicht zu verantworten, hieß es, »eine Million in einen abgelegenen Ort mit sehr geringem Nutzwert« zu investieren. Das Projekt wurde erst gerettet, als es den Ministerpräsidenten der Bundesländer gelang, den Betrag bereitzustellen, unterstützt von privaten Förderern, der Gemeinde von Portbou und der katalonischen Regierung.

3
Ehemalige Konzentrationslager als Gedenkstätten

Die Denkmäler zur Erinnerung an den Nationalsozialismus wurden zwar nicht ausschließlich, aber doch in großer Zahl an den Orten der ehemaligen Konzentrationslager errichtet, mögen diese auch selbst als Gedenkstätten oder Denkmäler verstanden werden. Deshalb war bereits im vorigen Abschnitt von Denkmälern an spezifischen Tat- und Leidensorten die Rede, und deshalb wird auch hier noch einmal davon zu sprechen sein, nun allerdings mit Blick auf den Gedächtnisort und seine je eigene Nachgeschichte.[1] Allerdings kann das wiederum nur an ausgewählten Beispielen geschehen. Im Mittelpunkt stehen hier die jeweils drei bekanntesten KZ-Gedenkstätten in Ostdeutschland – Buchenwald (mit Mittelbau-Dora), Ravensbrück und Sachsenhausen – und in Westdeutschland: Bergen-Belsen, Dachau und Neuengamme.

Diese Begrenzung fällt nicht leicht. Denn so wenig die nationalsozialistischen Gewaltverbrechen sich nur auf dem Territorium des damaligen Deutschen Reiches ereignet haben, so wenig kann sich eine Würdigung ausgewählter Gedächtnisorte im Grunde auf das deutsche Staatsgebiet beschränken. Verfolgung, Vertreibung und Ermordung von Millionen Menschen waren erst möglich, als Hitler-Deutschland fast ganz Europa unterworfen und besetzt hatte. Die Spuren des Rassenwahns und der Racheaktionen, der Verfolgung und Vernichtung ziehen sich durch ganz Europa. Die Orte des Leidens und Mordens haben viele Namen: sie heißen Auschwitz-Birkenau, Belzec, Chelmno, Maidanek, Sobibor und Treblinka, Warschau und Wilna, Lidice und Oradour, Herzogenbusch und Westerbork, Papenburg und Wewelsburg, Stutthof und Gros-Rosen, Lodz und Lemberg, Mauthausen, Theresienstadt und Natzweiler-Struthof, Kiew und Riga, Bialystock und Babij Yar, Kaunas und Krakau-Plaszow. So sind nach der Befreiung von der deutschen Besetzung an vielen Orten des Schreckens zur Erinnerung an die Opfer Friedhöfe angelegt, Denkmäler errichtet und Gedenkstätten eingerichtet worden, in West- und Osteuropa, in West- und Ostdeutschland, wobei der kommunistische Machtbereich damit früher begann, wie ideologisch einseitig dies auch geschehen sein mag.[2]

An kaum einem anderen Beispielkomplex kann man jedenfalls den Gegensatz im Umgang mit dem NS-Erbe zwischen den beiden deutschen Staaten so gut erkennen wie in der Umwandlung der früheren Konzentrationslager in Gedenkstätten. Konversion und spätere Revision dieser Gedächtnisorte haben in der ost- und westdeutschen Erinnerungskultur ihr je eigenes Profil herausgebildet.³ Die Gesellschaft der alten Bundesrepublik war von Anfang an mit der ganzen deutschen Geschichte konfrontiert, also auch ihrem negativen Fixpunkt, den Gewaltverbrechen Hitler-Deutschlands. Die Gründer der Bundesrepublik hatten den westdeutschen Teilstaat zum Gesamterben des untergegangenen Deutschen Reiches erklärt und im innerdeutschen Systemantagonismus zudem mit dem Alleinvertretungsanspruch belastet. Die Bundesrepublik mußte deshalb die materiellen Schulden übernehmen und zugleich die moralische Last der Gewaltverbrechen tragen, ob sie wollte oder nicht – und sie wollte ja oft nicht. Sei es, daß sie lange nicht zwischen den Gewaltverbrechen des Nationalsozialismus und den Kriegsverbrechen unterscheiden mochte, ebensowenig wie zwischen den Opfern der »Endlösung« und den Kriegstoten, was bis heute nachwirkt. Sei es, daß sie – befangen in der Kontinuität des Antikommunismus und in der geistigen Enge des Kalten Krieges – Unterschiede zwischen den totalitären Systemen nicht erkennen wollte und sich damit noch heute schwer tut, wohl auch, weil allzu leicht die intellektuelle Tugend der Differenzierung mit der Untugend der moralischen Indifferenz oder Relativierung der Gewaltverbrechen verwechselt wird.

Der Soziologe M. Rainer Lepsius hat – wie schon eingangs dargelegt – von der Internalisierung der Hypothek des Nationalsozialismus in die politische Kultur der Bundesrepublik gesprochen und davon die Universalisierung des Nationalsozialismus als Faschismus durch die DDR unterschieden. Die alte Bundesrepublik tat sich deshalb so sehr viel schwerer mit diesem Erbe, weil sie mit ihm umgehen mußte. Sie schwankte und schwankt bis heute zwischen Dämonisierung und Historisierung des Hitler-Staates, zwischen Schuldabwehr und Schuldverrechnung, zwischen forciertem Schlußstrichverlangen und organisiertem Betroffenheitskult, zwischen Entsorgung der nationalsozialistischen Vergangenheit und Inszenierung ihrer Gedächtnisorte. Die Beispiele dafür sind zahlreich.

Gegenüber der Bundesrepublik schien sich die DDR zumindest geschichtspolitisch in einer vorteilhafteren Lage zu befinden, jedenfalls zunächst. Sie hatte sich vom Kapitalismus befreit, der aus kommunistischer Sicht entscheidenden Voraussetzung des Faschismus. Ihre Führung kam nicht nur, aber doch in großer Zahl aus der kommunistischen Arbeiterbewegung. Sie hatte den Nationalsozialismus im KZ überlebt oder gegen ihn im Untergrund gekämpft. Zum historischen Fixpunkt der DDR wurde deshalb die 1918/19 nicht verwirklichte sozialistische Revolution und die darauf beziehbare Tradition des antifaschistisch-kommunistischen Widerstands, was die Glorifizierung der Befreiung durch die Rote Armee einschloß und der DDR anfangs zu einem beachtlichen Legitimationskredit verhalf. Sie glaubte die Vorteile des geschichtlichen Erbes – auch des kulturellen – einheimsen zu können, ohne zugleich für die Verbindlichkeiten aufkommen und sich an den Ungereimtheiten und Widersprüchen abmühen zu müssen. Das zeigte sich gerade auch im Umgang mit ihren Gedächtnisorten.

Buchenwald:
Vom »roten Olymp« zur doppelten deutschen Vergangenheit

Weimar – das ist wie kaum eine andere deutsche Stadt ein von Mythen geprägter Ort, neben und zusammen mit Berlin vielleicht der wichtigste Gedächtnisort in der politischen Kulturgeschichte Deutschlands überhaupt.[4] Wie kaum irgendwo sonst haben sich dort Glanz und Elend der Deutschen zu einer so wohl nur für sie charakteristischen Gemengelage vermischt: der Olymp der unsterblichen Dichterfürsten neben den Massengräbern der namenlosen KZ-Toten. Die Geburtsstadt der ersten deutschen Republik und der Bauhaus-Moderne zugleich eine Weihestätte der Nazis, in der diese Friedrich Nietzsche zu ihrem Propheten machten. Die DDR erklärte ihn zur Unperson. Sie vereinnahmte nur das klassisch-humanistische Erbe Goethes und Schillers und machte zugleich aus dem KZ Buchenwald ein nationales Befreiungsdenkmal: Zum klassischen kam nun der »rote Olymp« dazu, unentbehrlich für den antifaschistischen Gründungsmythos.[5]

Das SED-Regime verallgemeinerte den Nationalsozialismus zum Faschismus und machte aus den auf ihrem Territorium gelegenen Konzentrationslagern umstandslos antifaschistische Widerstands- und Befreiungsdenkmäler. Das erste war 1958 das ehemalige KZ Buchenwald vor den Toren Weimars auf dem Ettersberg, nach dem das Konzentrationslager zunächst benannt werden sollte. Doch die NS-Kulturgemeinde Weimar hatte seinerzeit Einspruch erhoben wegen der engen Verbindung des Ettersberges mit Goethes Leben. Sie hatte Erfolg, denn der Reichsführer-SS Himmler, Sohn eines bayerischen Gymnasialdirektors,[6] teilte die Sorge um die Reinhaltung des klassischen Erbes. Dort waren die Herzöge von Sachsen-Weimar auf die Jagd gegangen. Dort hatte der junge Goethe Theater gespielt, dort stand von Buchen umgeben jene Eiche, unter der sich der Geheime Rat gern mit Charlotte von Stein traf.

An diesem Ort wurde gut einhundert Jahre später – mit der Adresse Buchenwald / Post Weimar – ein Konzentrationslager errichtet, in das zwischen 1937 und 1945 etwa eine Viertelmillion Menschen aus fünfunddreißig Ländern kamen, von denen mehr als 60 000 Menschen ihr Leben verloren.[7] Sie wurden ermordet, verhungerten oder starben an Krankheiten. Auch dort zwang man die Gefangenen zur Arbeit in Rüstungsbetrieben (Junkers, Krupp, BMW, Borsig, Gustloff-Werke u. a.). Auch dort herrschte der menschenverachtende Grundsatz »Vernichtung durch Arbeit« und wurden Gefangene Opfer von medizinischen Experimenten. Nach der Befreiung am 11. April 1945 leisteten die etwa 21 000 Häftlinge den berühmten »Schwur von Buchenwald«, der zum Kampf gegen die Naziverbrecher aufrief, die internationale Solidarität aller Antifaschisten und eine neue demokratische, freiheitliche und friedliche Weltordnung forderte. Der späteren DDR-Führung, der im Verlauf von vier Jahrzehnten »Teile dieses Schwures abhanden« kamen, war das sehr willkommen. Sie machte aus Buchenwald 1958 ihre wichtigste Nationale Mahn- und Gedenkstätte und benutzte diese hinfort als antifaschistisches Einheits-, Widerstands- und Befreiungsdenkmal. Gleichermaßen nützlich, ihren nationalen Ursprung und internationalen Anspruch sichtbar zu machen. Bei seiner Einweihungsrede wollte der damalige DDR-Ministerpräsident Otto Grotewohl das nicht grundlos im »Herzen Deutschlands« errichtete Mahn- und Ehrenmal allerdings noch als »eine Verpflichtung des ganzen deutschen Volkes« verstanden wissen.[8]

Buchenwald, »Die befreiten Häftlinge« (1958, Fritz Cremer)

Buchenwald, Museum (ehem. Effektenkammer)

Zu den auffälligen Elementen der weitläufigen, monumentalen Gedenkstättenanlage gehören die »Straße der Nationen«, die großen, von Bruchsteinmauern eingefaßten Ringgräber, der 55 Meter hohe Glockenturm und das von Fritz Cremer gestaltete Buchenwald-Denkmal: ein Kind und zehn Männer – keine ausgemergelten, vom Tode gezeichneten Gestalten – vielmehr eine Gruppe in kämpferischer Pose, mit Fahnenbanner und Gewehr, Schwurhand und geballter Faust: die Opfer als Kämpfer und Sieger. Seinen ersten Entwurf hatte Cremer korrigieren müssen. Seine Auftraggeber wollten ein Monument der heroisierten Selbstbefreiung. Die Vorgänge um den 11. April 1945 erlauben diese Deutung allerdings nicht. Tatsächlich überschneiden und verzahnen sich verschiedene Ereignisse, die zur Befreiung des Lagers führen: der Abzug der SS-Mannschaften, die Überwältigung restlicher Wachposten durch bewaffnete Häftlingsgruppen, die Befreiung durch die vorrückende US-Armee und die Übernahme der Lagerverwaltung durch sie. Die Rote Armee kam später.

Neben der monumentalen architektonischen Denkmalgestaltung bildet das bereits ebenfalls 1958 eingerichtete und zum 40. Jahrestag der Lagerbefreiung 1985 neu eröffnete Museum in dem mehrgeschossigen Gebäude der ehemaligen Effektenkammer den zweiten Schwerpunkt der Gedenkstätte. Es folgte wiederum den SED-Richtlinien »antifaschistischer und antikapitalistischer Erziehungsarbeit«, wenn auch gegenüber der alten Ausstellung deutliche Verbesserungen nicht zu übersehen waren. Doch die verbale und visuelle Erinnerung an Arbeiterklasse, Rote Armee, Kommunistische Partei und Thälmann trug weiterhin unverkennbar kultische Züge. Mit diesem Bild waren natürlich die Massengräber aus der Zeit des sowjetischen Speziallagers (1945–50) mit geschätzten 6000 bis 13000 Toten, die 1984 erstmals entdeckt worden waren, nicht zu vereinbaren.[9]

Mochte auch am Beginn der zweiten Geschichte des Lagers die Entnazifizierung und Aufklärung durch die amerikanischen Befreier ste-

Buchenwald, Gräberfeld des
»Speziallager 2«

hen – bereits am 16. April 1945 ordnete der kommandierende US-General an, daß mindestens 1000 Weimarer Bürger ins Lager geführt werden, damit sie sich persönlich ein Bild von den Verhältnissen machen können, bevor das Lager gesäubert und aufgeräumt wird –, nur wenige Wochen später war dieses Zwischenspiel schon wieder beendet. Im August 1945 übernahm der sowjetische Geheimdienst das ehemalige KZ Buchenwald als »Speziallager 2«, in das Tausende von ehemals aktiven Nazis, SS-Angehörigen und Mitläufern eingeliefert wurden, aber auch Jugendliche, die man als »Werwölfe« verdächtigte, und Antifaschisten unterschiedlicher politischer Orientierung, in denen die neuen Machthaber gleichfalls Gegner sahen.

Kaum verwunderlich also, daß um die doppelte Lagergeschichte ein Konflikt entbrannte, als Anfang 1990 unterhalb des Geländes der Gedenkstätte Gebeine gefunden wurden, die den Massengräbern des einstigen Speziallagers 2 zugerechnet werden.[10] Ein Interessenverband »Buchenwald 1945–50« gründete sich und forderte, die Erinnerung an die verschwiegenen Opfer auf dem Gelände der Gedenkstätte zum Ausdruck zu bringen. Er erhielt dabei Unterstützung von der Vereinigung der »Opfer des Stalinismus«. Das rief das »Internationale Komitee Buchenwald/Dora« auf den Plan. Es appellierte an die Bundesregierung, »dieses Memorial gegen jede Veränderung zu schützen, die seine Bedeutung schmälern« könnte. Die Bundesregierung hob die Gedenkstätte daraufhin in den Rang einer Institution von gesamtstaatlicher Bedeutung, was mit der Übernahme eines 50prozentigen Kostenanteils verbunden war. Angesichts der sich abzeichnenden Neugestaltung bzw. Veränderung vieler ehemaliger DDR-Gedenkstätten sah sie von einer inhaltlichen Festlegung ab.

Mit der Neugestaltung der Gedenkstätte beschäftigte sich seit September 1991 unter der Leitung des Historikers Eberhard Jäckel eine von der Thüringischen Landesregierung berufene Expertenkommission, die Anfang 1992 ihre umfangreichen Empfehlungen vorlegen

Buchenwald, Gedenksteine am Südhang des Ettersbergs
»Keine Träne, kein Fleck der Angst, kein Gedanke, kein Mal dessen, was hier vorging, ist geblieben: nur Beton« – schreibt Günter Kunert über die monumentale und pathetische Erinnerungsarchitektur dieser einstigen »Nationalen Mahn- und Gedenkstätte« der DDR. Doch dann – ebenfalls Betonformen – »sieben Buchstaben, die sich entschlüsseln zu einem Wort... MEMENTO. Von der Höhe des Himmels ist das Wort als Wort sicher leichter zu dechiffrieren, für eine Krähe leichter als für den streunenden Besucher... Als sei das Betonwort aus dem fruchtlosen Boden gestiegen für diesen Moment und versinke, sobald der Wanderer den Rücken wendet. Als sei es die siebenfache Inkarnation letzter Atemzüge.« (Kramen in Fächern, Berlin / Weimar 1968, S. 173)

konnte.¹¹ Die Ausstellung zur Geschichte des KZ Buchenwald soll die bisher von der Parteilichkeit der DDR-Geschichtsschreibung geprägte Sicht aufgeben und vom gegenwärtigen Forschungsstand aus die verschiedenen Opfergruppen und ihren Widerstand würdigen, ohne die Rolle der Täter dabei zu vernachlässigen. Zugleich empfiehlt die Kommission, die immerhin vierzigjährige Geschichte und Vorgeschichte der früheren DDR-Gedenkstätte und ihre politische Instrumentalisierung gesondert zu dokumentieren.

Soviel Pluralismus und Differenzierung erschien den Häftlingsorganisationen suspekt. Sie argwöhnten dadurch eine unzulässige Relativierung ihres Opfer-Selbstbildes und ihrer Leidensgeschichte. Während der Bund stalinistisch Verfolgter sich an der nun wieder zu Ehren kommenden Totalitarismustheorie orientiert, also zwischen den beiden Lagern und den jeweiligen Regimen keine spezifische Differenz erkennen will, reklamieren die NS-Verfolgtenverbände das Lagergelände ungeteilt für die Repräsentation ihrer Erinnerung.

Gleichwohl sieht das Gutachten – aus guten Gründen – eine deutliche Gliederung des Geländes in voneinander getrennte sogenannte »Erinnerungssphären« vor: Den Schwerpunkt bildet weiterhin das ehemalige Konzentrationslager mit der völlig neu zu gestaltenden Ausstellung und der zunächst unveränderten architektonischen Mahnmalsanlage. Neu hinzu kommt eine Gedenkstätte »Speziallager 2« mit dem in das Areal einzubeziehenden Gräberfeld. Für die Dokumentation dieses Lagers soll ein neues flaches Gebäude gebaut werden, an der Grenze zwischen dem ehemaligen Lager und jenem Waldstück, an dem übergangsweise zahlreiche bescheidene Holzkreuze von Angehörigen dieser Lagertoten errichtet worden sind. So ist dieser Ort von zwei Seiten zugänglich und erlaubt dem Buchenwaldbesucher zukünftig, wie Jäckel betonte, »nur das KZ oder nur das Museum für das Speziallager oder aber beides«¹² zu besichtigen. Vielleicht trägt diese Um- und Neugestaltung der Gedenkstätte zur generationen- und gruppenüber-

Buchenwald, Blick durch das Torgitter beim Verlassen des ehem. Lagergeländes

greifenden Konsensbildung im Geschichtsbewußtsein bei. Das neue Konzept wird – hier wie anderswo – kaum verhindern können, daß Buchenwald immer wieder in die Schlagzeilen der internationalen Presse gerät, wenn es – wie im Sommer 1994 – zu Schändungen der Gedenkstätte durch rechtsextremistische Gruppen kommt.[13]

Mittelbau-Dora: Kein »Technik-Tempel« in der einstigen »Hölle« des Südharzes

Die Empfehlungen zur Entideologisierung und Umgestaltung erstrecken sich auch auf die Gedenkstätte des ehemaligen KZ Mittelbau Dora bei Nordhausen im Südharz, das zunächst ein Außenlager Buchenwalds war.[14] Ein Gedenkplatz entstand bereits 1949. Weitere Ausbauten zur Gedenkstätte folgten in den sechziger und siebziger Jahren. Das weitläufige Stollensystem im Berg Kohnstein wurde lange nicht einbezogen. Dort mußten zwischen 1943 und 1945 60 000 Häftlinge Hitlers Wunderwaffe bauen, die V 2-Rakete. Ein Drittel von ihnen überlebte »Dantes Hölle im Südharz« nicht, wie Überlebende später das Untertage-Inferno nannten. Nach dem Krieg hatten hier die Leuna-Werke Abbruchrecht. Erst ein Machtwort der Thüringer Landesregierung schränkte im Herbst 1991 den Gipsabbau erheblich ein und verringerte die weitere Einsturzgefahr der Kavernen. Ökonomische Interessenten spekulieren weiterhin auf den gewinnträchtigen Abbau des Düngemittels Anhydrit. Ökologen warnen im Fall eines Zusammenbruchs des Kohnsteins vor erheblichen Auswirkungen auf das lokale Mikroklima. Und die Denkmalschützer sehen die Reste der einstigen Raketenfabrik gefährdet.

Die Kommission empfiehlt, das gesamte Stollensystem zu erhalten und einen Teil dokumentarisch zu nutzen für die Vermittlung von Aspekten der »Lebensbedingungen der Häftlinge und der Rüstungsproduktion«. Ausdrücklich abgelehnt wird der Plan, hier eine »technikgeschichtliche und industriearchäologische Ausstellung« einzurichten. Statt dessen empfiehlt das Gutachten, diese Gedenkstätte als Beispiel für die »letzte Phase der Geschichte der Konzentrationslager« zu gestalten, die ja zugleich die letzte Phase des Dritten Reiches war, seines Rüstungswahns und unermüdlich propagierten Glaubens an den »Endsieg«.

Ein vom Landkreis Nordhausen, in dem Mittelbau-Dora liegt, demonstrativ berufenes Kuratorium hatte ein anderes Interesse und Kon-

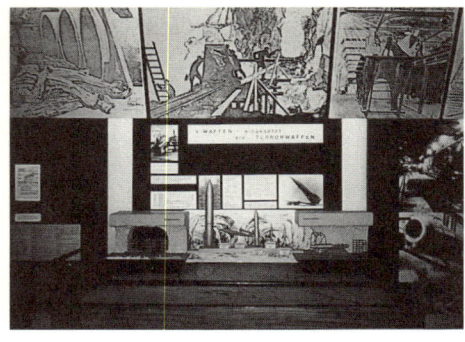

Mittelbau-Dora, Museum

zept. Es wollte nicht nur an die Schrecken und Opfer erinnern, sondern auch die rüstungs- und bergtechnischen Leistungen gewürdigt sehen. Immerhin sei dieser Ort einer der modernsten High-Tech-Standorte der damaligen Zeit gewesen. Ein Argument, das mancherorts mit Zustimmung rechnen konnte. Die Raketen, die im Harz und in Peenemünde produziert wurden, Hitlers Wunderwaffen, sind offenbar so sehr Gegenstand mythologischer Verklärung und Objekt krimineller Begierde, daß sich für sie auch der graue und offizielle Militaria-Markt interessiert.[15] Einem holländischen Historiker wurden per Chiffre wehrtechnische Unterlagen angeboten, und ein Londoner Auktionshaus bot Raketen-Reste per Katalog an, die die Amerikaner und Russen nach der Befreiung liegengelassen und zugeschüttet hatten. Die nicht mehr zum Einsatz gelangten kompletten Exemplare schafften sie in ihre eigenen Laboratorien. Zwar steht das gesamte Stollenkammernsystem im Gipsberg Kohnstein inzwischen unter Denkmalschutz und alles militärische Material ist deshalb Staatseigentum, aber Militariahändler und ihre Zulieferer werden dadurch offenbar nicht abgeschreckt, hier illegal zu graben. Legal, wenn auch nicht unumstritten, gräbt einstweilen nur das Münchener Baustoffwerk Wildgruber, das 1992 von der Treuhand das Recht erwarb, im Tagebau Anhydrit zu baggern. Eigentumsrechtlich umstritten ist allerdings, ob Berg und Stollensystem zusammengehören oder nicht. Erst wenn diese Frage abschließend geklärt ist, wird das Gelände gesichert und die KZ-Gedenkstätte um- und ausgebaut werden können.

Der Konflikt um die Eigentums- und Nutzungsrechte sowie um die Gestaltung der Gedenkstätte hatte das Interesse der Medien geweckt. Die Gedenkstätten-Leiterin erklärte im Frühjahr 1993 entschieden, daß man keinen »Technik-Tempel« installieren wolle.[16] Sollten gleichwohl »Technik-Freaks« hierher kommen, würden sie mit einem »Bild der Zerstörung« konfrontiert. Dies würde nicht über Glanz und Effek-

Mittelbau-Dora, Mauerreste des Lagergefängnisses

tivität einer gigantischen Produktionsstätte der Nazis Auskunft geben, sondern über Zwangsarbeit, Massenelend und Massensterben. Eine vor allem aus pädagogischem Antrieb gewonnene Akzentsetzung ist gewiß gerade dort verständlich und die Sorge vor einer verfehlten Verherrlichung der Raketentechnik und Rüstungsindustrie des Dritten Reiches berechtigt. »Aber wenn man nicht beides zeigt« – so der bedenkenswerte Einwand von Günther Gottmann, dem Direktor des Berliner Museums für Verkehr und Technik –, »die glänzende technische Leistung, die brillante Arbeitsorganisation sowie die absolute Menschenverachtung«, dann »wird man entweder zum Technizisten oder zum Moralisten«.[17] Und wie immer man die eine und die andere dieser beiden Einstellungen bewertet, jede von ihnen verfehlt eben die ganze, widersprüchliche Wirklichkeit des Dritten Reiches – jeweils auf ihre Weise.

Sachsenhausen: »Blick zurück und Schritt nach vorn«

In die Schlagzeilen geriet 1990 und 1992 auch die dritte ehemalige Nationale Mahn- und Gedenkstätte der DDR: Sachsenhausen bei Oranienburg im Norden Berlins. Massengräber des berüchtigten NKWD-Speziallagers Nr. 7 waren entdeckt worden. Bereits ab Sommer 1945 hatte die damalige sowjetische Militärverwaltung das Lager wieder gefüllt: nicht nur mit Nazis, sondern auch mit Sozialdemokraten, Liberalen und anderen Personen, die dem sowjetischen Besatzungsregime oppositionell gegenüberstanden. 50–60 000 Häftlinge sollen es gewesen sein und man schätzt, daß mindestens 12 000, aber vielleicht auch bis zu 30 000 von ihnen ermordet wurden oder an Hunger, Krankheit,

Sachsenhausen, Häftlinge
(1961, Waldemar Grzimek,
Bronzeskulptur)

Kälte und Mißhandlung gestorben sind. Einige Tausend Inhaftierte sollen in die Sowjetunion deportiert worden sein. Mehrere Tausend kamen in andere DDR-Gefängnisse, vor allem nach Torgau und Hoheneck oder wurden zur Aburteilung durch DDR-Sondergerichte nach Waldheim gebracht, etwa 5000 Internierte ließ man unter Schweigeverpflichtung frei.[18]

Daß von jener Zeit in den Jahren, als diese Gedenkstätte zur »antifaschistischen Amtskirche« der DDR gehörte, nicht die Rede war, kann nach damaliger Lage der Dinge kaum überraschen, ist aber gleichwohl ein schwerwiegendes Versäumnis, zumal ja nicht wenige davon wußten.[19] Doch bei aller Einseitigkeit und trotz aller Geschichtsverfälschung muß hervorgehoben werden, zumal mit Blick auf die damalige Bundesrepublik, daß die DDR die Umwandlung des Lagers in eine teilweise aus Spendenmitteln finanzierte Gedenkstätte bereits Mitte der fünfziger Jahre beschloß. 1961 konnte sie eingeweiht werden. Ein erheblicher Teil der Gebäude blieb erhalten. Insbesondere das Torgebäude mit Gitter und der KZ-üblichen Inschrift »Arbeit macht frei«, die Wachtürme mit der Lagermauer, ein Teil des Zellenbaus, die Pathologie mit dem Leichenkeller, Krankenbaracken, Küche und Wäscherei und nicht zuletzt Überreste der Station Z mit Gaskammer, Genickschußanlage und Krematorium. Wenn auch manches rekonstruiert und durch künstlerische Gestaltung verändert wurde, insbesondere durch den 40 Meter hohen Obelisken mit roten Winkeln als Kennzeichen der politischen Häftlinge samt Kranzniederlegungsmauer und der altarähnlichen Rednertribüne, »der empfindsame Besucher erlebt Sachsenhausen anders, weniger feierlich. Er erlebt ein KZ, wie es gewesen sein mag, in seiner Leere bevölkert von Menschen, die nicht mehr sind.«[20]

Dort wurden zwischen 1936 und 1945 über 200 000 Menschen gefangengehalten, gequält und ermordet. Man schätzt, daß etwa die Hälfte von ihnen ums Leben kam. Zahlreiche Häftlinge wurden zu medizinischen Experimenten mißbraucht und dabei oft getötet. Auch in dieses Lager kamen 1941 gefangene sowjetische Soldaten, etwa 18 000; sie wurden fast ausnahmslos sofort umgebracht. Und noch in

Sachsenhausen, Fundamente des Krematoriums

Sachsenhausen, Appellplatz

Buchenwald, Torgebäude und ehem. Standorte der Häftlingsbaracken

Sachsenhausen, vor dem ehemaligen Zellenbau

den letzten Kriegstagen starben etwa 6000 Menschen auf den Todesmärschen nach der Evakuierung des Lagers.

Wer das Lager durch das Torgebäude betreten hat, befindet sich in dem weiten Halbrund des Appellplatzes, der jetzt von einer inzwischen einsturzgefährdeten durchbrochenen Betonmauer eingefaßt wird. In ihr sind die Vorderfronten von Häftlingsbaracken nachgebildet. In dieser Leere findet das suchende Auge nur wenige Anhaltspunkte für das, was hier lageralltägliche Wirklichkeit war, die Demütigungen und Folterungen der ständigen Zählappelle. Hier wurden die Häftlinge verhöhnt, geschlagen, gefoltert und gehenkt. Hier wurden sie zum »Sachsengruß« gezwungen, einer oft stundenlangen Hockstellung mit hinter dem Kopf verschränkten Armen. Hier mußten sie durch den Schlamm kriechen und bei eisiger Kälte stundenlang ausharren. Aber gerade diese Leere schafft Raum für eigene Imaginationen.

Das Leben und Sterben vollzog sich indes nicht nur hinter den KZ-Mauern, sondern auch außerhalb. Tag für Tag passierten die Häftlingskolonnen das Tor »Arbeit macht frei«, um ihre Zwangsarbeit beim Straßenbau und im Klinkerwerk zu verrichten oder bei AEG, Daimler-Benz, Henschel, IG Farben, Rheinmetall-Borsig, Varta. Die Gefangenen wurden aber auch zu gefahrvollen Arbeiten im zerstörten Berlin eingesetzt oder – besonders jüdische Experten – in der lagereigenen Werkstatt zur Fälschung von dringend benötigten Devisen und Dokumenten.

Um auch nur eine gewisse Vorstellung zu bekommen von dem Prozeß und der »Infrastruktur der Entwertung und Verwertung des Menschen« bedarf es einer großen Anstrengung, auch wenn – oder gerade weil vieles an diesem Ort authentisch ist, bedarf es vor allem der Vermittlung grundlegender lebensgeschichtlicher und lagergeschichtlicher Informationen.

Sie werden zukünftig – so empfiehlt es das Gutachten der von dem Historiker Bernd Faulenbach geleiteten Kommission – mit Hilfe des völlig neu gestalteten Lagermuseums möglich sein.[21] Die Denkmalanlage soll demgegenüber zunächst unverändert bleiben. Zumal das Archiv umfangreiche Bestände enthält: Teilnachlässe und Erlebnisberichte ehemaliger Häftlinge, Archivalien der Lagerarbeitsgemeinschaft und Dokumente zur Lagergeschichte, auch für die Zeit nach 1945. Denn es wird auch hier darum gehen, die verschiedenen Opfergruppen und die Täter mit ihrem jeweiligen sozialen Umfeld darzustellen. Auch in zeitlicher Perspektive heißt das leitende Kriterium: Differenzierung. Die Rekonstruktion der Lagergeschichte soll die Vorgeschichte, das KZ Oranienburg, ebenso berücksichtigen wie die Nachgeschichten: also das »Speziallager«, die Sachsenhausenprozesse, die Vorbereitung und spätere Nutzung als »Nationale Mahn- und Gedenkstätte« der DDR. Neugestaltet werden sollen auch die bisherigen Ausstellungen in der Pathologie und zum »antifaschistischen Freiheitskampf«, während die Ausstellung über die jüdischen Gefangenen in der Baracke 38 aufgelöst und in das neue Lagermuseum integriert werden soll.

Diese Baracke brachte Sachsenhausen im September 1992 in die internationale Presse. Zum einen wegen des Besuchs des israelischen Ministerpräsidenten Jitzhak Rabin, und zum anderen wegen des Brandanschlags auf das darin untergebrachte Museum für die Leiden der jüdischen Kameraden. Wenige Tage nach dem Rabin-Besuch brannte die Baracke fast vollständig ab. Eine Gruppe von Skinheads hatte sich zu einer – offenbar nicht von längerer Hand vorbereiteten – Aktion entschlossen: die Gedenkstätte »Sachsenhausen abfackeln«. Erst Monate später konnten die Täter gefaßt werden, weil sich einer von ihnen im betrunkenen Zustand mit der Tat gebrüstet hatte. Später widerrief einer der Täter sein Geständnis. Und weil das Bezirksgericht Potsdam nicht von der Täterschaft überzeugt war, wurden die Angeklagten freigesprochen. Ein Jahr später hob der Bundesgerichtshof dieses Urteil wieder auf und gab den Fall zur erneuten Verhandlung an das Potsdamer Landgericht zurück.[22]

Aber nicht nur dieser Vorfall lenkte den Blick einer breiten Öffentlichkeit auf Sachsenhausen. Ein ehrgeiziges städtebauliches Projekt tat es auch. Zur Beseitigung der Wohnungsnot hatte die brandenburgische Landesentwicklungsgesellschaft einen Architektenwettbewerb ausgeschrieben, mit dem die »Urbanisierung der ehemaligen SS-Kasernen« eingeleitet werden sollte.[23] Das über 40 Hektar große Areal liegt gegenüber dem Lager und stellt – so die Stadtspitze – »ein hervorragend geeignetes Entwicklungspotential« dar. Im sogenannten T-Gebäude residiert bereits das Finanzamt. Seit 1938 war es Sitz der Inspektion der Konzentrationslager, also der obersten Führungs- und Aufsichtsbehörde für alle Konzentrationslager im damaligen deutschen Machtbereich. Die ehemaligen SS-Kasernen wurden nach 1945 zunächst von der Roten Armee genutzt und später von der kasernierten Volkspolizei, aus der dann die Nationale Volksarmee hervorging.

Ein Entwurf wollte diesen Todesort in eine Parklandschaft mit Skateboard-Bahn verwandeln. Nach dem Willen vieler Oranienburger und ihrer Stadtverwaltung sollen auf dem Gelände einige ehemalige Kasernen erhalten bleiben und drumherum 8 000 Wohnungen in Ein- und Mehrfamilienhäusern entstehen, dazu Gebäude für Gewerbe- und Dienstleistungsbetriebe. Eine Schule und ein Sportplatz sind im preisgekrönten Entwurf des Wiener Architekten Hermann Czech ebenfalls vorgesehen. Auch Kneipen und ein Fitneß-Center fehlen nicht. Alles nach dem Motto: »Blick zurück – Schritt nach vorn«. Nur ein Entwurf sprach sich gegen eine Wohnanlage aus. Für den bis Ende 1994 in Berlin lebenden polnisch-amerikanischen Architekten Daniel Libeskind war ein Schöner-wohnen-Modell auf »schlechtem Boden« undenkbar. Statt dessen sah sein Entwurf vor, einen Teil der Kaserne zu schleifen, die Fundamente zu überfluten und im anderen Bereich medizinische und Bildungseinrichtungen zu schaffen, etwas, das auf die Zukunft Oranienburgs und zugleich auf seine Vergangenheit verweist. Es gab heftige Auseinandersetzungen, Libeskind erhielt einen Sonderpreis, aber keinen Auftrag, sein Konzept – oder Teile davon – zu realisieren. Sein mehrfach variierter Grundgedanke ist, die Vergangenheit nicht einfach zu verdrängen, zu überbauen oder abzutragen, sondern an sie anzuknüpfen, auf sie zu verweisen und zugleich mit ihr zu brechen. In der Umgestaltung und Erhaltung dieses Gedächtnisortes sollen Kontinuität und Bruch im wesentlichen auf zweifache Weise zum Ausdruck kommen. Zum einen dadurch, daß das Areal der früheren SS-Kasernen und KZ-Inspektion an das einstige Lager- und jetzige Gedenkstättengelände (mit der Form eines gleichseitigen Dreiecks) angeschlossen bleibt und zugleich verschoben wird, was zur optischen Brechung der »monumentalen Zentralachse des Konzentrationslagers« führt. Und zum anderen,

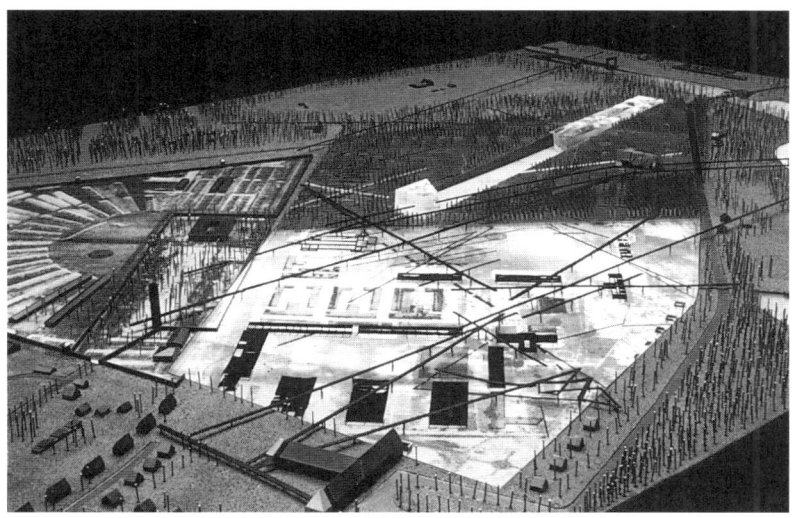

Sachsenhausen, Modell von Daniel Libeskind für das Projekt »Urbanisierung des ehemaligen SS-Kasernengeländes«

indem architektonische Spurensicherung mit architektonischer und landschaftlicher Veränderung verbunden wird und die Kraft zur Erinnerung wie zur Erneuerung sichtbar machen soll.

Gegen dieses gewiß bedenkenswerte Konzept, dem die Stadt Oranienburg und seine Bürger inzwischen aufgeschlossener gegenüberstehen, sind allerdings auch gewichtige Einwände vorgetragen worden. Der Leiter der Gedenkstätte, Günther Morsch, möchte den gesamten Komplex der früheren KZ-Inspektion unverändert erhalten wissen, weil seine übergeordnete Bedeutung als Gedenkstätte sich aus einem mehrfachen historischen Bezug ergibt und begründen läßt: Es war das Verwaltungszentrum aller Konzentrations- und Vernichtungslager in dem von deutschen Truppen besetzten Europa. Es war das Konzentrationslager der Reichshauptstadt und erfüllte insoweit Modell- und Schulungsfunktionen. Es hatte auch im Rahmen des geplanten Aus- und Umbaus Berlins zur Reichs- und Welthauptstadt »Germania« besondere Aufgaben zu erfüllen. Und schließlich war es zwischen 1945 und 1950 das größte der sowjetischen Speziallager und wurde danach die Gedenkstätte der Hauptstadt der DDR.

Auch die Historiker-Kommission interessierte sich für dieses Gelände und hat empfohlen, die Gedenkstätte zu erweitern – um die Zone II, die Steinbaracken, die Gräberfelder des Speziallagers, einen Teil des Industriehofs – und in weiteren Bereichen, die für das Lager von Bedeutung waren, für eine differenzierte, aber umfassende Sicherung von baulichen Überresten Sorge zu tragen. So wird empfohlen, das ehemalige Klinkerwerk nicht uneingeschränkt kommerziell zu nutzen, das T-Gebäude der einstigen KZ-Inspektion mit einer Ausstellung über seine Geschichte zu versehen und dieses Gebäude ebenso wie die auf dem ehemaligen SS-Gelände durch Einrichtungen zu nutzen, die mit der Gedenkstätte in unmittelbarem Zusammenhang stehen: durch Organisationen wie Aktion Sühnezeichen und Amnesty International, Institutionen der politischen Bildung oder auch durch die Stiftung Brandenburgische Gedenkstätten.

Ravensbrück:
»Eine Gedenkstätte rechnet sich eben nicht«

In die Schlagzeilen der nationalen und internationalen Presse geriet – im Frühsommer 1991 – auch das kleine brandenburgische Städtchen Fürstenberg an der Havel, etwa achtzig Kilometer nördlich von Berlin. In unmittelbarer Nachbarschaft zum ehemaligen Frauen-KZ Ravensbrück am Schwedtsee sollte – so war es geplant und von den zuständigen Stellen bereits beschlossen – ein gemischtes Wohn- und Gewerbegebiet entstehen, mit Supermarkt, Autohaus und Yachthafen.[24] Dort, im angeschlossenen sogenannten »Jugendschutzlager« Uckermark und in den über 70 Außenlagern hatten mehr als 130 000 Frauen, Mädchen und Kinder – und 20 000 bis 40 000 Männer – unter katastrophalen Verhältnissen gelitten, waren zwischen 1939 und 1945 etwa 90 000 Menschen ermordet worden oder durch Krankheiten, Unterernährung und Schwerstarbeit ums Leben gekommen. Eine von ihnen war Milena Jesenska, die Freundin Kafkas, über deren Leidenszeit im Lager Margarete Buber-Neumann berichtet.[25]

Hier haben die Sowjets nach 1945 eine große Garnison eingerichtet. In der SS-Siedlung wohnten die Offiziere der Roten Armee mit ihren Familien. Für die insbesondere auf Betreiben von Rosa Thälmann im September 1959 eingeweihte »Nationale Mahn- und Gedenkstätte« blieben deshalb zunächst nur die SS-Kommandantur, der langgestreckte Zellenbau, das Krematorium und die äußere Lagermauer.[26]

Nach dem Abzug der Russen sollte dort der »Aufschwung Ost« Einzug halten und ein Supermarkt das Leben normalisieren und Arbeitsplätze schaffen, die in der 6000 Einwohner zählenden strukturschwachen Gemeinde dringend benötigt werden. Auch von der Vergangenheit vor 1945 wollte sich die Stadt nicht länger erdrücken lassen. So sah es – jedenfalls zunächst – der Bürgermeister, so sah es anfangs auch der damalige Leiter der Gedenkstätte, und so sahen es die Fürstenberger auch dann noch, als die märkische Kleinstadt weltweit mit Protesten konfrontiert war.[27] Simon Wiesenthal, der Leiter des Wiener Dokumentationszentrums des Bundes jüdischer Verfolgter, schrieb an Brandenburgs Ministerpräsidenten Stolpe, daß es »mit dem Gedenken an die Opfer der Verbrechen schwer in Einklang zu bringen« sei, »ein solches Vorhaben auch nur in Erwägung« zu ziehen. Heinz Galinski, der damalige Vorsitzende des Zentralrats der Juden in Deutschland, forderte »gesetzlichen Schutz« für die »Würde und Unversehrtheit« dieses Ortes. Dem Protest schlossen sich mit Ausnahme der FDP auch die Fraktionen des Potsdamer Landtages an. Und der Ministerpräsident versuchte vor Ort persönlich, die Wogen zu glätten und den Streit zu schlichten. Es müsse möglich sein, so Stolpe, an diesem Ort eine »würdige Auseinandersetzung« mit der Geschichte zu führen und zugleich »unmittelbar Marktwirtschaft zu erfahren«. Das war leichter gesagt als getan. Vor dem Supermarkt kam es jedenfalls zu heftigen Auseinandersetzungen zwischen einer – aus Berlin und anderswo angereisten – Mahnwache von Demonstranten gegen die »Kommerzialisierung des KZ-Geländes« und Fürstenbergern, die nicht einsehen mochten, warum ein Supermarkt schlimmer sein soll als die früheren Schießübungen der Russen und das »verlogene Antifaschismus-Getue« mit zwei Großveranstaltungen im Jahr, viel Wodka und Valencia. »Wenn die Russen da gefeiert haben, hat keiner sich aufgeregt«, empörte sich ein Einheimischer. Außerdem hätten die Häftlinge überall im Ort gearbeitet. Dann müsse man die Gedenkstätte auf die ganze Stadt ausdehnen. Viele von ihnen seien auch auf dem Friedhof begraben. Man könne doch aus Fürstenberg keinen Friedhof machen: »Fürstenberg muß leben«. So mögen damals wohl viele gedacht haben.[28]

Die Landesregierung, der Bauträger, die Handelskette Tengelmann und die Kommunalpolitiker verständigten sich unterdessen auf einen Baustopp des nahezu fertiggestellten Supermarktes, für den im übrigen ein Ersatzgrundstück gefunden wurde. Um Schadensbegrenzung bemüht, aber offenbar ganz unbekümmert um die Nähe zur Sprache im NS-Staat, wies das brandenburgische Ministerium für Stadtentwicklung alle Landräte und Oberbürgermeister an, »artfremde Baumaßnahmen« im Bereich von Gedenkstätten zukünftig nicht mehr zu genehmigen. Das konnte allerdings nicht verhindern, daß sich bald neue begehrliche Investorenblicke auf Fürstenberg richteten. Diesmal interessierte sich ein ungenannt gebliebenes Unternehmen für die nach Abzug der sowjetischen Offiziere leeren und teilweise schon verfallenden Häuser der ehemaligen SS-Siedlung, die mit Millionenaufwand instandgesetzt werden sollen für private Käufer.[29] Angesichts eines feh-

Ravensbrück, Krematorium

lenden Flächennutzungsplans für Fürstenberg und unklarer Denkmalschutzauflagen verzögerte sich das Projekt. Im Sommer 1994 war die weitere Entwicklung offen.

In der Bundesrepublik gibt es zahlreiche bewohnte ehemalige SS-Siedlungen. Aber vielleicht ist »das Nebeneinander von lauschiger Privatheit und mörderischem Arbeitsplatz« – so die Leiterin der Gedenkstätte – nirgendwo so kraß wie hier, weshalb sie vorschlug, ein »Mischmodell« zu realisieren. Danach sollen ein »Führer-« und ein »Aufseherinnenhaus« als Museum eingerichtet werden, zwei weitere könnten als Jugendbegegnungsstätte dienen und ein Haus sollte dem internationalen Ravensbrück-Komitee überlassen werden, während die übrigen Häuser für private Wohnzwecke genutzt werden könnten.

Differenzierte Nutzungs- und Veränderungsempfehlungen enthält auch das 1992 vorgelegte Gutachten der Faulenbach-Kommission.[30] Vorgesehen ist zum einen die räumliche Erweiterung der Gedenkstätte um das Gelände des ehemaligen Konzentrationslagers, also des Frauen- und des Männerlagers, sowie der SS-Betriebe und Teile der SS-Siedlung. Das gesamte Gelände soll »zurückhaltend parkartig gestaltet«, die Denkmalanlage und die Skulpturen zunächst erhalten und mit ergänzenden Kommentierungen versehen werden. Für den Supermarkt wird eine gemeinsame Nutzung von Gemeinde und Gedenkstätte vorgeschlagen. Teilweise neugestaltet werden sollen die ständigen Ausstellungen, insbesondere das Lagermuseum im früheren Kommandanturgebäude. Dabei sind dann nicht nur die verschiedenen Täter- und Opfergruppen zu berücksichtigen, sondern auch – dem Revisionskonzept der anderen ehemaligen DDR-Gedenkstätten entsprechend – die verschiedenen Phasen und Nutzungen des Lagers, insbesondere die Zeit nach 1945.

Weitgehend unverändert bleiben sollen die erst in den achtziger Jahren entstandenen »Nationenräume« im Zellenbau, vielleicht eine der anrührendsten Erinnerungsgesten von Überlebenden in einer KZ-Ge-

Ravensbrück, Sowjetischer Gedenkraum, Detail (1988)

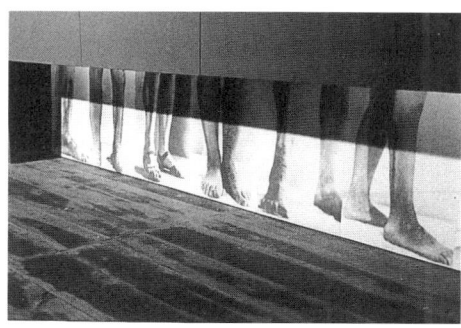

Ravensbrück, Polnischer Gedenkraum, Detail (1988)

denkstätte überhaupt. Ausdrucksstarke Arrangements demonstrieren in den knapp zehn Quadratmeter großen Zellen die national so verschiedene Art weiblichen Gedenkens:

»Klassenkampf in Rot und Gold vor allem in den Räumen Albaniens, Bulgariens und Österreichs. Flammend expressive Malerei bei den Spanierinnen. Nüchterne Dokumentation von Haft und Widerstand im norwegischen und im niederländischen Raum. Leise, zurückhaltende Trauerarbeit bei den sowjetischen Frauen: Bilder und Dokumente, angegilbt, vergangen, an schlichtem Drahtgeflecht. Anrührend traurig (...) die sparsame Raumsprache der Polinnen. Intellektuell ästhetisierend die französische Zelle: im Vordergrund die Trikolore, in den Boden eingelassen ein gläsernes Dreieck; es deckt vier leicht verwelkte rosa Rosen.«[31]

Wenn man den Zellenbau mit diesen eindringlichen Bildern wieder verläßt, verliert sich der Blick wenig später in der dunklen Schlucht des schulterbreiten Erschießungsgangs zwischen zwei Meter hohen Mauern, in dem Hunderte von Frauen und Mädchen ermordet wurden.

Außerdem ist vorgesehen, im Gebäude des ehemaligen SS-Textilbetriebes eine Ausstellung einzurichten über die Zwangsarbeit der

Ravensbrück, Erschießungsgang

Frauen in den SS-Wirtschaftsbetrieben im besonderen und über die Bedeutung der Konzentrationslager innerhalb der NS-Kriegswirtschaft im allgemeinen. Auch in Ravensbrück galt der Grundsatz »Vernichtung durch Arbeit«. Auch hier mußte Schwerstarbeit geleistet werden. Frauen wurden beim Straßenbau eingesetzt und dabei wie Pferde vor die zentnerschweren Betonwalzen gespannt. Sie arbeiteten in der Rüstungsindustrie – u. a. für VW, Heinkel und Siemens – und in den Betrieben der SS-eigenen Gesellschaft für Textil- und Lederverwertung. Der Umsatz allein dieses Unternehmens belief sich 1944 auf über 15 Millionen Reichsmark. Außerdem vermietete die SS Arbeitskräfte an Bauernhöfe und Mittelstandsbetriebe im Umkreis des Lagers: Fachkräfte zum Stundenlohn von zwei RM, Ungelernte für 1,50 RM.

Um Geld ging es auch, als Ravensbrück Ende 1994 einmal mehr das Interesse der Medien auf sich zog. Eine ehemalige Aufseherin in einer Außenstelle des Konzentrationslagers hatte von der Bundesrepublik eine Haftentschädigung in Höhe von rund 65 000 DM erhalten, weil sie in der DDR zehn Jahre in Lagern und Gefängnissen inhaftiert war. Ein sowjetisches Kriegsgericht hatte die SS-Aufseherin zu 25 Jahren Strafarbeitslager verurteilt. Eine Opfer-Täterin? Die Berliner Gedenkbibliothek zu Ehren der Opfer des Stalinismus reduzierte ihre Biographie auf die eines DDR-Opfers. Dank einer Initiative des Bundesjustizministeriums wurde dieser Entschädigungsfall durch die bundesdeutschen Behörden ungewöhnlich zügig erledigt. Unverständnis und Empörung rief dieser Fall in der Gedenkstätte und beim Freundeskreis Lagergemeinschaft Ravensbrück hervor, zumal die Finanzierung der Feierlichkeiten zum fünfzigsten Jahrestag der Befreiung des Lagers am 23. April 1995, zu der etwa eintausend überlebende Frauen eingeladen wurden, mit erheblichen Schwierigkeiten verbunden war. Der »eigentliche Skandal« aber, so ein Kommentator, lag woanders. »Die SS-Aufseherin wurde je Haftmonat mit 550 Deutschen Mark entschädigt. Einer Häftlingsfrau aus Ravensbrück gesteht das bundesdeutsche Gesetz 150 Mark pro Haftmonat im Konzentrationslager zu.«[32]

Dachau – »wurde nicht gefragt«

Zwar sind dort nach 1945 nicht Tausende Gefangene an Krankheiten gestorben, verhungert oder getötet worden wie in Buchenwald und Sachsenhausen. Dachau diente – mehr als ein Jahrzehnt – zunächst den Amerikanern als Internierungslager für Nazis und dann als Flüchtlingslager. Als man den Bau der Gedenkstätte mitsamt Museum auf jahrelanges Drängen der ehemaligen Häftlinge schließlich beschloß und sie mit der Eröffnung des Museums im Mai 1965 einweihen konnte, da war auch an diesem Ort unkenntlich geworden, daß man das Konzentrationslager in zwanzig Jahren fast vergessen hatte. Vieles war verändert und verfallen, manches verschiedentlich um- und neugebaut oder gründlich nachgebessert. Das Konzentrationslager wurde gewissermaßen ein zweites Mal gebaut, mit Stacheldraht, Wachtürmen und Gräben.[33]

Zunächst standen allerdings Aufklärung und Anklage im Vordergrund.[34] Häftlinge und amerikanische Besatzungsmacht konfrontierten die Dachauer, die deutsche und die Weltöffentlichkeit mit dem, was hier geschehen war. Im November 1945 fand die erste, über Rundfunk bis in die USA übertragene Gedenkveranstaltung statt. Sie stand ganz im Zeichen des bevorstehenden ersten Dachauer Prozesses. Es gab zahlreiche Gedenkfeiern, ein Gedenkstein wurde eingeweiht, eine erste Publikation erstellt und im Krematorium eine Dokumentation eingerichtet. Doch im Umgang mit diesem Ort, den die amerikanische Militärregierung als eine »geheiligte Stätte« erhalten wissen wollte, trat schon bald eine Wende ein.

Bereits zu Beginn des Jahres 1948 erwog der bayerische Landtag die »Errichtung von Arbeitslagern für asoziale Elemente«. Aus dem »Elends-

Links: Dachau, Innenraum der israelitischen Gedenkstätte (1967)
Rechts: Dachau, Katholische Todesangst-Christi-Kapelle (1960)

lager« wurde dann mit Millionenaufwand ein Flüchtlingslager gemacht. Und bald sprach man nicht mehr vom ehemaligen KZ, sondern von der Wohnsiedlung Dachau-Ost, ein Gelände mit allerlei Geschäften, Kino, Schule und Kindergarten. Doch Dachau blieb in den fünfziger Jahren ein Ort des Anstoßes und den zuständigen politischen und Verwaltungsstellen ein Dorn im Auge. Statt der KZ-Opfer zu gedenken, gedachte man lieber der Kriegsgefangenen. 1953 wurde die Ausstellung im Krematorium entfernt. Der schon beantragte Abriß des einstigen Krematoriums konnte 1955 nur dadurch verhindert werden, daß auf Betreiben des französischen Außenministers in die Pariser Verträge eine Erklärung aufgenommen wurde, die der Bundesrepublik untersagte, Gräber von NS-Opfern aufzugeben. Zuvor war am Leitenberg ein verkommenes Massengrab entdeckt worden, und ehemalige, prominente französische Dachau-Häftlinge hatten die Sache publik gemacht.

Die Häftlings-Arbeitsgemeinschaft Dachau war es auch, die in Verbindung mit der Fédération Internationale des Résistants weitere Anstöße gab und zum zehnten Jahrestag der Lagerbefreiung im Mai 1955 eine große Veranstaltung organisierte. Doch das Projekt einer Gedenkstätte kam kaum voran. Es wäre womöglich ganz gescheitert, hätte es in jenen Jahren im Gemeindepfarrer und ehemaligen Dachau-Häftling Leonhard Roth nicht einen so engagierten und tatkräftigen Fürsprecher und Streiter gehabt, der nach jahrelangen Auseinandersetzungen mit der Stadt und der Diözese schließlich seines Amtes enthoben wurde – und sich das Leben nahm. So wichtig das Engagement einzelner Personen vor Ort war, so wichtig war auch hier der politische Druck in- und ausländischer Häftlingsorganisationen, voran des Comitée International de Dachau.

Aus dem Ausland kam auch der Anstoß für die Errichtung der katholischen »Todesangst-Christi-Kapelle«, die 1960 im Beisein von 50 000 Menschen eingeweiht wurde. Dabei blieb es nicht. 1964 wurde das Sühnekloster »Heilig Blut« eingeweiht und im Mai 1967 kurz nacheinander die evangelische »Versöhnungskirche« und die jüdische Gedenkstätte. In keinem anderen ehemaligen Konzentrationslager wird die Erinnerung an das Massentöten und Massensterben so sehr durch christlich-ökumenische Zeichen der Tröstung und Versöhnung überformt. Daß solche Symbole eine höchst unversöhnliche Wirkung haben können, hat der internationale Streit um das Karmelitinnen-Kloster und das acht Meter hohe Holzkreuz auf dem Gelände des ehemaligen KZ Auschwitz gezeigt. Jüdische Organisationen werteten dies als Versuch, den Ort des Massenmords an den Juden, Symbol und Mythos der jüdischen Leidensgeschichte, zu christianisieren. Dies wiederum und der Abzug der Karmelitinnen hatte den Protest national-polnischer Katholiken zur Folge, die den Juden vorwarfen, »Auschwitz judaisieren« zu wollen. Sie treffen sich regelmäßig unter dem Holzkreuz und beten für die Rückkehr der frommen Frauen, »wenn die Zeiten der gottlosen Juden vergangen sind«.[35]

Als die Gedenkstätte Dachau am 9. Mai 1965 eröffnet wurde, präsentierte sich das Gelände wie umgewandelt: aufgeräumt, ausgebessert, frisch gestrichen und freundlich. Nachgebaut hatte man die Fundamente bzw. Grundrisse von dreißig früheren Häftlingsbaracken, die nach Umsiedlung der letzten Bewohner abgerissen worden waren. Für das Museum wurden zwei Baracken vollständig nachgebaut. Ursprünglich befanden sich darin das Häftlingsbad und die Häftlingsküche. Mag auch der Gedenkstein vor dem Krematorium die Besucher stumm auffordern: »Denket daran, wie wir hier starben.« Mag der Oberbürgermeister im farbigen Stadtprospekt vorsorglich darum bitten, das »Entsetzen« und die »Empörung« nach dem Besuch der Gedenkstätte nicht auf die »1 200jährige bayerische Stadt Dachau (zu) übertragen, die bei der Errichtung des KZ nicht gefragt wurde« – Entsetzen und Empörung provoziert dieses aufgeräumte Ambiente nicht.[36] Daß in der zwölfjährigen Lagerzeit an diesen Ort 200 000 Gefangene gebracht wurden, daß 30 000 von ihnen an Erschöpfung, Epidemien, Krankheiten und medizinischen Versuchen elendig zugrunde gingen und eine unbekannte Zahl Opfer von Einzelexekutionen, Massenerschießungen und Todesmärschen wurden, bleibt eine abstrakte Information, eine Nachricht aus einer anderen Welt, die auch durch die Ausstellung nicht verständlicher wird. Auch hier ist im übrigen die Nachgeschichte des Konzentrationslagers, eine Geschichte des Verfalls und Verdrängens, die ja zugleich die Vorgeschichte der heutigen Gedenkstätte ist, allenfalls angedeutet. So, als gäbe es zwischen der NS-

Dachau-Projekt »Exit« (1974, Jochen Gerz)

Vergangenheit und der bundesdeutschen Gegenwart keine zeitliche Verbindung. Gewiß, Dachau verschweigt seine NS-Vergangenheit nicht mehr. Aber das Städtchen präsentiert sie wie in einem exotischen Museum auf einem abseits gelegenen, gepflegten Friedhof und sich selbst »wie eine gute Stube nach dem großen Frühjahrsputz«. Dachau rühmt sich nicht zu Unrecht seiner landschaftlichen Reize und seiner Kunstschätze. Stolz verweist es auf seine Vergangenheit als Künstlerstadt und die vielen kulturellen Anreize für den umworbenen Touristen in der Gegenwart.

Soviel Kleinstadtidylle und Künstlerstadtnostalgie fanden nicht immer und bei allen Besuchern nur Beifall und Zustimmung. Es gab und gibt auch Widerspruch. Der Konzeptkünstler Jochen Gerz etwa hat ihn in seiner ebenso unversöhnlichen wie umstrittenen Installation *Dachau-Projekt* im Münchener Lenbach-Haus schon in den siebziger Jahren zum Ausdruck gebracht.[37] In einem schmucklosen, von nackten Glühbirnen erleuchteten Raum waren auf einfachen Tischen Photoalben festgeschraubt. Sie enthielten Fotografien, die allerlei Beschriftungen des Gedenkstättengeländes dokumentieren: Verbots- und Hinweisschilder wie »Rauchen verboten«, »Feuer / Notruf«, »Hinrichtungsstätten«, »Versöhnungskirche«. Die Aufnahmen sind ausnahmslos auf dem Gelände der Gedenkstätte gemacht, verweisen aber gleichsam indirekt oder assoziativ auf das vergangene Geschehen an diesem Ort, indem sie den bürokratischen Charakter des Gedenkstätten- wie des Lageralltags hervorheben. Gerz ging es in diesem Projekt um »die Vergleichbarkeit der sprachlichen Organisation dessen, was im allgemeinen als Extremfall von Lebensbeschränkung angesehen wird«, ein KZ eben, mit dem, was gemeinhin als besonders lebensbereichernd und kulturell wertvoll gilt und geschätzt wird, einem Museum. Die Hinweisschilder erhalten dadurch ihre unterschwellige Bedeutungsaufladung. »EXIT – Ausgang« – so auch der Titel des Projekts – führt den heutigen Besucher wieder nach draußen, für die meisten KZ-Insassen bedeutete der Ausgang Deportation und Tod. So wird Exit hier zu

Exekution. Und das Hinweisschild »Brausebad« verweist an sich nur auf eine nützliche sanitäre Einrichtung. Am Ort eines ehemaligen Konzentrationslagers wird man es unwillkürlich mit der täuschenden Tarnbezeichnung für »Gaskammer« assoziieren.

Kritisch gegen das rituell organisierte Gedenken und den zeitgeschichtlichen Museums-Tourismus eingestellt, wollte Gerz an der Beschriftung, einem scheinbar bedeutungs- und harmlosen Zeichen zeigen, daß die »Verwaltung der Realität« sich an diesem Ort aufschlußreich auf die »Realität der Verwaltung« beziehen läßt, daß den Schriftzeichen im Museum Dachau »die gleiche Funktion (...) eigen ist« wie im KZ Dachau. So wird sprachliche Wirklichkeit verfremdet, enthüllt sich hier ihr absurder Doppelsinn. An diesem Ort, an dem menschliche Werte und Würde jahrelang mit Füßen getreten wurden, werden die Besucher gebeten, die Würde des Ortes zu achten. An diesem Ort, an dem Menschen rechtlos waren und gefoltert und gemordet wurden, werden die Besucher über die Museumsordnung per Verbotstafel informiert, wie sie mutmaßlich auch andernorts von der Bayerischen Verwaltung der staatlichen Schlösser, Gärten und Seen, der diese Gedenkstätte lange unterstand, benutzt wird. Das *Dachau-Projekt* fand nicht nur Zuspruch, sondern auch Widerspruch. Einige sahen in der Ausstellung bloß eine vom tatsächlichen Geschehen ablenkende Verharmlosung. Andere den abwegigen Versuch, Organisation und Pflege der KZ-Gedenkstätte ins Lächerliche zu ziehen. Für nicht wenige war die »peinigende Doppeldeutigkeit« aber offenbar nur peinlich.[38]

Seitdem sind mehr als zwanzig Jahre vergangen. Die Gedenkstätte Dachau untersteht seit Anfang der neunziger Jahre nicht mehr der bayerischen Schlösser-, Gärten- und Seenverwaltung, sondern dem Kultusminister. Und dieser hatte schon 1989 vor dem Landtag erklärt, »die museale Gestaltung« der Gedenkstätte müsse »quantitativ wie qualitativ fortgeschrieben werden«.[39] Doch seitdem ist wenig geschehen. Während der Ausbau und die Umgestaltung der Gedenkstätte Bergen-Belsen abgeschlossen sind und sie in Neuengamme begonnen haben, wird darüber in Dachau noch gestritten. Kompliziert wird der Streit um eine neue Konzeption – hier wie anderswo – dadurch, daß die Konfliktlinie nicht allein zwischen Gedenkstätte und Kultusverwaltung verläuft, sondern quer durch die Gruppen, die an einer Fortschreibung der Gedenkstättenkonzeption ein Interesse haben – oder eben nicht. Die internationale Häftlingsvereinigung (Comitée International de Dachau) hat ein vertraglich verbrieftes Mitspracherecht, das sie durch eine umfangreiche Bestandsaufnahme und zahlreiche Veränderungsvorschläge, die ein Arbeitskreis Zukunft der Gedenkstätte vorgelegt hatte, bedroht sah. Auch das zuständige Kultusministerium äußerte Bedenken gegen den Eifer und den Umfang der Veränderungswünsche des Arbeitskreises. Dieser legte im Sommer 1994 seine differenziert vorgetragenen Empfehlungen in einer umfangreichen Dokumentation vor und forderte darin, übergreifende Bezüge zu verdeutlichen. So den Zusammenhang zwischen dem KZ Dachau und dem NS-Staat, so das Verhältnis des Lagers und der späteren Gedenkstätte zur Stadt Dachau und schließlich auch das Verhältnis zur Gegenwart und den aktuellen rechtsextremistischen Erscheinungen. Seit längerem ist davon die Rede, daß eine Expertenkommission eingesetzt werden soll, und noch länger ist ein Jugendgästehaus unter staatlicher Aufsicht im Gespräch, nachdem zuvor ein internationales Begegnungszentrum am Einspruch der lokalen CSU gescheitert war. So muß sich Dachau, das mit 600 000 bis 800 000 Besuchern zu den größten Gedenkstätten gehört, einstweilen mit einer Ausstattung begnügen, die personell und konzeptionell den aktuellen wie zukünftigen Erfordernissen überwiegend als nicht angemessen angesehen wird.

Bergen-Belsen:
»Die Sensation Belsen eingraben«

Auch die beiden in Norddeutschland gelegenen früheren Konzentrationslager: Bergen-Belsen bei Celle nordöstlich von Hannover und Neuengamme bei Hamburg wurden erst ab Mitte der sechziger Jahre schrittweise zu Gedenkstätten umgewandelt. Zwar war damit in Bergen-Belsen bereits bald nach 1945 ein erster Anfang gemacht worden. Die überlebenden jüdischen Opfer hatten ein Mahnmal aufgestellt und auf Anordnung der britischen Militärregierung wurde eine Inschriftenmauer und ein Obelisk errichtet, nachdem zur Vermeidung von Seuchengefahr schon im Mai 1945 sämtliche KZ-Baracken niedergebrannt worden waren. Ein Dokumentenhaus mit kleiner Ausstellung zur Geschichte des Lagers kam erst 1966 hinzu, nachdem das weitläufige Gelände zuvor eine gärtnerische Neugestaltung erfahren hatte.[40] 1982 wurde die Gedenkmauer um eine Inschrift für die ermordeten Sinti ergänzt, auf der im übrigen ein allen Opfern gewidmeter Text steht, in seiner religiösen Überhöhung der politischen Gewaltverbrechen damals wie heute gewiß nicht unproblematisch: » Extincti ignoti notique hic evanuerunt / innocui, diris carnificum manibus / criminibus lassata dei clementia vindex // succurit misero tandem hominum generi« (Zu deutsch: »Bekannte und unbekannte unschuldige Menschen, die von grausamen Henkershänden ums Leben gebracht wurden, sind hier verschollen. Gottes Güte, von den Verbrechen ermüdet,

Bergen-Belsen, Gedenkstein des israelischen Staatspräsidenten Chaim Herzog

Bergen-Belsen, Massengrab

kam endlich dem unglücklichen Menschengeschlecht als Retter zu Hilfe«). Demgegenüber heißt es auf dem Stein des jüdischen Mahnmals sehr viel präziser und unübersehbar in kritischer geschichtspolitischer Absicht: »Israel and the world shall remember / Thirty thousand Jews / Exterminated in the Concentration Camp / Of Bergen Belsen / At the hands of the murderous Nazis // Earth conceal not the blood / Shed on thee.«[41]

Aber eben dies geschah. Immer wieder. Und auf verschiedene Weise. So offerierte das Informationsblatt für den Landkreis Celle »Sehenswertes auf einen Blick« Mitte der achtziger Jahre u. a. den Gedenkstein für den populären Heimatdichter Hermann Löns auf dem Wietzer Berg und den »historischen Fachwerkbau« der einstigen Celler Synagoge, die – so konnte man ohne weitere Erläuterung erfahren – »am 9. 11. 1938 demoliert« wurde, doch einen Hinweis auf die KZ-Gedenkstätte suchte man darin vergeblich. Und die zweitausend Bergener Bürger legen Wert darauf, daß es auf den Hinweisschildern zu den Massengräbern nur heißt: »Gedenkstätte Belsen«. Wie Dachau versteht sich auch Bergen als »Stadt mit Tradition«. Eine Tradition, in der Gewaltverbrechen nicht vorkommen dürfen. Noch im Sommer 1985, bald nach dem Besuch des amerikanischen Präsidenten Reagan in der

Bergen-Belsen, Wegweiser im Gelände, auf dem auch ein Truppenübungsplatz liegt.

Bergen-Belsen, Gedenkstein auf dem sowjetischen Kriegsgefangenen-Massengrab

Gedenkstätte, gab es vehementen Protest, als die SPD im Bergener Stadtrat den Antrag stellte, die zum ehemaligen Konzentrationslager führende Straße nach der dort ums Leben gekommenen Anne Frank zu benennen. »Irgendwo reicht's« – so der Belsener Bürgervorsteher. Im übrigen, so hieß es, habe man schließlich in den sechziger Jahren die »Sühnekirche vom kostbaren Blut« gebaut.[42]

Schon damals hatte sich der mit der Neugestaltung der Parkanlage beauftragte Gartenbauarchitekt zusammen mit den Bergener Bürgern zum Ziel gesetzt: »Es muß uns gelingen, die Sensation Belsen einzugraben.«[43] So entstand ein schmucker Heidepark-Friedhof, in gesunder Luft, mit gepflegten Wegen, Wacholder und Birken, dort, wo das bürokratisch-organisierte Inferno des unsagbar qualvollen Massensterbens herrschte, wo die in 14 Massengräbern verscharrten Überreste von 50 000 Menschen liegen und abseits, noch versteckter, sich eine weitere Massengrabstätte befindet mit den Gebeinen von 50 000 sowjetischen Kriegsgefangenen, die 1941/42 ums Leben kamen. Bergen-Belsen, das ist der Ort einer eigenartigen Erinnerungslandschaft, eine grauenvolle Geschichte unter sanften Heide-Hügeln. Ein Ort, den eine Lokalzeitung im Sommer 1990 – die umgestaltete Gedenkstätte war gerade eröffnet – den »Daheimgebliebenen« als »lohnendes Ausflugsziel« empfahl, für »nachdenkliche Spaziergänge«, zwischen Besuchen im Tierpark und im Windmühlenmuseum, und nach den nötigen Erfrischungen und Stärkungen im Badeteich und in der ländlichen Gastronomie.[44]

Bergen-Belsen: das ist seit Jahrzehnten – wie Auschwitz – ein weltbekannter Name, ein Synonym für die Gewaltverbrechen Hitler-Deutschlands und zugleich ein Ort zwischen Naturpark und militärischem Übungsgelände.[45] Ein Ort, an dem es vorkommt, daß man Menschen von einem Grab her singen hört »o Haupt voll Blut und Wunden« und ihr Gesang plötzlich verstummt, im Lärm des Gefechtsschießens vom nahen NATO-Truppenübungsplatz. Zugleich werden die Besucher aufgefordert, »die Ruhe der Toten« zu respektieren. Eine befremdliche Situation. Auch diese: Der etwa einen Kilometer lange Weg zum Massengrab Hörsten, in dem die Überreste der 50 000 sowjetischen Kriegsgefangenen liegen und das erst in den achtziger Jahren in den Gedenkstättenkomplex einbezogen wurde, ist gesäumt von Warnschildern: »Bitte den Weg nicht verlassen. Rechts und links militärischer Sicherheitsbereich« heißt es auf einem, »Schußwaffengebrauch« warnt ein anderes. Und auch sonst setzt bürokratischer Ordnungseifer – Dachau vergleichbar – seine unübersehbaren Zeichen im Gelände, in dem es wenig genug zu sehen gibt. Hier, wo Zehntausende zerlumpt und in Sträflingskleidung ihr würdeloses Dasein fristeten, bevor sie ermordet wurden oder an Hunger und Krankheit starben, werden die Besucher ermahnt, die Gedenkstätte »in angemessener Kleidung« zu betreten und die »Würde dieses Ortes« zu achten. Das hält jung und alt an heißen Sommertagen nicht davon ab, durch diese »Deponie für Kranz und Würde« in leichter Strandbekleidung zu spazieren – und den Hausherrn nicht, Rabbiner, die gegen den Reagan-Besuch in Bitburg und Bergen-Belsen protestieren wollten, von der Polizei abführen zu lassen und zu ermahnen, doch bitte »die Würde der Stätte zu achten«.[46]

Bergen-Belsen: das war und ist seit Jahrzehnten nicht nur ein ordentlich verwalteter und gepflegter Friedhof mit wenigen namenlosen Grabsteinen über den Massengräbern, ein abseits gelegener Ort, den heute Jahr für Jahr gleichwohl etwa 350 000 Menschen besuchen, von denen ungefähr 40 Prozent aus dem Ausland kommen. Bergen-Belsen ist auch ein Ort aufschlußreicher Inszenierungen des kollektiven Gedächtnisses. Regelmäßig fanden und finden hier Befreiungsfeiern der Häftlingsorganisationen aus den verschiedenen europäischen Ländern statt. Zur Einweihung der Gedenkstätte mit Obelisk und Inschriftmauer kam im November 1952 der damalige Bundespräsident Heuss. Er sprach vom »Geschichtsschicksal« dieses Ortes, und daß die Deutschen nie vergessen dürfen, was hier geschah. Er fand aber auch verständnisvolle Worte für jene, denen der »Obelisk ein Stachel sein könne« in den »Wunden«, von denen nicht wenige hofften, daß sie »der Zeiten Lauf heilen«[47] würde. Danach kam lange niemand mehr von den Staatsrepräsentanten aus Bonn. Anfang 1960 besuchte Bundeskanzler Adenauer Bergen-Belsen in Begleitung von Nahum Goldmann, dem damaligen Präsidenten des Jüdischen Weltkongresses. Kurze Zeit zuvor war die Kölner Synagoge mit Hakenkreuzen beschmiert worden, was internationales Aufsehen erregt hatte. Adenauer bedauerte die »Vorgänge (...) aufs tiefste.«[48]

Und zum 20. Jahrestag der Lagerbefreiung im April 1965 weilte Bundespräsident Lübke in Bergen-Belsen. Die Nazis hatten den preußischen Zentrumsabgeordneten zeitweilig ins Gefängnis gebracht. Wegen seiner Tätigkeit als stellvertretender Leiter einer an KZ-Bauten beteiligten Baugruppe mußte sich Lübke am Ende seiner Amtszeit allerdings mit kritischen Anfragen und manchen Angriffen auseinandersetzen. In seiner Rede bemühte er sich um eine unverkennbar differenzierte Würdigung der Geschichte, doch seine Sorge galt vor allem den eigenen Landsleuten, den Tätern und noch mehr den Opfern unter ihnen. Nicht zu überhören war der Versuch, den Kreis der eigentlich verantwortlichen Täter klein zu halten und um so nachdrücklicher den größeren Teil der Deutschen zu Opfern zu machen. »Die Zahl der deutschen Opfer«, so Lübke, »die hingerichtet oder inhaftiert wurden, übersteigt die Zahl der Henker um ein Vielfaches. Die Leiden und der Tod dieser unserer Landsleute beziehen uns ein in jene internationale Solidarität aller Frauen und Männer, die überall in der Welt für die Freiheit und Würde des Menschen kämpfen und sterben. Sie verbinden unser Volk in Leid und Schmerz auch mit den sechs Millionen deutscher und ausländischer Juden (...)« Und auch für die ehemaligen Wehrmachtsangehörigen hatte er eine tröstliche, die soldatische Tradition rehabilitierende Umdeutung der Geschichte parat. Auch das gehöre zur »Perfidie des nationalsozialistischen Regimes«, so Lübke weiter, »daß es den Soldaten in den Rücken fiel«, weshalb es eine Pflicht sei, »der Welt mit aller Deutlichkeit zu sagen, daß sie keinen Anteil hatten an den Schandtaten und an der Schuld jener, die die Mordbefehle erließen und durchführten.«[49] Die bisher letzte spektakuläre Inszenierung, die weltweit Aufsehen erregte und in den USA einen innenpolitischen Konflikt auslöste, fand hier zum 40. Jahrestag des Kriegsendes und der Befreiung von der NS-Herrschaft statt. Gemeint ist die zweigeteilte Versöhnungsveranstaltung von Kohl und Reagan am 8. Mai 1985 in Bitburg und Bergen-Belsen, von der im letzten Kapitel noch ausführlicher die Rede sein soll.

So ist Bergen-Belsen – wie die anderen Konzentrations- und Vernichtungslager auch – längst ein Gedächtnisort mit einer doppelten

Geschichte: jener des Lagers, von der Überlebende später sagten, wer nach Bergen-Belsen kam, der fiel »aus dem Leben und der Zeit heraus« (Renata Laqueur), und jener sehr viel längeren Geschichte, in der aus dem Lager ein Gedächtnisort wurde, die »zentrale Gedenkstätte des Landes Niedersachsen«. Sie ist zuletzt im April 1990 – auf einstimmigen Beschluß des Niedersächsischen Landtages von 1985 – erweitert und verändert worden, durch ein neues Dokumentenhaus mit einer neukonzipierten ständigen Ausstellung und der Einbeziehung des abseits gelegenen Massengrabes mit den sowjetischen Kriegsgefangenen, denen auch der letzte Teil der Ausstellung gewidmet ist.[50] Erweiterung und Neukonzeption haben durchweg Zustimmung gefunden. Begrüßt wurde auch die personelle und räumliche Ausstattung, während insbesondere umstritten blieb, daß die Gedenkstätte nur etwa die Hälfte des einstigen KZ-Geländes umfaßt, denn auf dem angrenzenden Truppenübungsplatz befinden sich mutmaßlich weitere Gräber und Gebäudefundamente.[51]

Die Ausstellung ist nun umfassender angelegt. Dabei ist es zweifellos von Vorteil, daß die Geschichte dieses Ortes in zwei Kreisen präsentiert wird, einem äußeren mit dem Terror- und Verfolgungssystem des NS-Regimes und einem inneren zum Lager selbst. Aber was soll und wie kann an diesem »Lernort« gelernt werden, von welchen Voraussetzungen geht das Lernen aus und wo führt es hin, – wenn die Weimarer Vorgeschichte des Nationalsozialismus noch nicht einmal in der rassen- und bevölkerungspolitischen Perspektive entwickelt, geschweige in ihren gesellschaftlichen Bezügen dargestellt wird, – wenn die Ausstellung die widersprüchliche – Massenmord und Massenbegeisterung umschließende – ganze Geschichte der NS-Zeit gleichsam halbiert, den Blick auf die Opfer konzentriert, ohne zugleich nach den Tätern, Mitläufern und Zuschauern zu fragen, und – wenn sie die komplizierte Nachgeschichte des NS-Staates und dieses Ortes einfach ignoriert?

So scheint einmal mehr – durch dokumentarisch-museale Aufbereitung – das bedrückende Geschehen an diesem Ort während des Krieges und der Gewaltverbrechen aus der Zeit zu fallen, so, als sei es aus dem Nichts gekommen und mit der Befreiung der Überlebenden, der Rückführung in ihre Heimatländer, der Bestattung der Toten und der Bestrafung der Täter fast spurenlos verschwunden. Das so schwer Verständliche dieser Geschichte scheint sich einer verstehenden und verhältnismäßigen Vermittlung auch hier zu verweigern, im verniedlichenden Modell des Lagergeländes ebenso wie in den spärlich kommentierten großformatigen Bildern des Grauens. Immerhin stehen ja zahlreiche schriftliche Zeitzeugnisse – Tagebücher von Opfern und Überlebenden,[52] Prozeßakten, Berichte britischer Offiziere – zur Verfügung. Ihre Lektüre ist für eine Annäherung an diesen Ort unverzichtbar, allerdings auch zeitaufwendig und mutet dem Besucher zu, was die reichhaltige und rasche Bilderfolge nicht vermag, ja, geradezu überflüssig zu machen scheint, sich selbst ein Bild zu machen durch die eigene Anstrengung der Aneignung von überlieferter Geschichte.

»Ich hatte früher versucht, mir ein Bild vom Innern eines Konzentrationslagers zu machen«, schreibt der britische Oberleutnant Derrick Sington, der als einer der ersten das Lager betrat, »aber so hatte ich es mir nicht vorgestellt. Auch die seltsame, affenartige Schar hatte ich mir nicht vorgestellt, die sich mit geschorenen Köpfen und scheußlich gestreifter, entwürdigender Sträflingskleidung an die Stacheldrahtzäune drängte, die sich um die Lagerabschnitte zogen. (...) Links vom Hauptweg standen Reihen grüner hölzerner Baracken, und wir kamen in einen Kotgeruch – wie der Geruch eines Affenhauses. Ein trübseliger blauer Rauch wogte wie Bodennebel zwischen den niedrigen Gebäuden. (...) Aber die nur halbgläubigen Hochrufe dieser fast verlorenen Männer, dieser Clowns in ihrer schrecklichen Narrenkleidung, die einmal polnische Offiziere, Landarbeiter in der Ukraine, Budapester Ärzte und französische Studenten gewesen waren.« Etwas später kommt Sington zum Frauenlager. »Die braunen Hütten hoben sich freundlich gegen die dunklen Fichtenwälder ab. Die Rinde der Silberbirken hatte einen zarten Glanz, und die Zweige waren froh belaubt mit dem frischen Grün des Frühlings. Vier Frauen hockten in einem Hof und verrichteten ihre Notdurft. Ich war ein wenig überrascht, aber dem kleinen Schreck folgte ein großer, denn dicht hinter den Frauen lag ein Gewirr von Armen, Beinen und Hinterteilen, dazwischen hin und wieder ein verfilzter Haarschopf. (...) Bevor ich den Fußpfad verließ, kam noch ein weiterer Leichenhaufen, dann noch einer, noch einer und wieder einer.« Ein ungarisches jüdisches Mädchen führt ihn schließlich zu einem zwei Meter hohen Leichenhaufen.

»Wußten Sie, daß wir vier Tage lang die Toten hierher durch das Lager schleifen mußten?«

»Nein.«

»Mutter und Vater und alle meine Brüder und Schwestern starben in den Gaskammern von Auschwitz. Ich bin die einzige, die noch lebt. Verstehen Sie unseren Haß?«

Sington versteht und versteht das alles doch nicht. Und sein Weg durchs Lager an diesem ersten Tag der Befreiung ist noch nicht zu Ende: immer wieder Leichenberge von grotesk ineinander verknäuelten Körpern und überall teilnahmslos vor sich hindämmernde, von Typhus, Tuberkulose und Ruhr greisenhaft ausgezehrte Häftlinge, die noch nach der Befreiung zu Tausenden sterben.[53]

Zwar sind in der Gedenkstätte ein Seminarraum für Gruppengespräche und ein Raum für Filmvorführungen vorhanden. Zwar soll zusätzlich ein »Haus der Stille« gebaut werden, kein Sakralraum, wie man versichert, sondern eine »Stätte der Besinnung«. Aber es fehlen Leseräume, in die sich Besucher zurückziehen könnten, um in den Aufzeichnungen überlebender Häftlinge und in anderen Berichten über das Lager zu lesen. Oder um sich mit einzelnen, inzwischen recherchierten und dokumentierten Lebensgeschichten von Tätern und Opfern zu beschäftigen, beispielsweise mit der von Irma Grese, einer auffälligen Erscheinung.[54] Sie wollte Krankenschwester werden und wurde Aufseherin in Ravensbrück, Auschwitz und Bergen-Belsen und hat dort weibliche Häftlinge mißhandelt und erschossen. Sie wurde dafür 22jährig 1945 durch ein britisches Militärgericht hingerichtet. – Beschäftigen könnte man sich auch mit der Lebensgeschichte von Miriam Turgeman-Lewald, die am 1. März 1944 als Kind deutschjüdischer Eltern in Bergen-Belsen geboren wurde, mit bleibenden körperlichen und psychischen Schäden überlebte und jahrzehntelang vergeblich um eine Entschädigung kämpfte, weil sie nach den einschlägigen gesetzlichen Voraussetzungen ihren Wohnsitz niemals im Deutschen Reich hatte. Daß sie im KZ Bergen-Belsen geboren war und sich dort in ihrem ersten Lebensjahr aufgehalten hatte, zählte nicht.[55]

Die Beschäftigung mit diesen Zeugnissen ist ein ergänzender und weiterführender Weg in die Geschichte an diesem schwierigen Lernort. Ein Weg, der den jährlich Hunderttausenden Kurzzeitbesuchern kaum offensteht, obwohl er eine intensive Begegnung mit der Geschichte verspricht. Jedenfalls eröffnet er einen Zugang, der das Abstrakte, Anonyme und Allgemeine der Bilder und Texte in der ständigen Ausstellung konkretisieren kann in individuellen lebensgeschichtlichen Spuren dieser deutschen Geschichte. Eine solche konkrete Anschauung und Aneignung von Geschichte vermittelt wohl auch ein anderes Graben vor Ort – Alexander Kluges *Patriotin* hat es vorgemacht –: die Freilegung von verschütteten Fundamenten auf dem einstigen KZ-Gelände im Rahmen Internationaler Workcamps, wie sie der CVJM und andere Jugendorganisationen von Zeit zu Zeit ermöglichen, hier und anderswo. Vielleicht ist dieser konkrete sogar der beste Weg, zumal für jüngere Menschen, zusammen mit Jugendlichen aus anderen ost- und westeuropäischern Ländern zu nachhaltigen Erfahrungen zu kommen im Umgang mit der Vergangenheit.[56]

Neuengamme:
»Das Schandmal auslöschen«

Die Geschichte der Umwandlung des KZ Neuengamme in eine Gedenkstätte und ihre spätere Revision verlief anders als die der beiden zuvor vorgestellten Beispiele, sie läßt aber durchaus gewisse Parallelen erkennen, vor allem mit Dachau. Auch hier mußte die Geschichte erst einmal verdrängt werden, bevor sie wieder erinnert werden konnte.[57] Zwar wurde acht Jahre nach Kriegsende – auf Initiative ehemaliger französischer Häftlinge und aufgrund einer 20 000 Mark-Spende der französischen Regierung – ein erstes Mahnmal errichtet und den Opfern zumindest eine schlichte Säule gewidmet. Als aber weitere sieben Jahre später ein Gedenkstein mit ergänzendem Text hinzukam, konnte die Lagergemeinschaft schreiben, daß »heute nicht einmal die Bevölkerung Hamburgs weiß, was eigentlich damals unweit vor den Toren dieser Stadt (...) geschah«, daß hier 55 000 Häftlinge ermordet wurden, verhungerten und an Krankheit zugrunde gingen und daß es »bis heute (...) keine Bibliothek, kein Archiv, kein Museum«[58] gibt. Der Grund ist hier so offensichtlich wie anderswo. Man wollte und konnte nicht.

Und die Voraussetzungen, die Geschichte dieses Ortes vergessen zu machen, waren besonders günstig. Als britische Soldaten Anfang Mai 1945 das Lager betraten, war es menschenleer, aufgeräumt und das eben noch gegenwärtige Geschehen wie ausgelöscht. Die Baracken waren gereinigt, der Unrat beseitigt und das Belastungsmaterial weitgehend verschwunden. Wer es nicht wußte, hatte schon jetzt Mühe zu erkennen, daß hier und in den über 80 Außenlagern mehr als 100 000 Menschen inhaftiert waren, zumeist aus der Sowjetunion, aus Polen und Frankreich, aber auch 15 000 Juden, daß etwa 55 000 von ihnen ums Leben gekommen waren, 7 000 Gefangene noch nach der Räumung des Lagers bei der Bombardierung der Schiffe »Cap Arcona« und »Thielbek« in der Lübecker Bucht, und daß Zehntausende für die deutsche Kriegswirtschaft Zwangsarbeit hatten leisten müssen, in den Rüstungswerken und im Klinker-Werk, bei der Regulierung der Dove-Elbe und bei der Trümmerbeseitigung und Leichenbergung im nahen, schwer zerstörten Hamburg.[59]

Doch schon bald füllte sich das Lager wieder. Zunächst wurden hier die seinerzeit nach Deutschland verschleppten sowjetischen Zwangsarbeiter untergebracht, bevor sie wieder in ihre Heimat zurückkehren konnten. Danach diente es als Internierungslager für höhere NS-Dienstgrade. Nachdem der weitaus größte Teil von ihnen 1947/48 durch die Spruchkammerverfahren als »entlastet« oder »minder schwer belastet« eingestuft und entlassen worden war, leerte sich das No. 6 Civil Internment Camp schnell. Eine »günstige Gelegenheit«, wie die Hamburger Justizbehörde in einem Schreiben an den Senat im Oktober 1947 erkannte. Die Nachkriegsnot in der Trümmerstadt Hamburg hatte dort inzwischen die Gefängnisse gefüllt. Die Behörde schlug deshalb vor, »hier eine vorbildliche Anstalt der Menschlichkeit und des modernen Strafvollzugs von Weltruf« aufzubauen, die geeignet sei, die »Ehre und den Ruf« Hamburgs wieder herzustellen und die »grauenhaften Schrecken dieses Lagers (...) aus der Erinnerung an unsere Zeit« auszulöschen.

Und so geschah es. Im September 1948 übernahm die Gefängnisbehörde das Gelände, die Verwaltung zog in den einstigen Totenblock ein, aus den Garagen der SS wurden Werkstätten, die SS-Hauptwache mit Wachturm diente als Gefängnisportal, und die selbstbewußt gehißte Hamburger Flagge zeigte an, daß hier nicht mehr die britische Besatzungsmacht ein Internierungslager für Kriegsverbrecher und NS-Täter unterhielt. Schon bald stellte sich heraus, daß manche KZ-Bauten unbrauchbar waren – oder gar nicht benötigt wurden. Einige wurden abgerissen, andere verpachtet, auch ein Zellenneubau entstand. Wenige Jahre nach Kriegsende schien das »Schandmal der Vergangenheit« ausgelöscht, »sozusagen metiergerecht«. Auch eine unverfängliche Sprachregelung war inzwischen gefunden: Man sprach nicht mehr vom Konzentrations- oder Internierungslager Neuengamme, sondern von der »Vollzugsanstalt Vierlande«.

Es blieb den Verfolgten und überlebenden Opfern überlassen, die Erinnerung an diesen Ort wachzuhalten, insbesondere der Arbeitsgemeinschaft Neuengamme. Ihre Aktivitäten und die seit 1950 zunehmenden »Wallfahrten« ehemaliger Häftlinge, aber auch politischer Druck von französischen Dienststellen sorgten dafür, daß die Errichtung einer Gedenkstätte auf der politischen Tagesordnung blieb. Der Wunsch ehemaliger Gefangener, den Teil des Gefängnisgeländes zu betreten, an dem das KZ-Krematorium gestanden hatte, wurde abschlägig beschieden. Sechs Jahre nach Kriegsende müsse – so Bürgermeister Brauer – »alles vermieden werden, was an alte Wunden rührt und alte schmerzliche Erinnerung wachruft«, und alles dafür getan werden, die »vergangene Epoche endlich aus der lebendigen Erinnerung auszulöschen«, weil andernfalls die Gefahr bestünde, »noch die heutige Generation« – man schrieb das Jahr 1951 – im Sinne der Kollektivschuldthese insgesamt verantwortlich zu machen. Im übrigen wurde auf das KZ-Mahnmal auf dem Ohlsdorfer Friedhof für alle Opfer der Gewaltherrschaft verwiesen.

Der französische Hochkommissar mochte sich damit nicht begnügen und drohte »offiziöse Schelte« an, falls die regelmäßigen Wallfahrten (Pelerinagen) der ehemaligen französischen Häftlinge behindert würden. Der Hamburger Senat, dem der französische »Totenkult« unverständlich war, willigte schließlich ein, wiederum gedrängt durch das französische Angebot zur Mitfinanzierung, eine Gedenkstätte zu errichten, allerdings nicht an der Stelle des früheren Krematoriums, sondern außerhalb des Gefängnisgeländes, in der einstigen Lagergärtnerei. Bei der Einweihung der über sieben Meter hohen, schornsteinartigen Stele im Oktober 1953 erinnerte Bürgermeister Brauer – dem religiös gestimmten und antikommunistisch gefärbten Zeitgeist folgend – an die »sittliche Verpflichtung (...) der abendländischen Christenheit« bezüglich »der Verteidigung ihres Erbes«; er erinnerte auch an die Häftlinge aus den westeuropäischen Ländern. Daß der größte Teil von ihnen aus der Sowjetunion und Polen stammte, daran erinnerte er nicht. Das kollektive Gedächtnis war – wie jedes Gedächtnis – nicht nur lückenhaft, es war im geteilten Deutschland und in der Zeit des Kalten Krieges auch gespalten.

Doch die Auseinandersetzung um die Gedenkstätte Neuengamme ging weiter. Dafür sorgten insbesondere die regelmäßigen Wallfahrten und der Zusammenschluß der verschiedenen Häftlingsorganisationen zur Amicale Internationale de Neuengamme (AIN) 1958 in Brüssel. Ihre wichtigste Aufgabe sah sie in der Einrichtung einer würdigen Gedenkstätte. Der Senat plante zeitweilig ein Zuchthaus. Zur Vorbereitung des 15.Jahrestages der Lagerbefreiung Anfang Mai 1960 legte die Arbeitsgemeinschaft ein Memorandum vor. Darin wurde die Hoffnung zum Ausdruck gebracht, daß die Bevölkerung Hamburgs die Gelegenheit nützen wird »der Welt und der Jugend zu zeigen, daß ihre Sympathie den Widerstandskämpfern gehört, die Freiheit und Leben im Kampf gegen den Unrechtsstaat Hitlers eingesetzt haben«. Im übrigen wurde darauf hingewiesen, daß man sich »in keiner Bibliothek, in keinem Museum oder Archiv (...) ein anschauliches Bild« machen könne, eine – so die Arbeitsgemeinschaft – »für viele Menschen unverständliche Unterlassung«, die nun »wenigstens teilweise gutgemacht« werden müsse. Auch das Internationale Lagerkomitee wandte sich mit einer Resolution an den Senat, in der es seinen Wunsch nach einem internationalen Denkmal und zugleich seine Bereitschaft äußerte, das Mahnmal, wenn nötig, auch ohne Hamburger Beteiligung zu finanzieren.

Das Rathaus signalisierte nun seine grundsätzliche Bereitschaft, verhielt sich in der Weiterführung des Projekts jedoch zögernd, zumal es zwischen der Arbeitsgemeinschaft und der AIN zum Streit darüber gekommen war, der Senat aber einen von allen Amicale-Gruppen gemeinsam getragenen Vorschlag erwartete. Zudem verlangte er, daß das neue Denkmal nur eine Ergänzung sein dürfe; das Hauptmahnmal für die NS-Opfer müsse weiterhin das auf dem Ohlsdorfer Friedhof bleiben. Die Kommunistenfurcht im Rathaus tat ihr übriges. Sie hat die Verhandlungen zwischen dem Senat und den Amicale-Gruppen immer wieder verzögert und erschwert. Anfang November 1965 wurde schließlich – wiederum weitab vom Krematorium – die neue Gedenkstätte eingeweiht: eine Skulptur der französischen Künstlerin Françoise Salmon, die selbst Auschwitz-Häftling gewesen war, und eine Gedenktafel zur Erinnerung an alle Opfer des ehemaligen Konzentrationslagers und seiner über siebzig Außenlager. Wieder einmal zeigte sich, daß öffentliches Erinnern durchaus mit Vergeßlichkeit und Verdrängungsneigungen einhergehen kann. Denn zunächst hatte man nicht nur eine Null vergessen und die Zahl der Toten mit »5500« eingemeißelt, man verschwieg auch die Namen der Firmen, die von der Zwangsarbeit der ausländischen Häftlinge profitiert hatten. Statt Hamburg-Blohm & Voss oder Bremen-Borgwardwerke hatte man auf der Ehrenmauer nur die Ortsnamen der Außenkommandos eingemeißelt. Die fehlende Null wurde nachgetragen, aber die Korrektur blieb als solche noch jahrelang erkennbar, bis auch dieser Gedächtnisfehler korrigiert wurde. Auf dem Senatsempfang zur Einweihung der Gedenkstätte erklärte Bürgermeister Weichmann: »Die Geschichte Hamburgs akzeptiert heute auch die Geschichte des KZ Neuengamme.«

Aber diese Gedenkstätte war weiterhin kein Ort, den überwiegend Hamburger aufsuchten. In der Mehrzahl kamen ausländische Besucher und Gruppen, Überlebende und Angehörige von Opfern. Und der Senat interessierte sich mehr für den Ausbau des Strafvollzugs. Zwar soll er Mitte der sechziger Jahre seine grundsätzliche Bereitschaft zum Bau eines Dokumentenhauses bekundet haben. Doch Ende der sechziger Jahre entstand erst einmal ein neues Jugendgefängnis – fensterlose, graue Betonklötze mit gläsernen Kuppeln und Stacheldrahtreitern – eine bizarre Architektur an diesem Ort. Das Dokumentenhaus ließ noch gut zehn Jahre auf sich warten.

Es bedurfte verschiedener äußerer Anstöße, bis die Hamburger Bürgerschaft schließlich im September 1979 den »Neubau eines Dokumentenhauses« beschloß, das »über das Verbrechen des Nazi-Regimes« aufklären soll. Anstößig in diesem Sinne gewirkt haben verschiedene Ereignisse und Einflüsse: mutmaßlich die vierte Verjährungsdebatte, die 1979 im 16. Strafrechtsänderungsgesetz zur Festschreibung der Unverjährbarkeit von Mord führte; die breite öffentliche Resonanz auf die Ausstrahlung des amerikanischen TV-Films *Holocaust*; gewiß auch die auf die *Stern*-Serie von Günther Schwarberg, *Der SS-Arzt und die Kinder*, durch die der Kindermord am Bullenhuser Damm in Hamburg einer größeren Öffentlichkeit bekannt wurde, und womöglich auch der Besuch des damaligen polnischen Partei- und Regierungschefs

Edward Gierek, dessen Bruder in Neuengamme ums Leben gekommen war, einer von etwa 10 000 polnischen Opfern.

Die Einweihungsfeier des Dokumentenhauses am 18. Oktober 1981 vor 600 ausländischen Gästen bot wenig Anlaß zu Selbstlob, wie die *Frankfurter Rundschau* schrieb.[60] Sie war zudem von Mißtönen begleitet, aber auch von manch selbstkritischem Kommentar. Einmal mehr sollte der in jahrzehntelanger antikommunistischer Praxis ausgegrenzte VVN-Bund der Antifaschisten übergangen werden; er erhielt erst eine Einladung, als der *Stern* mit der Schlagzeile Druck gemacht hatte »Die Opfer sind nicht eingeladen«. Glücklicherweise fand der damalige Kultursenator des SPD-Senats, Wolfgang Tarnowski, angemessene Worte, als er das Dokumentenhaus »ein Zeugnis amtlicher Gleichgültigkeit und kollektiver Verdrängung« nannte. Er setzte sich nachdrücklich dafür ein – auch gegen den Widerstand in den eigenen Reihen –, daß dieses Haus ein »Stachel im Fleisch unserer Vergeßlichkeit und Selbstgerechtigkeit« werden kann, weshalb er die Verlegung der geschlossenen Anstalt forderte und die Ausdehnung der Gedenkstätte auf das gesamte ehemalige KZ-Gelände.

Doch die weitere Ausgestaltung der Gedenkstätte blieb nicht nur zwischen den verschiedenen Verwaltungsstellen umstritten, sondern auch zwischen den Parteien. Im Februar 1984 entschied der Senat, alle »nicht zu den Vollzugsanstalten gehörenden Geländeteile und Gebäude des ehemaligen Konzentrationslagers Neuengamme ... unter Denkmalschutz zu stellen«, das Klinkerwerk »vor dem Verfall« zu bewahren und dessen kommerzielle Nutzung so schnell wie möglich zu beenden und das seinerzeit von Gefangenen gebaute »Plattenhaus« in dessen Nähe wieder aufzubauen. In der Folge verbreitete sich die Basis der Gruppen und Aktivitäten, die sich mit Neuengamme beschäftigten, seiner Zukunft als Gedenkstätte und seiner Vergangenheit als Lager. Eine Initiative Dokumentationsstätte KZ Neuengamme wurde gegründet, Workcamps machten das Gelände zugänglich und trugen zur Spurensicherung bei, Filme wurden gemacht, Forschungsprojekte initiiert, insbesondere über die vergessenen Außenkommandos, Konferenzen fanden statt und Ausstellungen wurden erarbeitet. Und in seiner Rede vom Dezember 1984, »Es genügt nicht zu erinnern – eine Hamburger Initiative«, führte der damalige Erste Bürgermeister der Stadt, Klaus von Dohnanyi, aus, daß es nun zwar für Neuengamme »endlich eine angemessene Lösung« gäbe, aber »hinreichend« sei sie noch nicht, weshalb er allen Personen, Gruppen und Aktivitäten ausdrücklich die Unterstützung durch den Senat versprach, die sich dafür einsetzen, »die dunkle Vergangenheit wirklich auszuleuchten«.

Die Ausgestaltung und der Ausbau der Gedenkstätte erwies sich nicht zuletzt immer wieder auch als ein finanzielles Problem. Das

Blick vom Gelände des ehem. KZ Neuengamme auf die Jugend-Straf- und Vollzugsanstalt Vierlande

brachte im August 1988 die Hamburger Stiftung zur Förderung von Wissenschaft und Kultur auf die Idee, jene Firmen um eine Spende zu bitten, die vor 1945 von Neuengammes billigen Zwangsarbeitern profitiert hatten.[61] Für die Krupp-Tochter Norddeutsche Hütte AG hatten deutsche und polnische Zwangsarbeiter am Hochofen gearbeitet. Für Continental mußten Französinnen, Russinnen und Spanierinnen Gasmasken herstellen. Gerade drei der über zwanzig angeschriebenen Betriebe zeigten sich bereit zu zahlen. Die anderen mochten eine »symbolische Verpflichtung« nicht anerkennen, die man mit einer Zahlung eingehen würde, sahen sich selbst in finanziellen Schwierigkeiten und die zuständige Behörde in der Pflicht, »für die Aufarbeitung unserer tragischen Vergangenheit Sorge zu tragen«, oder baten »mit Bedauern« ganz einfach »um Verständnis«.

Inzwischen ist die Auseinandersetzung um Neuengamme weitergegangen. Und die Perspektive scheint so günstig wie nie zuvor. Nicht zuletzt dank der Unterstützung durch die Justizbehörde, die mit der beschlossenen Räumung der Strafvollzugsanstalt Vierlande zu einem hochmodernen, neuen Gefängnis kommt, das ihr angesichts leerer Staatskassen andernfalls vorenthalten geblieben wäre. So hat jene Behörde, die zunächst großen Anteil daran hatte, daß das KZ Neuengamme vergessen gemacht wurde durch die Jugendstrafanstalt Vierlande, am Ende entscheidend zur Umkehr dieser Entwicklung beigetragen. Die Erinnerung an die verdrängte Vergangenheit wird zukünftig auf eine breitere Basis gestellt und die – bisher jährlich von etwa 50 000 Personen besuchte – Gedenkstätte Neuengamme vielleicht »zu einem zentralen europäischen Ort der Auseinandersetzung mit den Verbrechen des nationalsozialistischen Deutschland und des internationalen Gedenkens an die unzähligen Opfer des NS-Regimes« aufgewertet werden – mit einem finanziellen Aufwand von 1993 berechneten rund 15 Millionen Mark. Jedenfalls erhofft sich diese Aufwertung zu einer überregional attraktiven Gedenkstätte die Anfang

1991 eingesetzte Senatskommission, – wenn zukünftig 22 Hektar neu in die Gedenkstätte einbezogen werden und insgesamt ca. 50 Hektar zur Verfügung stehen werden sowie 15 Gebäude aus der Zeit des Konzentrationslagers, – wenn die Bereiche des Gedenkens und der Dokumentation getrennt und der Hauptzugang zum Gelände dorthin verlegt wird, wo die Häftlingstransporte seinerzeit ankamen, in die Nähe des damaligen Lagerbahnhofs, – wenn in einer der beiden erhaltenen Häftlingsunterkünfte die neugestaltete Dauerausstellung zur Geschichte des Lagers und seiner über 80 Außenlager im Kontext des nationalsozialistischen Terror-, Ausbeutungs- und Vernichtungssystems präsentiert und das pädagogische Zentrum in Teilen der früheren Rüstungswerkstätten etabliert wird, und – wenn nicht zuletzt auch die Nachkriegsgeschichte dieses Ortes, seine Umnutzung und Überbauung dokumentiert werden.[62]

Dieses umfassende Revisionskonzept blieb nicht unwidersprochen. Einspruch erhob die oppositionelle CDU in der Bürgerschaft.[63] Sie war insbesondere nicht einverstanden mit der beschlossenen Verlegung der Vollzugsanstalt. Sie mochte nun die jahrzehntelang mitgetragene Politik des SPD-Senats im Umgang mit diesem Gedächtnisort nicht korrigieren: »Es hätte etwas Manipulatives«, so ein CDU-Abgeordneter, »die Fehlentscheidungen zu heilen, indem man die Spuren verwischt und im wahrsten Sinne des Wortes Gras darüber wachsen läßt.« Er vergaß zu präzisieren: Gras über das Vergessen, über die zweite Geschichte des Lagers, die aber – so die ausdrückliche Empfehlung der Senatskommission – neben der Lagergeschichte zukünftig »angemessen dokumentiert« werden soll.

Hindernisse stellten sich einer termingerechten Umsetzung des Konzepts aber auch durch eine ungünstige Haushaltslage und Einsprüche gegen den Standort des Gefängnisneubaus in den Weg. Angesichts des nahenden 50. Jahrestages der Lagerbefreiung mochte der Senat nicht mit leeren Händen dastehen. Ende November 1994 beschloß er, kurzfristig, das Dokumentenhaus in ein Gedenkhaus umzubauen und die ständige, nun erheblich erweiterte Ausstellung in einen Gebäudeteil der Justizvollzugsanstalt zu verlegen, der dafür übergangsweise von der Justizbehörde zur Verfügung gestellt wird. Das für die neue Ausstellung vorgesehene Ausweichgebäude wurde während der Zeit des Konzentrationslagers von den Walther-Werken, einem Rüstungsbetrieb, für die Produktion von Waffen genutzt. Zugleich beteuerte der Senat, daß er in diesem Ausbau »keine Alternative« zu dem von der Expertenkommission erarbeiteten Gesamtkonzept sehe. Ebenso nachdrücklich verwies er darauf, daß sich die Gedenkstätte zukünftig »weitaus besser als bislang ›als Ort der Erinnerung und der Trauer, des Forschens und des Lernens‹ präsentieren« könne.[64]

Ausblick

Anfang der neunziger Jahre hat sich auch der Deutsche Bundestag verschiedentlich mit dem Problem der Einrichtung bzw. Umgestaltung von Gedenkstätten zur Erinnerung an die NS-Zeit beschäftigt. Und Anfang März 1994 veranstaltete der Innenausschuß in der Gedenkstätte Sachsenhausen eine öffentliche Anhörung von Sachverständigen über die »Beteiligung des Bundes an Mahn- und Gedenkstätten« – die erste Veranstaltung dieser Art überhaupt.[65] Ziel dieser Debatten und Expertenbefragungen war die Erarbeitung von Kriterien und einem Gesamtkonzept für die Bundesbeteiligung, wobei anfängliche Blickverengungen und Einseitigkeiten – wie es scheint – später abgeschwächt oder ganz überwunden wurden. In der Bundestags-Debatte hatte die CDU-Abgeordnete Roswitha Wisniewski noch unwidersprochen erklären können, »daß die sogenannte antifaschistische Vergangenheits(…)bewältigung (in der ehemaligen DDR, d. Verf.) erheblich von der möglichst objektiven historischen Darstellung und Bewertung abwich, um die man sich im westlichen Deutschland bemühte und bemüht«.

Die hier vorgestellten Beispiele Bergen-Belsen, Dachau und Neuengamme haben wohl verdeutlichen können, wie wenig eine solche Bewertung den Verzögerungen in der Konversion westdeutscher Konzentrationslager in Gedenkstätten gerecht wird und dem westlichen Versäumnis, die jeweiligen Vorgeschichten der Gedenkstätten zurück bis 1945 kritisch aufzuarbeiten. Zu Recht hat deshalb der SPD-Abgeordnete Siegfried Vergin während der Ausschuß-Anhörung zu bedenken gegeben, ob es nicht nötig sei, »auch unsere größeren Gedenkstätten in der Bundesrepublik-Alt einer Revision zu unterziehen« – wobei er ausdrücklich hinzufügte, daß er »Revison nicht als Revisionismus« verstanden wissen wollte. Diesen Gedanken unterstrich auch der Historiker Hans Mommsen in der zugespitzten, gleichwohl zutreffenden Feststellung:

»die Bundesrepublik wüßte überhaupt noch nicht, was sie vorzeigen sollte, wenn nicht glücklicherweise die DDR etwas gemacht hätte. Danach haben die Westdeutschen angefangen, mit Bergen-Belsen und Dachau und einigen anderen Dingen nachzuziehen. Und heute wissen wir immer noch nicht, wo der Schwerpunkt liegt, das heißt, wo repräsentiert sich nun die Nation? Das heißt, es ist nicht ganz klar, wo der Bundeskanzler das nächste Mal hingeht – und zwar nicht aus föderativer Überzeugung, was sehr zu begrüßen wäre; sondern meiner Einsicht (nach, d. Verf.) aus einer sozial mangelnden Aufarbeitung dieses Problems auf der nationalen Ebene.«

Das hat zunächst zweifellos damit zu tun, »daß in beiden deutschen Staaten die Konfrontation des Kalten Krieges in hohem Maße die Auseinandersetzungen mit der nationalsozialistischen Vergangenheit blockiert und deformiert« (Annette Leo) hat. Dort die erzwungene »gesellschaftliche Aufmerksamkeit« samt Jugendweihe, NVA-Vereidigung und antifaschistischem Befreiungskult. Hier die Verdrängung der Gedächtnisorte aus dem öffentlichen Bewußtsein und der jahrzehntelang ziemlich vergebliche Kampf von nationalen und internationalen Häftlingsorganisationen gegen das Vergessen. Erst jetzt, mit der Rückkehr des nationalgeschichtlichen Bezugsrahmens, wird es möglich – und nötig, den Blick in Ost und West auf die ganze, »gemeinsame Geschichte« zu richten. Das ist gegenüber gestern ohne Frage ein Fortschritt, aber schon heute zu wenig. Zwar sollte die jeweilige Gedenkstätte, für die eine Bundesbeteiligung angestrebt wird, ein spezifisches Profil aufweisen, konzeptionell fundiert, in ihrer historischen Authentizität auch vermittelbar, bereits in der Vergangenheit durch lokale Initiativen und Häftlingsorganisationen mitgeprägt worden sein und insoweit auch zukünftig mit nennenswerten Besucherzahlen rechnen können. Die als gesamtstaatlich bedeutsam ausgewiesenen Gedächtnisorte müssen aber zukünftig stärker als bisher – über den lokalen und regionalen Horizont hinaus – notwendig um eine internationale Dimension erweitert werden, was die Pflege von außerhalb der Bundesrepublik gelegenen Gedenkstätten durch die Bundesregierung einschließt. Jahrzehntelang haben diese Arbeit vor allem lokale Initiativen, nationale und internationale Häftlingsorganisationen und nicht zuletzt die Aktion Sühnezeichen geleistet.

Auf die Notwendigkeit dieser konzeptionellen Veränderung und perspektivischen Erweiterung wiesen die Historiker Hans Mommsen und Reinhard Rürup während der Anhörung übereinstimmend hin. Dem denkbaren Einwand, daß dadurch zu viele Gedenkstätten entstünden oder in das Blickfeld öffentlicher Aufmerksamkeit gerückt und ihre gesellschaftliche Akzeptanz dadurch in Frage gestellt werden könnte, hielt Rürup entgegen, daß man nicht vergessen dürfe, »wieviele Kriegerdenkmäler wir aus unzähligen Kriegen in unserer Gesellschaft haben, die stets akzeptiert worden sind«. Das Problem sei der Umgang mit den Gedenkstätten, also ihre zeit- und zieladäquate Gestaltung, die über eine museale Dokumentation der jeweiligen Lagergeschichte hinausgehen und einen größeren sachlichen und zeitlichen Kontext einbeziehen müsse. Insbesondere die »internationale Erfahrung« mit politischen Gewaltverbrechen. »Denn«, so Hans Mommsen, »die nächste Generation wird das Ganze nicht unter dem Schuldkomplex« wahrnehmen, »nicht unter dem Verantwortungskomplex, sondern dem des spezifischen Interessiertseins, und das« könne

»nur aus der Analogie der alltäglichen politischen Erfahrung wachsen. Und wenn man die gerade wegklammert, gleichsam heile Gesellschaft spielt, die sich erinnert an Abweichungen, die eben doch dann im vorherigen Jahrhundert liegen (...), dann wird die Gedenkstättenarbeit keine Linie haben.«

Zu Recht wird hier der Öffnung des Gedenkens an den Gedächtnisorten das Wort geredet. Einer Öffnung zu ihren (nationalen und internationalen) gesellschaftlichen Kontexten und in eine zeitlich übergreifende Perspektive. Den begrenzten Gedächtnisort in seinen größeren Zeit-Raum einzuordnen, also das Besondere mit dem Allgemeinen zu verknüpfen, bedeutet allerdings Gewinn und Gefahr zugleich. Vor den Risiken einer solchen Relativierung und Historisierung hat schon vor mehreren Jahrzehnten und wie kein anderer Jean Améry gewarnt, ein Auschwitz-Überlebender, der im vorausschauenden Rückblick auf die Völkermorde dieses Jahrhunderts – lange vor dem »Historikerstreit« und lange auch vor der Renaissance der (unterschiedliche Diktaturen) identifizierenden Totalitarismustheorie – schrieb:

»Das Reich Hitlers wird zunächst weiter als ein geschichtlicher Betriebsunfall gelten. Schließlich aber wird es Geschichte schlechthin sein, nicht besser und nicht übler als es dramatische historische Epochen nun einmal sind, blutbefleckt vielleicht, aber doch auch ein Reich, das seinen Familienalltag hatte (...)« und die »von einem hochzivilisierten Volk mit organisatorischer Verläßlichkeit und nahezu wissenschaftlicher Präzision vollzogene Ermordung von Millionen wird als bedauerlich, doch keineswegs einzigartig zu stehen kommen« neben die Gewaltverbrechen der Türken, der Franzosen usw.: »Alles wird untergehen in einem summarischen ›Jahrhundert der Barbarei‹.«[66]

Die vergleichende Einordnung der NS-Vergangenheit ist also weder verzichtbar noch unbedenklich. Das inzwischen allseits propagierte und auch während der Ausschuß-Anhörung überwiegend favorisierte Gedenkstätten-Konzept zielt neben der Erweiterung des Gedächtnishorizontes auf eine funktionale Teilung seiner verschiedenen Aufgaben: Die Bereiche des emotionalen Gedenkens, der wissenschaftlichen Dokumentation, ästhetischen Repräsentation und pädagogischen Vermittlung sollen voneinander getrennt und zugleich aufeinander bezogen werden. Das leitende konzeptionelle Kriterium heißt Differenzierung. Denn die räumliche und funktionale Gliederung findet in der Unterscheidung zwischen den verschiedenen Opfergruppen einerseits und zwischen den Tätern und Opfern andererseits ihre konsequente Ergänzung. Solche Unterscheidungen sind gewiß unverzichtbar. Doch ihnen haftet etwas an von der objektivierenden – oder soll man sagen: objektivistischen – Künstlichkeit des Linnéschen Systems, das – von nur einer Position aus – die Pflanzenwelt nach der Verteilung bestimmter Merkmale einteilt. Ein solches Daten und Dokumente sammelndes und Daten und Dokumente sortierendes Verfahren, das »bei genauer Darstellung der historischen Wahrheit... eine Vermischung des Gedenkens an Täter und Opfer eigentlich« ausschließt, so der Direktor des Deutschen Historischen Museums in Berlin als eine von vielen Stimmen unter den befragten Museumsexperten, verrät den analytisch geschulten, scharfen Blick des nach allen Seiten gleichermaßen offenen wie distanzierten, seiner methodischen Kompetenz sicheren Wissenschaftlers und Sammlers historischer Fakten.

Aber etwas scheint hier zu fehlen. Die Sensibilität und die Phantasie, zu erkennen, daß Differenzierungen auch Grenzen, unüberwindbar Trennendes, beinhalten. Die gleiche Geschichte ist ja nicht nur für die nationalsozialistischen Täter und ihre überwiegend jüdischen Opfer von »unterschiedlicher Relevanz« gewesen – wie Saul Friedländer in seinem Briefwechsel mit Martin Broszat schrieb. Diese Differenz, diese Grenze, diese schmerzliche, immer wieder irritierende Distanz-Nähe besteht noch zwischen uns heutigen Deutschen, die wir doch immer auch Nachkommen des nationalsozialistischen Deutschland sind, und den Nachkommen der Opfer. Über diese Grenze kommen wir nicht hinweg, denn ihre Geschichte ist, seit wir sie aus der unsrigen herausgetrennt haben, nicht mehr die unsere, sosehr sie auch eine von unseren Vorfahren verursachte Geschichte bleibt. Und eben deshalb haben wir nichtjüdische Deutsche – aller wissenschaftlichen Differenzierungskunst zum Trotz – zur Geschichte der jüdischen Opfer nicht den gleichen Zugang wie zur Geschichte der NS-Täter, der Masse der Mitläufer und der in ihr fast verschwindenden Zahl von Oppositionellen und Widerständigen. Wir können ihn nicht haben: »Auf immer fällt die Geschichte auseinander in die der Opfer und die der Henker.«[67] Ihre Nachkommen mögen – und müssen – sie überliefern und unter den sich wandelnden Vorgaben des jeweiligen Zeitgeistes deuten und erklären, zusammenfügen läßt sich das Auseinandergefallene nicht mehr. Mit dieser Schmach sind wir und Generationen nach uns beladen. Die jüdischen Deutschen haben den nichtjüdischen Deutschen alles gegeben: ihre Kreativität und ihren materiellen Reichtum, ihre Zuneigung und ihre Identität, als Weltkriegssoldaten sogar ihr Leben. Diese aber haben jenen alles genommen, am Ende auch das Leben. Der Riß in der deutsch-jüdischen Geschichte bleibt. Das zeigt sich vielleicht nirgendwo deutlicher als in Berlin, der alten und neuen Hauptstadt Deutschlands, zugleich sein zentraler, nun wieder ungeteilter Gedächtnisort und als solcher eben selbst eine vielgestaltige Erinnerungslandschaft.

4
Berlin: Die Hauptstadt als zentraler Gedächtnisort

Als die Mauer fiel, jubelte Berlin. Seither stöhnt es unter den neuen Herausforderungen, den sich überschlagenden Ansprüchen, Planungen und Spekulationen. Da ist von einer »Ost-West-Drehscheibe« die Rede, von der »Metropole 2000«. Das Stadtoberhaupt sieht Berlin als »Werkstatt der Vereinigung«. Skeptiker im Rathaus sprechen vom »Sozialfall der Vereinigung«. Manche träumen von einer Rückkehr der legendären »goldenen« zwanziger Jahre. Eine italienische Zeitschrift ernannte Berlin bereits zur Kulturhauptstadt der Jahrtausendwende, und das amerikanische Magazin *Time* zitierte aus einem alten Reisebericht Mark Twains: »Es ist eine neue Stadt, die neueste, die ich jemals sah.«[1] Und noch eine andere Stimme aus dem vorigen Jahrhundert mag sich aufdrängen: »Oh Berlin, wie weit ab bist Du von einer wirklichen Hauptstadt«, schrieb Fontane, der die Stadt nicht sonderlich mochte, wenige Jahre nachdem sie Hauptstadt des zweiten deutschen Kaiserreichs geworden war, »du bist durch politische Verhältnisse über Nacht dazu geworden, aber nicht durch Dich selbst.« Und er glaubte zu wissen, warum: »Die große Stadt hat nicht Zeit zum Denken, und was noch schlimmer ist, sie hat auch nicht Zeit zum Glück.«[2]

Nun ist Berlin – unversehens, aber doch seit Jahrzehnten herbeigesehnt und gefordert – Hauptstadt des wiedervereinten Deutschland geworden, und die Frage mag sich abermals stellen, ob die Stadt Zeit zum Denken hat und Zeit zum Glück. Ob sie überhaupt Zeit hat, sich Zeit läßt, wenn jenes Bild verschwindet, »an dem sich die Berliner bis zur verzweifelten Liebe wundrieben«, wie es in einem einfühlsamen Nach- und Zwischenruf hieß: das Bild einer »Hauptstadt der Melancholie« mit ihren »innerstädtischen Stadträndern und Brachen«.[3] Wenn aus dem geteilten und eingemauerten Stadtstaat die Staatsstadt der dritten deutschen Republik werden soll. Wenn dort, wo eben noch Todesstreifen und Transitstrecken die Teilung in zwei Staaten und Stadthälften markierten und den Austausch zwischen ihnen kontrollierten, sich das Laboratorium eines »dritten deutschen Zustands« bemerkbar macht.[4] Es steht viel auf dem Spiel. Auch das Gedächtnis der Stadt, vor allem im Osten, der nun an den Westen angeschlossen wird.[5] Das bis dahin geteilte und gespaltene Gedächtnis der Stadt kann sich rückverwandeln in eine hochkonzentrierte, heterogene Erinnerungslandschaft, als die sich eine Metropole immer wieder erfahren läßt. Spuren der Weltgeschichte stoßen hier unvermittelt auf solche der Alltagsgeschichte, Zeugnisse kultureller Blüte finden sich neben Manifestationen, die von Triumphen technisch-wirtschaftlicher Macht erzählen, Wege der Erinnerung an gesellschaftliche Katastrophen und individuelles Leid wechseln unvermittelt mit Spuren kreativer Lebensverhältnisse, vielleicht des Glücks.

So muß in der altneuen Mitte der Stadt – ebenso wie im gesamten Stadt-Entwicklungsraum – das gefunden werden, was der Züricher Kunst- und Architekturhistoriker Kurt W. Forster treffend eine »Berliner Balance« genannt hat. Dieses Ausbalancieren hat nicht nur eine stadt-räumliche Dimension.[6] Gewiß, es geht zum einen um die zukünftige städtebauliche Balance zwischen Ost und West mit der Spreeinsel als »architektonisch ausgebildetem Gelenk« und mit dem – wie Forster vorschlägt – roten Rathaus als perspektivischem Fixpunkt für eine neu zu begründende Kontinuität zwischen den lange voneinander getrennten Stadthälften. Zugleich ist das Rathaus das für nachmonarchische und nachtotalitäre Verhältnisse – im Gegensatz zum Schloßwiederaufbau – angemessene, weil bürgerlich-demokratische Symbol.

Es geht zum anderen aber auch um eine zeit-räumliche Dimension, um eine Balance zwischen der Bewahrung von Gedächtnisorten, der ergänzenden und korrigierenden Kommentierung von Denkmälern, zumal aus der jüngeren und jüngsten deutschen Vergangenheit, und der bereits begonnenen tiefgreifenden Veränderung. Nachdem die Mauer niedergerissen ist, das epochentypische Bauwerk für mehr als eine Generation, kann der Blick unverstellt auf zentrale Orte dieser Vergangenheit fallen und von dort ihren historischen Gesamtzusammenhang erschließen und erkunden, die ungeteilte Topographie der Täter und Opfer, der Verfolgung und Vertreibung, des Leidens und des Widerstands.[7] Wo eben noch rivalisierende Erinnerungen an die Zeit vor 1945 bzw. vor 1933 zu Feindbildern verhärtet waren, macht die Rückkehr des nationalgeschichtlichen Bezugsrahmens nicht nur die Auflösung dieser Feindbilder möglich, sondern auch die Umdeutung, Erweiterung und Zusammenfassung der Geschichtsbilder des geteilten Deutschlands nötig. In die gestern noch gegeneinander abgegrenzten Horizonte des jeweiligen kollektiven Gedächtnisses findet zurück, was gleichsam exterritorialisiert oder »vergessen« war, abgedrängt in das jeweils jenseits der Mauer gelegene, verteufelte oder verkannte andere Deutschland. In das Bewußtsein derer, die der Zufall im Westen leben ließ, kehrt die unter antikommunistischer Blickverengung ausgegrenzte Geschichte der kommunistischen Arbeiterbewegung Deutschlands zurück und zugleich in seiner ganzen Widersprüchlichkeit die des antifaschistischen Widerstands. Anderseits erweitert sich das eindimensional verkümmerte und verzerrte Geschichtsbewußtsein der Ostdeutschen um die bislang abgewiesenen widersprüchlichen Traditionsbestände und die Komplexität der ganzen deutschen Geschichte, insbesondere aber um den die preußisch-deutsche Geschichte überschattenden negativen Fixpunkt: die Gewaltverbrechen Hitler-Deutschlands.

Mit ihnen war die Gesellschaft der alten Bundesrepublik von Anfang an konfrontiert, ob sie wollte oder nicht. Und sie wollte ja oft nicht. Aber die Gründer der Bundesrepublik hatten den westdeutschen Teilstaat zum Gesamterben des untergegangenen Deutschen Reiches erklärt. Die Bundesrepublik mußte deshalb die materiellen Schulden übernehmen und zugleich die moralische Last der nationalsozialistischen Gewaltverbrechen tragen. Der Soziologe M. Rainer Lepsius hat das – wie bereits gesagt – die »Internalisierung« der NS-Hypothek in die politische Kultur der Bundesrepublik genannt und davon die »Universalisierung« des Nationalsozialismus als Faschismus durch die DDR begrifflich präzise unterschieden. Begreiflicherweise tat sich also die alte Bundesrepublik deshalb sehr viel schwerer mit diesem Erbe, weil sie mit ihm *umgehen* mußte. Und das fand auf vielen Politikfeldern seinen Niederschlag, auch in der Denkmalpflege und in der Geschichtspolitik. Die frühere Bundesrepublik schwankte und schwankt zwischen forciertem Schlußstrich-Verlangen und organisiertem Betroffenheitskult, zwischen Entsorgung der NS-Vergangenheit und Inszenierung ihrer Gedächtnisorte. Die Beispiele dafür sind zahlreich, auch und gerade in Berlin, dem für symbolische Politik ebenso begehrten wie schwierigen Terrain.

Gegenüber der Bundesrepublik schien sich die DDR geschichtspolitisch in einer vorteilhaften Lage zu befinden, jedenfalls zunächst. Sie hatte sich zumindest nachträglich vom Kapitalismus befreit, der aus kommunistischer Sicht entscheidenden Voraussetzung des deutschen Faschismus. Ihre Führung kam nicht nur, aber doch zahlreich aus der kommunistischen Arbeiterbewegung. Sie hatte den Nationalsozialismus im KZ überlebt oder gegen ihn im Untergrund oder im Exil gekämpft. Zum historischen Fixpunkt der DDR wurde deshalb die 1918/19 nicht verwirklichte sozialistische Revolution und die darauf beziehbare Tradition des antifaschistisch-kommunistischen Widerstands, was die Glorifizierung der Befreiung durch die Rote Armee einschloß und der DDR anfangs zu einem nicht unbeachtlichen Legitimationskredit verhalf. Ihre Führung verhielt sich wie die sprichwörtlichen lachenden Erben. Sie glaubte die Vorteile des geschichtlichen Erbes – auch des kulturellen – einheimsen zu können, ohne zugleich für die Verbindlichkeiten aufkommen zu müssen.[8] Das zeigte sich auch im Umgang der DDR mit ihren Gedächtnisorten in Berlin.

Aus dem Schatten der Vergangenheit herauszutreten, das versuchten die beiden deutschen Nachfolgestaaten des Großdeutschen Reiches auch städtebaulich und im Umgang mit vorbelasteten Bauten gerade in Berlin. Sie taten das je auf ihre, systempolitisch bedingte Art und Weise. Während das SED-Regime den östlichen Teil zur »Hauptstadt der DDR« erhob (wobei Magistrat und Städteplaner anfangs durchaus noch eine gesamtstädtische bzw. gesamtdeutsche Option verfolgten), mußte sich der westliche Teil als »Frontstadt« bewähren, hielt die Bundesrepublik an ihrem Anspruch einer »Hauptstadt im Wartestand« fest.[9]

Das politische und das städtebauliche Planungsinteresse bei der Umgestaltung des Zentrums richtete sich zum einen auf die Schaffung einer »sozialistischen Magistrale« als Verbindung von historischem Zentrum und den im Osten der Stadt gelegenen großen Arbeiterwohngebieten, insbesondere auf die Verbindung von Unter den Linden, Alexanderplatz und Frankfurter Allee, der späteren Stalinallee. Und zum anderen auf die Umgestaltung jenes Platzes zum Marx-Engels-Forum, der durch den Abriß des nur teilzerstörten Berliner Schlosses, dem »Symbol des reaktionären Preußentums«, entstanden war. Hier sollte »in monumentaler Raumgestalt die Macht des neuen Staates« gefeiert werden, mit dominanten Gebäudekomplexen, Sichtachsen, dem Sitz von DDR-Ministerrat und DDR-Volkskammer und einer gewaltigen Aufmarschfläche auf der Spreeinsel – zugleich das Gegenstück zum westlichen Regierungsforum im Spreebogen. Die städtebauliche Entwicklung verlief teilweise anders. Tatsächlich zeigt sich in der eher kleinteiligen Raumgestaltung zwischen Fernsehturm und dem Palast der Republik »der schwierige Abschied von der bedrückenden Staatsräson des Stalinismus«, weshalb in jüngster Zeit wiederholt der Absicht widersprochen wurde, die hier städtebaulich dokumentierte DDR-Geschichte umstandslos abzuräumen.[10]

Der Westen mußte von der historischen Mitte abrücken – oder überließ diese sich selbst. Er hielt aber im kontinuierlich »staatlich besetzten Spreebogen« an der westdeutschen Option für eine gesamtdeutsch-hauptstädtische Lösung fest und hat südlich davon an der gemeinsamen Grenze schrittweise ein Kulturforum errichtet. Dabei wurde ein Gelände genutzt, das durch Kriegseinwirkungen schwer getroffen, aber bereits für die von Hitler und Speer geplante Nord-Süd-Achse teilweise freigeräumt worden war. Dort, wo ab Mitte der 1960er Jahre die Neue Nationalgalerie errichtet wurde, Mies van der Rohes einziger nach seiner Emigration in Deutschland errichteter Bau, befand sich die Ruine des bereits weitgehend fertiggestellten »Hauses des Fremdenverkehrs« am »Runden Platz«. Sie wurde später abgetragen. Das geschah auch mit manch anderen Gebäuden, die die Nazis genutzt oder gebaut hatten. Der größte Teil davon befand sich im Westen Berlins, weshalb sich vor allem hier die Frage stellt, wie mit der baulichen Erblast umgegangen wurde, also mit dem, was während der NS-Zeit für staatliche, wirtschaftliche, kulturelle und Wohnzwecke gebaut und genutzt worden war.

NS-Bauten: Keine Großbelastung für Berlin

Auch in Berlin war der Umgang mit der NS-Architektur und den von den Nationalsozialisten genutzten Gebäuden zunächst eher pragmatisch als von einer denkmalpflegerischen Konzeption angeleitet, zumal die schwer zerstörte Stadt einen großen Bedarf an nutzbaren Gebäuden und Wohnhäusern hatte. Anders als beispielsweise Nürnberg und München war Berlin nicht durch die NS-Bewegung, sondern durch den NS-Staat baulich geprägt worden. Das mag die Nutzung der NS-Bauten durch kommunale, staatliche, gewerbliche und private Eigentümer und Mieter erleichtert und ihre Integration in das latent hauptstädtische Ambiente begünstigt haben. Erleichtert wurde der Umgang mit dieser Architektur aber natürlich vor allem dadurch, daß der weitaus größte Teil der von der »Generalbauinspektion« unter Speer geplanten städtebaulichen Veränderungen infolge des Krieges über das Planungs- und Modellstadium nicht hinauskam. Berlin wäre nicht mehr Berlin gewesen, hätte die Stadt so um- und neugebaut werden können, wie es Hitler und Speer vorschwebte. Zu Recht hat Hans J. Reichhardt in seinen Notizen zur Ausstellung »Von Berlin nach Germania« deshalb bemerkt, »daß die geplanten Bauten des Nationalsozialismus der Stadt und ihrer Identität schmerzlichere Zerstörungen zugefügt hätten als der Bombenhagel des Krieges«, so verheerend dessen Zerstörungen auch waren.[11]

Einiges ist allerdings fertig geworden und – mehr oder weniger – erhalten geblieben. So im Bereich der westlichen Ost-West-Achse der von 80 auf 200 Meter Durchmesser vergrößerte Große Stern mit der durch eine »Trommel« um sieben Meter erhöhten Siegessäule samt Bismarck-, Moltke- und Roon-Denkmälern. Diese Erinnerungszeichen an das Zweite Reich, als dessen Erbe und Nachfolger sich das Dritte Reich so gern und so oft darstellte, waren hierher versetzt worden, weil sie an ihrem ursprünglichen Standort, dem Königsplatz vor dem Reichstag, der geplanten Nord-Süd-Achse zwischen Großer Halle im Spreebogen und dem neuen Südbahnhof im Wege standen. Die Siegessäule ist ein offenbar unerschütterliches Symbol »siegesdeutscher« Historie und eine touristisch umlagerte und bestiegene Fotoattraktion sowieso. Sie überstand den Bombenkrieg, und die Franzosen beantragten ihre Beseitigung 1946 vergeblich. Schon Walter Benjamin hatte sie

Siegessäule mit Trikolore und Union Jack (1946)

gewünscht und vorgeschlagen: »Mit dem letzten Sedantag hätte man sie abreißen sollen«, denn: »Mit der Niederlage der Franzosen« schien ihm »die Weltgeschichte in ihr glorreiches Grab gesunken, über dem diese Säule die Stele war.«[12]

Weitgehend fertiggestellt wurde das zwischen der Charlottenburger Brücke und dem S-Bahnhof Tiergarten gelegene Haus des Deutschen Gemeindetages, in das nach 1945 der Deutsche Städtetag einzog und das später den Namen »Ernst-Reuter-Haus« erhielt. Zu eigener Berühmtheit hat es die von Speer selbst entworfene Beleuchtung gebracht. Die Ost-West-Sichtachse durfte nicht beeinträchtigt werden durch über der Straße hängende Lampen. Deshalb entwarf Speer doppelarmige Kandelaber, die als kilometerlange Lichterketten das Brandenburger Tor mit dem heutigen Theodor-Heuss-Platz (einst Adolf-Hitler-Platz) verbinden. Klaus Herding und Hans-Ernst Mittig haben sie bereits Anfang der siebziger Jahre zum Gegenstand einer eingehenden Analyse gemacht.[13] Sie sind nach dem Krieg, weil stark beschädigt, teilweise durch moderne ersetzt, teilweise wiederhergestellt worden. Die Lücken vor der Technischen Hochschule und am Charlottenburger Tor, in denen seinerzeit die Ehrentribünen für die Aufmärsche standen, wurden geschlossen. Der Vorschlag der beiden Kunsthistoriker, die Rekonstruktionen der Kandelaber durch Hinweise auf ihre frühere Entstehungs- und Nutzungsgeschichte zu ergänzen, fand seitens der zuständigen Behörde keine Beachtung.[14]

Nicht mehr ausgeführt wurde das von Wilhelm Kreis konzipierte

Ensemble der drei neuen Museen. Sie hätten das historische Zentrum einschneidend verändert, denn ihnen wäre das Wohngebiet zwischen Friedrichstraße und Oranienburger Straße einschließlich der Universitätskliniken zum Opfer gefallen.[15] Unausgeführt blieben auch die Großbauten der geplanten Nord-Süd-Achse, dem Kernstück des gesamten Generalbebauungsplans. Speer hat verschiedentlich betont, wie wichtig Hitler insbesondere das etwa sieben Kilometer lange Mittelstück dieser Achse war, mit einem neuen Nordbahnhof im Stadtteil Moabit, dem sich in südöstlicher Richtung anschließenden, gut einen Kilometer langen und 400 Meter breiten Großen Becken, der rund 300 Meter hohen Großen Halle für 150- bis 180 000 Menschen, dem Königsplatz davor mit Führer-Palais und Oberkommando der Wehrmacht, von wo aus die maßlose 120 Meter breite Achse ihren kilometerlangen geraden Verlauf nehmen sollte: zunächst den Tiergarten durchschneidend, über den Kemper Platz hinweg und den anschließenden neuen sogenannten Runden Platz (ungefähr dort, wo sich heute Neue Nationalgalerie und Staatsbibliothek gegenüberstehen), weiter in südlicher Richtung bis zum neuen Südbahnhof in Tempelhof, davor der Triumphbogen, der alle bisherigen Maße sprengende Großbau, mehr als doppelt so hoch wie Napoleons Pariser Arc de Triomphe, den er in den Schatten stellen sollte.

Von der Absicht dieser gigantischen Bauvorhaben zeugen nicht nur Pläne, Akten, Berechnungen und Aufzeichnungen, sondern auch ein im Jahr 1941 von der Firma Dyckerhoff & Widmann südöstlich der Kolonnenbrücke im Bereich des Bauwerks T auf märkischen Sand gesetzter sogenannter Großbelastungskörper. Er sollte die Tragfähigkeit der Mergelschichten testen. Ein Koloß, der dort vermutlich noch lange abseits steht. Denn eine Sprengung ist wegen der nahen Wohnblocks unmöglich und jede andere Beseitigung zu teuer. Er taugt zu nichts anderem als dazu, an den Größenwahn Hitlers und seiner Stadtplaner zu erinnern. Immerhin.

Nähe Kolonnenbrücke: »Großbelastungskörper« (1941)

Oft sind die steinernen Spuren der NS-Vergangenheit als solche kaum zu erkennen, so zahlreich sie auch erhalten sind: in Verkehrs-, Industrie- und Verwaltungsbauten, aber auch in Wohnanlagen und kulturellen Einrichtungen.[16] Denn der weitaus größte Teil der während der NS-Zeit gebauten bzw. von den NS-Dienststellen benutzten Gebäude wurde nach Entfernung der Hoheitszeichen weitergenutzt. Wohn- und Büroräume waren knapp im schwer zerstörten Berlin. Und man brauchte sie schnell. Die Entnazifizierung blieb nicht selten oberflächlich. In manchen Fällen hielt man sie offenbar gar nicht für notwendig, erschien die Kunst am Bau wohl zeitlos, zumindest aber systemneutral.

So veränderte sich beispielsweise das Charlottenburger Finanzamt gegenüber dem Jahr seiner Fertigstellung, 1938, kaum. Der Reichsadler über der Eingangstür hält nun nicht mehr das Hakenkreuz in seinen Krallen, sondern die Hausnummer. Über dem einstigen »Gau-« und heutigen Landesarbeitsamt in Kreuzberg sitzt immer noch ein großer steinerner Adler auf dem Mittelrisalit. Und vor der Sporthalle der ehemaligen Luftwaffen-Kaserne »General Göring«, die nach 1945 den Franzosen als Hauptquartier diente, steht eine bekannte Großplastik aus der NS-Zeit: Georg Kolbes *Schreitender*.

Die Alliierten hatten als Sieger selbstverständlich keine Probleme mit der Nutzung dieser Gebäude. Sie zogen in die ehemaligen Wehrmachtskasernen ein. Andere militärische Einrichtungen wurden zivil genutzt. Geradezu kurios mutet die Entnazifizierungsgeschichte des eisernen Adlers an, der seit 1940 auf dem Mittelbau hoch über dem Tempelhofer Flughafengebäude gethront hatte. Anfang der sechziger Jahre kam er in die USA, um 1984 – von NS-Hoheitszeichen befreit – dem Bezirksbürgermeister wieder zurückgegeben zu werden. Ohne Weltkugel und Hakenkreuz galt der Eisenvogel offenbar nicht mehr als nazistisch, sondern nur noch als allgemeines Symbol der Luftfahrt.[17] Die Alliierten mochten mit den monumentalen NS-Bauten und NS-

Zentralflughafen Tempelhof, Hauptgebäude (1949)

Zentralflughafen Tempelhof, Demontage des Adlers auf dem Hauptgebäude (1962)

Symbolen unbefangen umgehen: die Briten, indem sie Teile des früheren Olympiageländes nutzten, die Amerikaner mit dem Tempelhofer Flughafen. Für die Sieger waren die Steine und Gebäude Symbole des einstigen Kriegsgegners. Die Besiegten konnten so nicht verfahren. Sie gerieten schnell und unversehens in den Verdacht einer zumindest stillschweigend-zustimmenden Traditionspflege. Zumal dann, wenn es sich um Gebäude handelte, in denen einst die Täter agiert hatten.

Der weitaus größte Teil der in den dreißiger Jahren entstandenen Gebäude, die weitergenutzt werden konnten, waren Verwaltungsbauten von Ministerien, Industriebauten, Banken und Versicherungen, militärische Einrichtungen, Sportstätten u. a. Hier schien die Entsorgung erheblich einfacher zu sein als an jenen Orten, die man primär mit den NS-Tätern und NS-Opfern identifizierte. Jedenfalls verhielt

Zentralflughafen Tempelhof, Rückgabe und Enthüllung des Adlerkopfes (1985)

man sich entsprechend pragmatisch im Umgang mit ihnen. Ganz so, als gehörten die Sport-, Freizeit- und Verkehrsbauten, die Verwaltungsgebäude und die Industriearchitektur nicht auch in einem spezifischen Sinn zur Geschichte des NS-Staates. Ganz so, als seien NS-Bauten wie die Reichsbank oder das Luftfahrtministerium, der Flughafen Tempelhof, das Ausstellungsgelände um den Funkturm mit Deutschlandhaus und Deutschlandhalle[18] und das Reichssportfeld[19] Produkte und Zeugnisse einer politikfreien Sphäre der industriegesellschaftlichen Moderne.

Die DDR ging dabei kaum anders vor als West-Berlin. In das Gebäude der Reichsbank (Otto-Nuschke-Straße, Berlin-Mitte) zog nach Entfernung des Bild- und Reliefschmucks von Josef Thorak das Finanzministerium der DDR ein. Zwischen 1959 und 1989 war es Sitz des Zentralkomitees der SED. Der rückseitige, zur Mauerstraße gelegene Erweiterungsbau von Goebbels' Propagandaministerium, der erhalten blieb, wurde später vom Nationalrat der DDR genutzt. Das bekannteste Beispiel ist das frühere Reichsluftfahrtministerium (Ernst Sagebiel), in dem Göring residierte. Die nationalsozialistische Architekturkritik rühmte das Gebäude als einen »von modernem Atem« erfüllten »majestätischen Bau«.[20] Als »Haus der Ministerien« diente es später der DDR und ab 1990 war es Sitz der »Treuhand«. In dem Gebäude, das einst der NSDAP für die Verwaltung ihres »Gaues Berlin« gedient hatte, wurden bis 1990 Bücher hergestellt und vertrieben: vom Verlag für Wirtschaft der DDR. Auch hier die schon bekannte Korrektur: Man entfernte Hakenkreuz und Reichsadler und ersetzte die NS-Embleme durch den Namen und das Verlagssignet – ein aufgeschlagenes Buch. Die beiden Großplastiken von Paul Bronisch wurden allerdings ersatzlos entfernt.

Ähnlich verfuhr man im Westen mit der Um- und Weiternutzung früherer NS-Verwaltungsbauten. In das Zentralgebäude der Vermögensverwaltung der Deutschen Arbeitsfront (Julius Schulte-Frohlinde), ab 1938 erweitert und umgebaut, zogen zunächst verschiedene Senatsdienststellen ein. Heute beherbergt es die Berliner Verkehrsgesellschaft. Vom vergleichsweise auffällig gestalteten Fassadenteil mit Eingangsportal, »Führerbalkon« und überdimensionierten Fahnenstangen entfernte man den über anderthalb Stockwerke reichenden Granit-Adler mit Ehrenkranz und Hakenkreuz und ersetzte das Ensemble durch zwei Fenster, die in Größe und Anordnung den übrigen genau entsprachen. So mag und sollte wahrscheinlich der Eindruck entstehen, dies sei der ursprüngliche und unveränderte Zustand einer nüchternen Zeitlosigkeit. Doch das Gebäude kann seine Entstehungszeit kaum verbergen. Die Entnazifizierung war auch hier bloß halbherzig und vordergründig: »Die unreflektierte Demontage visueller Symbolik der Nazi-Zeit steht einer peinlichst genauen Rekonstruktion des architektonischen Formenapparates gegenüber«, schrieb einer der besten Kenner der örtlichen NS-Baugeschichte. »Während die fetischisierten Symbole des Nationalsozialismus liquidiert werden, wird das ästhetische Prinzip konserviert. Indem die unmittelbaren politischen Identifikationssymbole beseitigt werden, meint man, die Architektur auch von den sie bedingenden Herrschaftsverhältnissen losgelöst zu haben und in eine unkonkrete ›Tradition-an-Sich‹ einordnen zu können.«[21] Ein Baudenkmal ist erhalten, aber für den Nichtkundigen ist es nicht zu identifizieren. Ein weiteres Beispiel ist das Mitte der dreißiger Jahre von der Nordstern Versicherung am Fehrbelliner Platz gebaute Verwaltungsgebäude, heute Sitz des Senators für Inneres. Es trug zahlreiche Reliefplastiken. Die des prominenten Arno Breker wurden entfernt, die des weniger bekannten Waldemar Raemisch beließ man an ihrem Platz.[22]

Noch leichter fiel die Weiternutzung von Industriebauten. Sie kam weitgehend ohne kosmetische Korrekturen aus. So beispielsweise das Rasierklingenwerk von Gilette-Roth-Büchner in Berlin-Tempelhof, 1936/37 von Paul Renner gebaut, ein in seiner widersprüchlichen Formensprache typischer Industriebau des Dritten Reiches. Funktionale Konstruktion und Grundrißgestaltung und ihre zumindest teilweise Kaschierung durch konventionellen Natur- und Backstein. Und als ob das noch nicht Zugeständnis genug an den NS-Zeitgeist gewesen wäre, wurde das horizontal ausgedehnte Gebäude mit einem monumentalen Mittelrisalit versehen und der Haupteingang durch einen vorgelagerten Portikus hervorgehoben. In der ebenso sentimentalen wie hochtrabenden Sprache der Zeit nannte man das »Pforten zur Arbeitswelt«.[23] Ähnliche Kombinationen von moderner Stahlskelett-Konstruktion und konventioneller Ziegelverblendung finden sich auch andernorts in Berlin: so im Luftfahrt-Gerätewerk und im Siemens-Wernerwerk in Spandau, 1936/37 bzw. 1940/41 von dem Siemens-Hausarchitekten Hans Hertlein errichtet. So im Osram-Werk in Berlin-Wedding. Ein Beispiel durchgehaltener sachlich-funktionaler Industriearchitektur ist hingegen die 1942/43 von Egon Eiermann gebaute Propellerfabrik in Berlin-Reinickendorf, die erst durch Umbauten in den fünfziger Jahren stark verändert wurde.[24] Hinweise zur Bau- und Nutzungsgeschichte dieser Zweckbauten, in denen vor und während des Krieges zumeist kriegswichtiges Gerät produziert wurde, finden sich hier so wenig wie beispielsweise in der ehemaligen »Kameradschaftssiedlung der SS« in Berlin-Zehlendorf zwischen Argentinischer Allee und Quermatenweg.[25] Und auch nicht an der größten damals entstandenen Berliner Wohnanlage am Grazer Damm.

Nach diesen zahlreichen Beispielen von Um- und Weiternutzung früherer NS-Bauten müssen nun auch jene genannt werden, die – zunächst mehr oder weniger beschädigt – später wieder aufgebaut wurden. So beispielsweise die ehemalige Japanische Botschaft, die wegen Schäden in den Fundamenten 1986 abgerissen werden mußte. Auch hier bediente man sich teilweise desselben Sach- und Kunstverstands. Cäsar Pinnau, der dieses Gebäude in den dreißiger Jahren mit Paul Moshamer errichtet hatte, wurde nun mit dem Innenausbau beauftragt. Der als 1:1-Kopie angelegte Wiederaufbau entspricht dem Original allerdings nur mit Einschränkungen.[26] Die Japanische Botschaft war im übrigen nur eine von mehreren Botschaftsgebäuden, deren Neubau Speer in den dreißiger Jahren veranlaßt hatte, weil sie seinem »Generalbebauungsplan« für die Reichshauptstadt Berlin im Wege waren.

Ein anderes Beispiel ist der Glockenturm auf dem Reichssportfeld. Mit seinem Wiederaufbau (1960–62) beauftragte man abermals Werner March, bereits in den dreißiger Jahren der verantwortliche Architekt. An diesem Ort wird nicht nur jährlich der gefallenen Olympiakämpfer gedacht. Gedenktafeln erinnern auch an einen der Hauptorganisatoren der Spiele von 1936: Carl Diem. Sie verschweigen allerdings, daß am gleichen Ort noch im März 1945 Jugendliche für den »Endkampf« mobilisiert wurden und etwa zweitausend 10–14-jährige Hitlerjungen im Kampf gegen die Rote Armee starben. Erst recht vergeblich sucht man hier nach einem Versuch, den gewiß nicht leicht verständlichen Zusammenhang zu erschließen, durch das dieser Ort sein berühmt-berüchtigtes Image bekam. Das Ineinandergreifen von sportlicher Wettkampf-Show, filmischer und architektonischer Ästhetisierung dieses Ereignisses, innenpolitischer Stabilisierung und außenpolitischer Aufwertung eines verbrecherischen Regimes, »heimlicher« Gewalt und Kriegsvorbereitung.

Aber nicht deshalb kam dieser Komplex in den neunziger Jahren ins Gerede, nachdem er Jahrzehnte für sportliche und andere Großveranstaltungen gedient hatte und umfangreiche Sanierungen und bauliche Veränderungen geplant wurden, als sich Berlin um die Ausrichtung der Olympischen Spiele im Jahr 2000 bewarb. Im Mittelpunkt stand die Frage, ob die Spiele mit dem vereinten Deutschland als Gastgeber in einem unter Hitler erbauten Stadion und Sportgelände stattfinden sollten und ob man dies Sportlern zumuten könne und dürfe, die aus von Hitler-Deutschland überfallenen Ländern und verfolgten Völkern kämen. Der Publizist Wolf Jobst Siedler sah darin eine »überflüssige Diskussion«, denn man könne nicht Architekturen und Skulpturen »für die Untaten ihrer Nutzer büßen« lassen. Andernfalls würde sich »Auschwitz als Barriere vor jeden freien Umgang mit der Vergangenheit« stellen.[27] Dem hielt Hilmar Hoffmann, der Präsident der Goethe-Institute, entgegen, daß »die nationalsozialistische Gesamtkonzeption des Olympiageländes (...) weder kommentarlos verborgen noch kom-

Olympiagelände, Marathontor (1989):
»Rosseführer« von Josef Wackerle
(1936)

mentarlos gezeigt werden« dürfe.[28] Der Einspruch blieb nicht unwidersprochen. Denn bei soviel »Abarbeitung« argwöhnte der Berliner Kunsthistoriker Tilmann Buddensieg eine – unbeabsichtigte – »Aufwertung« des Olympiastadions, das er im übrigen als Zweckbau einer »sachlichen Nüchternheit« deutlich unterschieden wissen wollte von der alle Maße sprengenden Gigantomanie des von Speer geplanten Deutschen Stadions auf dem ehemaligen Reichsparteitagsgelände in Nürnberg.[29] So gesehen, also den Blick auf das bloße Erscheinungsbild dieser Architektur beschränkt und herausgelöst aus dem zeitgeschichtlich-politischen Kontext ihrer Entstehung und ihrer Funktion, kann man das Berliner Olympiagelände vielleicht für eine andere Tradition retten. Aber ist eine solche Blickverengung angemessen?

Doch nur dann, wenn man unterstellt, daß sich dieser Ort »eine Art Unschuld vom Dritten Reich« bewahrt – oder durch allerlei Umnutzungen in seiner Nachgeschichte erworben hat.[30] Schon die zeitgenössischen Beobachter konnten sich täuschen lassen, wenn sie wollten. Der Korrespondent von *Le Figaro* telegrafierte nach Paris: »Von Konzentrationslagern bekommt man nichts zu sehen.« Man konnte, wenn man wollte, aber offenbar auch erkennen, wozu der Sport dem hier anscheinend so friedfertigen und um weltweite Sympathie werbenden Regime diente. Am Schluß der »Friedensspiele« schrieb der Berichterstatter einer osteuropäischen Zeitung, daß »die neueste Richtung die Vorbereitung zum Kriege« ist.[31] Während des Krieges diente das Reichssportfeld mit seinen vielen Bauten vor allem militärischen

Zwecken. Auf der Pressetribüne wurden Flak-Geschütze installiert und unterhalb der Zuschauertribüne in der Westkurve Zünder für Flugabwehrwaffen produziert. Der »Großdeutsche Rundfunk« hatte hier ein Ausweichquartier, und der Glockenturm diente als Flieger-Beobachtungsposten und zugleich als Lager für das Wochenschau-Filmmaterial aus Goebbels' Propagandaministerium.

Nach dem Krieg sind »Waldbühne«[32] und Olympiastadion Schauplatz vielfältiger musikalischer, sportlicher und religiöser Großveranstaltungen gewesen. Unter dem Motto »Rin ins Va'jnügn« sorgte der RIAS mit »bunten Nachmittagen« für Stimmung und gute Laune. Im Olympiastadion erlebte der Triumphzug der deutschen Fußballweltmeister-Elf durch deutsche Lande sein Finale. Die Katholiken und Protestanten veranstalteten an diesem Ort ihre Kirchentage. Und hier waren auch die »Brüder und Schwestern aus der Zone« herzlich willkommen – allerdings ohne »Kartoffelkäfer« – wie man die SED-Mitglieder wegen ihres Parteiabzeichen nannte – und ohne die als »Blauhemden« verpönten FDJ-Mitglieder.

Die Erinnerung an die NS-Vergangenheit dieses Ortes war – wie es schien – längst und für immer ausgelöscht, als hier nach dem »Deutschen Herbst« im Winter 1977/78 der Regisseur Klaus Michael Grüber mit der »Schaubühne« Hölderlins *Hyperion* inszenierte. Es war dunkel und kalt, als Hyperion ins fast leere Stadionrund rief:

»Es ist ein hartes Wort und dennoch sag ich's, weil es die Wahrheit ist: ich kann kein Volk mir denken, das zerrissener wäre wie die Deutschen. Handwerker siehst Du, aber keine Menschen, Denker, aber keine Menschen, Herren und Knechte, junge und gesetzte Leute, aber keine Menschen – ist das nicht wie ein Schlachtfeld, wo Hände und Arme und alle Glieder zerstückelt untereinander liegen, indessen das vergossene Lebensblut im Sande zerrinnt?«

Es war nicht ohne Reiz und ja durchaus nicht unberechtigt, in Hitlers Olympiastadion Hölderlins verzweifelte Klage zu inszenieren über sein deutsches »Vaterland, das, wie ein Totengarten, weit umher liegt« – unter dem anspielungsreichen Titel *Winterreise*, nicht zuletzt das Codewort für die erste bundesweite Fahndung nach RAF-Mitgliedern.[33] Wo wäre ein geeigneterer Ort, dieses doppelte deutsche Mißverständnis darzustellen als hier? Das Mißverhältnis von Sport bzw. Poesie und Politik im allgemeinen und im besonderen der Mißbrauch der Olympischen Spiele und des antiken Mythos durch das NS-Regime und der Mißbrauch von Hölderlin, dessen Brief-Roman deutschen Soldaten als Feldpostausgabe mit in den Krieg gegeben wurde, wohl in der Annahme, daß jene durch Hyperions Begeisterung und Kampfeswille für eine nationale Wiedergeburt stimuliert und mobilisiert werden könnten.

Im Olympiastadion: »Winterreise« nach Hölderlins »Hyperion« (1977/78)

Was kaum anderswo möglich erscheint, wurde hier versucht: einen Gedächtnisort zugleich als Spielort zu nutzen, um komplizierte Zusammenhänge zwischen Vergangenheit und Gegenwart in Szene zu setzen, fernab der gewöhnlichen Theaterbühne.

Orte der Täter: Erst planiert oder umfunktioniert, dann dokumentiert und ästhetisiert

Natürlich konnten nicht an jedem Ort mit einem spezifischen Bezug zur NS-Zeit so beziehungsreich und unterhaltsam zugleich tiefere Einsichten in die Geschichte geboten werden. An manchen Stellen wurde die Vergangenheit ganz umstandslos planiert und begraben. So als hätte es sie gar nicht gegeben – oder doch nur als monströse Idee. Die im Rohbau fertige, sogenannte Wehrtechnische Fakultät – Teil der im nördlichen Grunewald geplanten neuen Hochschulstadt Hitlers – ließ man abtragen. Sie liegt im Trümmerschutt unter Berlins höchster Erhebung, dem Teufelsberg, heute beliebt für Ausflüge und Wintersport und von den Amerikanern lange Zeit als Horchposten und Fenster durch den eisernen Vorhang genutzt, mit großen Funk- und Radaranlagen.

Die bis auf Reste ihrer Außen- und Grundmauern zerstörte Neue Reichskanzlei, die Speer 1938/39 mit großem Aufwand gebaut hatte, wurde ganz abgetragen. Es gelang allerdings nicht, die mehrere Meter dicken Wände des »Führerbunkers« wegzusprengen. Er wurde mit Erde und Trümmerschutt zugeschüttet. Gras und Unkraut wuchsen darauf. Mitte der achtziger Jahre begann die DDR auf diesem verlassenen Grund unweit der Mauer Wohnblocks zu bauen. Nach dem Mauerfall wurden Teile der weitläufigen Bunkeranlage der ehemaligen Reichskanzlei vorübergehend freigelegt. Aus Sorge, hier könnte alsbald eine Kultstätte der west- und ostdeutschen Neonazis entstehen, hat man die Eingänge rasch zubetoniert. Der wissenschaftliche Leiter des Berliner Archäologischen Landesamtes trat nachdrücklich dafür ein, einige der Bunker zwischen Otto-Grotewohl-, Voß- und Ebert-Straße unter Denkmalschutz zu stellen, mit der erklärten Absicht, hier »Seelenschichten der deutschen Geschichte« freizulegen.[34] Zwar konnte er sich dabei auf einen einstimmigen Beschluß des Berliner Abgeordnetenhauses berufen, der den Senat aufgefordert hatte, über das Gelände der ehemaligen Reichskanzlei vor jeder weiteren Planung oder Bebauung eine Dokumentation zu erstellen, doch sonst fand der Plan wenig Zustimmung. Die Jüdische Gemeinde Ber-

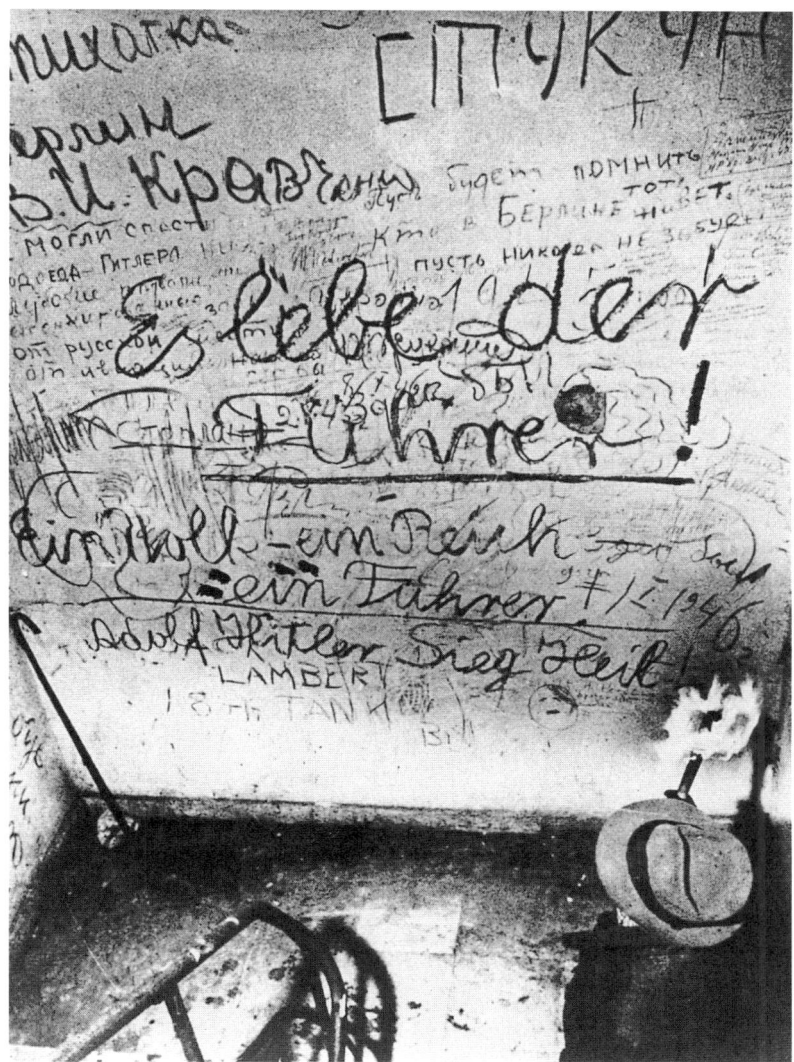

Reichskanzler-Ruine, Graffiti (1947)

lin sah darin »eine dauernde Irritation und Beleidigung für die Opfer des Nationalsozialismus«. Und der Zeithistoriker Wolfgang Benz befürchtete, daß sich im Falle der Freilegung des sogenannten »Führerbunkers« hier wiederholen könnte, was sich seit langem auf dem Obersalzberg in den ostbayerischen Alpen etabliert hat, eine »Devotionalienbörse«, daß hier wie am Ort der Wolfsschanze »die Sensa-

Voßstraße / Wilhelmstraße:
Reichskanzlei-Ruine (1947)

tionslust« vor allem von Geschichtstouristen befriedigt wird.³⁵ Der Verein »Aktives Museum Faschismus und Widerstand« bemühte sich um einen Kompromiß; er wollte sich einer Auseinandersetzung mit der NS-Vergangenheit an einem Ort offensichtlicher Publikumsattraktion einerseits nicht verschließen, mochte ihm aber keine »oberste Priorität« einräumen.

Verschüttet und planiert sind die steinernen Spuren der Vergangenheit auch dort, wo sich zu Beginn der dreißiger Jahre der »Volksgerichtshof« befand, im ehemaligen Königl. Wilhelm-Gymnasium in der Bellevue-Straße 15.³⁶ Keine Schrifttafel erinnert daran, daß dort weit mehr als 10 000 Todesurteile verhängt wurden, die meisten während des Krieges – wegen »Wehrkraftzersetzung«, »Zweifel am Endsieg«, Verbreitung von »Flüsterwitzen« oder wie immer die Delikte eines damals lebensgefährlichen politisch-oppositionellen Verhaltens hießen. Kein Hinweis findet sich, daß der Bundesgerichtshof und das Berliner Landgericht dem Freislerschen Blutgericht noch 1968 bescheinigten, ein »normales, unabhängiges Gericht« gewesen zu sein, und natürlich auch kein Hinweis darauf, daß der Bundestag erst im Januar 1985 die Rechtswirkungen der »Volksgerichtshof«-Entscheidungen aufhob und diesen zum »Terrorinstrument« des NS-Staates erklärte.³⁷ Und wer es nicht weiß, erfährt es auch hier nicht: daß keiner der überlebenden NS-Richter von einem Gericht der Bundesrepublik rechtskräftig verurteilt worden ist. Für sie galt das Richterprivileg, da man ihnen »niedere Beweggründe« nicht nachweisen konnte. Zur Erinnerung an die Opfer des »Volksgerichtshofs« – unter ihnen mehrere der Widerstandskämpfer des 20. Juli – wurde im Oktober 1983 vor dem ehemaligen Preußischen Kammergericht eine Granittafel aufgestellt, dort, wo nach 1945 der Alliierte Kontrollrat residierte, im Kleistpark an der Potsdamer Straße.

Nur wenige Minuten entfernt befindet sich das frühere Grundstück Tiergartenstraße 4 (Ecke Matthäikirchstraße), das unter dem berüchtigten Kürzel »T4« Sitz der »Euthanasiezentrale« war.³⁸ Zuvor hatte in der einstigen Stadtvilla die NSDAP-Auslandsorganisation residiert. Mehrere hundert Angestellte und Beamte organisierten dort die Ermordung Zehntausender geistig und körperlich behinderter Menschen. 1940/41 wurden in den verschiedenen Anstalten etwa 70 000 Menschen ermordet. Öffentliche Proteste erzwangen eine vorübergehende Einstellung der Massentötung. Sie wurde später mit veränderten Techniken fortgesetzt. Die »Aktion T4« war eine Art Vorlauf für die Gewaltverbrechen im Osten. Ein Großteil des Personals wurde für die »Endlösung« rekrutiert. Auch die Kommandanten der Vernichtungslager Belzec, Sobibor und Treblinka kamen von hier.

Einige der Hauptverantwortlichen der »Euthanasie«-Aktion wurden nach dem Krieg hingerichtet. Andere konnten unter falschem Namen ihre ärztliche Tätigkeit fortsetzen oder erreichten die Einstellung ihrer Verfahren. Noch Ende der achtziger Jahre wurden zwei ehemalige »T4«-Ärzte verurteilt, allerdings nur zu geringen Haftstrafen.

Zunächst erinnerte auf dem riesigen Trümmergelände zwischen Kemper Platz und Potsdamer Platz nichts mehr daran, daß von diesem Ort das erste NS-Gewaltverbrechen geplant und organisiert worden war. Anfang der 1960er Jahre errichtete dort Scharoun die neue Berliner Philharmonie. Erst am 1. September 1989 wurde auf dem Bürgersteig eine etwa drei mal drei Meter große Bronzetafel eingelassen, die nach einem Entwurf des Bildhauers Richard Serra gestaltet ist. Sie trägt die Inschrift:

»Ehre den / vergessenen / Opfern / An dieser Stelle, in der Tiergartenstraße 4, / wurde ab 1940 der erste national- / sozialistische Massenmord organisiert, / genannt nach dieser Adresse: »Aktion T4«. / Von 1939 bis 1945 wurden fast 200 000 / wehrlose Menschen umgebracht. / Ihr Leben wurde als »lebensunwert« / bezeichnet, ihre Ermordung hieß »Euthanasie«. / Sie starben in den Gaskammern von Grafeneck, Brandenburg, / Hartheim, Pirna, Bernburg und Hadamar: / Sie starben durch Exekutionskommandos, / durch geplanten Hunger und Gift. / Die Täter waren Wissenschaftler, Ärzte, / Pfleger, Angehörige der Justiz, der Polizei, / der Gesundheits- und Arbeitsverwaltungen. / Die Opfer waren arm, verzweifelt, aufsässig / oder hilfsbedürftig. Sie kamen aus / psychiatrischen Kliniken und Kinderkrankenhäusern, aus Altenheimen / und Fürsorgeanstalten, / aus Lazaretten und Lagern. / Die Zahl der Opfer ist groß, gering die Zahl / der verurteilten Täter.«[39]

Auch in der Witzlebenstraße 4–10 (Charlottenburg) wird – erst seit wenigen Jahren – an NS-Täter erinnert.[40] Die Auseinandersetzung um die Gedenktafel, die darüber informiert, daß hier »über 260 Kriegsdienstverweigerer und zahllose Frauen und Männer des Widerstands« zum Tode verurteilt wurden, ist einmal mehr aufschlußreich für den Zusammenhang von Denkmalgeschichte und politischer Kultur. Das

Gedenktafel vor dem ehem. Reichskriegsgericht, Witzlebenstr. 4–5

Reichskriegsgericht hat über eintausend Todesurteile verhängt, darunter in mehreren Hundert Fällen wegen sogenannter »Wehrkraftzersetzung«, dem seit 1949 grundgesetzlich geschützten Recht auf Kriegsdienstverweigerung. Zu den bekanntesten Strafverfahren zählt das gegen die Widerstandsgruppe »Rote Kapelle« um Harro Schulze-Boysen und Arvid Harnack. Eine Gruppe von Kriegsdienstgegnern brachte während des Evangelischen Kirchentages im Sommer 1989 eine Gedenktafel an dem Gebäude an, in dem sich jetzt das Kammergericht befindet. Sie konnte sich dabei auf ein einstimmiges Votum der Bezirksversammlung stützen. Das hinderte einen Kammerrichter allerdings nicht, die Tafel tags darauf eigenmächtig entfernen und in einem Müllcontainer entsorgen zu lassen. Sein Dienstherr fand das Verhalten nicht zu beanstanden. Und auch er konnte sich auf eine höhere Legitimation berufen, als er die Auseinandersetzung mit der Geschichte an diesem Ort verweigerte. Der Bundesgerichtshof hat mehrfach die Widerständigkeit von Kriegsdienstverweigerern in Abrede gestellt und die einstigen Richter vom Vorwurf der Unrechtsprechung freigesprochen. Da half es offenbar wenig, daß der Bundesjustizminister bei der fast zeitgleich in Berlin eröffneten Ausstellung »Justiz und Nationalsozialismus« die »Flucht vor der nationalsozialistischen Vergangenheit« als »zentrale Fehlleistung der bundesdeutschen Justiz« bezeichnete.[41] Seit dem 1. September 1989 ist eine Gedenktafel aus Metall und auf Stahlpfosten befestigt aufgestellt, allerdings mit räumlicher Distanz zum Tatort – auf dem Bürgersteig vor dem Eingang des Kammergerichts.

Die Wannsee-Villa

Zur hauptstädtischen Topographie der Täter gehört gewiß auch das Haus Am Großen Wannsee 56/58. Bekanntlich verständigten sich dort am 20. Januar 1942 ein Dutzend höhere NS-Funktionäre und Ministerialbeamter über technische Einzelheiten der sogenannten »Endlösung«. Man mag gerade an dieser Gedenkstätte, die 1992 mit viel Publicity und geschichtspädagogischem Anspruch eröffnet wurde, ein Beispiel sehen für das, was Karl Markus Michel spöttisch, aber doch nicht unberechtigt als »Topolatrie« bezeichnet hat. Also jene in zahlreichen lokalen Initiativen organisierte Bewegung der »Ortsbesetzer«, die den bedeutenden ebenso wie den weniger bedeutenden Gedächtnisort als authentischen Erlebnisraum installiert und dabei vom Mythos des Ortes, Bauwerks usw. profitieren möchte, dabei aber womöglich Gefahr läuft, die steinernen Spuren des Dritten Reiches in eine zeitgeschichtliche Erlebnislandschaft zu verwandeln. Der Einwand ist nicht ohne weiteres abzuweisen.[42]

Gerade hier dürfte die lange Vorgeschichte der »Gedenkstätte« zeitgeschichtlich aufschlußreicher und bedeutsamer sein als die kurze Geschichte dieses als »Ort der Wannseekonferenz« möglicherweise überbewerteten einstigen Gästehauses der Sicherheitspolizei und des SD. Dorthin hatte Reinhard Heydrich, der Chef des Reichssicherheitshauptamtes, im Januar 1942 zu einer »Besprechung mit anschließendem Frühstück« mehrere hochrangige Vertreter aus Ministerien und Parteidienststellen eingeladen, nicht um zu entscheiden, sondern nur um zu informieren, denn die »Endlösung« war zu diesem Zeitpunkt längst im Gange.[43] Wenn aber die Vernichtung der europäischen Juden nicht von hier ihren Ausgang genommen hat, dann wird man fragen müssen, ob dieses Haus der angemessene Ort ist für die ihm spät zugewiesene umfassende Aufgabe, einerseits »Mahnstätte der Täter« zu sein und andererseits »Gedenkstätte der Opfer« und darüber hinaus noch als Bildungseinrichtung für besondere Berufsgruppen zu dienen (Beispiel: »Judenmord und öffentliche Verwaltung« – vorzugsweise für ÖTV-Mitglieder), zumal mit der »Topographie des Terrors« bereits eine zentrale Dokumentation und Gedenkstätte für die NS-Gewaltverbrechen besteht.

Kritisiert wurde denn auch schon bei der Eröffnung der ständigen Ausstellung, die ihr Leiter, Gerhard Schoenberner, auf der Grundlage seines Anfang der sechziger Jahre erschienenen und damals viel beachteten Buches *Der gelbe Stern* erstellt hat, daß sie dem Anspruch der politischen Vorgabe nicht voll gerecht wird. Die Senatsvorlage hatte verlangt: »Die Opfer müssen ebenso sichtbar werden wie die Täter und das System, das die einen wie die anderen zu dem machte, was sie wurden.«[44] Zugespitzt, aber doch nicht falsch, hieß es in einem Kommentar, daß die Opfer in der Ausstellung ebenso »anonym« bleiben wie die Täter, die »wie aus der Hölle auf die Erschießungsplätze in Osteuropa« gekommen »und anschließend wieder in den Orkus gestiegen zu sein« scheinen.[45] Eine andere kritische Stimme monierte, daß der »Massenmord ohne Mörder dargestellt« werde und die jüdischen Opfer nur so, »wie jene sie sahen«: als »Untermenschen«. So würden dem Betrachter ausgemergelte, elende, oft nackte Gestalten auf Fotos präsentiert, würde ihm nicht erklärt – die Fotos bleiben als Quelle unkommentiert –, wer diese Bilder fotografierte, und daß die Deutschen ihre Opfer durch systematische Verelendung zu diesen »häßlichen« Gestalten gemacht hätten.[46] Das aber mache diese Bilder nicht nur zu einer desorientierenden, höchst fragwürdigen Attraktion, zumal die der nackten Frauen vor den Erschießungskommandos für manches männliche Besucherauge. In dieser Foto-Schau werde den ermordeten Menschen zudem »noch einmal (...) ihre Geschichte, ihre Einzigartigartigkeit geraubt«. Denn man habe versäumt, den qualvollen Vorgang des Verlustes der Individualität zu dokumentieren und daran zu erinnern, wie diese Menschen als jüdische Familien in der Vorkriegszeit gelebt, gearbeitet und ausgesehen hätten, in Wilna, in Warschau, in Lodz, in Lemberg und anderswo.[47]

Der Initiator dieses Projektes hatte wohl anderes im Sinn als ein Museum und eine Tagungsstätte mit Mediothek und »Multiplikatoren« für »berufs- und adressatenspezifisches ›Lernen in Projekten‹«. Mitte der sechziger Jahre, zu einer Zeit also, als das Prinz-Albrecht-Gelände noch verlassen und vergessen im Schatten der Mauer lag und fast niemand in Berlin an eine zentrale Dokumentations- und Forschungsstelle für die NS-Gewaltverbrechen und an ein Antisemitismus-Forschungsinstitut dachte, da war es der lange unermüdlich tätige Joseph Wulf, nach 1945 einer der Mitbegründer der Zentralen Jüdischen Historischen Kommission in Polen, der eben dies forderte: ein »Internationales Dokumentationszentrum zur Erforschung des Nationalsozialismus und seiner Folgeerscheinungen«. Doch dieses Ziel wurde nie erreicht. Zwar fand Wulf prominente Fürsprecher, aber es gab von Anfang an auch Widerstand.[48] Sei es, daß man die von Wulf ihres Symbolwerts wegen ins Auge gefaßte Wannsee-Villa am liebsten abgerissen hätte, damit »keine Spur von dieser Schreckensstätte übrig bleibt«. Sei es, daß man – quer durch alle Parteien – die Räumung des Schullandheims, welches das Bezirksamt Neukölln seit 1952 in der Villa unterhielt, für wenig opportun hielt, zumal mit Blick auf die rechtsradikale Szene. Dort war eine Hetzkampagne im Gange. »Rachedenkmal statt Kinderheim«, schlagzeilte die *Deutsche Wochenzeitung*. Auch die *Deutsche National- und Soldaten-Zeitung* verfälschte das Problem in rechtspopulistischer Manier und schrieb: »Nazi-Dokumente wichtiger als Arbeiterkinder?« Selbst der damalige Regierende Bürgermeister, Klaus Schütz, sprach von einer »makabren Kultstätte«. Er unterstützte allerdings die Gründung des Dokumentationszentrums, lehnte aber die Wannsee-Villa als Standort ab. Auch *Christ und Welt* polemisierte heftig gegen jene, die »den Weg der Deutschen in die Zukunft mit weiteren düsteren Kultstätten (...) versehen« wollten, denn »Hitler und seine Kumpane haben uns so viele Schädelstätten des Grauens beschert, daß sie den Blick auf die übrige Geschichte der Deutschen verstellen.«[49] Davon konnte zu jenem Zeitpunkt wahrlich nicht die Rede sein. Nicht der Blick »auf die übrige Geschichte der Deutschen« war verstellt, sondern der auf die Geschichte des Nationalsozialismus, auch in Berlin. Der mit dem Projekt Anfang der siebziger Jahre befaßte Bundesinnenminister sah ebensowenig Handlungsbedarf und schrieb auf eine Anfrage des Bundespräsidenten, daß die dem »Dokumentationszentrum zugedachten Aufgaben bereits ausreichend durch das Bundesarchiv und das Institut für Zeitgeschichte (in München, d. V.) erfüllt werden«. Danach geriet das Projekt für ein Jahrzehnt in Vergessenheit. Der Förderverein war aufgelöst worden, und im Herbst 1974 hatte sich Wulf das Leben genommen.

Erst Anfang der achtziger Jahre fand dieser Ort wieder öffentliche Beachtung. Aus Anlaß des 40. Jahrestages der Wannsee-Konferenz wurden alte Forderungen und Initiativen erneuert. Aber sie blieben auch jetzt erfolglos. Inzwischen konzentrierten sich die Aktivitäten auf die Um- und Neugestaltung des Prinz-Albrecht-Geländes. Mitte der achtziger Jahre verdichtete sich die Debatte über den denkmalpflegerischen Umgang mit den NS-Täterorten in der Stadt. Im Herbst 1986 gab der Berliner Senat seine Absicht bekannt, in der Wannsee-Villa eine Gedenk- und Begegnungsstätte einzurichten und das Schullandheim anderswo unterzubringen. Am 20. Januar 1992, dem 50. Jahrestag der Wannsee-Konferenz, fand dann die Einweihung dieses weiteren Museums statt, die zu einem internationalen Medienereignis wurde. Der *Times*-Korrespondent trug mächtig auf und schlagzeilte: »Holocaust birthplace becomes museum with a mission«. Und die Mission des Hauses sah er offenbar darin, »to explain one of history's worst crimes, initiated at a drunken breakfast«.[50] Man konnte sich ein weiteres Mal an den sarkastisch zugespitzten Satz erinnern, mit dem ein amerikanischer Journalist Jahre zuvor die TV-Serie *Holocaust* kommentiert hatte: »There is no business like Shoah-business«.

Sehr viel weniger aufwendig, ganz ohne Medienshow und Geschäftigkeit, wurde Ende der achtziger Jahre von dem Zentrum der Wirtschaftsverwaltung des SS-Staates in Steglitz Unter den Eichen 126/135 öffentlich Notiz genommen – durch eine Gedenktafel mit der knapp informierenden Inschrift:

»Hier befand sich während der NS-Zeit der Sitz des / SS-Wirtschafts- und Verwaltungshauptamtes / Zentralverwaltung zur Organisation und wirtschaftlichen / Nutzung aller Konzentrations- und Vernichtungslager, / sowie der zentralen Leitung der SS-Wirtschaftsunternehmen. / Bis zur Errichtung des KZ-Außenlagers / in der Wismarer Straße waren im östlichen Innenhof des / Gebäudes von 1940 bis 1942 / Häftlinge des KZ Sachsenhausen untergebracht.«[51]

Mit diesem Ort wird kein spektakuläres Ereignis in Verbindung gebracht, aus dem die Dramaturgen der Gedächtnisorte ohne weiteres didaktisches oder inszenatorisches Kapital schlagen könnten. Das Anonyme und Abstrakte bürokratischen Handelns verweigert sich dort dem auf Anschaulichkeit und personelle Authentizität fixierten Bemühen um »erlebnisreiche« Wiederaufbereitung von Geschichte. An diesem Ort fand allerdings das statt, was zum Systemcharakter der NS-Herrschaft gehörte: die Organisation der »Vernichtung durch Arbeit« und die Verwaltung jenes beachtlichen Mehrwertes, der durch dieses SS-Programm erwirtschaftet wurde.

»Topographie des Terrors«

Das inzwischen berühmteste Beispiel dafür, daß die NS-Geschichte erst einmal verdrängt und vergessen gemacht wurde, bevor man bereit war, sich wieder an sie zu erinnern, ist das Gelände zwischen dem Gropius-Bau (dem früheren Kunstgewerbe- bzw. Völkerkundemuseum) an der Niederkirchner Straße (früher Prinz-Albrecht-Straße), der Anhalter Straße und der südlichen Wilhelmstraße. Die Trümmerwüste, die hier in der frühen Nachkriegszeit bestand, blieb jahrzehntelang Brachland. Hier hatte man – anders als in Frankfurt – kein Juden-Ghetto eingeebnet und die Geschichte einer verfolgten und vernichteten Minderheit vergessen. Hier hatte man auch nicht – wie in der Wannsee-Villa – irgendein von den Nazis zeitweise genutztes Gebäude »entnazifiziert« und sodann weiterbenutzt. Hier hatte man die Befehlszentrale des SS-Imperiums und seiner Gewaltverbrechen allmählich in Vergessenheit geraten lassen.

Weltberühmt war einst die vom »Soldatenkönig« angelegte barocke Friedrichstadt mit ihren Adels- und Bürgerpalästen, jenem Stadtteil, den Schinkel später klassizistisch ausgestaltete. Weltbekannt war diese Gegend zu Bismarcks Zeiten, insbesondere die Wilhelmstraße als Sitz preußischer und reichsdeutscher Regierungsämter.[52] Stadtweit und schließlich weltweit gefürchtet war manches Haus und manche Straße nach 1933. In der ehemaligen Kunstgewerbeschule mit der nachmals

Prinz-Albrecht-Straße (heute Niederkirchner Straße): Ruine des Gestapo-Hauptquartiers; rechts: Martin Gropius-Bau (ca. 1947)

berüchtigten Adresse »Prinz-Albrecht-Str. 8« residierte die von Göring geschaffene und aus der preußischen Polizei hervorgegangene Geheime Staatspolizei. Das frühere Hotel Prinz Albrecht hatte Himmler zum Sitz des SS-Hauptquartiers gemacht. Und in das Prinz-Albrecht-Palais an der Wilhelmstraße zog der Sicherheitsdienst (SD), zunächst eine Parteigliederung, später eine quasi staatliche Spionageorganisation. Im September 1939 vereinigte Himmler Gestapo, Kripo und SD im Reichssicherheitshauptamt (RSHA).

Infolge der schweren Luftangriffe und der erbitterten Bodenkämpfe um das Machtzentrum des Dritten Reiches wurden alle Gebäude um den Prinz-Albrecht-Garten mehr oder weniger schwer in Mitleidenschaft gezogen. Sie wären größtenteils zu retten gewesen. Die Gebäudeschädenkarte von 1945 weist die meisten Bauten dieses Areals als wiederaufbaufähig aus. Gleichwohl wurden alle vom NS-Regime genutzten Gebäude bis Mitte der fünfziger Jahre gesprengt, abgetragen und das Gelände enttrümmert. Bevor man die Geschichte wiederentdeckte, machte man sie erst einmal unsichtbar.[53]

Sprengung und Abriß des Gestapo-Gebäudes blieben weitgehend unbeachtet. Die von der DDR-Regierung unter Ulbricht verfügte Sprengung des Berliner Schlosses löste hingegen empörte Reaktionen aus. Restliche Mauern wurden Mitte der fünfziger Jahre gesprengt. Der Trümmerschutt füllte den Gefängniskeller. Der Mauerbau im August 1961 zerriß neben dem politischen auch den stadträumlichen Zusammenhang der Stadt. Wenig später wurde auch das relativ gut erhaltene ehemalige Völkerkundemuseum weggesprengt. Denn die neue Hausherrin und Hüterin des historischen Erbes, die Stiftung Preußischer Kulturbesitz, mochte auch nicht mehr am einstigen kulturellen Zentrum festhalten und zog in den Westen um, in den noblen Villen-Vorort Dahlem. So war nur noch wenig von vormals nahezu vollstän-

Mitte: »Prinz-Albrecht-Gelände« an der Mauer zwischen Niederkirchner-Straße, Stresemannstraße und Anhalter Straße (1968).
Am oberen Bildrand: Reichstag und Brandenburger Tor; rechts oben: Haus der Ministerien der DDR (ehem. Luftfahrtministerium); links unten: Ruinenrest des Anhalter Bahnhofs

diger Blockrandbebauung übriggeblieben: der Martin-Gropius-Bau und Teile des Europa-Hauses. Das historisch-architektonische Profil dieses Areals hatte man ausgelöscht.

Das sollte aber nur die erste Phase historischer Spurentilgung sein. Die zweite überzog die Brachfläche mit allerlei Umnutzungen bzw. Umnutzungsplänen. Abrißfirmen brachten Bauschutt hierher zur Wiederaufbereitung für die zahlreichen Bauprojekte und Sanierungsgebiete der sich aus den Trümmern erhebenden und ungestüm modernisierenden Stadt. Auf einem »Autodrom« konnten sich Fahrlustige ohne Führerschein vergnügen. Das Bezirksamt Kreuzberg dachte zeitweilig daran, einen Hubschrauberlandeplatz anzulegen, während der Senat dieses Gebiet in anderer Weise »verkehrsgerecht« gestalten wollte. Für den Wettbewerb »Hauptstadt Berlin« entstand der Plan, die östlich gelegene Kochstraße zur Schnellstraße auszubauen und über das Prinz-Albrecht-Gelände hinweg Richtung Landwehrkanal zu führen. In jener Zeit überließ man das Gebäude des ehemaligen Kunstgewerbemuseums dem Verfall und der weiteren Zerstörung. Im deutsch-deutschen Niemandsland waren die Voraussetzungen besonders günstig, daß aus diesem Gelände »ein Ort der nicht-angenommenen deutschen Geschichte« (W. Scheffler) wurde – und als solcher wiederum ein auch für jene Zeit aufschlußreicher Gedächtnisort.

Erst in den siebziger Jahren geriet er wieder ins öffentliche Bewußtsein. Dazu trugen mehrere Ereignisse und Akteure je auf ihre Art und Weise bei: die Mitte der siebziger Jahre beginnende Restaurierung des Gropius-Baus, der Stadt- und Architekturhistoriker Dieter Hoffmann-

Freigelegte Reste der Zellenböden des
Gestapo-»Hausgefängnisses« (1986)

Axthelm, ein Tunix-Kongreß und die Planer der Internationalen Bauausstellung Berlin. 1980 forderten mehrere Organisationen, daß ein Mahnmal auf dem Gelände errichtet wird. Und 1982 brachte die SPD-Fraktion einen Antrag im Abgeordnetenhaus ein, der empfahl, zusätzlich ein Dokumentenhaus und ein Museum einzurichten. Doch mit der Ausschreibung des Wettbewerbs im Sommer 1983 wurde ein folgenschweres Problem geschaffen. Die teilnehmenden Künstler sollten nämlich höchst Gegensätzliches harmonisieren. Sie waren aufgefordert, »die geschichtliche Tiefe des Ortes mit den Nutzungsansprüchen Parkgestaltung, Spielplatz, Bewegungsfläche etc. in Übereinstimmung« zu bringen. Von verschiedenen Stellen wurde die mangelnde Beteiligung einer breiten Öffentlichkeit an der Entscheidungsbildung kritisiert. Der in dieser Zeit gegründete Verein »Aktives Museum« forderte für diesen Gedächtnisort mehr Werkstattcharakter und ein internationales Begegnungszentrum. Er entwickelte eine rege Tätigkeit und trat mit zahlreichen Ausstellungen, Diskussionen, Anträgen hervor – und im Mai 1985 dann mit der spektakulären Aktion »Nachgraben«, durch die Teile der Fundamente und Kellermauern freigelegt wurden. Die denkmalpflegerische Neugestaltung des Prinz-Albrecht-Geländes drohte in dieser Zeit durch andere Interessen und Konzepte überlagert und abgedrängt zu werden.

Zwar hatte eine Jury im Mai 1984 einen 1. Preis an die Architekten Jürgen Wenzel und Nikolaus Lang vergeben, den sie auch zur Ausführung empfahl – und zwölf weitere Preise an andere Bewerber verteilt. Der Entwurf von Wenzel / Lang wollte aus dem Gelände einen Gedenkhain machen, mit geometrisch-streng angeordneter Baumbepflanzung und einer Art »Versiegelung« des Bodens mit eisernen Platten, in denen Dokumente eingelassen werden sollten. Doch Ende 1984 hob der Regierende Bürgermeister Diepgen (CDU) die Jury-Entscheidung auf. Zuvor war bekannt geworden, daß die Bonner Regierung auf Wunsch und Initiative von Bundeskanzler Kohl in Berlin ein Deutsches Historisches Museum errichten lassen wollte und man offenbar daran dachte, dafür das Prinz-Albrecht-Palais wieder aufzubauen.[54] Auch deshalb empfahl der Senat im Hinblick auf die bevorstehende 750-Jahrfeier der Stadt im Jahr 1987 nur eine provisorische Lösung. Verantwortlich wurde nun der Senator für Kulturelle Angelegenheiten. Die wachsende Unzufriedenheit mit der hinhaltenden Senatspolitik führte Ende 1985 allerdings zur Gründung einer »Initiative zum Umgang mit dem Gestapo-Gelände«. Im Sommer konnten unter Leitung des Architekten Robert Frank Ausgrabungen und Spurensicherungen beginnen. Dabei wurden die Kellergefängnisse der ehemaligen Gestapozentrale freigelegt. Sie erhielten eine großflächige Überdachung. Und im folgenden Jahr konnte die unter Leitung des Berliner

Die Ausstellung »Topographie des Terrors« (1987)

Historikers Reinhard Rürup erarbeitete Dokumentation »Topographie des Terrors« eröffnet werden, rechtzeitig zur 750-Jahr-Feier. Sie war als Provisorium geplant. Und zugleich mit der Öffnung dieses Gedächtnisortes wurde versucht, die jüngeren Spuren des nachträglichen Unsichtbarmachens zu dokumentieren und zu erhalten.

Auf Beschluß des Berliner Abgeordnetenhauses konstituierte sich Anfang 1989 eine Fachkommission zur Erarbeitung von Vorschlägen für die zukünftige Nutzung des Prinz-Albrecht-Geländes, die ein Jahr später ihren Abschlußbericht vorlegte. Darin wurde empfohlen, einen »Ort der Aufklärung und der geistigen Auseinandersetzung mit den Entstehungsbedingungen und Strukturen des nationalsozialistischen Terrorsystems« zu schaffen, denn dieses Gelände sei in erster, wenn natürlich auch nicht in einziger Linie ein »Ort der Täter«. Die Kommission empfahl ferner, »auf einen erneuten Versuch der künstlerischen Gesamtgestaltung (...) ebenso zu verzichten wie auf ein monumentales Denkmal«. Und sie sprach sich auch dafür aus, einen »Ort der Stille« einzurichten, einen Raum »ungestörter Besinnung«, denn dieser Ort sei ja zugleich einer der Opfer. So liefen die Empfehlungen darauf hinaus, »das Gelände ... im wesentlichen in seinem jetzigen Charakter (zu) erhalten« und für den »dauerhaften Schutz der Ausgrabungen« ebenso zu sorgen wie für den »Zusammenhang zwischen Spurensicherung und Informationsarbeit«. Der Architekt Robert Frank schlug dafür »eine knappe Stahl-Glas-Konstruktion« vor.[55] Aber es wird an diesem Ort voraussichtlich zu einer sehr viel aufwendigeren Neugestaltung kommen. Zumal die Kommission auch vorschlug, in Verbindung mit der Ausstellung ein internationales Begegnungszentrum zu schaffen. Außerdem wurde – um eine langfristig tragfähige finanzielle und organisatorische Grundlage zu schaffen – eine (zunächst) unselbständige »Stiftung Topographie des Terrors« ins Leben gerufen, an der sich zukünftig auch die Bundesrepublik beteiligen soll.

Ein Wettbewerb zur Neugestaltung des Geländes hat inzwischen stattgefunden. Der preisgekrönte und zur Ausführung vorgesehene, aber keineswegs unumstrittene Entwurf von Peter Zumthor und Thomas Durisch sieht neben einem kompakten siebengeschossigen Baukörper – für jenes Begegnungszentrum – an der Stresemannstraße eine »abstrakte Gebäudehülle« als Ausstellungshalle über der Ausgrabungsstätte vor.[56] Doch trotz einer – wie die Architekten erklärten – kargen, asketischen Architektur wird man zweifeln dürfen, ob die Auflage der Fachkommission erfüllt wird, »alles Aufdringliche, den Gesamteindruck Verändernde« zu vermeiden, ob nach den geplanten Eingriffen und Veränderungen dieses Gelände also noch bleibt, noch bleiben kann, was ihm der Architekturhistoriker Hoffmann-Axthelm in einem sehr bedenkenswerten Kommentar gewünscht hat: ein fast leerer, ein »außerordentlicher Ort«, vielleicht ein ärgerlicher, aber gewiß ein städtebaulich störender Ort, wenn die Stadt auch hier im Laufe der Zeit wieder zusammenwächst. Denn dieses »Gelände ist aus der Stadt herausgefallen«, weshalb es in hohem Maße zweifelhaft erscheint, ob es »in seiner Leere monumental überhöht« oder »für gutgemeinte didaktische, kulturelle und soziale Zwecke parzelliert werden« kann.[57] Der Einwand ist nicht leicht abzuweisen. Zumal dann nicht, wenn man bedenkt, daß sich Kommission und Stiftung mit der von ihnen empfohlenen äußersten Zurückhaltung schon in der Planungsphase nicht behaupten konnten und gegenüber der mit Macht in Gang gekommenen Hauptstadt-Bebauung gerade hier einen außerordentlich schweren Stand haben, unweit des Potsdamer Platzes.

Synagogen und Bahnhöfe:
Spuren der Vertreibung und Vernichtung

Herausgefallen aus dem Gesicht der Stadt, ihrem steinernen Gedächtnis abhanden gekommen, waren zunächst auch die Stätten der ausgelöschten jüdischen Gemeinde, insbesondere die großen Synagogen oder was davon nach Pogrom, Deportation und Bombenkrieg noch

Ruine der Synagoge Levetzowstraße
vor dem Abriß (1955)

übriggeblieben war.[58] Die Synagoge in der Levetzowstraße, in der Pogromnacht 1938 nur geringfügig beschädigt, wurde ab Ende 1941 als Sammellager für die Deportationen in die Vernichtungslager im Osten benutzt und hat den Krieg als Vollruine überstanden. Sie wurde 1956

Links: Säulen der Synagoge Levetzowstraße (1956)
Rechts: Denkmal am Standort der Synagoge Levetzowstraße (1988, Theseus Bappert, Peter Herbrich, Jürgen Wenzel)

Synagoge Fasanenstraße (vor 1938)

abgerissen, nachdem sich zuvor Berliner Behörden und die Jewish Restitution Successor Organisation lange um die Mängelbeseitigung gestritten hatten. Das massive Gebäude war offenbar so gut erhalten, daß mehrfach gesprengt werden mußte, »als ob die Synagoge Levetzowstraße, Zeugin jüdischen Lebens und jüdischen Leids seit 1912, sich beharrlich weigerte, ihren Platz zu räumen«.[59] Dabei blieben zunächst die vier Säulen des Synagogenportals erhalten, die aber bald darauf auch entfernt wurden. Vier Jahre später erinnerte eine Gedenktafel an die zerstörte Synagoge. Sie nahm es allerdings mit der Geschichte nicht so genau und rückdatierte die Zerstörung auf das Jahr 1938, was wohl dem gängigen Geschichtsbild entsprach, aber eben nicht der wirklichen Geschichte. Wo die Synagoge gestanden hatte, war nun eine Lücke, eine freie Fläche. Sie wurde eingezäunt. Hinter dem meterho-

Steinplatz / Charlottenburg: Gedenkstein der Jüdischen Gemeinde (1953, aus Steinen der verwüsteten Synagoge Fasanenstraße)

Synagoge Fasanenstraße (1956, vor dem Abriß)

hen, engmaschigen Zaun spielten viele Jahre Kinder. Ein Schild davor warnte die Passanten: »Betreten bei Schnee und Glätte auf eigene Gefahr!« Ein weiteres Beispiel dafür, wie unsensibel, wie »vergeßlich« mit bürokratischen Vorschriften an Gedächtnisorten hantiert wird.

Auf Initiative der Alternativen Liste wurde Anfang der achtziger Jahre die Errichtung eines Mahnmals beschlossen. Im November 1988 konnte das von dem Bildhauer Peter Herbrich und den Architekten Jürgen Wenzel und Theseus Bappert geschaffene Architekturensemble eingeweiht werden, eine – so die Künstler – »gewaltige, lebende Wand, die Öffnung, die Schwelle und die Rampe. Sie bilden an der Stelle des ehemaligen Tempeleingangs einen Raum der Sammlung. Den Umgang und die Vielfalt, die Größe und die Bedeutung der ausgelöschten preußisch-jüdischen Kultur symbolisiert die »Schwelle« mit gußeisernen Reliefs aller Berliner Vereins- und Gemeindesynagogen. Rampe und Waggon mit Figurationen, die abstrakt in Eisen geschnürte Menschenpakete darstellen (...) zur Veranschaulichung der Ereignisse (...), die von diesem Ort ausgingen.«[60] Bei dem Wettbewerb hatten mehrere Entwürfe einen Preis erhalten. Die von Richard

Fasanenstraße: Jüdisches Gemeindehaus, mit Portal der zerstörten Synagoge; davor: »Thora-Rolle« von Richard Heß

Heß geschaffene Bronzeplastik einer zerbrochenen Thorarolle wurde allerdings nicht hier, sondern vor dem Gemeindehaus in der Fasanenstraße aufgestellt.

Die Synagoge Levetzowstraße war nicht die einzige, welche die Pogromnacht vom 9. November und den Krieg – wenn auch als Ruine – überstanden hatte und erst in den fünfziger Jahren gesprengt und abgetragen worden ist. Andere prominente Beispiele der insgesamt fünfzig Berliner Synagogen, von denen die Nazis am 9. November 1938 vierzig in Brand steckten, sind die in der Oranienburger und in der Fasanenstraße. Dort errichtete die Westberliner Jüdische Gemeinde, die sich 1953 von der Ostberliner Gemeinde getrennt hatte, ein neues Gemeindehaus, einen nüchternen Stahlbetonskelettbau, der vielfältig genutzt wird. An die alte Synagoge, deren Ruine ebenfalls noch bis in die fünfziger Jahre stand, erinnern das dem Haupteingang vorgestellte Portal der zerstörten Synagoge und zwei Risalite ihrer Fassade, die seitlich aufgestellt wurden.[61]

Nur wenig anders verhielt es sich mit der Synagoge in der Oranienburger Straße, im früheren Ost-Berlin.[62] Auch sie blieb in der Nacht vom 9. zum 10. November von den SA-Brandstiftern nicht verschont. Ein »beherzter Reviervorsteher« vertrieb allerdings die zerstörungswütigen SA-Männer unter Hinweis auf das wegen seines Kunstwertes unter Polizeischutz stehende Gotteshaus und beorderte die Feuerwehr an die Brandstelle. Zu Pessach 1939 wurde die Synagoge bereits wieder benutzt. Auch den Krieg überstand sie, nun als »Heeresbekleidungsamt« genutzt und – Ende 1943 durch Bomben schwer beschädigt – als Ruine. Sie wäre wohl zu retten gewesen. Doch daran bestand zunächst kein politisches Interesse, und die so sehr dezimierte, zudem geteilte Gemeinde war dazu auch kaum imstande. So wurde der Hauptteil der 1866 geweihten größten Gemeinde-Synagoge in Berlin im Sommer 1958 gesprengt. Im wesentlichen blieb nur die Vorderfront erhalten – »zur dauernden Erinnerung und zur Mahnung für alle Zeiten«, wie es in einem Protokoll heißt. Pläne, hier ein jüdisches Museum einzurichten, konnten nicht realisiert werden. Zeitweilig bestand die Absicht, die Ruine für den Neubau einer Straße ganz abzureißen. Zum 100. Jahrestag der Einweihung wurde am östlichen Turm eine Erinnerungstafel angebracht. Mehr konnte die Gemeinde nicht erreichen, mehr wollte die DDR-Regierung offenbar auch nicht. Das änderte sich erst »50 Jahre nach der Schändung/ dieser Synagoge/ und (wiederum nicht korrekt, d. V.) 45 Jahre nach ihrer Zerstörung.« So steht es jedenfalls auf einer Tafel, die in Anwesenheit von Erich Honecker und mit großem propagandistischem Aufwand am 9. November 1988 enthüllt wurde. Erst jetzt war das politische Interesse vorhanden, zu beschließen, so der weitere Text auf dieser Tafel, daß »dieses Haus / nach unserem Willen, / mit Unterstützung vieler Freunde / in unserem Lande / und aller Welt neu erstehen (wird)«. Im Sommer desselben Jahres wurde die Stiftung »Neue Synagoge Berlin – Centrum Judaicum« ins Leben gerufen. Seit dem Spätsommer 1991 glänzt die vergoldete Hauptkuppel samt Davidstern wieder – weithin sichtbar – über den Dächern der Stadt. Die erhalten gebliebenen rückwärtigen Teile sollen rekonstruiert werden. Ein vollständiger Wiederaufbau ist zunächst nicht beabsichtigt, die Möglichkeit dazu soll aber nicht »verbaut« werden. Die vielen anderen großen und kleinen Berliner Synagogen stehen im Schatten der Geschichte dieses prominenten Gotteshauses.

Den Novemberpogrom und den Krieg hatte auch die Schöneberger Synagoge an der Münchener Straße weitgehend unversehrt überstanden. Auch sie diente den Nazis als Sammelstelle. Auch sie wurde erst Mitte der fünfziger Jahre abgerissen – für einen Sportplatz. Daran erinnert eine Gedenktafel am Sockel des 1960 von Gerson Fehrenbach geschaffenen Denkmals. Auch die – allerdings schwer beschädigte – Schöneberger Synagoge an der Passauer Straße wurde in den fünfziger Jahren abgerissen, um einem Parkhaus für das Kaufhaus des Westens Platz zu machen. Die Spandauer Synagoge überstand das Ende der NS-Zeit nicht; an sie erinnert eine von Volkmar Haase geschaffene, anrührende Gedenktafel mit einem plastischen Davidstern, der das zerstörte Bild der Synagoge umschließt. An die bald nach dem Novemberpogrom abgerissene Ruine der Synagoge Lessingstraße erinnert gleichfalls eine Bronzetafel. Ihr ist zu entnehmen, daß hier zahlreiche Professoren an den Gottesdiensten teilnahmen, unter ihnen Albert Einstein und Ismar Elbogen, weshalb sie auch, halb spöttisch, halb respektvoll, »Intelligenztempel« genannt wurde. Auch die Synagoge Lützowstraße – neben jener in der Levetzowstraße die zweite große Reform-Synagoge im Tiergarten – überstand den Krieg als Ruine. An ihre Stelle traten Mitte der fünfziger Jahre Bürogebäude. Nicht anders erging es dem liberalen »Friedenstempel« in der Wilmersdorfer Markgraf-Albrecht-Straße; dessen Ruine stand bis in die späten fünfziger Jahre und mußte dann neuen Wohnhäusern weichen. Die Wilmersdorfer Synagoge in der Prinzregentenstraße erlitt ein ähnliches Schicksal. Sie war das letzte jüdische Gotteshaus, das vor Beginn der NS-Herrschaft in Berlin errichtet und 1930 eingeweiht wurde und über 2000 Menschen Platz bot. Die Synagoge brannte 1938 völlig aus. Auch hier wurde die Ruine erst lange nach dem Krieg abgerissen.

Nicht nur die Synagogen(ruinen) und die an ihrer Stelle errichteten Denkmäler oder Gedenktafeln erinnern an das ausgelöschte jüdische Leben. Zu Symbolen der Vertreibung und Vernichtung sind auch die Berliner Deportationsbahnhöfe geworden. Von den vor 1933 rd.

160 000 Berliner Juden, konnten sich etwa 90 000 durch Flucht vor den Nazis retten. Etwa 55 000 Berliner Juden gelang das nicht. Sie wurden über Sammellager an verschiedenen Bahnhöfen der Stadt in Deportationszüge verladen und in die östlichen Ghettos und Vernichtungslager gebracht und ermordet. Der S-Bahn- und Güterbahnhof Grunewald ist einer davon. Auf Initiative einer Verfolgten-Organisation wurde Anfang der siebziger Jahre am Signalhaus eine Gedenktafel mit hebräischer Inschrift angebracht, »Zur Erinnerung an die Opfer der Vernichtung«. Sie ist zweimal entwendet worden. Auf Antrag der Alternativen Liste wurde 1987 ein Wettbewerb für die Errichtung eines Denkmals ausgeschrieben. Ihn gewann der Bildhauer Karol Broniatowski. Zuvor hatte es eine Auseinandersetzung über den Standort gegeben, denn das damals der (ostdeutschen) Deutschen Reichsbahn gehörende Gelände des Güterbahnhofs konnte nicht benutzt werden, womit die Initiatoren so wenig einverstanden waren wie manche Künstler. Der Architekturhistoriker Hoffmann-Axthelm suchte einmal mehr zu vermitteln und mahnte Behutsamkeit im Umgang mit dem Ort an. Er forderte eine unauffällige künstlerische Gestaltung, »die nicht dazu führt, daß der original historische Ort verschwindet und (...) die offenen Fragen durch ein eindeutiges Denkmal zugestellt werden«.[63]

Broniatowski hat den Weg zum Deportationszug, zur Verladerampe, in einem Betonblock nachgestaltet, der neben dem Eingang zum S-Bahnhof entlang des Weges hinauf zum Güterbahnhof an den Fuß des Bahndamms gestellt ist. Im Beton sind – schattenrißartig ausgespart – die Negativformen menschlicher Körper zu sehen, die in der Fluchtperspektive des Auges immer kleiner und undeutlicher werden. Das Preisgericht lobte die künstlerische »Gestaltungskraft«, die »die undarstellbaren Vorgänge sichtbar« gemacht habe. Mag sein. Die Wirkung, die von diesem Denkmal ausgeht, wird im übrigen auch dann nicht geringer, wenn man weiß, daß schon Louis Leygue in seinem Entwurf

Gedenkstätte S-Bahnhof-Grunewald (1991, Karol Broniatowski)

für ein Denkmal des unbekannten politischen Gefangenen die Negativform eines stilisierten menschlichen Körpers benutzt hat. Ich gestehe gern, daß mich dieses abseits gelegene Monument immer wieder beeindruckt. Gleichwohl – oder gerade deshalb – wird man auch hier fragen dürfen, ob nicht die ästhetische Überformung bei aller Zurückhaltung in der formalen Gestaltung dazu tendiert, dem suchenden Auge anrührend schmeichelnd, an die Stelle des zu Erinnernden und Ausgelöschten zu treten. Zudem bleibt ja völlig unklar, was es heißt, die Vertreibung und Vernichtung von Zehntausenden Berliner Juden zu undarstellbaren Vorgängen zu erklären und doch gleichzeitig ihre künstlerische Nachgestaltung für möglich und hier sogar für besonders gut gelungen zu halten. Darüber hinaus wird der Betrachter eben auch an dieser Stelle im unklaren darüber gelassen – oder soll man sagen: getäuscht? –, daß die Orte des Terrors und des Leidens hier wie anderswo in der Stadt zunächst aus ihrem steinernen Gedächtnis gedrängt worden sind, bevor man sie Jahre oder Jahrzehnte später wieder in das öffentliche Gedächtnis zurückholte, nun eine schnell wachsende Zahl von Orten als historische Spuren identifizierte und sie – dem Zeitgeschmack mehr oder weniger folgend – ästhetisch und didaktisch inszenierte. Und wer es nicht weiß, erfährt hier selbstverständlich nicht, daß die Ausführung dieses Denkmals bei der Dyckerhoff & Widmann AG lag, die ja mit der Errichtung von Betonklötzen einschlägige Erfahrung hat: sie baute u.a. den Test-Belastungskörper für Hitlers Großbauten an der Kolonnenbrücke.

Und als ob an diesem Ort das frühere Vergessen der Vergangenheit besonders nachdrücklich vergessen gemacht werden soll, spricht man seit 1993 von einem weiteren Deportations-Denkmal. Als bekannt wurde, daß die Bundesbahn an diesem Ort eine Reinigungshalle für die ICE-Züge bauen wollte, protestierten der Zentralrat und die Berliner Jüdische Gemeinde scharf und öffentlich gegen den Plan. Dann begannen vertrauliche Verhandlungen zwischen den Parteien. Mitten hinein in diesen Prozeß stieß dann die Offensive des Gemeindevorstehers und der Fernsehjournalistin Lea Rosh, die bereits in Hannover ein »Denkzeichen« für die von dort deportierten Juden gesetzt hatte und auch maßgebliche Initiatorin des zentralen Holocaust-Denkmals ist, das am Pariser Platz beim Brandenburger Tor errichtet werden soll. Anders als in Hannover und in Berlins Mitte wollte man am S-Bahnhof Grunewald offenbar keinen Wettbewerb und schnell vollendete Tatsachen schaffen. Jedenfalls legte der Berliner Architekt Jakob Schulze-Rohr, Ehemann der Hannoveraner Funkhausdirektorin, im Sommer unaufgefordert einen Entwurf vor: vier gegeneinander gesetzte Betontafeln mit einer Gesamtlänge von 150 Metern, auf denen Namen und damaliges Alter der etwa 51 000 deportierten Berliner Juden stehen sollen. Ergänzt werden soll diese Namensliste um drei weitere Namen: die des Künstlers, seiner Frau und ihres Fördervereins.⁶⁴

Weitere Deportationsbahnhöfe waren der in der Putlitzstraße und der einst für seine »Großen Bahnhöfe« berühmte Anhalter Bahnhof am Askenasischen Platz.⁶⁵ Dort empfing Wilhelm II. den russischen Zaren und bereiteten Berliner Arbeiter Ende Oktober 1918 dem aus dem Gefängnis entlassenen Karl Liebknecht einen begeisterten Empfang. Dort

Die Ruine des Anhalter Bahnhofs (1945/46)

wurde 1927 auch jener damals noch weitgehend unbekannte neue NSDAP-Gauleiter Joseph Goebbels jubelnd begrüßt, der sich ein Ziel gesetzt hatte: die »Eroberung« Berlins. Auch in den Kriegsjahren wurden hier große Bahnhöfe inszeniert. So für den im Sommer 1940 von der Westfront zurückkehrenden »größten Feldherrn aller Zeiten«, so im Herbst 1940 für den sowjetischen Außenminister Molotow, so auch im Februar 1942 für die Ankunft der Leiche des tödlich verunglückten Reichsministers für Bewaffnung und Munition, Fritz Todt.

Zur selben Zeit war der Anhalter Bahnhof ein Bahnhof der Abschiede, der Trennungen, der Flucht, der Deportationen. Von hier flohen jüdische Berliner vor ihren Verfolgern ins Ausland. Von hier fuhren ab Oktober 1941 die Sonderzüge in die östlichen Vernichtungslager. Die Großangriffe im Februar 1945 zerstörten die südliche Friedrichstadt schwer und auch den Anhalter Bahnhof, aber nicht dessen Außenmauern. Schon bald nach dem Krieg wurde der Zugverkehr wieder aufgenommen, infolge der Teilung der Stadt aber 1952 eingestellt. Und Ende der 50er Jahre begann der Abriß der Ruine. Nur ein Rest blieb erhalten, ein Teil der nördlichen Stirnwand mit den Allegorien des Tages und der Nacht. Die Ruine und die mauernahe Bahnhofsbrache wurde später verschiedentlich für künstlerische Projekte genutzt. Die erwähnte *Winterreise*-Inszenierung im Olympiastadion baute das Anhalter Bahnhofsportal als Kulisse nach. Ende der 70er Jahre diente es einem Objektkünstler als »archäologisches Areal«. Zur 750-Jahr-Feier wurde hier eine szenische Ausstellung gezeigt, »zur Wahrnehmungsgeschichte einer industriellen Metropole«, genannt: *Mythos Berlin* (1987). Seitdem wird von Zeit zu Zeit über die Neugestaltung des Geländes diskutiert. Auch hier ist Mitte der 90er Jahre die städtebauliche Zukunft offen und die Vermutung nicht abwegig, daß diese Lücke im steinernen Gedächtnis der Stadt, die an Verlorenes, Vergessenes erinnert, eines Tages überformt, geschlossen, unkenntlich gemacht wird.

Der jüdische Friedhof Weißensee: Ein Monument der gescheiterten Assimilation

Vielleicht gibt es kein zweites Zeugnis, das wie dieses – über Jahrzehnte und in Tausenden von Denkmalsteinen gewachsen und dann jäh abgebrochen – so umfassend, so differenziert und – es sei einmal erlaubt, zu sagen – so unendlich traurig und schön zugleich von vergangenen Tagen erzählt: die »Totenstadt von Weißensee«.[66] Was sich sonst

Große Hamburger Straße (Mitte): Figurengruppe von Will Lammert (1985); an dieser Stelle befand sich ein jüdischer Friedhof und ein Altersheim der Jüdischen Gemeinde, seit 1942 Sammelstelle für die Deportationen.

nur dem geduldig bücherlesenden Auge erschließt, das erzählen und bezeugen hier Steine. Sie fügen sich zu einem immer wieder melancholisch stimmenden, grandiosen Mosaik vom Aufstieg der deutschen Juden in der deutschen Gesellschaft. Weißensee ist ein monumentales Dokument vom jüdischen Beitrag zur Weltgeltung der deutschen Kultur mit Berlin als einem längst legendären Zentrum der wissenschaftlichen, politischen und kulturellen Moderne –, und zugleich dokumentiert dieser Ort das Scheitern eines verheißungsvollen Programms: der Emanzipation einer religiösen und jahrhundertelang diskriminierten Minderheit durch Assimilation. Wo könnte man anschaulicher erfahren als hier, daß die »deutsch-jüdische Symbiose« einen Augenblick lang Wirklichkeit zu werden schien und sich dann doch als Fiktion, als tödlicher Trugtraum erwies? Wo wären – einmal abgesehen von Archiven und Bibliotheken – beredtere Zeugnisse dafür zu finden, daß der Ausbruch aus dem Ghetto, aus dem inneren und äußeren Spannungsverhältnis von Marginalisierung und Messiaserwartung, den Juden außerordentliche Anstrengungen abverlangte und sie zu außerordentlichen Leistungen beflügelte, daß aber ihre wissenschaftlichen Entdeckungen, ihre künstlerische Kreativität, ihre wirtschaftlichen und politischen Erfolge das völkische Schlagetot-Vokabular von der »Verjudung« der deutschen Kultur nicht zum Verstummen und den blindwütigen Antisemitismus nicht zur Vernunft bringen konnten, daß dieser beispiellose Höhenflug vielmehr gewaltsam abgebrochen wurde, die enthusiastische Hingabe vergeblich war und die Hoffnung an diesem Ort verstummte. Sichtbar ist das hier bis heute geblieben, was Jakob Wassermann trotz vieler großer literarischer Erfolge am Ende erkennen mußte, desillusioniert und in großer Bitterkeit: »keine Tat, keine Entselbstung, nicht Schweiß noch Blut, nicht Bild noch Figur, nicht Melodie noch Vision« reichen hin, dem deutschen Juden »das Vertrauen, die Würde, die Unantastbarkeit von vornherein zuzugestehen, die im gegnerischen Lager der Geringste ohne

Jüdischer Friedhof Schönhauser Allee

Abzug genießt«. Die Jüdischen Friedhöfe Weißensee und Schönhauser Allee vor allem, sind voller steinerner Zeugnisse davon.

So begegnet man in den breiten Gräber-Boulevards den in zwei, drei Generationen ins deutsche Bildungs- und Besitzbürgertum aufgestiegenen jüdischen Honoratioren des Wilhelminischen Kaiserreiches, den Geheimen Regierungs- und Kommerzienräten, den Fabrikbesitzern und Bankiers, den Professoren und Doktoren, Verlegern, Publizisten und Künstlern. Und da finden sich abseits, in eng gedrängten Gräbern die Namenlosen und Armen, zumeist erst um die Jahrhundertwende zugewanderte Ostjuden. Da zeigt sich, daß und wie sich die deutschen Juden aus ihrer religiösen Tradition lösten – sei es, daß von den hebräischen Inschriften oft nur noch Buchstabenkürzel übrigblieben[67] oder die jüdische Zeitrechnung bei den Geburts- und Sterbedaten aufgegeben wurde, sei es, daß sich die Grabsteine immer mehr christlichen Grabmälern anglichen, während in der zurückhaltenden figürlich-allegorischen Ausschmückung die Nachwirkung des jüdischen Bilderverbots sichtbar blieb. Auch die geometrisch-bürokratische Anlage von Weißensee entspricht nicht dem Bild älterer jüdischer Ghetto-Friedhöfe; sie verrät die Nähe zur deutsch-christlichen Friedhofsordnung, über die schon Theobald Tiger (d. i. Kurt Tucholsky) seinen lyrischen Spott ausgoß:

»Jedweder hat hier seine Welt: / ein Feld. / Und so ein Feld heißt irgendwie: / O oder I . . . // (. . .) Du liebst. Du reist. Du freust dich, du – / Feld U – / Es wartet in absentia/ Feld A. / Es tickt die Uhr. Dein Grab hat Zeit, / drei Meter lang, ein Meter breit. / Du siehst noch drei, vier fremde Städte, / du siehst noch eine nackte Grete, / noch zwanzig-, dreißigmal den Schnee – / Und dann: / Feld P – in Weißensee – / in Weißensee.«

Auch vom wilhelminischen Nationalismus und Hurrapatriotismus blieb die jüdische Assimilationsbewegung nicht unbeeinflußt. Als

Wehrpflichtige oder Freiwillige zogen etwa 100 000 deutsche Juden für »Kaiser und Reich« in den Krieg; ein Drittel von ihnen wurde wegen besonderer Tapferkeit ausgezeichnet, 2 000 gelang der ersehnte, bis dahin verwehrte Aufstieg in den Offiziersrang, und nicht weniger als 12 000 besiegelten »ihre Treue zum Vaterland mit dem Tode«. Die antisemitische Agitation beeindruckte das nicht. Auch nicht die zahlreich in Weißensee veranstalteten Gedenkfeiern, die immer zugleich auch Aufklärungskampagnen waren, zumindest sein sollten. Bei der Einweihung eines Gefallenendenkmals auf dem Ehrenfriedhof rief der Rabbiner Leo Baeck beschwörend den Versammelten zu: »Viele der deutschen Volksgenossen kennen sie nicht, viele wollen die nicht kennen, die mit dem gleichen Enthusiasmus, der gleichen Vaterlandsliebe wie die christlichen Kameraden ins Feld gezogen sind (...) deren Blut gemeinsam geflossen ist.« Die Rechte höhnte nur: »Es sollen Juden im Felde gefallen sein; schade, daß sie nicht alle gefallen sind.«

Doch die deutschen Juden hielten aus und hielten fest an der Fiktion ihrer Emanzipation. In allen nur denkbaren Einstellungen und Haltungen, »fordernd und flehend und beschwörend, kriecherisch und auftrotzend, in allen Tonarten ergreifender Würde und gottverlassener Würdelosigkeit (...) bis hin zur völligen Selbstaufgabe« versuchten sie sich den nichtjüdischen Deutschen zu erklären und mit ihrer ganzen Produktivität, Begeisterung und Hoffnung zur Verfügung zu stellen, wie Gershom Scholem später im Rückblick schrieb.[68] »Jeder bleibt auf seinem Posten« – gab die Reichsvereinigung der deutschen Juden aus. Der weitaus größte Teil von ihnen hat das bekanntlich lange befolgt. Noch 1937 lebten immerhin etwa 140 000 Juden in Berlin. Der Friedhof widerspiegelt allerdings die sich schrittweise vollziehende Diskriminierung, Verfolgung und Vertreibung. Von der ersten Terrorwelle am 1. April 1933 gegen jüdische Geschäftsleute, Ärzte und Rechtsanwälte über die sogenannte »Reichskristallnacht« am 9. November 1938 bis zu den Deportationen zwischen 1941 und 1943. Die Radikalisierung der Rassenpolitik und Verfolgungsmaßnahmen dokumentiert sich nicht zuletzt in den Zahlen der Selbsttötungen. Allein für Weißensee sind rund 2 000 Beisetzungen von Menschen nachgewiesen, die durch Selbsttötung aus dem Leben schieden, wobei die Zahlen 1938, 1941 und 1942 (dem Beginn der Deportationen nach Auschwitz) jeweils deutlich ansteigen.

Weißensee bezeugt allerdings auch den Willen zur Selbstbehauptung und den Mut zum Widerstand, zu dem vor allem jüngere Pazifisten und Marxisten fanden. Bekannt geworden ist die Gruppe um den Jungkommunisten Herbert Baum, die nach einem – auch innerhalb der Gruppe umstrittenen – Brandbombenanschlag gegen eine NS-Propagandaausstellung im Lustgarten (»Das Sowjetparadies«) aufflog und ermordet wurde. Die Rache des Regimes wütete darüber hinaus noch gegen mehrere Hundert anderer Juden, die nach Sachsenhausen deportiert und dort getötet wurden. Peter Melcher hat mit feinem Gespür darauf aufmerksam gemacht, daß die besondere Plazierung der Gedenktafel als ein symbolischer Ausdruck für die Sonderstellung dieser Gruppe gelesen werden kann: sie war doppelt isoliert, in der Jüdischen Gemeinde und im kommunistischen Widerstand.[69]

Das ungefähr 40 Hektar große Friedhofsgelände diente auch den »Illegalen«, den untergetauchten Juden als Zufluchtsort und Treffpunkt, zumal sich die Verfolgungsorgane hier selten blicken ließen. Der damalige Rabbiner Riesenburger beschreibt eines dieser Verstecke, das vorübergehend Schutz bieten konnte, das tempelartige Mausoleum des berühmten Kammersängers Josef Schwarz (1881–1926) bei aller Bedrückung der Situation nicht ohne Komik: »In der Mitte des Daches dieses Erbbegräbnisses befand sich eine Glasplatte. Man hob diese immerhin schmale Platte und suchte sich links oder rechts von ihr ein Ruhelager für die Nacht. Unten ruhte der begnadete Sänger (...) oben lagen seine Glaubensbrüder im unruhigen Schlaf, durch den sich die bange Frage zog: Wie lange noch?«[70] Auf dem Grabmal heißt es: »Herr Gott du bist unsere Zuflucht für und für« (Psalm 90,2).

Die nach 1945 nur noch aus wenigen hundert Mitgliedern bestehende Jüdische Gemeinde war selbstverständlich nicht in der Lage, dieses große Areal zu unterhalten und zu pflegen. Der Ostberliner Magistrat hob den Friedhof in den Rang eines »Denkmals der Kulturgeschichte« und unterstützte dessen Erhalt auch finanziell und personell. Zudem beteiligten sich – in späteren Jahren – Studierende aus Ostberlin, aber auch Mitglieder der Aktion Sühnezeichen. Wiederholt kam es auch zu Friedhofsschändungen. Dahinter mögen sich antisemitische Ressentiments ebenso verbergen wie antikommunistischer Protest gegen den erklärtermaßen antifaschistischen Staat DDR. Bei der Entwendung von Edelmetallen aus Grabinschriften und Grabornamenten mögen aber auch ganz unpolitische, vielleicht nicht einmal kriminelle Motive im Spiel gewesen sein, denn die – trotz aller pflegerischen Bemühungen – unverkennbaren Verfallserscheinungen dürften den Friedhof für nicht wenige zu einer Art besitzlosem Niemandsland gemacht haben.

Wer über den Friedhof Weißensee wandert und in diesem monumentalen Dokument wie in einem Totenbuch liest und Fragen zu stellen beginnt, wird das Gelände irgendwann verlassen und den Radius seiner Erkundung erweitern, nach Möglichkeit über die ganze Stadt. Denn überall finden sich Gedenk- und Erinnerungstafeln an Geburts- und Wohnhäusern von deutschen Juden, deren Leben und Wirken die

Nachwelt für immerhin so bedeutsam hielt, daß sie es in dieser Form nach und nach erinnerungsfähig gemacht hat.[71]

Es hat in der Nachkriegszeit eine Vielzahl von privaten und staatlich-kommunalen Initiativen gegeben, denen ein inzwischen recht dichtes Netz von Gedenktafeln zu verdanken ist. Und immer wieder waren auch Fälle von Vandalismus zu beklagen. Der weitaus größte Teil dieser Gedächtnisstützen wurde anläßlich der 750-Jahr-Feier Berlins installiert, im Rahmen des Berliner Gedenktafel-Programms, das mit den von dem Graphiker Wieland Schütz gestalteten Porzellantafeln die Information und nicht den moralischen Appell betont und somit zu einer durchaus nicht unangemessenen Versachlichung im Umgang mit der nationalsozialistischen Vergangenheit beitragen kann. Zahlreich finden sich diese Erinnerungstafeln vor allem in drei Bezirken Berlins, in Charlottenburg, in Schöneberg und Wilmersdorf. Dort, wo zahlreiche etablierte Berliner Juden lebten, begegnet man auf Schritt und Tritt den vielen Künstlern, Wissenschaftlern, Schriftstellern, Publizisten und Politikern. In der Wielandstraße etwa lebten der Pianist Artur Schnabel, der 1933 nach New York emigrieren konnte, und die in Auschwitz ermordete Malerin Charlotte Salomon. In Schöneberg finden sich auch Erinnerungstafeln für Ernst Weiß und Else Lasker-Schüler, für Kurt Pinthus und Egon Erwin Kisch, für Kurt Tucholsky und die Frauenrechtlerin Alice Salomon. An den Namen und an das Werk von Nelly Sachs, Ehrenbürgerin von Berlin, erinnert nicht nur eine Gedenktafel, sondern auch der nach ihr benannte Park in der Bülowstraße.

Auch für den Nobelpreisträger und gebürtigen Hamburger Carl von Ossietzky hat die Stadt mehrere Erinnerungs- und Ehrungszeichen gesetzt, am Eingang der Strafanstalt Tegel ebenso wie in der Charlottenburger Kantstraße und in dem nach ihm benannten Park im Bezirk Tiergarten. Ossietzkys Lebensgeschichte ist in gewisser Weise typisch für eine ganze Epoche. Er begann als Schreiber beim Hamburger Amtsgericht, trat wie viele seiner Generation zu Beginn des Weltkrieges für die nationale Sache ein, wurde durch das Fronterlebnis zum radikalen Pazifisten, durch und mit der *Weltbühne* erst berühmt, dann des Landesverrats angeklagt und verfolgt, schließlich verhaftet und gefoltert; er konnte durch internationale Solidarität nicht mehr gerettet werden und starb an der Krankheit, die er sich im KZ Esterwege zugezogen hatte.

In der Nördlinger Straße, dort wo sich das Haus mit der Nummer 8 befand, stehen Gedenktafeln für Albert Einstein, der rechtzeitig in die USA emigrieren konnte, und für Rudolf Breitscheid, einen der führenden SPD-Politiker der Weimarer Republik, der den Nazis letztlich nicht entkam, der sich im Pariser Exil für die Volksfront engagierte, der kein Visum für die USA erhielt, zusammen mit Rudolf Hilferding in Frankreich verhaftet und der Gestapo ausgeliefert wurde und im KZ Buchenwald bei einem Bombenangriff Ende 1944 ums Leben kam.

In Wilmersdorf erinnern Tafeln an große Theaterleute der zwanziger Jahre, an Julius Bab, Alfred Kerr und Max Reinhardt, die sich durch Flucht vor den Nazis retten konnten, und an Leon Jessel, der in Gestapohaft starb; ferner an den Verleger Samuel Fischer, der 1934 starb, an die Schriftsteller und Philosophen Lion Feuchtwanger, Egon Erwin Kisch, Alfred Kantorowicz, Ernst Bloch, die sich ins Exil retten konnten, sowie an Walter Benjamin und Walter Hasenclever, die sich auf der Flucht vor ihren Verfolgern und aus Furcht, ihnen in die Hände zu fallen, das Leben nahmen.

Zumeist erfährt der aufmerksame Spaziergänger von diesen Erinnerungstafeln nicht viel mehr als einige biographische Eckdaten. Das mag ihn vielleicht veranlassen, seinen Spaziergang in eine Bibliothek zu verlängern und sich mit Hilfe der einschlägigen Handbücher und Lexika näher zu informieren und gar Werke derer zur Hand zu nehmen, auf deren Namen er hier gestoßen ist. Schwerer als diese Lücke wiegt, daß auf diesen Tafeln nicht gesagt wird, weshalb diese Personen von den Nazis verfolgt, vertrieben und ermordet wurden, nämlich ihrer jüdischen Religionszugehörigkeit wegen, einem soziologischen Merkmal also, aus dem die Nazis ein minderwertiges, gar gefährliches biologisches machten. Man muß es bedauern, daß diese überaus verdienstvolle Initiative zur Erinnerung an die verfolgten und ermordeten prominenten Juden der Stadt, ob sie nun aus Vorsicht oder Verlegenheit davon absah, den Grund der Diskriminierung anzugeben, nicht einem Rat von Gershom Scholem gefolgt ist. Wie kaum ein zweiter hat er sich dagegen gewehrt, daß den aggressiven Stimmen der Verfolger, die alles, was für sie unverständlich war, für bedrohlich, vor allem aber für »undeutsch« hielten und als »verjudet« brandmarkten, nach 1945 eine eigentümliche Verschwiegenheit und Verlegenheit folgte, von den Juden als Juden zu reden. Nachdem die Juden »als Juden ermordet worden sind«, schrieb Scholem, »werden sie nun in einem postumen Triumph zu Deutschen ernannt, deren Judentum zu betonen ein Zugeständnis an die antisemitischen Theorien wäre«. Und – so müßte man wohl hinzufügen – eine ebenso unerwünschte Provokation für die Scham- und Schuldgefühle der Deutschen. »Welche Perversion im Namen eines Fortschritts«, so Scholem weiter, »der den Verhältnissen ins Auge zu schauen nach Möglichkeit vermeidet! Aber gerade das betrachte ich als unsere Aufgabe, und wir können gar nicht nachdrücklich genug von den Juden als Juden sprechen, wenn wir von ihrem Schicksal unter den Deutschen reden.«[72]

Daß es weiterhin schwer fällt, über die von Deutschen ermordeten und vertriebenen und ab 1933 aus der deutschen Geschichte herausgetrennten Juden, öffentlich angemessen zu reden, zeigen zwei Beispiele umstrittener Holocaust-Denkmäler aus jüngerer Zeit. In dem einen Fall bemühte sich eine Koalition aus CDU, FDP und »Republikanern«[73], ein Denkmal für die ermordeten Steglitzer Juden zu verhindern. Mit der Mehrheit ihrer Stimmen beschloß die Steglitzer Stadtverordnetenversammlung, »ersatzlos Abstand zu nehmen« von dem bereits 1992 preisgekrönten Entwurf der Architekten Wolfgang Göschel und Joachim von Rosenberg. Ihr Stein des Anstoßes besteht aus einer 9 Meter langen und 3,5 Meter hohen Spiegelglaswand, in welche die Deportationslisten der Steglitzer Juden eingraviert sind. Wer einen der etwa 2000 Namen lesen will, muß sich dabei zugleich selbst ins Gesicht sehen. Das ging nicht allen, aber vielen zu weit. Ästhetische und sicherheitstechnische Bedenken wurden geltend gemacht. Man warnte vor Vandalismus. Ein alternativer Entwurf von CDU und FDP schlug vor, ein Hinweisschild aufzustellen für eine durch Neubauten verstellte Synagoge in der Nähe des Denkmalstandortes auf dem Hermann-Ehlers-Platz. Als der Streit sich zuspitzte und eine größere Öffentlichkeit aufmerksam machte, griff der Berliner Bausenator Wolfgang Nagel ein. Um das »Ansehen der Hauptstadt« nicht beschädigen zu lassen, machte er den Steglitzer Denkmalstreit mit Hilfe der Großen Koalition des Abgeordnetenhauses zur Senatssache.[74]

Als ob man an zentraler Stelle in der Hauptstadt überspielen und kaschieren will, daß der denkmalkünstlerische Umgang mit dem Holocaust seit Jahrzehnten umstritten und unsicher ist, verfolgt der Verein »Perspektive Berlin« (Vors. Lea Rosh) seit 1988 gegen zahlreiche Bedenken unbeirrt den Plan, eine Art Hauptdenkmal für den Holocaust zu errichten. Zunächst dachte man an das ehemalige Gestapogelände als Standort. Nun soll es dort gebaut werden, wo sich unterirdisch die Reste der Bunker von Hitlers SS-Leibstandarte befinden. Zwei monumentale Mahnmale wurden preisgekrönt. Sie sind umstritten. Eines der interessantesten Konzepte – eine Bushaltestelle für stündliche Abfahrten nach Auschwitz – kam immerhin auf einen vorderen Rang. Kritisiert wurde auch, daß mit dem Holocaust-Mahnmal der politische Anspruch der Bundesrepublik stillschweigend ad acta gelegt worden ist. Die Neue Wache in nächster Nähe ist ja ausdrücklich als nationale Gedenkstätte konzipiert worden, die der Erinnerung und Ehrung aller Opfer öffentlichen Ausdruck geben soll. Und was der nationalen Gedenkstätte nun offenbar nicht mehr uneingeschränkt zugetraut wird, alle Toten in einer Opfergemeinschaft zu integrieren, um ein neues Gemeinschaftsbewußtsein unter den Nachlebenden zu stiften, das soll offenbar weiteren Hauptdenkmälern für die ermordeten Juden, die Sinti und Roma übertragen werden.[75]

Ein Kritiker warnte denn auch vor einem »makabren Disneyland«, das zwischen Pariser und Potsdamer Platz entstehen könnte. Seinem fiktiven Cicerone durch einen solchen »Bundesgedenkpark« legte er diese Worte in den Mund:

»Als höchstes Bauwerk des Areals erkennen Sie in der Mitte das Holocaust-Mahnmal für die ermordeten Juden. Es steht auf unterirdisch begehbaren Erlebnisräumen, in denen auch die Büros der Erlebnispädagogen und Mediothekare untergebracht sind... Nein, meine Dame, nicht im ehemaligen Führerbunker, der war noch zehn Meter tiefer und lag weiter rechts... Linker Hand sehen Sie jetzt das Holocaust-Mahnmal II für die ermordeten Sinti und Roma. Rechter Hand, gleich über dem Bunker der Führer-Fahrer mit Originalgemälden der SS, erhebt sich die Reichskanzlei-Gedenkstätte. Ein Tunnel führt von dort zur nahe gelegenen Gedenkstätte ›Topographie des Terrors‹ auf dem ehemaligen Gestapo-Gelände. Dort drüben, schräg rechts, das dreißig Meter hohe Dreieck aus rosa Granit ist ein Mahnmal für die ermordeten Homosexuellen... Der noch etwas größere Stern aus rotem Granit – nein, ich meine nicht den Davidstern, der gehört zum Holocaust-Mahnmal –, also nicht der sechszackige Stern, sondern der fünfzackige, erinnert an die kommunistischen Widerstandskämpfer...«[76]

Eine Übertreibung? Gewiß, aber doch eine mit einem hohen Realitätsgehalt, deren Zuspitzung warnend auf eine Entwicklung aufmerksam macht, bevor sie irreversibel geworden ist. Eine konzeptionslose, inflationäre Ausbreitung und Konzentration von Denkmälern und Gedenkstätten könnte verhindern, was diese befördern sollen: öffentliches Erinnern. Zur Politikverdrossenheit käme eine Denkmalverdrossenheit.

Orte und Opfer des deutschen Widerstands

Auch die frühere DDR hat sich immer wieder ignorant verhalten, wenn es darum ging, an Verfolgte und antifaschistische Widerstandskämpfer auch als jüdische Opfer zu erinnern. Das geschah offenbar am ehesten dann, wenn es sich um Gruppen jüdischer Opfer handelte, wie etwa bei den ermordeten Kindern des jüdischen Kinderheims in Niederschönhausen oder bei zerstörten jüdischen Friedhöfen und Synagogen. Sofern es aber um jüdische Einzelpersonen ging, die – als Sozialdemokraten oder Kommunisten – dem antifaschistischen Widerstand zugerechnet werden konnten, sah man von der Erwähnung ihrer jüdischen Herkunft ab. Das war vermutlich kein Versehen, sondern eher geschichtspolitisches Kalkül.[77]

Friedrichshain: Denkmal für die Spanienkämpfer (1968, Fritz Cremer)

Volkspark Friedrichshain: Denkmal für den deutsch-polnischen antifaschistischen Widerstand (1972)

Mit der Gedenkstätte der Sozialisten in Friedrichsfelde, dem wichtigsten Gedächtnisort für die von der früheren DDR vereinnahmte Geschichte der revolutionären Arbeiterbewegung, verhielt es sich nicht anders. Dort sind nicht nur die ermordeten Rosa Luxemburg und Karl Liebknecht beigesetzt und befinden sich Gedenksteine für Wilhelm Pieck, Otto Grotewohl und Walter Ulbricht. Dort wird auch an zahlreiche Sozialisten erinnert, die von Rechtsextremisten in der Weimarer Republik ermordet worden sind oder unter der NS-Herrschaft ums Leben kamen, unter ihnen Kurt Eisner und Gustav Landauer, Rudolf Breitscheid, Theodor Haubach, Rudolf Hilferding und Adolf Reichwein, allerdings ohne jeden Hinweis darauf, daß diese der SPD bzw. USPD angehörten und daß einige von ihnen jüdischer Herkunft waren. Die DDR vereinnahmte sie alle als Opfer des Kampfes gegen den deutschen Imperialismus und internationalen Faschismus. So wie sie das ja auch andernorts tat, beispielsweise im Volkspark Friedrichshain mit den Opfern der Novemberrevolution, an die der »rote Matrose« von Hans Kies erinnert, mit den getöteten Revolutionären von 1848 oder mit den deutschen Spanienkämpfern, für die Fritz Cremer ein Denkmal gestaltete. Das SED-Regime machte aus ihnen Vorkämpfer der DDR und stilisierte sie zu Kronzeugen einer von ihr beanspruchten demokratisch-sozialistisch-antifaschistischen Genealogie.

Sowjetisches Ehrenmal Treptow
(1948)

Erst spät begann sie, ihren ideologisch eindimensional definierten Opferbegriff zu differenzieren und auch für die jüdischen Verfolgten zu öffnen. An etwa einem Dutzend verschiedener Orte Ost-Berlins wird seit den achtziger Jahren an die deportierten und ermordeten Juden erinnert: an mehreren Stellen im Bezirk Weißensee, am Jüdischen Friedhof in der Schönhauser Allee und an der Deportationssammelstelle in der Großen Hamburger Straße. Doch noch in dieser Zeit hat man die

Gedenktafel am Jüdischen Altersheim, Niederschönhausen

Zugehörigkeit von NS-Opfern zur Arbeiterbewegung verschiedentlich höher bewertet als ihre jüdische Herkunft. Der Anfang der achtziger Jahre am Lustgarten eingeweihte Gedenkstein für die Widerstandsgruppe um den jüdischen Jungkommunisten Herbert Baum ließ dessen jüdische Herkunft unerwähnt. Und bei der Gedenktafel-Aktion für die »Hauptstadt der DDR« aus Anlaß der 750-Jahrfeier wurden jüdische Opfer nur zu einem verschwindend kleinen Bruchteil als solche genannt.

Zu den nicht nur in der früheren DDR lange vergessenen Widerstandsaktionen gehört der spontane öffentliche Protest von mehreren hundert nicht-jüdischen Frauen Anfang März 1943 in der Rosenstraße für die Freilassung ihrer dort festgehaltenen jüdischen Männer.[78] Diese waren im Rahmen der sogenannten »Fabrik-Aktion« verhaftet worden. Auf Betreiben des Berliner Gauleiters und Reichspropagandaministers Goebbels, der ein »judenfreies« Berlin vorweisen wollte, wurden alle etwa 17000 den Judenstern tragenden Zwangsarbeiter Ende Februar an ihren Arbeitsplätzen festgenommen und in die bereits bestehenden sowie weitere Auffanglager gebracht. Die Deportationen begannen sofort. Die in sogenannten »einfachen Mischehen« lebenden »arisch versippten« Juden kamen jedoch überwiegend in das Gebäude der Sozialverwaltung der Jüdischen Gemeinde in der Rosenstraße (Berlin-Mitte). Die »arischen« Frauen, die hier und vor der nahe gelegenen Gestapo-Leitstelle in der Burgstraße in Sprechchören mit ihren Kindern protestierten: »Gebt uns unsere Männer heraus« und »Gebt unsere Väter frei«, wurden nicht etwa auf der Stelle verhaftet. Man suchte sie vielmehr zu beruhigen und, als das nicht half, mit Drohungen einzuschüchtern, die aber auch keine Wirkung zeigten. Nachdem die Frauen mehrere Tage und Nächte ausgeharrt hatten, wurden die rund 1500 »arisch versippten« Juden freigelassen, um bis zum Kriegsende Zwangsarbeit zu leisten. Sogar 25 bereits nach Auschwitz deportierte Juden konnten wieder zurückkehren. Auch sie überlebten.

Die Gründe für das nachgiebige Verhalten der Gestapo und der SS mögen vielfältig gewesen sein: Es hatte mit »Humanität und Gefühlsduselei nicht das Geringste zu tun«, wie ein SS-Offizier erklärte, als es während der »Fabrik-Aktion« zu Mißhandlungen gekommen war, aber sehr viel mit bürokratischer Ordnung und »strengster Wahrung der Form«, auf die man sich hier und an anderen Orten der »Endlösung« so oft und so gern berief. Die schwere Bombardierung Berlins Anfang März 1943, die Beunruhigung durch die Nachricht von der Niederlage in Stalingrad, aber auch das Erscheinen von ausländischen Korrespondenten am Ort dieses denkwürdigen Protestes kamen womöglich hinzu.

Enttrümmerung und sozialistische Hauptstadtplanung haben hier

Rosenstraße (Berlin-Mitte): »Der Block der Frauen«, Element aus dem Denkmal für den Frauenprotest (1994, Ingeborg Hunzinger)

nach dem Kriege die meisten Spuren beseitigt. Das Grundstück Rosenstraße 2–4 mit der im rückwärtigen Hofraum gelegenen Synagoge wurden planiert. Man brauchte Platz für die neuen Hochhausbauten an der Spandauer Straße. Keine Tafel, kein Denkmal erinnerte an den erfolgreichen Frauen-Protest, bis im März 1992 eine Litfaßsäule von Studierenden der Fachhochschule für Sozialarbeit aufgestellt wurde, die sich mit der Rosenstraßen-Aktion in einer Projektarbeit beschäftigt hatten. Zur selben Zeit arbeitete bereits die Bildhauerin Ingeborg Hunzinger an einer Skulpturengruppe zu diesen Ereignissen.[79] Sie besteht aus drei überlebensgroßen Vulkangesteinquadern, in gebrochener, blaßroter Farbe, – »gefrorene Asche«, so die Künstlerin. Der eine Block zeigt eine Gruppe gefangener Männer, aus der sich ein befreiter löst, einer Frau zustrebend, die aus dem anderen Block herausragt. Die Bruchstellen beider Blöcke legen nur eine Lesart nahe: Sie sind auseinandergerissen und gehören doch zusammen. Der dritte Block zeigt die Frauen, dicht nebeneinanderstehend mit ihren Kindern, nicht ohne Furcht, aber in ihrer Gemeinsamkeit stark und entschlossen. Hinzu kommt reicher symbolischer Schmuck, so wie man ihn von jüdischen Friedhöfen her kennt: Krone und Löwe, die Menora und der Davidstern. Und die gleichfalls eingemeißelte Inschrift gibt dieser Aktion eine vielleicht allzu pathetisch ins Allgemeine ausgreifende Interpretation: »Die Kraft des Zivilen Ungehorsams und die Kraft der Liebe bezwingen die Gewalt der Diktatur.« Eine so umstandslose Verallgemeinerung und Überhöhung dieses Widerstandsbeispiels wird jedenfalls weder diesem gerecht noch der Überwindung von Gewaltherrschaft überhaupt.

Bei den Hunderten von Gedenk- und Erinnerungstafeln in der Stadt beanspruchen die Widerstandskämpfer eine gewisse Dominanz. Das fällt in Ost-Berlin noch stärker ins Auge als in West-Berlin.[80] Und während dort vor allem der konservative, militärische, kirchliche und sozialdemokratische Widerstand gewürdigt wird, steht in Ost-Berlin naturgemäß der kommunistische Widerstand im Vordergrund. Andere Widerstandsgruppen nehmen nur einen jeweils nachgeordneten Rang ein. Mit der Erinnerung an den Widerstand durch Gedenktafeln begann man – im Osten wie im Westen – schon im Jahr 1945. Nach der Auflösung der VVN ging diese Aktivität im Osten der Stadt auf das Komitee der antifaschistischen Widerstandskämpfer über, während die Erforschung des Widerstands – von der SED kontrolliert – in der Hand von Geschichtskommissionen lag, die bei jeder Bezirks- und Kreisleitung eingerichtet wurden. Und während sich »Gedenktafeln« an dem jeweiligen Ort des Geschehens oder Wirkens einer Person befinden, sind »Erinnerungstafeln« davon unabhängig und stehen in Verbindung mit der Benennung von Schulen und Kasernen, Straßen, Plätzen usw.

Die Neuorganisation des Schulwesens in der früheren DDR und in Ost-Berlin hat auch dazu geführt, daß die Schulen ihre früheren Namen verloren. Eine pauschale Namens-Säuberung erscheint indes hier so wenig angemessen wie bei der umstrittenen Umbennennungsaktion von Ost-Berliner Straßen.[81] Statt Namen wie Hans und Hilde Coppi, die der Widerstandsgruppe »Rote Kapelle« angehörten, oder Clara Zetkin wegen ihrer sowjetkommunistischen Sympathieerklärung von 1932 umstandslos als DDR-Erblast zu entfernen, wäre hier der auch andernorts gefragte und versuchte, differenzierte und behutsame Umgang mit dem widersprüchlichen geschichtlichen Erbe das adäquatere Verfahren.

Eine Berliner Senatskommission hat dafür ein bemerkenswertes Beispiel gegeben und 1993 eine umfangreiche Dokumentation zu den politischen Denkmälern im früheren Ost-Berlin vorgelegt und differenzierte Empfehlungen erarbeitet. Sie sehen den Abbau von Denkmälern nur in Ausnahmefällen vor – beispielsweise dem monumentalen Thälmann-Denkmal an der Greifswalder Straße – und sprechen sich bei der großen Mehrzahl der Denkmäler für den Erhalt und zugleich nachdrücklich für modifizierende bzw. ergänzende Kommentierungen aus.[82]

Es war auch im Westen kein Zufall, sondern im Geschichtsbild der Zeit begründet, daß zuerst der Widerstand gegen das Hitler-Regime öffentliche Beachtung fand, während sie den Orten der Verfolgung und des

Terrors erst sehr viel später zuteil wurde. Die Erinnerung an den bürgerlichen und militärischen Widerstand, wenn sie auch anfangs noch unter dem Vorbehalt des Verrats und – zumal aus alliierter Sicht[83] – des Scheiterns stand, konnte später die erdrückende Last der Vergangenheit wohl erleichtern. Dieses Erbe kam der jungen Bundesrepublik auf internationaler Bühne zugute und war auch in der Debatte um den Aufbau der Bundeswehr willkommen. Die ebenso deutliche Erinnerung an die NS-Täter und an ihre jüdischen Opfer wäre das ganz und gar nicht gewesen. Zumal in einer Zeit, die nach dem Nürnberger Militärtribunal, den Amnestien und dem 131er Gesetz die Bestrafung der NS-Täter im wesentlichen für abgeschlossen hielt, die Integration der Millionen Mitläufer für systemnotwendig und die sogenannte Wiedergutmachung mit dem Luxemburger Abkommen und dem Bundesentschädigungsgesetz als geregelt ansah. Hinzu kam, daß der Opferbegriff schon bald nach dem Krieg keineswegs nur auf die rassisch, religiös und politisch Verfolgten beschränkt blieb. In der frühen deutschen Nachkriegsgesellschaft wurden auch sogenannte Schicksalsgruppen als Opfer des Krieges und der NS-Herrschaft angesehen: Flüchtlinge und Vertriebene, Ausgebombte, Kriegerwitwen und -waisen, Invaliden und Spätheimkehrer.

Zunächst ergriffen vor allem Angehörige von Widerstandskämpfern als Einzelpersonen oder als Interessengruppen – wie die VVN oder das Hilfswerk 20. Juli[84] – die Initiative, mit Denkmälern und Gedenktafeln Zeichen der ehrenden Erinnerung zu setzen. Im Laufe der Jahrzehnte erweiterte und differenzierte sich das in Erinnerungstafeln vergegenwärtigte Bild des Widerstands, dessen pluralistische Erscheinung andernorts bis heute politisch umstritten ist. Mit mehr als drei Vierteln aller Gedenktafeln entstand der weitaus größte Teil allerdings erst in den achtziger Jahren.[85] Wer seit dieser Zeit durch die Straßen der verschiedenen Bezirke geht, ob durch Charlottenburg und Kreuzberg, durch Neukölln und Reinickendorf, Schöneberg und Steglitz, Tempelhof und Tiergarten, den Wedding oder Wilmersdorf, der entdeckt die wenig bekannten Wohnorte und Wirkungsstätten der prominenten Namen der Opfer des Widerstandes, die an ihm auf zahllosen Tafeln vorüberziehen: viele Männer des 20. Juli (Beck, v. Hassell, Oster, v. Stauffenberg, v. Tresckow u. a.) und des kirchlichen Widerstands (Bonhoeffer, Delp, v. Galen, Lichtenberg u. a.) ebenso wie sozialdemokratische (Breitscheid, Heilmann, Leber, Leuschner, Mierendorff, Reichwein, Schumacher u. a.) und kommunistische Widerstandskämpfer, ob sie nun im Land oder aus dem Exil gegen das Hitler-Regime kämpften. Verschiedentlich erinnern Tafeln auch an verfolgte Minderheiten und spezifische Opfergruppen – Kriegsdienstverweigerer, Deserteure, Homosexuelle, Zwangsarbeiter, Euthanasieopfer – und an die verfolgten

Angehörigen bestimmter kultureller und politischer Institutionen und Organisationen, an die von den Nazis ermordeten 96 Reichstagsabgeordneten ebenso wie an die Mitglieder der kommunistischen Widerstandsgruppen um Robert Uhrig und Harro Schulze-Boysen / Arvid Harnack.

Und was besondere Erwähnung verdient: Neben den prominenten Widerstandsopfern, denen nicht selten gleich mehrere Tafeln gewidmet sind, finden sich auch verschiedentlich Gedenktafeln für nahezu unbekannt gebliebene mutige Oppositionelle – so beispielsweise in Kreuzberg für Wilhelm Lehmann, einen der SPD nahestehenden Transportarbeiter, von dem man nur wenig, aber immerhin dies weiß: daß der 73jährige 1942 an die Innenwand des Toilettenhäuschens am Mariannenplatz schrieb: »Hitler, du Massenmörder, mußt ermordet werden, dann ist der Krieg zu Ende.« Lehmann wurde denunziert, vom »Volksgerichtshof« verurteilt und in Plötzensee hingerichtet. Und ebenfalls in Kreuzberg stößt man auf die Gedenktafel für Ursula Goetze, Sprachenstudentin, die sich schon als 16jähriges Mitglied des Kommunistischen Jugendverbandes 1933 an spontanen Widerstandsaktionen beteiligte, über den am Deutschen Institut für Psychologische Forschung und Psychotherapie tätigen Neurologen Dr. John F. Rittmeister[86] Kontakt zur Widerstandsgruppe um Harro Schulze-Boysen und Arvid Harnack (»Rote Kapelle«) fand, im September 1942 verhaftet und ein knappes Jahr später, 27jährig, in Plötzensee ermordet wurde.

Der Weg zur pluralistischen Öffnung und Differenzierung der Dokumentation des Widerstands im Straßenbild ist lang gewesen und mühsam. Durchaus vergleichbar den Anstrengungen, die für die Errichtung und Ausgestaltung einer ständigen Ausstellung zum deutschen Widerstand nötig waren. Bereits 1952 wurde in der ehemaligen Strafanstalt Plötzensee vom Berliner Senat eine »Gedenkstätte für die Opfer der Hitlerdiktatur« errichtet. Die Entwürfe zu ihrer Ausgestaltung waren gleich nach dem Kriege im damals noch teilweise zugänglichen Berliner Schloß auf Veranlassung von Scharoun in einer Ausstellung gezeigt worden.[87] In Plötzensee starben zwischen 1933 und 1945 etwa 3000 Menschen verschiedener Nationalität, unter ihnen zahlreiche prominente und weniger bekannte Mitglieder von Widerstandsorganisationen wie die der »Roten Kapelle«, der jüdisch-kommunistischen »Gruppe Baum«, des »Kreisauer Kreises« und die meisten Verschwörer des 20. Juli. Die Gedenkstätte besteht aus einem Dokumenten- und dem Hinrichtungsraum. Davor befinden sich eine auffällig große Urne mit Erde aus verschiedenen Konzentrationslagern, ein Holzkreuz und eine langgestreckte Mauer, zu der drei Stufen hinaufführen. Die Inschrift tritt niemandem zu nahe. Sie unterscheidet nicht verschiedene Opfer- und Tätergruppen. Von den Tötungs- und Widerstandsmotiven ist keine Rede. Der passende Rahmen für namenloses, allgemeines, gruppenübergreifendes Erinnerungszeremoniell. Unsichtbar, weil bei der Grundsteinlegung eingemauert, bleibt der ungleich differenziertere und aussagekräftigere Urkundentext:

»An dieser Stelle sind in den Jahren der Hitlerdiktatur / von 1933 bis 1945 Hunderte von Menschen / wegen ihres Kampfes gegen die Diktatur / für Menschenrechte und politische Freiheit durch / Justizmord ums Leben gekommen. Unter diesen / befanden sich Angehörige aller Gesellschaftsschichten / und fast aller Nationen. / Berlin ehrt durch diese Gedenkstätte / die Millionen Opfer des Dritten Reiches, die / wegen ihrer politischen Überzeugung, ihres / religiösen Bekenntnisses oder ihrer rassischen / Abstammung diffamiert, mißhandelt, / ihrer Freiheit beraubt oder ermordet worden sind.«[88]

Harmonisierung und eine ins Menschlich-Allgemeine greifende Abstraktion bestimmten zunächst auch das Gedenken an einem anderen Tat- und Leidensort des deutschen Widerstands. Im Hof des ehemaligen Reichskriegsministeriums (sog. Bendlerblock) in der Stauffenbergstrasse 13 weihte der damalige Regierende Bürgermeister von Berlin, Ernst Reuter, am 20. Juli 1953 das Denkmal zur Erinnerung an die hier hingerichteten Widerstandskämpfer vom 20. Juli 1944 ein. Dies war auf Initiative des ehemaligen Generals Gerhard Graf von Schwerin geschehen, der gefordert hatte, an dem Ort, an dem »edelstes deutsches

Stauffenbergstraße, Innenhof des Bendlerblocks: Denkmal für die ermordeten Widerstandskämpfer des 20. Juli (1953, Richard Scheibe)

Blut geflossen ist im Kampf um die Befreiung von verbrecherischer Tyrannis«, eine »einfache Gedenktafel« anzubringen.[89] Reuter nutzte die Gelegenheit, das Gedenken an das gescheiterte Stauffenberg-Attentat mit der Erinnerung an den kurz zuvor gescheiterten Berliner Arbeiter-Aufstand zu verbinden. Das entsprach durchaus dem herrschenden Zeitgeist mit seiner den NS-Staat und den SED-Staat tendenziell gleichsetzenden Totalitarismustheorie. Eine Sichtweise, die in der Rede Reuters ebenso zum Ausdruck kam wie in der künstlerischen Denkmalgestaltung durch Richard Scheibe.[90]

Dieser hatte eine an den Händen – kaum sichtbar – gefesselte athletische Jünglingsgestalt geschaffen, formal expressiv-naturalistisch, inhaltlich aber als ideal-abstrakte Figur ohne Geschichte. Konkrete Anspielungen auf den Widerstand gegen Hitler, seine Gruppierungen und inneren Widersprüche fehlen. Zusammen mit dem gleichfalls allgemein humanistischen und antitotalitären Text wird das erinnerungswürdige Ereignis vielmehr zu einem allgemeinen Gewaltopfer stilisiert. Mit solch idealisierten heroisch-nackten Figuren erfreute sich Scheibe schon während des Dritten Reiches großer Wertschätzung. So mit seinem Ehrenmal zur »Befreiung der Saar«. Die zeitlos-nackte Jünglingsfigur mit Schwert trug nun nur das Symbol für das zeitgemäß soldatische Outfit, den deutschen Stahlhelm. Bereits in der Weimarer Republik hatte er das an der Frankfurter Paulskirche aufgestellte Denkmal für Friedrich Ebert geschaffen, das den Nazis allerdings mißfiel. Sie zerstörten es. 1950 wurde es wiederhergestellt.[91] Daß Richard Scheibe nach 1945 auch in der Sowjetunion und in der DDR gewürdigt wurde, als einer jener Künstler aus dem Westen, die noch »unverrückbar auf humanistischen Positionen« stehen und an die »schöpferischen Möglichkeiten des Realismus glauben«, ist eine kaum mehr überraschende Feststellung, zumal ja auch andernorts bis vor kurzem Kunst des Faschismus mühelos antifaschistisch umfunktioniert wurde, wie etwa die Rösser von Josef Thorak aus dem Garten von Hitlers Reichskanzlei, die sich lange auf dem Sportplatzgelände der sowjetischen Kaserne in Eberswalde befanden und das in schönster weiblicher Gesellschaft – mit den beiden Akten Olympia und Galathea von Fritz Klimsch, gleichfalls aus den dreißiger Jahren. Denkmäler als quasi zeitlos-klassische Zierstücke und nationale Identifikationsmonumente in traditioneller Formensprache. Eben deshalb waren und sind sie so vielseitig verwendbar, fast systemneutral.[92]

Eine erste, kleinere Widerstandsausstellung im Bendlerblock gestaltete Mitte der sechziger Jahre der Historiker Friedrich Zipfel mit Unterstützung der Berliner Landeszentrale für politische Bildung, zu einer Zeit, in der auch eine der ersten Exil-Ausstellungen gezeigt werden konnte.[93] Mit dieser versuchte die Friedrich-Ebert-Stiftung den noch weit verbreiteten Vorbehalten gegenüber den Emigranten und ihrer angeblichen nationalen Unzuverlässigkeit zu begegnen. In einem zweiten Anlauf wurden in den späten siebziger Jahren durch die Parteien und die Kirchen, das Institut für Auslandsbeziehungen und das Militärgeschichtliche Forschungsinstitut weitere Ausstellungen erarbeitet. Sie machten jeweils auf wichtige ideologische Strömungen, verschiedene Organisationen und Akteure aufmerksam. Einen entscheidenden und bis heute kontroversen Schritt weiter ging die Anfang der achtziger Jahre von dem damaligen Regierenden Bürgermeister Richard von Weizsäcker initiierte ständige Ausstellung »Widerstand gegen den Nationalsozialismus«. Die früheren Ausstellungen wollten den Widerstand einzelner Gruppen würdigen und das mit Blick auf die begrenzten Zielgruppen der verschiedenen parteipolitischen, kirchlichen und soldatischen Milieus. Die neue Initiative zielte auf die Dokumentation einer umfassenden, gesamtdeutschen Widerstandsgeschichte. Ihr war und bleibt die Aufgabe gestellt, für ein »integrales« Widerstandsbild zu werben, d.h. die vorherrschenden Blickverengungen und – sei es idealisierenden, sei es diffamierenden oder ignorierenden – Verzerrungen allmählich zu überwinden. Ein ebenso anspruchsvolles wie schwieriges und gesellschaftspolitisch notwendiges Programm, das seither anhaltend politischen Anfeindungen ausgesetzt ist: Denn nun wurde »dem Kreisauer Kreis (...) die Rote Kapelle« gegenübergestellt, »dem militärischen Widerstand im Umkreis des 20. Juli das Nationalkomitee Freies Deutschland und der Bund Deutscher Offiziere, dem sozialdemokratischen Widerstand der kommunistische, diesem der anarchistische, dem Widerstand der Protestanten derjenige der Katholiken oder der religiösen Gemeinschaften, dem Kampf gegen den Nationalsozialismus von außen, aus dem Exil, die Selbstbehauptung in der inneren Emigration«.[94]

Diese Komplexität des Widerstandsbildes konnte nur schrittweise realisiert werden. Und trotz aller Sorgfalt und Umsicht mußte sich der Aufbau der Ausstellung immer wieder gegen den teilweise erbitterten Widerstand von Betroffenen behaupten. Dabei waren für das Ausstellungskonzept von Anfang an zwei Grundsätze verbindlich. Zum einen das Kriterium, die verschiedenen Widerstandsgruppen – ihrer Größe, ihren Aktivitäten, ihrer regionalen, milieuspezifischen oder nationalen Bedeutung entsprechend – durchaus unterschiedlich zu gewichten. Zum anderen aber von der prinzipiellen Gleichrangigkeit aller Widerstandsakteure auszugehen, sie also gleichermaßen für dokumentations- und erinnerungswürdig zu halten, wegen ihrer gemeinsamen Gegnerschaft gegen das Hitler-Regime. Aus der Sicht von einzelnen Gruppen und von Angehörigen einzelner Widerstandskämpfer mochte eine solche mehrdimensionale, pluralistische

Perspektive eine schwer erträgliche Relativierung des historischen Ranges bedeuten, den sie als Verwalter ihres Widerstandserbes beanspruchten. Zumal im Rahmen der ständigen Ausstellung nun die gegensätzlichen Strömungen und die jenseits ihrer Hitler-Gegnerschaft politisch rivalisierenden Akteure aus ihren bis dahin separierten Schutzzonen unbehelligter Traditionspflege herausgelöst und unmittelbar miteinander konfrontiert werden. Aber wie, wenn nicht durch diese einer Ausstellung adäquaten Art der »Querverweise« soll man einen komplexen Sachverhalt erschließen und eine kritisch-vergleichende Diskussion anstoßen?

So entzündete sich nach der ersten Teileröffnung Mitte der achtziger Jahre in katholischen Kirchenkreisen die Kritik daran, daß die Ausstellung den katholischen Widerstand nicht nur als Protest gegen das NS-Regime darstellte, sondern auch als Produkt innerkirchlicher Auseinandersetzungen. Auseinandersetzungen, die um die nahezu widerspruchslose Hinnahme des Verbots der Zentrumspartei durch den katholischen Klerus und dessen Anpassung an die neuen Machtverhältnisse geführt wurden, um das Konkordat und um die Rolle des Papstes.[95] Im Anschluß an die zweite Teileröffnung, die in weiteren Ausstellungsräumen vor allem dem Exil und dem kommunistischen Widerstand gewidmet war, wurde bemängelt, daß nicht auch eine Ausstellungseinheit für das Thema »Christdemokraten im Widerstand« vorgesehen sei, gewissermaßen als politisches Gegengewicht zur Würdigung des Widerstandes aus den Organisationen der Arbeiterbewegung.

Diese Intervention machte einmal mehr deutlich, daß die Erben der Widerstandskämpfer sich vielfach einem »integralen Widerstandsverständnis« ebenso entschieden verweigern wie einer Würdigung des Widerstands aus den Bedingungen der Zeit heraus, was ja die Berücksichtigung des Nachwirkens wilhelminischer Traditionen und Weimarer Erfahrungen notwendig einschließt. Diese Verweigerung hat sich in den geschichts- und ordnungspolitischen Debatten der Bundesrepublik wiederholt niedergeschlagen. Sei es, daß die Widerstandserben einen exklusiven Besitz- und Deutungsanspruch für das von ihnen repräsentierte Erbe geltend machten. Sei es, daß sie das von ihnen gehütete und gedeutete jeweilige politisch-ideologische Vermächtnis zur normativen Vorentscheidung für die Bundesrepublik stilisierten und im innerdeutschen Systemkonflikt auch nach Kräften politisch instrumentalisierten.

Nach der Präsentation der dritten Ausbauphase spitzte sich die Auseinandersetzung um das im Bendlerblock öffentlich dokumentierte und visualisierte Widerstandsbild abermals zu. Hatte zunächst der damalige bayerische Ministerpräsident Franz Josef Strauß nachdrücklich bestritten, daß das Nationalkomitee irgendeine würdigende Erwähnung verdiene, so waren es im Vorfeld der Feierlichkeiten zum 50.Jahrestag des Attentats der Stauffenberg-Sohn Franz Ludwig Schenk Graf von Stauffenberg und der Bundesverteidigungsminister, inzwischen neuer Hausherr im Bendlerblock. Die Auseinandersetzung eskalierte nicht zuletzt deshalb bis zur Forderung nach Entfernung insbesondere der Porträts von Ulbricht und Pieck – Personen, so Minister Rühe, »die ein Unrechtsregime nur durch ein anderes ersetzt haben (...) verdienen nicht an gleicher Stelle und in einem Atemzug mit...Graf von Stauffenberg, Goerdeler und Leuschner geehrt zu werden« –, weil erneut nicht zwischen Ehrung und Erwähnung unterschieden wurde, zwischen emotionalisiertem und inszeniertem Gedenken für die Männer des 20. Juli einerseits und reflektierter Information und Aufklärung über den ganzen deutschen Widerstand andererseits. Nach dem Wunsch ihrer Initiatoren sollen aber Gedenkstätte und ständige Ausstellung verschiedene Funktionen erfüllen. Es geschieht ja nicht wahllos, sondern hat seine mit Bedacht gewählte Richtigkeit, daß das ehrende Gedenken gleichsam am Grab der Widerstandskämpfer um Graf von Stauffenberg stattfindet, dort, wo sie erschossen und erhängt wurden, im Innenhof des Bendlerblocks und in Plötzensee, während die wissenschaftlich darstellende und deutende Auseinandersetzung mit den Motiven, Aktionen und Perspektiven des ganzen vielfältigen Widerstands, seinen Voraussetzungen, seinem Verlauf, seiner Verflechtung, seinen Versäumnissen und seinem Vermächtnis der zentralen Wirkungsstätte des militärischen Widerstands vorbehalten ist.

Die Neue Wache: Eine zentrale Gedenkstätte für alle Opfer?

Der Streit um den Gedächtnisort Bendlerblock in der Stauffenbergstraße ist ein markantes Beispiel für den schwierigen Umgang mit Baudenkmälern und Gedenkstätten, deren Geltungsanspruch nicht nur bereichs- und gruppenspezifisch definiert ist. Denkmalbau und Denkmalpflege, Denkmalrevision und Denkmalsturz zeigen immer auch an, in welchem Maße die Einstellungen der Nachlebenden zur Vergangenheit sich verändern, zwischen verschiedenen Gruppen differieren und gesamtgesellschaftlich konsensbedürftig und konsensfähig sind. Das gilt verständlicherweise vor allem dort, wo divergierende Traditionen zu ganzheitlichen Geschichtsbildern verknüpft und nationale Symbolisierungen gefordert, gar dekretiert werden. Zeichen, die manche für unverzichtbar, zumindest für wünschenswert erachten, manche schlicht für überflüssig halten und die meisten wohl eher als unvermeidlich ansehen, weil nationale Denkmäler und staatliche Symbole für die Selbstdarstellung weiterhin gebraucht werden, ihnen aber kaum noch eine verbindliche Aussage zugetraut wird.[96]

Diese Schwierigkeiten kann man wohl am besten an zwei Beispielen veranschaulichen. Das eine ist die jahrelange Auseinandersetzung um die zentrale Mahn- und Gedenkstätte für die Opfer des Krieges und der Gewaltherrschaft in Bonn.[97] Und das andere ist die Umgestaltung der Neuen Wache zur neuen Zentralen Gedenkstätte der Bundesrepublik, um deren Verwendung und Ausgestaltung bereits am Ende der Weimarer Republik und dann erneut nach dem Zweiten Weltkrieg gestritten worden war.[98] Beide stehen in einem engen Zusammenhang.

Als um den Jahreswechsel 1992/93 bekannt wurde, daß Bundeskanzler Kohl von seiner »ästhetischen Richtlinienkompetenz«[99] Gebrauch gemacht und die Bundesregierung auf seine Anregung hin entschieden hatte, am 14. November 1993, also am Volkstrauertag, die umgestaltete Neue Wache in Berlin als zentrale Gedenkstätte der Bundesrepublik Deutschland einzuweihen, da war das allerdings nicht der Schlußpunkt unter eine längere, öffentliche Debatte, sondern der Anstoß zu einer kurzen, heftigen Auseinandersetzung, die an dem Beschluß der Bundesregierung allerdings nichts mehr zu ändern vermochte. Das Projekt wurde termingerecht fertiggestellt, allen Einwänden und Bedenken zum Trotz. Vielleicht glaubte der Kanzler und mit ihm sein Kabinett, auf diese Weise eine Wiederholung des unbefriedigenden und letztlich ergebnislosen Streits um das zentrale Bonner Mahnmal vermeiden zu können. Vielleicht glaubte er zusammen mit seinem Ratgeber, dem Direktor des Deutschen Historischen Museums, Christoph Stölzl, mit der Synthese von Schinkels Klassizismus, der kapellenähnlichen Raumgestaltung durch Heinrich Tessenow und der etwa lebensgroß vergrößerten Pietà von Käthe Kollwitz ein denkmalästhetisch angemessenes, geschichtspolitisch übergreifendes und insoweit auch gesellschaftlich integrationsfähiges Gedenkstättenkonzept zu präsentieren. Jedenfalls schienen Bundeskanzler und Bundesregierung zu wissen, was sie wollten. Schon bald zeigte sich aber, daß sie offenbar weder wußten, was sie taten – noch, was sie nicht taten.[100] Und zugleich wurde offenbar, daß sie es besser hätten wissen können und wohl auch besser hätten wissen müssen. Tatsächlich fand das Vorhaben zwar im Parlament bis weit in die Reihen der SPD Zustimmung, die zunächst nur gegen das Verfahren protestierte und erst Monate später auch sachliche Einwände erhob. Um so heftiger artikulierte sich die Kritik außerparlamentarisch. Sie tat das ebenso substantiell und differenziert, wie sie sich verärgert zeigte über soviel Bevormundung und Fahrlässigkeit im Umgang mit diesem – neben Nationalfahne, Nationalhymne und Nationalfeiertag – zentralen Staatssymbol.

Doch die Bundesregierung hielt unbeirrt und unbelehrbar fest an der von ihr angeordneten »Normalisierungskur« der Neuen Wache, so
– als ob es nach 1945 weltweit und verstärkt in den letzten zehn bis fünfzehn Jahren nicht eine intensive denkmalästhetische Auseinandersetzung um die Darstellung und Darstellbarkeit des Holocausts und des Weltkriegs gegeben hätte;
– als ob es in einem Großteil unserer Gesellschaft nicht erhebliche Vorbehalte gegen figurative Denkmäler im besonderen und gegen Denkmäler im allgemeinen geben würde;
– als ob nicht schon zu anderen Zeiten in der jüngeren deutschen Geschichte und auch in anderen demokratischen Staaten die öffentliche Auseinandersetzung um nationale Denkmäler aus gutem Grund heftig gewesen wäre und im Rahmen einer pluralistischen Gesellschaft ohnehin systemnotwendig ist für die Definition und Legitimation bzw. Korrektur des populären nationalen Geschichtsbildes;
– als ob die vor dem Zweiten Weltkrieg und vor Auschwitz geschaffene Pietà der Kollwitz für diese zentrale Gedenkstätte die alternativlos angemessene denkmalkünstlerische Lösung wäre und das wiedervereinigte Deutschland seine Unfähigkeit demonstrieren wollte, »nach zwei Weltkriegen und zwei Diktaturen eine eigene Sprache und ein Symbol für das Leid dieses Jahrhunderts zu finden« (E. Beaucamp, *FAZ*, 13. März 1993);
– als ob die umstandslose Abräumung der bisherigen DDR-Mahn- und Gedenkstätte und die Teilrestauration der Innenraumgestaltung durch Tessenow von 1931 unbedenklich sein könne, und
– als ob sich andererseits das umstandslose Zusammenfügen von Schinkel, Tessenow und Kollwitz / Haacke an diesem Gedächtnisort von selbst verstünde, einem Ort, dem die Brüche der deutschen Geschichte im Laufe von Jahrzehnten ein des öfteren wechselndes Gesicht gegeben haben, wobei die steinernen Spuren dieser Verwerfungen immer wieder mehr oder weniger getilgt worden sind.

Immerhin war die Neue Wache einhundert Jahre neben ihrer militärischen Funktion, das nahe Schloß samt König und später Kaiser zu schützen, zugleich ein Denkmal zur Erinnerung an die siegreichen antinapoleonischen Befreiungskriege, was ihre spätere Umfunktionierung zur Gedenkstätte für die Weltkriegstoten erleichtert haben mag.[101] Im übrigen wurde dieses Gebäude im Laufe der Jahrzehnte durchaus unterschiedlich genutzt. Dort gab es Ausstellungen und fanden nach dem Weltkrieg Familien vorübergehend eine Notunterkunft. In den Arrestzellen hatten zuvor nicht nur Straßendiebe und betrunkene Soldaten zur Ausnüchterung gesessen, sondern auch Revolutionäre von

Unter den Linden: Karl Friedrich Schinkels Neue Wache (Aufn.: 1881), mit Christian Daniel Rauchs Statuen der Generäle Bülow und Scharnhorst (1822) und – im Vordergrund – der von Blücher (1828), Gneisenau und Yorck (1855)

1848. Nach der Jahrhundertwende befand sich in der Neuen Wache die Zentrale des Militärtelegraphen und der Militärpost. Von dort aus wurde zu Beginn des Ersten Weltkrieges die Mobilmachung angeordnet und am Ende auch die Demobilisierung.

Mitte der zwanziger Jahre machte die Kunsthistorikerin Frida Schottmüller den Vorschlag, in der Neuen Wache das Reichsehrenmal zu errichten. Dazu sollte das im wesentlichen aus Offiziersstube, Wachtstube, Innenhof und Arrestlokal bestehende Gebäude vollständig entkernt und in der Raummitte ein Sarkophag aufgestellt werden – für alle Deutschen, »die uns der Krieg nahm«. Als Figurenschmuck hatte man zusätzlich, schon damals, an eine Pietà gedacht. Doch die süddeutschen Länder waren gegen Berlin als Standort, und die soldatischen Traditionsverbände favorisierten die »freie Natur« für ein nationales Ehrenmal. 1930 entschied dann die preußische Regierung unter ihrem Ministerpräsidenten Otto Braun (SPD), die Neue Wache als preußisches Ehrenmal für die im Weltkrieg gefallenen deutschen Soldaten umgestalten zu lassen. »Schlicht«, »weihevoll« und dem »Ernst der Zeit« entsprechend, wie es in dem von der Reichsregierung und der preußischen Regierung gemeinsam ausgeschriebenen Wettbewerb hieß, zu dem man sowohl konservative Architekten wie auch Vertreter des Neuen Bauens einlud: Peter Behrens, Erich Blunck, Hans Grube,

Ludwig Mies van der Rohe, Hans Poelzig und Heinrich Tessenow, für dessen Entwurf sich die Jury mit knapper Mehrheit entschied. Zusammen mit dem zweitplazierten »Raum«-Modell von Mies van der Rohe wurde es in der Öffentlichkeit intensiv und kontrovers diskutiert. Mies van der Rohes Entwurf sah im leicht vertieften Zentrum des kubischen Innenraums einen – einer Grabplatte ähnlichen – flachen schwarzen Granitblock vor, der – auf der dem eintretenden Besucher zugewandten Seite, die Inschrift tragen sollte »DEN TOTEN« und auf seiner Oberseite den stilisierten Reichsadler.

Im Unterschied zu Mies van der Rohe nahm Tessenows Innenraum die ganze Breite der Neuen Wache in Anspruch. Im Zentrum seines Gedenkraums stand unter einem runden Oberlicht ein hoher, altarähnlicher schwarzer Granitblock, auf dem ein Eichenkranz lag. Tessenow wollte ihn aus Gold gefertigt sehen. Die Republik aber mußte sparen. Man entschied sich daher für eine etwas preisgünstigere Ausfertigung, im Kern aus Silber und die über zweihundert Eichenblätter aus Goldblech. Zwei große Kandelaber flankierten den Granitblock, vor dem eine Bronzeplatte lag mit den Jahreszahlen »1914/1918«.

Die Resonanz der Fachöffentlichkeit war zwiespältig. Die Befürworter des Entwurfs von Mies van der Rohe mochten in Tessenows Innenraumgestaltung nur eine »Banalität« erkennen, eine »Stube des Alltags«, die zudem noch unglücklicherweise in einer Linie läge mit Postamt, Autoladen, Damenfriseur und Universität, wie ein Kritiker schrieb. Bruno Taut nahm Anstoß an der Theatralik und sprach von »bloßer Pose«. Das Jury-Mitglied Wilhelm Kreis rühmte dagegen die Würde und Schönheit, Ernst und Monumentalität dieses Gedächtnis-

Neue Wache, Neugestaltung des Innenraums (1931, Heinrich Tessenow) mit dem nach 1933 durch den NS-Staat hinzugefügten Holzkreuz

raumes und war schon angesichts des Modells zuversichtlich, daß »ein gewaltiges Ehrenmal aus diesem Entwurf entstehen wird«. Andere zeigten sich vor allem beeindruckt von der Schlichtheit und Feierlichkeit dieses Gedenkraums. Auch der Kritiker der *Frankfurter Zeitung*, Siegfried Kracauer, lobte die »gute Bescheidenheit« Tessenows. Kracauer hielt die Aufgabe eines Ehrenmals in jener Zeit eigentlich für »kaum zu bewältigen«, weshalb er auch in einem nahezu »leeren Raum«, dem Verzicht auf »erlogene Gefühle«, auf »dröhnende Objektivität« und in der Vermeidung von »Schmuggel mit metaphysischer Konterbande« die einzig angemessene Lösung sah.[102]

Auch die politische Presse war über Tessenows Architektur gespalten.[103] Die *Weltbühne* spottete über das »lyrische Gemüt« des Architekten, und daß er ein »zartes Blümlein aufs Millionengrab« der Weltkriegstoten gepflanzt habe. Der Kritiker warb gleichzeitig für seinen Gegenentwurf: »Baut konservierte Schützengräben, Drahtverhaue, Unterstände und Granattrichter auf, mit Leichen und Gestank, mit Blut und Dreck (...) Und als Bekrönung den Christus mit der Gasmaske von George Grosz.« Die Rechte warf Tessenow vor, ein »Berliner Judenmal« gebaut zu haben. Und die kommunistische *Rote Fahne* glaubte gar hinter ein raffiniertes Täuschungsmanöver gekommen zu sein, demzufolge der »deutsche Imperialismus (...) sein reaktionäres Gesicht« hinter einer »fortschrittlichen architektonischen Fassade« verberge.

Auch die monarchistischen und nationalistischen Kreise mögen mit der damals wohl zum Teil als »fortschrittlich« empfundenen Architektur nur teilweise einverstanden gewesen sein. Sie blieben der Einweihung der Gedenkstätte Anfang Juni 1931 mit dem Reichspräsidenten von Hindenburg, dem Reichswehrminister Groener und dem Preußischen Ministerpräsidenten Otto Braun aber wohl vor allem deshalb weitgehend fern, weil eben dieser, ein Sozialdemokrat, die Einweihung der Neuen Wache als »Gedächtnisstätte für die Gefallenen des Weltkrieges« vornahm, für sie bloß ein »vaterlandsloser, antinationaler« Mann. Braun hatte neben dem rechten »Stahlhelm / Bund Deutscher Frontsoldaten« auch das sozialdemokratische »Reichsbanner Schwarz-Rot-Gold« und den »Reichsbund jüdischer Frontsoldaten« eingeladen. Ihm ging es ja zuerst um die »innere Einheit«. Aber das neue und das alte Deutschland, Revolutionäre, Republikaner und Rechte fanden auch hier nicht zusammen. Der *Völkische Beobachter* sprach schadenfroh vom »wohlverdienten Tritt« gegen Braun und die Sozis. Und als diese »nicht mehr gebraucht« wurden, wie Hitler das wenig später höhnisch nannte, hielt den neuen Reichskanzler und Führer der NSDAP nichts davon ab, die bisweilen auch als »Reichsehrenmal«[104] bezeichnete Neue Wache dem Fundus nationalsozialistischer Inszenierungen einzuverleiben. Tessenows Architektur wurde dabei nur geringfügig verändert. Um schlimmere Eingriffe zu vermeiden, gab dieser der Forderung nach, an der Rückwand ein großes Eichenholzkreuz anzubringen, wofür sich nationale und kirchliche Kreise ausgesprochen hatten, weil »wahres Christentum und heldisches Volkstum zusammengehören«. Daß die Neue Wache zukünftig kein zum Frieden mahnendes Denkmal mehr sein würde, sondern ein an den Opfertod der Gefallenen erinnerndes Ehrenmal, dafür sorgten allerdings vor allem inszenatorische Korrekturen im Umgang mit diesem Gebäude. Das neue Regime nutzte auch hier sein Repertoire theatralischer Selbstdarstellung, von der Ersetzung der beiden Schupos in Zivil vor der Wache durch einen militärischen Doppelposten über die publikumsattraktiven Wachablösungen bis hin zu den kultischen Totenfeiern am sogenannten »Heldengedenktag«. Und ein zeitgenössischer Kommentar würdigte das symbolische Programm dieses Raums Mitte der dreißiger Jahre so: »Einfache, klare Symbole mahnen: der Stein an das Sterben, der Kranz an die Ehre, die Kerzen an die Trauer, das Kreuz an den Sieg durch den Tod, das einströmende Licht und der Blick in den offenen Himmel an die strahlende Unvergänglichkeit echten Heldentums.«

An diese kontroversen zeitgenössischen Stimmen muß nicht zuletzt deshalb erinnert werden, weil ja in der aktuellen Diskussion um die »Schinkel-Tessenow-Kollwitz-Collage« (Salomon Korn) nicht wenige in ihrem Plädoyer für eine Erneuerung der architektonischen Gestaltung Tessenows sich zur Absicherung ihres eigenen Urteils auf Kracauer berufen haben, der von Haus aus Architekt war. Dessen zeitgenössische Deutungen und kritische Bewertungen können bei aller Gelehrsamkeit und Urteilskraft natürlich nicht über alle Zweifel erhaben sein, zumal die Nachgeborenen über andere Perspektiven, größeres Wissen und mehr Distanz verfügen.[105] So hat der Berliner Kunsthistoriker Hans-Ernst Mittig den gewichtigen Einwand vorgetragen, daß Kracauer »sich blind gegen das Inventar (Tessenows, d.V.) und gegen die deutschnationalen Konnotationen des Ganzen« gezeigt habe. In der Neuen Wache sei die »Elementarsymbolik der Rechten« gleichsam komplett versammelt gewesen: Luft, Wasser, Feuer und Erde, durch die der Krieg zu einem elementaren, unvermeidlichen, wiederkehrenden Naturereignis mystifiziert worden sei.[106] Tatsächlich waren in den Soldatenfriedhöfen und -denkmälern des Verbandes Deutscher Kriegsgräberfürsorge diese naturalistischen Symbolisierungen bereits präsent und populär, bevor sie nach 1933 monumentalisiert und radikalisiert wurden, in der Pyromanie des Pylonen-Kultes, in den Ehrentempeln und Totenburgen, in den Stilisierungen der toten Soldaten zur Saat, aus der dereinst neues Leben hervorsprießt.

Nun wird man allerdings nicht übersehen dürfen und Tessenow

durchaus zugute halten müssen, daß er seinen ausgeführten Entwurf gern korrigiert hätte: statt des Granitmonoliths mit silbernem Eichenkranz ein tiefes Loch im Boden, das an einen Granattrichter, einen Graben, ein Massengrab, einen Abgrund hätte denken lassen. Und als nach dem Krieg die Neue Wache nur noch eine Ruine war, wie die meisten Gebäude ringsherum, mit teilweise eingestürztem Portikus, zerstörter Dachkonstruktion und deformiertem Granitblock, da empfahl er, den Bau so stehen zu lassen, denn »so ramponiert, wie er jetzt ist, spricht er ja Geschichte«. Eine Einstellung, die sich kaum von jener unterscheidet, die Hans Döllgast an Münchens Alter Pinakothek oder Rudolf Schwarz im Kölner Gürzenich mit der St. Alban-Ruine demonstriert haben. Tatsächlich blieb der reichlich ramponierte Granit in der Neuen Wache längere Zeit so stehen, bis er auch der DDR zu schäbig war, zu sehr an die Vergangenheit erinnerte und nicht mehr dem aktuellen Repräsentationsbedürfnis entsprach.

Für die weitere Verwendung wurden anfangs unterschiedliche Vorschläge gemacht: Man dachte an ein Schinkel-Museum und an eine Universitätsbuchhandlung. Die neuen Machthaber erkannten schnell den symbolischen Wert der Ruine. Für die FDJ war der Bau Inbegriff des preußischen Militarismus und Imperialismus. Forsch forderte sie die Beseitigung der Ruine. Die Kulturkommission des FDGB hielt dagegen und plädierte für die Umwandlung in eine Goethe-Gedenkstätte. Zeitweilig war auch daran gedacht, in der Ruine eine Kollwitz-Skulptur aufzustellen, als Zeichen der neuen, antifaschistischen und antimilitaristischen Wertgrundlagen. Vorgeschlagen wurde auch die Umwandlung der Neuen Wache in ein Torhaus und dessen Öffnung zum Kastanienwäldchen sowie dem dahinter im früheren preußischen Finanzministerium untergebrachten »Haus der Kultur« der sowjetischen Siegermacht. Der Erhalt dieses Bauwerks ist wohl vor allem dem russischen Stadtkommandanten zu verdanken, der ihn als Symbol deutsch-sowjetischer Freundschaft erhalten wollte. Immerhin hatten Preußen und Russen gemeinsam gegen Napoleon gekämpft. Auch der

Neue Wache (1945)

Links: Neue Wache, zerstörter Innenraum (1947)
Rechts: Neue Wache als Mahnmal der DDR für die Opfer des Faschismus und Militarismus (Umgestaltung durch Lothar Kwasnitza, 1969)

Kunstwert dieses Kunstwerkes wurde anerkannt, was allerdings die zeitweilige Entfernung der an die Befreiungskriege erinnernden Generals-Denkmäler von Blücher, Gneisenau, Scharnhorst und Yorck nicht ausschloß. Erst 1963 kehrten sie zurück, allerdings nicht an ihren ursprünglichen, im Straßenbild hervorgehobenen Platz. Nur Scharnhorst wurde – zwischen Prinzessinnenpalais und Staatsoper aufgestellt – bevorzugt behandelt: der »Erfinder des Volksheeres« war nun als Galionsfigur für die Nationale Volksarmee willkommen.[107]

Durch die provisorische Instandsetzung und Sicherung des Gebäudes blieben die Spuren der Kriegsschäden zunächst erhalten. Mitte der fünfziger Jahre beschloß der Magistrat von Berlin die Umgestaltung der Neuen Wache zum »Mahnmal für die Opfer des Faschismus und der beiden Weltkriege«. Ausführung und Koordination lagen bei Hermann Henselmann, dem zuständigen Architekten und Städteplaner, der sich vergeblich darum bemühte, das Projekt unter gesamtdeutscher Beteiligung zu realisieren. Als die Neue Wache im Mai 1960 eingeweiht wurde, da war Tessenows Raumgestaltung weitgehend wiederhergestellt. Das Kreuz hatte man selbstverständlich entfernt und ersetzt durch die über die Rückwand laufende Inschrift »Den Opfern des Faschismus und Militarismus«. In der Mitte des Raums der schwarze Granitblock, aber ohne den Eichenkranz, dessen wertvolle Blätter bald nach dem Krieg entwendet worden waren. Sie tauchten später im Westen wieder auf. Der Kranz wurde erneuert und fand nun – da die DDR an der Rückgabe dieses Symbols uninteressiert war – im Garnisonsfriedhof Berlin-Neukölln neue Verwendung.

Eine umfassende Umgestaltung erfuhr die Neue Wache einige Jahre später. Zum 20. Jahrestag ihres Bestehens war die DDR um eine andere Form der Selbstdarstellung bemüht, die – mit Staatswappen, ewiger Flamme und Urnen für den Unbekannten Soldaten und Unbekannten Widerstandskämpfer – auch internationalen Gepflogenheiten zu entsprechen suchte und sich damit aber zugleich auffällig unterschied von anderen nationalen Mahn- und Gedenkstätten mit ihrer, wie in Ravensbrück und Buchenwald, aufwendigen figurativen Denkmalästhetik. Nicht zuletzt deshalb haben Berliner Denkmalpfleger nachdrücklich den Erhalt dieser Ende der sechziger Jahre geschaffenen Innenarchitektur gefordert. Das wäre im Falle des als Steinintarsie gearbeiteten Staatswappens der DDR spätestens nach deren Beitritt zum Geltungsbereich des Grundgesetzes nicht mehr möglich, im Falle des übrigen Inventars aber zumindest einer Diskussion wert gewesen.

Statt dessen fand in der altneuen Hauptstadt eine Entwicklung ihren Abschluß und ihren – vorübergehend heftig umstrittenen – Ausdruck, die schon bald nach dem Krieg in Berlin begonnen hatte.[108] Ein anderer Standort als die ehemalige Reichshauptstadt schien für jene, die sich für ein »Deutsches Ehrenmal« einsetzten, nicht in Betracht zu kommen. Danach verlagerten sich diese Aktivitäten allerdings in den Westen, wobei die soldatischen Traditionsverbände und der VDK sich sowohl um dezentrale Standorte bemühten wie auch um den zentralen Standort Bonn, so sehr dieser auch unter dem Vorbehalt einer erwarteten späteren Wiedervereinigung stand.

In Bonn war bereits 1951 auf dem Nordfriedhof eine Gräberanlage mit einem Hochkreuz eingerichtet worden, die bis Anfang der sechziger Jahre an den Volkstrauertagen für die Kranzniederlegung benutzt wurde. Sie entsprach aber, zumal bei ausländischen Staatsgästen, den Ansprüchen an staatliche Selbstdarstellung immer weniger. Anläßlich von de Gaulles Staatsbesuch im Sommer 1962 fand die Totenehrung am Ehrenmal vor dem Münchener Armeemuseum statt. Zuvor war von privater Seite vorgeschlagen worden, die von Schinkel erbaute frühere Anatomie und spätere Akademische Kunstsammlung der Universität am Hofgarten zum »Gefallenen-Ehrenmal des Deutschen Volkes« zu machen. Gegen eine beabsichtigte Umgestaltung des Akademie-Inneren sperrte sich die Universität. So wurde am Vorabend des 17. Juni 1964, nicht etwa am 8. Mai oder am 1. September, durch den damaligen Bundespräsidenten Lübke ein Ensemble als »Bundesehrenmal« eingeweiht, das aus einem etwa drei Meter hohen Kreuz, einem

Steinblock mit Bronzetafel und der Inschrift »Den Opfern der Kriege und der Gewaltherrschaft« nebst Taxushecke bestand.

In der zweiten Hälfte der siebziger Jahre gab es erneut Pläne zur Errichtung eines nationalen Mahn- und Ehrenmals in Bonn. 1983 konstituierte sich ein Kuratorium, das aus Vertretern mehrerer einschlägiger Interessenverbände bestand.[109] Das im Mai 1983 vorgelegte »Aide-mémoire über die Errichtung einer nationalen Gedenkstätte für die Kriegstoten des deutschen Volkes« empfahl eine vergrößerte Dornenkrone, schwebend oder bodennah, und zur symbolischen Erinnerung an die zwei Millionen Toten des Ersten und die sieben Millionen Toten des Zweiten Weltkrieges war auch noch an Mosaiksteine gedacht. Als Standort hatte man das Gelände der Gronau vorgesehen in unmittelbarer Nähe des Abgeordnetenhochhauses.

Auf einem außerparlamentarischen Bonner Forum im Herbst 1984 wurde der Vorschlag abgewiesen.[110] Auch Bundesbauminister Schneider distanzierte sich. Er wies darauf hin, daß es sich bei dem geplanten Mahnmal um kein »herkömmliches Krieger-, Helden- oder Ehrenmal« handeln könne. Hier gehe es um ein »Anliegen des ganzes Volkes«, was die Einbeziehung einer breiten und kritischen Öffentlichkeit wünschenswert erscheinen lasse. Zu- und Widerspruch gab es reichlich. Eine Gruppe von Überlebenden und Hinterbliebenen des deutschen Widerstands, darunter Heinrich Albertz, Emmi und Walter Bonhoeffer, Helmut Gollwitzer, Helmut von Moltke und Inge Aicher-Scholl hielten ein solches Mahnmal für »nicht realisierbar, wenn zwischen Kriegsopfern und politischen Opfern etwa des Widerstands oder des Holocausts keine prinzipielle Unterscheidung getroffen wird«.

Dem widersprach der damalige Vorsitzende der CDU / CSU-Bundestagsfraktion, Alfred Dregger, in der Bundestagsdebatte vom 25. April 1986 mit dem Argument, man dürfe und könne »die Toten unseres Volkes nicht nach Spruchkammerkategorien in Gerechte und Ungerechte einteilen« – und spielte damit zugleich geschickt auf ein zumindest in der älteren Generation noch verbreitetes Ressentiment gegenüber dem gescheiterten Versuch alliierter Entnazifizierung an. Und Minister Schneider – zuvor eher zurückhaltend – schlug in der parlamentarischen Debatte forsche Töne an:

»Der Mißbrauch nationaler Symbole und Traditionen zerstört nicht ihre geistig-sittliche Substanz. Die Tatsache, daß unsere Soldaten von einem Unrechtsregime in einem sinnlosen Krieg mißbraucht worden sind, mindert nicht unsere Dankbarkeit für ihr Pflichtgefühl und ihre Tapferkeit (...) Die Geschwister Scholl, alle Toten des Krieges und Opfer der Gewaltherrschaft haben uns ein Testament hinterlassen. Darin ist uns aufgegeben, für den Triumph des Guten und Echten über das Böse und Falsche zu kämpfen, für eine friedliche Gemeinschaft mit allen Völkern der Erde.«

Andere waren zurückhaltender und sprachen vom »schier Unmöglichen«, auch in der Fraktion der Christdemokraten.[111] Ende 1985 war der Bundestagspräsident von den Fraktionen und der Bundesregierung gebeten worden, sich um eine interfraktionelle Entschließung für die Errichtung einer zentralen Gedenkstätte zu bemühen. Er mußte im März 1986 jedoch mitteilen, daß sich die CDU/CSU-Fraktion dem Vorschlag der SPD nicht anschließen könne, als Inschrift einen Passus aus der Rede des Bundespräsidenten vom 8. Mai 1985 zu wählen. Darin hatte sich dieser nachdrücklich für ein differenziertes Gedenken ausgesprochen und die jeweilige Gruppenzugehörigkeit der Toten genau benannt.[112] Der Vertreter der Jüdischen Gemeinde in Bonn empfahl, auf ein zentrales Denkmal zu verzichten. Und die Fraktion der Grünen forderte den Bundestag im Dezember 1985 auf zu beschließen: »Die Bundesrepublik Deutschland braucht überhaupt kein ›Nationales Mahnmal‹. Ausländische Staatsgäste, die in Bonn durch Kranzniederlegungen oder andere Gesten die Toten ehren wollen, werden – wie in den vergangenen 36 Jahren – Verständnis dafür haben, daß in der Bundesrepublik Deutschland die Errichtung eines nationalen Mahnmals scheitern muß, nämlich der Gefahr einer Gleichsetzung im Tode von Tätern und Opfern der nationalsozialistischen Verbrechen gegen die Menschheit (...).«[113]

Seit dem 14. November 1993 müssen ausländische Staatsgäste nun nicht mehr wegen einer fehlenden Gedenkstätte um Verständnis gebeten werden, denn an diesem Volkstrauertag wurde in Berlin die umgestaltete Neue Wache als Zentrale Gedenkstätte der Bundesrepublik eingeweiht, nachdem zuvor – und erstmals seit dem Ende des Zweiten Weltkrieges – im Reichstagsgebäude eine Feierstunde stattgefunden hatte. Was die Bundesregierung als repräsentativen Staatsakt zelebrierte, empfanden all jene sachkundigen Kritiker und oppositionellen Gruppen, die der geringschätzig so genannten »Gedenkzentrale« oder »Kranzabwurfstelle« *(taz)* skeptisch bis ablehnend gegenüberstehen, bloß als repressiv, weshalb es an jenem naßkalten

Neue Wache als »Zentrale Gedenkstätte der Bundesrepublik Deutschland« umgestaltet mit vergrößerter Pietà von Käthe Kollwitz (1993)

Novembertag nicht nur zahlreiche Kränze gab, sondern eben auch viele Pfiffe und Protest.

Zu einer Gegenveranstaltung hatte der Verein Aktives Museum eingeladen, ein Zusammenschluß von Einzelpersonen und mehreren religiösen, politischen, Künstler-, Verfolgten- und Minderheiten-Organisationen.[114] Mehrere hundert Personen – unter ihnen der parteilose Kultursenator Ulrich Roloff-Momin und der Vorsitzende der Jüdischen Gemeinde Berlins – versammelten sich zunächst am ehemaligen Gestapo-Gelände (»Topographie des Terrors«) zu einem »Gedenkgang« gegen die Gleichsetzung von Opfern und Tätern. Danach führte der Weg in die Zimmerstraße, zum früheren Ballhaus Clou, einer der ehemaligen Deportationssammelstellen, und von dort zur Tiergartenstraße 4, in der die Euthanasie-Aktion organisiert wurde.

In den Monaten zuvor waren zahlreiche Einwände erhoben und Vorbehalte geltend gemacht worden. Es blieb bei politisch folgenlosen publizistischen Protestaktionen. Denn die SPD hatte sich früh dem Regierungsbeschluß angeschlossen, auf die Einleitung eines Gesetzgebungsverfahrens verzichtet und spät ihre Bedenken vorgetragen.[115] Die Kritik kreiste vor allem um drei Aspekte. Zum einen um die Frage, ob eine zentrale Gedenkstätte ausgerechnet in der Neuen Wache eingerichtet werden könne, die vor 1918 und nach 1933, also die weitaus längste Zeit ihrer Geschichte, militärisch genutzt und als Kriegerehrenmal vorbelastet sei. Zum anderen ging es um die Frage, ob die Pietà von Käthe Kollwitz der adäquate denkmalkünstlerische Ausdruck für die mahnende Erinnerung an die Toten der NS-Gewaltverbrechen und der Weltkriege sein könne. Und schließlich und nicht zuletzt galten und gelten die Einwände der bis zuletzt umstrittenen Inschrift, die alle Toten gleichermaßen zu Opfern macht.

Der Berliner Kunsthistoriker Tilmann Buddensieg sprach sich einerseits für eine »zeitgenössische Ausgestaltung« durch Künstler wie Gerhard Merz, Ulrich Rückriem oder Richard Serra aus, zeigte aber zugleich viel Verständnis für die Entscheidung des Bundeskanzlers, mit Kollwitz einen Konsens herbeizuführen, denn: »Die trauernde Mutter und der tote Sohn sind etwas, das jeder versteht.«[116] Das war für den Historiker Reinhart Koselleck eine zu vordergründige Sicht. Man dürfe nicht nur fragen, was dieses Pietà-Blow-up zum Ausdruck bringe, man müsse auch fragen: »Was sagt (...) unsere Pietà nicht?«[117] Auch wenn die Kollwitz nicht Trost im freiwilligen Opfer des Sohnes gefunden habe – im Gegenteil – und daher der »christlichen Verheißung zu entrinnen suchte«, als nationales Zentraldenkmal stünde diese Skulptur unweigerlich als ein christliches Erlösungs- und Hoffnungssymbol da, als das es die staatlichen Denkmalsetzer ja auch verstanden wissen wollen. Kollwitz selbst hat sich über den Tod ihres Sohnes Peter, der als Kriegsfreiwilliger starb, nicht hinwegtrösten können, sondern zeitlebens an ihrer Mitschuld gelitten, weil sie den Kriegsfreiwilligen ziehen ließ. Das steinerne Elternpaar auf dem flandrischen Soldatenfriedhof Vladslo-Praetbosch – und seine schon vorgestellte, 1959 in der Kölner St. Alban-Ruine aufgestellte Kopie – gilt deshalb als der authentische Ausdruck ihrer Auseinandersetzung mit dem soldatischen Opfertod: In der bildlichen Darstellung des Schmerzes ist der tote Sohn nicht mehr vorhanden. Das Überleben ist trostlos, das Verlorene nicht mehr darstellbar.

Die Wahl der Pietà erscheint somit bereits im Hinblick auf das Werk und die persönliche Deutung des Opfertodes durch die Künstlerin fragwürdig. Noch fragwürdiger aber muß die Entscheidung für diese Skulptur erscheinen, wenn man bedenkt, daß die Selbstaussage der Pietà die Ermordung von Millionen Frauen während des Zweiten Weltkrieges ausblendet, ausblenden muß, denn sie ist Jahre zuvor entstanden. Und unangemessen erscheint diese Skulptur auch, weil sie als christliches Symbol die Millionen jüdischer Opfer ignoriert. Daran hätte die Regierung schon ihre weltanschauliche Neutralitätspflicht hindern müssen. Die »hilflose Verwaltung der deutschen Geschichte« (T. Buddensieg) durch die Bundesregierung steigerte sich zur öffentlichen Peinlichkeit, als die Kollwitz-Erben intervenierten und einen moralisch-politischen Anspruch mit Hilfe einer Rechtsposition durchsetzten. Auf das noch bei ihnen liegende Urheberrecht stützten sie ihre Forderung: »Entweder die preußischen Militaristen *vor* der Wache oder die vergrößerte Mutter ihrer Großmutter *in* der Wache.« Beides zugleich ginge nicht. Das rief nicht nur, aber vor allem die Anwälte des preußischen Architekturerbes auf den Plan.[118] So ist dem staatlichen Denkmalsetzer bei der Stiftung dieser Zentralen Gedenkstätte gleich ein dreifaches Fehlverhalten vorgehalten worden: daß er sich taktlos gegenüber den jüdischen Opfern bzw. Nachkommen verhalten hat, kenntnislos oder bedenkenlos gegenüber kunst- und denkmalgeschichtlichen Zusammenhängen und skrupellos im Umgang mit dem Grundgesetz, dessen Artikel 3 ihn ja ausdrücklich dazu verpflichtet, niemanden wegen seines Geschlechtes, seiner Herkunft, seines Glaubens, seiner religiösen oder politischen Anschauungen zu benachteiligen oder zu bevorzugen.

Aber selbst wenn man dem Kanzler zugute halten will, daß er seine Richtlinienkompetenz auch auf dem ressortübergreifenden Feld der Geschichtspolitik wahrnimmt und sich mit einer populären Erinnerungsgeste um eine symbolische Integration zwischen den Generationen und gesellschaftlichen Gruppen bemüht, so sind doch die Risiken groß, das gewünschte Ziel zu verfehlen. Denn divergierende

Geschichtsbilder lassen sich eben nicht unter Zeitdruck und per Regierungsorder zu einem allgemeinen integrieren, sondern nur in einer offenen und öffentlichen Auseinandersetzung, wenn überhaupt. Eine Verständigung über die NS-Vergangenheit steht aus, auch im vereinten Deutschland. Unter Zeitdruck hatte sich die Bundesregierung selbst gesetzt. Ganz unnötig, denn – so noch einmal Koselleck in seinem ironisch zugespitzten Kommentar: »Die Toten laufen uns nicht davon. Schon gar nicht ein halbes Jahrhundert nach der Katastrophe, die wir Deutschen verursacht und uns eingehandelt haben. Aber die Toten holen uns ein.« Immer wieder und ja nicht zum ersten Mal.

Aber der Streit entbrannte nicht nur um das architektonische Ensemble und die Kollwitz-Pietà. Auch um die Inschrift gab es Ärger. Schon in der Vergangenheit hatte die Formel »Den Opfern von Krieg und Gewaltherrschaft« keineswegs alle überzeugt und befriedigt. Denn wer sind die Opfer? Alle Toten? Die toten nationalsozialistischen Täter auch? Die Gleichstellung von gefallenen Wehrmachtssoldaten, SS-Angehörigen, gemordeten Juden, Sinti und Roma, getöteten Widerstandskämpfern und zivilen Bombenopfern wird erleichtert, weil unsere Sprache die Unterscheidung zwischen dem passiv-zufälligen *victim* und dem aktiv-freiwilligen *sacrifice* nicht kennt. Unser Opferbegriff schmückte sich – zumindest bis 1945 staatsoffiziell – mit einer sakralen Aura, und das hat – wie an zahlreichen Beispielen gezeigt werden konnte – in der christlichen Überhöhung der Kriegsopfer nachgewirkt. So wurde dort und so wird nun auch in der Neuen Wache die gewiß gut gemeinte Nobilitierungsgeste, die alle Toten zu Opfern macht, unvermeidlich zu einer Nivellierungsgeste. Symbolische Versöhnung durch Verfälschung von gesellschaftlichen Verhältnissen, die in der Konfrontation von privilegierten *Volksgenossen* und rechtlosen *Volksfremden* extrem unversöhnlich definiert waren.

Der Vorsitzende des Zentralrats der Juden in Deutschland, Ignatz Bubis, mochte denn auch seine Zusage zur Einweihung der Neuen Wache im November 1993 erst geben, als sich die Bundesregierung bereit erklärte, die genannte Inschrift im Boden vor der Pietà durch eine differenzierte Aufzählung der verschiedenen Gruppen unter den Getöteten auf einer Metallplatte zu ergänzen – außerhalb der Gedenkstätte. So mag man die Neue Wache als eine zentrale Gedenkstätte lesen, die in ihrem Kern ein inadäquates Kunstwerk benutzt, eine Erinnerungsgeste als Versöhnungsgeste in Szene setzt, die den Toten aus der Sicht der Nachkommen nicht gerecht wird, und deshalb mancher Korrekturen und Ergänzungen von außen bedarf. Auch wenn Widerspruch und Widerstand gegen diese staatliche Denkmalsetzung sich nicht anhaltend artikuliert haben, ihre symbolisch integrierende Kraft wird man skeptisch beurteilen müssen. Schon bald zeigte sich, daß der beanspruchte zentrale Status dieser Gedenkstätte nicht hielt, was er versprach und durch neue hauptstädtisch-zentrale Denkmalinitiativen ergänzt und damit relativiert wurde.

Deutsche Geschichte, ausgestellt

Die neuen historischen Museen in Bonn und Berlin scheinen auf den ersten Blick nicht in die Reihe der hier vorgestellten Gedächtnisorte zu gehören. Denn beide Geschichtshäuser gehen über die NS-Zeit mehr oder weniger weit hinaus. Das Bonner Museum soll die »Geschichte der Bundesrepublik Deutschland und der geteilten Nation« anschaulich darstellen.[119] Und dem Berliner Museum hat der Gründungsvertrag zwischen Bundesregierung und Land Berlin die Aufgabe zugewiesen, »die ganze deutsche Geschichte – in ihrem europäischen Zusammenhang und in ihren regionalen Ausprägungen« auszustellen.[120] Und doch sind diese beiden Museen in einem unmittelbaren Sinne relevant für das hier erörterte Problem von Erinnerungskultur und Geschichtspolitik.

Zunächst schon wegen der äußeren organisatorischen Form. Das zweiteilige Museum repräsentiert gewissermaßen das zweideutige oder zwiespältige Verhältnis der Bundesrepublik zur nationalsozialistischen Vergangenheit.[121] Einerseits verstand sich der westdeutsche Teilstaat und versteht sich die vereinte Bundesrepublik als Erbe des erloschenen Deutschen Reiches. Zugleich hat sie diese Rolle immer wieder dementiert, ist sie zu ihrem NS-Erbe auf Distanz gegangen, je älter sie wurde, um so nachdrücklicher. Als Demokratie westlichen Zuschnitts und als integriertes Mitglied der westlichen Staatengemeinschaft beansprucht die inzwischen in die Jahre gekommene Bundesrepublik eine »Neuschaffung der Nachkriegszeit« zu sein. Sie reklamiert für sich eine unabgeleitete – oder soll man besser sagen: unvorbelastete Identität und weiß doch zugleich, daß sie durch ihre Vor- und Frühgeschichte in einem sehr unmittelbaren Sinne vorbelastet ist. Die beiden Geschichtsmuseen sind, ob gewollt oder ungewollt, musealer Ausdruck dieser Zweideutigkeit. Einer Zweideutigkeit, die das Bild der ohnehin mehrdeutigen NS-Geschichte zusätzlich undeutlich macht, gewissermaßen aus zwei Richtungen historisiert: In Bonn wird sie zur Vorgeschichte gemacht, in Berlin zu einer unter vielen Perioden.

Auch diese nationalen Museumseinrichtungen waren lange vor ihrer Gründung bzw. Einweihung Gegenstand öffentlicher Kontroversen, wie sehr Museen auch im Trend dieser Zeit liegen.[122] Der Bau von Museen und ihre Besucherzahlen haben seit den siebziger Jahren beachtliche Zuwachsraten.[123] Und als Geschenke der Regierung Kohl waren die Geschichtsmuseen ohnehin kaum zu verhindern, wenn auch der Akt selbst und das Tempo, in dem er vollzogen wurde, auf Bedenken stießen und Widerspruch provozierten. Die Initiative war gewiß ein ganz persönliches Anliegen des Bundeskanzlers, aber man darf dabei doch nicht übersehen, daß sie an eine längere Vorgeschichte anschloß und sie zugleich zum Abschluß zu bringen suchte. Schon seit etwa Anfang der siebziger Jahre hatten sich verschiedene Bundespolitiker für ein nationales historisches Museum ausgesprochen, voran die beiden Bundespräsidenten Gustav Heinemann und Walter Scheel. Auf Initiative Heinemanns wurde 1974 in Rastatt eine Erinnerungsstätte für die Freiheitsbewegungen in der deutschen Geschichte ins Leben gerufen. Und anläßlich seiner Besuche im Bundesarchiv und im Münchener Institut für Zeitgeschichte schlug Scheel vor, ein historisches Museum in Bonn einzurichten, in dem »der Besucher der Bundeshauptstadt die Geschichte unseres Staates anschauen kann«. Für diese Idee haben in jenem Jahrzehnt aber auch und vor allem mehrere historische Ausstellungen mit großer Publikumswirkung nachdrücklich geworben.

So die auf Veranlassung der damaligen Bundesregierung 1971 zum 100. Jahrestag der Reichsgründung unter der Leitung des Historikers Lothar Gall im Berliner Reichstag realisierte – und dort bis heute gezeigte – Ausstellung *Fragen an die deutsche Geschichte*. So das ein Jahr später in der alten Reichsstadt Frankfurt gegründete Historische Museum. So die mit starkem regionalgeschichtlichen bzw. epochenspezifischem Bezug konzipierten Ausstellungen *Bayern – Kunst und Kultur* (München 1972); *Die Zeit der Stauffer* (Stuttgart 1977); *Tendenzen der zwanziger Jahre* (Berlin 1977); *Preußen – Versuch einer Bilanz* (Berlin 1981).

Die Zeit schien reif zu sein für die Errichtung eines nationalen historischen Museums, wie die *Frankfurter Allgemeine* Anfang der achtziger Jahre schrieb.[124] Und nach dem großen Erfolg der Preußen-Ausstellung erhielt dieser Plan auch in Berlin deutlich Auftrieb. Zunächst durch den SPD-Senat unter Dietrich Stobbe. Sein Nachfolger, Richard von Weizsäcker, beauftragte dann die Historiker Hartmut Boockmann, Eberhard Jäckel, Hagen Schulze und Michael Stürmer mit der konzeptionellen Vorbereitung. Anfang Januar 1982 lag ihre Denkschrift »Deutsches Historisches Museum in Berlin« vor. Sie empfahl, die »Geschichte der materiellen, geistigen und politischen Kultur der Deutschen aller Schichten im europäischen Raum zu erfassen«, deren Darstellung um 1770 beginnen sollte, also in der Zeit der »Formierung der

Nationalidee«. Als Standort wurde der Gropius-Bau vorgeschlagen und als Organisationsform eine Verbindung von traditionellem Museum mit dauerhafter Ausstellung und großer Sammlung (die ja noch nicht bestand und deren Aufbau Jahre beansprucht) sowie einer Ausstellungsagentur für wechselnde Ausstellungen. Eine intensive Debatte folgte. Sie blieb allerdings weitgehend auf die Berliner Öffentlichkeit beschränkt. Umstritten war nicht nur die Nutzung des Gropius-Baus als historisches Museum. Strittig war auch das Konzept. Vor allem Berlins neuer Kultursenator Volker Hassemer bemühte sich um einen Konsens. Er sprach sich dafür aus, den Gropius-Bau als ständiges »Forum für Geschichte und Gegenwart« zu nutzen, weil sich gerade in diesem Gebäude und seiner unmittelbaren Umgebung »deutsche Geschichte in ihrer ganzen Komplexität« verdichte und »mit ihren tiefen Brüchen und offenen Fragen handgreiflich erlebbar« werde. Mit ihm dachten auch andere an eine offene Organisationsform und an eine breite und variable Nutzung für Ausstellungen, Tagungen etc., die »Kunst« und »Geschichte«, »Zeitgenössisches« und »Historisches« einschließen sollte.

Fast zeitgleich machte der Bundeskanzler die Museumsfrage in Bonn zur Chefsache. Schon in seiner ersten Regierungserklärung am 13. Oktober 1982 hatte er der Pflege der deutschen Geschichte eine hohe Priorität eingeräumt: »Unsere Republik, die Bundesrepublik Deutschland, entstand im Schatten der Katastrophe«, erklärte er. »Sie hat inzwischen ihre eigene Geschichte. Wir wollen darauf hinwirken, daß möglichst bald in der Bundeshauptstadt Bonn eine Sammlung zur deutschen Geschichte seit 1945 entsteht, gewidmet der Geschichte unseres Staates und der geteilten Nation.« Doch damit war's nicht genug. Wenige Monate später wurde Berlin bedacht – mit einem »Deutschen Historischen Museum«. Die 750-Jahrfeier der Stadt 1987 schien der rechte Anlaß zu sein für ein solches Geschenk. »Wir, die Deutschen«, erklärte Kohl am 4. Mai 1983 im Bundestag, »haben aus unserer Geschichte gelernt (...) Wir, die Deutschen, müssen uns unserer Geschichte stellen, mit ihrer Größe und ihrem Elend, nichts wegnehmen, nichts hinzufügen. Wir müssen unsere Geschichte nehmen, wie sie war und ist: ein Kernstück europäischer Existenz in der Mitte des Kontinents.« In seinem Bericht zur Lage der Nation vom 27. Februar 1985 bekräftigte der Kanzler seine Geschenkidee, und in seiner Regierungserklärung vom 18. März 1987 stellte er ein weiteres Mal heraus, daß seine Regierung die Pflege von Kultur und Geschichte als »eine nationale Zukunftsaufgabe« ansehe und dieser mit zwei wichtigen Museumsbauten Rechnung trage, einem Haus der Geschichte der Bundesrepublik und einem Deutschen Historischen Museum.

Das Haus der Geschichte

Für das Haus der Geschichte gab der Bundestag im Dezember 1989 grünes Licht. Mit dessen Bau war bereits im September begonnen worden. Im Juni 1994 wurde es eröffnet. Die Initiatoren und ein Großteil der öffentlichen Meinung zeigten sich vollauf zufrieden, nicht zuletzt wegen der großen Publikumsresonanz. Schon nach fünf Wochen zählte und feierte man den 100 000sten Besucher. Nicht wenige Kritiker sahen indes ihre schlimmsten Befürchtungen bestätigt. Spötter hatten schon zuvor nach der »Museumsreife« der Bundesrepublik gefragt. Vertreter der Opposition argwöhnten ein »Renommierobjekt« der amtierenden Bundesregierung an Bonns Kulturmeile vis-à-vis dem Kanzleramt. Und der Kritiker der *Süddeutschen Zeitung* hatte alle Vorbehalte gebündelt: »Läßt sich, inmitten des Bonner Regierungsviertels, organisatorisch abhängig und inmitten der politischen und taktischen Tageslage«, schrieb Carl Heinrich Meyer, »ein pluralistischer Konsens über jüngste deutsche Geschichte herstellen? Wird nicht die amtierende, jeweilige Bundesregierung in jedem Fall der Versuchung erliegen, ›ihr‹ Geschichtsbild, ihre Wertvorstellungen zumindest in den Vordergrund zu rücken? Muß nicht eine ›losgelöste‹ Geschichte der Bundesrepublik ohne Rückblenden etwa in die Nazijahre das Nachkriegsmodell Bundesrepublik unverständlich erscheinen lassen als Prospekt einer reinen – und falschen – Erfolgsgeschichte?«[125] Die SPD-Fraktion bot in einer Anhörung viel wissenschaftlichen Sachverstand auf und trug erheblich zur kritischen Auseinandersetzung in dieser Frühphase der Vorbereitung bei.[126]

Zwar bemühten sich die Initiatoren und Programmgestalter um ein inhaltlich akzentuiertes Konzept, und vertrauten zudem auf die rechtliche und organisatorische Konstruktion für das Haus der Geschichte und auf die Legitimationskraft des Verfahrens seiner Errichtung.[127] Der Bundesinnenminister berief 1983 eine Kommission, die aus den Professoren Gall, Hildebrand, Löber und Möller bestand und sich sogleich den Vorwurf gefallen mußte, nicht pluralistisch genug zusammengesetzt zu sein. Die von ihr erarbeiteten Empfehlungen für die Konzeption des Hauses der Geschichte wurden Ende 1983 der Öffentlichkeit vorgestellt, den Ländern und mehr als einhundert gesellschaftlichen Organisationen und Einzelpersonen zur Stellungnahme übersandt. Das Bundeskabinett ergänzte und beschloß das Konzept 1985. Es diente dann beim Aufbau der Sammlung und der Innenausstattung als Arbeitsgrundlage. Als wichtigste formale Richtlinie gilt die Einrichtung von sogenannten »Schwerpunkträumen« mit ausgewählten Einzelthemen und die – chronologisch gegliederte – politische Geschichte, die dem Besucher als »Leit- und Orientierungsschiene« dienen soll und in enger Verbindung mit der Wirtschafts- und Sozialgeschichte, der Geistes- und Mentalitätsgeschichte sowie der Geschichte der »sogenannten materiellen Kultur« dargestellt wird.

Und auch für die zukünftige Geschichte des Hauses – eine »unselbständige Stiftung des öffentlichen Rechts« – wurde vorgesorgt. Ein Kuratorium ist für die »Grundzüge« des Programms verantwortlich. Es besteht aus je sechs Vertretern der Bundesregierung, des Bundestages und der Länder. Vorsitzender ist der Bundesbauminister, der seinerseits – zusammen mit den Kuratoren – einen wissenschaftlichen Beirat beruft, der wiederum das Kuratorium berät und den Direktor des Hauses sowieso. Und als wollte sich der politische Proporz-Überbau selbst übertrumpfen, ist dem ganzen Beratungs- und Kontrollgefüge noch ein »Arbeitskreis gesellschaftlich relevanter Kräfte« beigegeben.

Und was ist bisher dabei herausgekommen, zumal für diese zeitgeschichtliche Sammlung ein neues Gebäude errichtet und mit modernster Museumstechnik und -didaktik nicht gespart wurde? Die Kommentatoren waren – wie kaum anders zu erwarten – im Urteil gespalten. Jene, die für regierungsnahe Blätter schrieben, schwärmten. Die anderen höhnten. Der *Rheinische Merkur* nannte das Haus der Geschichte »das spannendste museale Experiment auf deutschem Boden«[128], die *Frankfurter Allgemeine* blieb zurückhaltender, lobte das Haus und seine Inneneinrichtung aber ausdrücklich als getreues Abbild der zivilen, pluralistischen, offenen und dynamischen Gesellschaft der

Haus der Geschichte, Bonn

Bundesrepublik.[129] *Das Parlament* gab sich unpolitisch und überparteilich und rühmte vor allem die der alten Bahnhofsarchitektur nachempfundene »Lichtführung« und »Raumfülle« unter dem dreifachen Tonnengewölbe und die »Transparenz« und »Offenheit« dieses Hauses, in das der eilige Besucher mit der städtischen U-Bahn hineinfahren kann.[130] Die Station befindet sich im Souterrain des Hauses. Und der Einstieg in die jüngere deutsche Geschichte beginnt hier sinnigerweise in und mit jenem Reichsbahn-Salonwagen, den Hermann Göring bauen ließ und in dem die Kanzler von Adenauer bis Willy Brandt durch die Republik und Europa rollten.

Darüber und über vieles andere waren nicht alle Zeitungen entzückt. Manche Berichterstatter fanden das Haus samt Inventar nur grotesk und peinlich. Es wurde nach Kräften polemisiert. So gegen den »vernagelten Antikommunismus« in diesem anspielungsreich »Palazzo del patriotismo« getauften Haus.[131] So gegen den »zumeist angenehmen Spaziergang« über die zu einem »bunten Flohmarkt« drapierte westdeutsche Politik-Folklore.[132] Die *taz* spottete über das Warenhaussammelsurium von Staubsaugern, Mixgeräten, Kofferradios und Petticoats als einem »Universum der Scheußlichkeiten« und schlußfolgerte treffend: »Allein dieses Ensemble garantiert den Erfolg der Ausstellung und ihres politischen Auftrags.«[133] Auch die *Süddeutsche Zeitung* urteilte vernichtend über den 116 Millionen Mark »teuren Irrtum«, mit dem ein »Trödelladen eingerichtet« worden sei, »aus dem sich jeder mit den ihm behagenden Versatzstücken einer problembereinigten Vergangenheit für eine sorgenfreie Zukunft möblieren kann«.[134] Und die *Zeit* setzte mit ihrer Kritik diesmal allem die Krone auf. Ein Text wie aus Tucholskys spitzer Feder, die man heute hierzulande so oft vermißt: »Ein Museum wie der Erlebnisaufsatz eines Neunjährigen: Und dann und dann und dann« hieß es da: »Ein Museum für Kinder, für Schüler (...) Ein halbes Jahrhundert BRD (und DDR) als Abenteuerspielplatz, als entfesselter Dachboden, als Flohmarkt, als ein Rummel, vollgestopft mit vielen komischen Sachen, tollen Autos, Plakaten, buntem Techniktrödel, viel altem Spielzeug (...) und überall Videos, überall Kopfhörer, überall Knöpfchen zu drücken und Filmchen zu kucken.«[135] Ein »Jahrmarkt mit Peinlichkeiten«? Das auch. Vor allem aber ein freundliches, ein kurzweiliges, ein liebenswürdiges, ein harmloses Haus. Ein unheimlich harmloses allerdings, das in seiner schamlosen und geschwätzigen Offenheit und spielerischen Naivität auch ein Licht wirft auf den Gemütszustand und den Reifegrad der Republik verrät und eben auch den der Museumsstifter, Museumskuratoren und Museumsmacher. Der Befund: Noch nicht erwachsen.

Wie hatte doch der Bundeskanzler gesagt? Unsere Republik »entstand im Schatten der Katastrophe«? Die Schatten der Vergangenheit verflüchtigen sich hier allerdings schnell zu Schimären. Wie in jenem schwarzen und schwach beleuchteten Kabinett, in dem sich kaum wahrnehmbar und unverständlich eine Addition einschlägiger Namen und Schlagworte findet: die Eichmann- und Auschwitz-Prozesse – ohne nähere Information zum geschichtlichen Hintergrund, die Filbinger- und die Jenninger-Affäre als Schlagzeilen-Ereignisse und nicht anders: das amerikanische *Holocaust*-TV-Spektakel und die Hitler-Tagebuch-Fälschung des *Stern*. Schräg darüber ein Aluminiumgitter, das sich nach Verlassen dieser Nische sogleich als Rampe zum Raketenabschuß erweist und den Blick des Besuchers wieder aufrichtet, auf das Nasa-Panorama der ersten Mondlandung nämlich. Es ging doch aufwärts in jenen Jahren. Ein Fall von Ignoranz, Täuschung, Ahnungslosigkeit? Sollte niemand von den für dieses Haus Verantwortlichen gewußt haben, daß es zwischen der düsteren Vergangenheit unter der Raketen-Rampe und dem Glanz dieser himmelwärts gerichteten Gegenwart, nicht nur einen allgemeinen, sondern einen sehr konkreten Zusammenhang gibt? Oder ist es am Ende dieses Jahrhunderts schon unerheblich, daß nicht wenige der etwa 20 000 hochspezialisierten Wissenschaftler und Techniker, die im Dienste Hitlers die gesamte Waffentechnik und Luftfahrtmedizin modernisiert hatten und in Gewaltverbrechen verstrickt waren, ihre Karriere mit bereinigter Biographie fortsetzen konnten und zu Vätern der US-Weltraumfahrt avancierten?[136] Eine geschönte Fortschrittsgeschichte auch hier.

Und auch an der Rampe nahm offenbar niemand Anstoß. Durch schräge, stufenlose Rampen sind die Etagen des Museums-Bahnhofs miteinander verbunden, für einen unbeschwerten Rundgang. Und wer auf diesem zeitgeschichtlichen Flohmarkt einmal die Übersicht verlieren sollte und fragt, wo und wie es denn weitergeht, der wird von den auskunftfreudigen Aufsehern sogleich an die nächste Rampe verwiesen – und zugleich darauf aufmerksam gemacht, daß die »Rampe«, ein bedeutsames architektonisch-symbolisches Element dieser Ausstellung sei. Sie solle das Kontinuum der deutschen Nachkriegsgeschichte erlebbar machen, ihre Dynamik und Stabilität, den unaufhaltsamen Aufstieg ohne Zäsuren und Brüche. Zeitgeschichte als inszeniertes Raumprogramm: Wiederauferstanden aus Ruinen im Parterre, Wiederaufstieg und Wirtschaftswunder in den mittleren Zeit-Etagen und schließlich als Höhepunkt – unterm Dach – die Wiedervereinigung. Sollte kein politischer Kurator, kein wissenschaftlicher Beirat gesehen haben, daß die Rampe gerade hier als architektonisches Element und als Wiederaufstiegssymbol untauglich ist, weil die »Rampe«, weil der »Rampendienst« seit 1945 für Selektion und Vernichtung steht? Aber welches Gewicht können solche Bedenken schon beanspruchen angesichts anhaltend hoher Besucherzahlen? Zudem wurde Ende 1994 bekannt, daß das Haus der Geschichte als »Europäisches Museum des Jahres 1995« ausgezeichnet wird, als zeitgeschichtliches Museums-Projekt von »herausragender Bedeutung«.[137]

Das Deutsche Historische Museum

Von daher mögen die Erwartungen an das neue nationale Berliner Geschichtsmuseum ebenso groß sein wie die Skepsis. Ob die Hoffnungen erfüllt oder die schlimmsten Befürchtungen bestätigt werden, wird man allerdings erst dann beurteilen können, wenn nach dem Jahr 2000 der Auf- und Umbau des neuen Museums samt Erweiterung der Ausstellungsfläche auf etwa 10 000 Quadratmeter abgeschlossen sein werden. Einen gewissen Ausblick auf diese Zukunft gab allerdings Ende 1994 die Ausstellung »Bilder und Zeugnisse der deutschen Geschichte«, die mit 2000 Objekten auf 2500 Quadratmetern so etwas wie einen repräsentativen Querschnitt durch die bisherigen Sammlungen – und durch die deutsche Geschichte bot. Der Andrang war groß und die öffentliche Aufmerksamkeit auch. Gerühmt wurde allenthalben die unpathetische und unpädagogische Präsentation.[138] Das Lob der konservativen Blätter fiel eher verhalten aus.[139] Manche fanden die Exponate wohl interessant, zumindest kurzweilig: Viel Porzellan und Pokale, Stiche und Ölgemälde, Büsten und Kleidungsstücke, Waffen und Uniformen, Möbel und Kunstgewerbe, auch Bücher (natürlich als Autographen) und Urkunden in großer Zahl – aber ansonsten wenig verbindlicher bzw. verbindender Text. Kritisiert wurde denn auch vor allem, daß die »authentischen Realien«, auf die hier so viel Wert gelegt wird, als austauschbar wahrgenommen werden und die deutsche Geschichte wie zu einem »gewaltigen Kuriositätenkabinett« aufbereitet erscheint, episodisch, wie vom »König Zufall« regiert.[140] Daß auf das von vielen befürchtete nationale Pathos verzichtet wurde, konnte mit Sympathie rechnen, zumal bei der liberalen und linken Kritik. Keinen Beifall fand dort jedoch, daß angesichts einer ausgeprägt chronologisch-kleinteiligen Schaustellung historische Zusammenhänge nicht erkennbar und »vor lauter Europäisierung unseres kleinen Dramas« spezifische Merkmale des deutschen Weges in die Moderne undeutlich wurden.[141] Die Nagelprobe für das erklärtermaßen pluralistische Konzept dieses dem vereinten Deutschland von der Regierung Kohl geschenkten nationalhistorischen Museums ist unvermeidlich der Umgang mit Geschichte des Nationalsozialismus. Auf dieser Ausstellung wurde er wiederholt als ärgerlich und konzeptionslos kritisiert. Selbst der im Ganzen wohlmeinenden Kritik mißfiel, daß »die schnurrenhaften Seiten, die Uniformseligkeit oder die Hunderte von Abzeichen des

Winterhilfswerks« mehr herzeigen »als der Krieg oder die Ermordung der Juden«.[142]

Schon bei zwei anderen Ausstellungen hatte das Deutsche Historische Museum Kostproben seines »aufgeklärten Konservatismus« *(Frankfurter Rundschau)* gegeben und seine sichere Hand bewiesen, durch Ästhetisierung und Inszenierung von Geschichte den jeweiligen Gegenstand politisch eher zu neutralisieren, als zur kritischen Auseinandersetzung mit ihm anzuregen, wie das die wissenschaftlichen Gründungsväter empfohlen hatten. Gelegenheit dazu bot weder die Ausstellung über die Holocaust-Mahnmale, die erklärtermaßen den parallelen Wettbewerb um das zentrale Holocaust-Mahnmal anregen und unterstützen sollte, noch die Ausstellung zur Vor- und Verwandlungsgeschichte des Hauses. Die verschwenderische Präsentation der dreihundertjährigen Geschichte des ehemaligen Zeughauses »Unter den Linden« nahm dem Kriegsgerät jedenfalls seinen Schrecken und machte es zur Augenweide. Und das Haus inszenierte sich selbst gewissermaßen als Beweis dafür, daß sich das Kriegerische durchaus ins Kunstschöne verwandeln läßt, wenn man nur lange genug wartet.[143]

Auch auf der vom New Yorker Jüdischen Museum übernommenen und von dem amerikanischen Judaistik-Professor James Young konzipierten Ausstellung »Mahnmale des Holocaust« verdrängte das Kunstschöne das Politische. Den ursprünglich intendierten und in zahlreichen Veröffentlichungen von Young auch explizierten Doppelsinn von *Art of Memory* (Titel der New Yorker Ausstellung) – als Kunst der Erinnerung und als Erinnerung der Kunst – hatte die Ausstellungspräsentation auf das Ästhetische und Materiale der Erinnerungskunst reduziert. Und das tat sie einmal mehr verschwenderisch. Nicht vergleichend, wie das eingangs und bei der Eröffnung versprochen wurde, sondern in einem beinahe beliebigen Sammelsurium wurden Photos und Modelle von Mahnmalen, Museen und Gedenkstätten des Holocaust aus verschiedenen Ländern (Polen, Israel, USA, Deutschland u. a.) nebeneinander gezeigt. Dem an den Bildern interessierten, aber nicht einschlägig informierten Ausstellungsbesucher machten es die schwer lesbaren, unpräzisen und ungenauen Bildbeschriftungen schwer, auch nur Entstehung und Standort der Denkmäler zu identifizieren. Für deren stilistisch und nationalkulturell vergleichende Betrachtung und Kritik fehlte jede anleitende Information. Und daß die Kunst der Erinnerung nicht nur ein künstlerisch individueller Vorgang ist, sondern auch ein künstlich aktivierter oder deaktivierter kollektiver kultureller Prozeß, politisch relevant und – ob von Überlebenden oder Regierungen – unablässig politisch instrumentalisiert, das kam überhaupt nicht ins Bild – oder zur Sprache.[144]

Diese Kritik verkennt indes nicht, was dem Deutschen Historischen

Museum, seinen Ausstellungsmachern und ihren älteren wie jüngeren Einzelausstellungen auch von den entschiedensten Kritikern nicht bestritten wird: Stücke »meisterhafter Geschichtsaufklärung« (B. Erenz) abgeliefert zu haben. Ob man an *Preußen* denkt oder an *Berlin, Berlin* und in jüngerer Zeit an *Rathenau* oder die *Elbe* – die lange vor dem offenbar unabwendbaren Geschenk des Bundeskanzlers in Berlin und anderswo favorisierte offene Form des Forums hat in diesen Ausstellungen ihre überzeugendsten Beweise hervorgebracht. Schon vor der Gründungsvereinbarung im Oktober 1987 zwischen Bundesregierung und Land Berlin war ein heftiger Streit um geschichtspolitische Grundsatzfragen entbrannt.

Umstritten war allerdings nicht allein die museumsorganisatorische Form zwischen den Verfechtern der ursprünglichen und mit dem Gropius-Bau verknüpften Idee eines Forums mit wechselnden Ausstellungen und den Verfechtern eines Funduskonzeptes, also eines traditionellen Museums mit eigenen Sammlungen. Umstritten war bereits das Verfahren, der Akt der Schenkung ebenso wie das Verfahren der Gründung und der Erarbeitung des von Historikern für den Aufbau des Museums erarbeiteten Ausstellungskonzeptes. Eine Museumsdirektorin sprach von einem »Rückfall in absolutistisches Herrschaftsgebaren«, wunderte sich, daß dieses »ohne nennenswerte Proteste hingenommen wird«, und verwies mit Recht darauf, daß Idee und Institution unserer Museen eng mit der bürgerlichen Emanzipation des 19. Jahrhunderts verbunden, also aus Bürgerinitiativen und bürgerlichen Stiftungen hervorgegangen sind.[145] Und der Berliner Verwaltungsjurist Thomas Köstlin hielt der Bundesregierung vor, daß sie mit der Planung, Vorbereitung und Entscheidung für ein Deutsches Historisches Museum als Geschenk an das Land Berlin ihre Zuständigkeiten überschritten habe und in die Kulturhoheit zumindest von Berlin eingebrochen sei. Auch aus den »vorgeschobenen Gründen wie ›Nationalrepräsentation‹ oder ›nationaler Traditionspflege‹« dürfe der Bund die bundesstaatliche Ordnung nicht verändern, »die gerade nach dem Grundgesetz Kulturföderalismus und nicht Kultureinheit bedeutet«.[146]

Die wohl eingehendste Kritik am Verfahren wie an der Denkschrift der Sachverständigenkommission trug der Historiker Hans Mommsen vor.[147] So kritisierte er zum einen die unnötig kurze Frist der Vorbereitung und die Nichtbeteiligung der Geschichtswerkstätten und anderer für die Dokumentation und Deutung deutscher Geschichte relevanter Gruppen. Zum anderen monierte er die »Flucht in die Breite des denkbaren Materials« als Folge einer zumindest für das 19. und 20. Jahrhundert fehlenden »tragenden formalen wie inhaltlichen Gestaltungsidee«. Spätestens bei der Ausstellung der Geschichte des Nationalsozialismus würde der Irrtum als Illusion offenkundig, daß eine

»positivistisch geprägte«, d. h. »nicht kontroverse« Stoffauswahl möglich sei. Mommsen hielt dies für um so bedenklicher, weil das langfristige Museumskonzept mit dem »polemischen Nebengedanken« einer westdeutschen »Gegendarstellung« verknüpft werde, einem Gegenmuseum zum DDR-Museum der deutschen Geschichte. Dieses Bedenken hat die Geschichte inzwischen einerseits ausgeräumt und andererseits noch verstärkt. Denn das neue Deutsche Historische Museum ist nun an die Stelle des früheren DDR-Museums getreten, am selben Gedächtnisort. Und dessen Archive und Magazine wurden zwar nicht beseitigt, wohl aber das in der früheren DDR produzierte und hier zentral popularisierte Bild der deutschen Geschichte.

Die allgemeine kulturphilosophische Kritik bestritt generell die sinnstiftende Funktion von wissenschaftlicher wie ausgestellter Historie, wollte andererseits aber nicht überhaupt auf die Errichtung eines solchen Museums verzichten, so jedenfalls Jürgen Habermas. Und er deutete immerhin an, wie erreicht werden könne, was er allein für zulässig hielt: »die kritische Aneignung mehrdeutiger Sinnzusammenhänge« kritisch vorzubereiten.[148] »Man müßte« – so Habermas bei der Anhörung der SPD-Bundestagsfraktion –

»den Besucher (und natürlich zuvor erst einmal den Museumsgründer nebst Direktor und Personal, d. V.) dafür gewinnen, aus einer fiktiven Zukunft auf die eigene Gegenwart zu blicken und zu antizipieren, daß jede künftige Generation der deutschen Geschichte eine andere Interpretation hinzufügen wird. Ich weiß nicht, ob das zu viel 18. Jahrhundert ist, zu viel Aufklärungsdenken. Es wäre jedenfalls eine Art der Präsentation, die, denke ich, einer modernen Form des historischen Bewußtseins angemessen wäre: die Form der institutionalisierten Reflexion auf die eigene Selektivität.«[149]

Nur wenige äußerten sich dezidiert gegen ein nationales historisches Museum, ob aus geschichtsphilosophischen oder aus kulturpolitischen Erwägungen. Der *Zeit*-Kritiker Benedikt Erenz sprach von dem »wahrscheinlich absurdesten Unternehmen der bundesrepublikanischen Museumsgeschichte« und taufte das Museum kurzerhand in »GAA« um – »Geschichtsaufbereitungsanlage« – und versuchte, den Rechnungshof auf das Problem aufmerksam zu machen: »Wozu die Millionen«, wozu das Berliner »Geschichts-Colosseum« angesichts der »vielen real existierenden Deutschen Historischen Museen« im Lande?[150] Die Kölner Museumsdirektorin Gisela Völger hatte diesen Einwand schon zuvor vehement formuliert und auf die NS-Vergangenheit zugespitzt: »Brauchen wir eine so bombastische Initiative (...) wie das Deutsche Historische Museum« schrieb sie, »brauchen wir es gegen das Vergessen? Sind nicht Buchenwald, Mauthausen oder

Dachau Zeugen unserer Geschichte, wie sie kein Museum an schrecklicher Wahrheit übertreffen kann?«[151] Die vielleicht interessanteste, radikal zugespitzte und ganz aus der Perspektive unserer jüngeren zeitgeschichtlichen Erfahrung heraus entwickelte Kritik kam einmal mehr von dem Berliner Stadt- und Architekturhistoriker Dieter Hoffmann-Axthelm. Zunächst kritisierte er, daß der Grundkonflikt der gesamten Debatte eher zu- als aufgedeckt worden sei, das Spannungsverhältnis von allgemeinem »Geschichtsboom« einerseits und dem vielfach konstatierten Verschwinden der Geschichte in einer allgemeinen »Geschichtlichkeit« andererseits. »Wie ist das möglich«, fragte er sich und die zumindest ihres Gegenstandes sicheren Experten und Museumsinitiatoren, »daß die Historiker ihren Stoff vor sich sehen wie der Fischhändler seine Fische, der gegenwärtigen Erfahrung aber der Begriff der betreffenden Ware überhaupt abhanden gekommen ist?« Für sie sei die immer wieder konstatierte »Abwesenheit der Geschichte« eine ähnlich einschneidende Erkenntnis wie jene erstmals im 17. Jahrhundert ausgesprochene Erfahrung der Abwesenheit eines die Wirklichkeit erklärenden und rechtfertigenden Gottes. Dieser der Industrialisierung inhärente Prozeß einer allgemeinen Historisierung der Welt sei, so Hoffmann-Axthelm weiter, in Deutschland allerdings anders verlaufen als in den westlichen Industriegesellschaften, was das Verschwinden der Geschichte so schwer erträglich und den Versuch, sie wieder ins Bild zu setzen, ebenso verständlich wie vergeblich erscheinen lasse: »Die Deutschen haben ihre Geschichte materiell zerstört, erst für den Nationalsozialismus und dann für das Vergessen der NS-Zeit. Sie haben das soziale Geflecht der Überlieferung zerschlagen, die Bewußtseinskontinuität, sie haben die zerbombten Städte durch Neubau aufgefüllt wie nach einer Naturkatastrophe und das, was übrig war, bis zur Unkenntlichkeit modernisiert, ob Stadtviertel, Dörfer, Flüsse oder ganze Landschaften. Am dauerhaftesten der Zerstörungsprozeß im Bewußtsein: erst die nationale Geschichte zum blutigen Idol zu machen, um dann, nach dem Zusammenbruch des Wahngebäudes, vor der eigenen Geschichte die Flucht zu ergreifen.«[152] Was wäre die Alternative? Vielleicht, den Versuch zu machen, den Verlust, die Zerstörung der eigenen Geschichte bilderlos zu ertragen oder aus einer anderen Art von Bildern zu erschließen, den politisch überaus relevanten selektiven Geschichts- und Gesellschaftsbildern der jeweiligen Zeitgenossen und Nachgeborenen nämlich, statt Gefahr zu laufen, geschichtsblind zu werden in der verschwenderischen Bilderfülle »authentischer Realien« einer zerstörten Geschichte.

Das Jüdische Museum

Der amerikanische Architekt Daniel Libeskind, polnisch-jüdischer Herkunft, mehrere Jahre in Berlin tätig und inzwischen in die USA zurückgekehrt, hat den Versuch gemacht, für die zerstörte deutsche Geschichte, für die von Deutschen aus ihrer eigenen Geschichte herausgebrannte Geschichte des deutschen Judentums eine Museumsarchitektur zu entwerfen, einen symbolischen Raum zu bauen.[153] Er selbst hat sein Museumsprojekt »Between the Lines« genannt, zwischen denen gebaute Leer-Räume entstehen:

»Die eine Linie ist gerade, aber in viele Fragmente zersplittert, die andere Linie windet sich, setzt sich jedoch unendlich fort. Diese beiden Linien entwickeln sich gemeinsam (...) Sie fallen auch auseinander, lösen sich voneinander und werden als getrennt gesehen. Auf diese Weise decken sie eine Leere auf, die in immer wieder unterbrochener Folge dieses Museum – wie auch die Architektur als Ganzes durchzieht. (...) Der Grundgedanke ist eigentlich ganz einfach: nämlich das Museum um einen leeren Raum herumzubauen, der sich durch das ganze Gebäude zieht und von den Besuchern erlebt werden soll.«[154]

Libeskind hat darauf hingewiesen, daß ihn verschiedene Zeugnisse der zerbrochenen deutsch-jüdischen Geschichte zu seinem Entwurf angeregt haben: das »Gedenkbuch« der deportierten Berliner Juden ebenso wie eine Art »unsichtbare Matrix oder Anamnese von Verknüpfungen« zwischen den Adressen von jüdischen und nichtjüdischen Deutschen, Arnold Schönbergs unvollendete Oper *Moses und Aron* ebenso wie Walter Benjamins *Einbahnstraße*, nach deren »Stationen des Sterns« die sechzig Abschnitte im Innern des zickzackförmigen, über 10 000 Quadratmeter großen Museums gegliedert sind. Den Bau selbst hat Libeskind so charakterisiert:

Er »beginnt unter dem bereits existierenden Gebäude (des Berliner Museums, Lindenstr. 14, d. V.), kreuzt unterirdisch hin und her und erhebt sich dann unabhängig vom alten Gebäude über den Grund. Das bestehende Haus ist mit dem neuen nur unterirdisch verbunden, wodurch die widersprüchliche Autonomie beider Hoch-Bauten erhalten bleibt. Oben, sichtbar, sind sie unabhängig voneinander, in der Tiefe zeigt sich der Zusammenhang. Aus der Grenzsituation der Geschichte, nämlich nichts anderem als dem Holocaust mit seinem konzentrierten Vernichtungsraum und dem vollständigen Ausbrennen jeglicher sinnvoller Stadtentwicklung, und der Menschheit selbst – aus diesem Ereignis, das den Ort zertrümmert hat, entspringt gleichzeitig etwas, das die Architektur nicht vermitteln kann.«

Lindenstraße (Kreuzberg): Jüdisches Museum (Modell, Daniel Libeskind)

Spätestens hier wird abermals das Dilemma aller ästhetischen Vergegenwärtigung des Holocaust offenbar, dem letztlich auch Libeskind nicht entrinnt und auf das wohlmeinende Kritiker bei allem Respekt hingewiesen haben. Auch ein solches Museum kommt an Adornos Warnung nicht vorbei, daß Kunst das Grauen in Geschichte und Genuß verwandelt. Zugleich demonstriert dieser gebaute Gedächtnisort, was geschähe, wenn er ungebaut bliebe: die Spuren der Erinnerung gingen verloren.

Zwar erhielt Libeskind 1989 den Auftrag, das Museum zu bauen, nachdem er den von der damaligen rot-grünen Koalition initiierten Wettbewerb gewonnen hatte, doch mit dem Bau konnte erst im Frühjahr 1992 begonnen werden. Die Einweihung des neuen Jüdischen Museums ist für 1997 geplant. Doch die hauptstädische Baupolitik der »neuen Einfachheit« (V. Lampugnani) unter Senatsbaudirektor Hans Stimmann hatte sich noch vor Baubeginn von diesem Gebäude und immer wieder von der weltweit gerühmten Architektur Libeskinds überhaupt distanziert. Sie gilt den Hauptstadtplanern als »monströs«, expressionistisch und unorthodox. Der Architekt selbst hat Ende 1994 resigniert die neue Hauptstadt Richtung Los Angeles verlassen und an der dortigen Universität eine Professur übernommen.[155]

Für die Gestaltung der ständigen Ausstellung des Jüdischen Museums berief der Senat einen Gründungsdirektor, den Israeli Amnon Barzel, einen international erfahrenen Ausstellungs- und Museumsleiter. In einigen Interviews hat er angedeutet, daß er dem Jüdischen Museum mit internationalen Symposien, Kursen und kulturellen Veranstaltungen einen offensiven, aktiven, ja optimistischen Anstrich geben will. »Ich möchte eine Ausstellung über ›Displacement‹ machen«, so Barzel wörtlich, »darüber, wie das jüdische Volk mit Vertreibung und Exil fertig geworden ist.«[156]

Man wird an die wenige Jahre zurückliegende Auseinandersetzung um die im Gropius-Bau gezeigte Ausstellung *Jüdische Lebenswelten* erinnert. Damals hatte der Intendant der Berliner Festspiele, Ulrich Eckhardt, gemeint, die Ausstellung nehme den 50. Jahrestag der Wannsee-Konferenz zum Anlaß, »einen Kontrapunkt zu den Bildern der Zerstörung und des Todes« zu setzen. Der Ausstellungsleiter Andreas Nachama ging noch einen Schritt weiter. Als wollte er den Holocaust unter dem Glanz musealer jüdischer Lebenswelten der Diaspora vergessen machen, erklärte er: »Wir zeigen, daß der Genozid nicht möglich war, daß Hitler die jüdische Kultur nicht zertreten konnte, daß Hitler letzten Ende gescheitert ist.«[157] Wie erfolgreich Hitler-Deutschland in der Vernichtung der europäischen Juden und ihrer Kultur war, hatten die Nazis beizeiten selbst durch eine Museumsgründung unter Beweis gestellt. Während die Massenvernichtungen in vollem Gange waren, ließen sie in Prag das »Museum einer untergegangenen Rasse« aufbauen. Mit etwa 100 000 Objekten, aus Synagogen, Friedhöfen und Privathäusern entwendet, sollte eine »durchdachte Sammlung« die Entwicklung des Judentums und seine Auslöschung dokumentieren. Das Museum hatte für die Nazis nur einen Nachteil: es eignete sich nicht zur Demonstration jüdischen »Untermenschentums«.[158]

5
Gedenktage: Kalendarische Erinnerung und politische Skandale

Weil Deutschland zu den schwierigen Vaterländern gehört, wie Gustav Heinemann bei seiner Amtseinführung im Juli 1969 bemerkte, tut es sich auch immer wieder schwer mit seiner symbolischen und zeremoniellen Staatsrepräsentation. Mag auch die politikferne Sphäre der schönen Künste in Deutschland seit Jahrhunderten höchste Ansprüche erfüllen und größte Wertschätzung genießen, für die ästhetische Seite der Politik gilt das so nicht. Die Kunst, Staat zu machen, hat es hierzulande schwerer als anderswo. Das kommt nicht von ungefähr, steht vielmehr in engem Zusammenhang mit den zahlreichen Zäsuren und Brüchen in der politischen Systementwicklung und noch mehr mit dem Mißbrauch ästhetischer Politik durch den NS-Staat. Daß Staat gemacht werden muß, zumal der demokratische, auf abstrakten Verfahren und ideellen Werten beruhende moderne Verfassungsstaat, steht dabei außer Frage. Blieben die Institutionen, Ideen und Identifikationsangebote ohne sinnlich wahrnehmbaren Ausdruck, also unsichtbar, das Verfassungsethos liefe Gefahr, für unansehnlich gehalten zu werden, zumindest für unscheinbar. Der Staat muß sich auch symbolisch darstellen können, und er muß in repräsentativen Veranstaltungen erlebbar sein.[1] Auf ein attraktives Erscheinungsbild und eine gewisse affektive Bindung seiner Bürger ist jedes Gemeinwesen angewiesen. Wir nennen dieses wertrationale Verhältnis inzwischen Verfassungspatriotismus (Dolf Sternberger), mißtrauisch gegen jeden unkontrollierten irrationalen Überschwang, mißtrauisch auch gegen den Mißbrauch aller Ideen und Dekorationen, und doch nicht ohne Pathos, ohne Stolz, ohne Ausdrucksverlangen und innere Anteilnahme, denn welchen Wert, welche integrierende Kraft hätten unsere zentralen Verfassungswerte ohne sie?

Von der emotionalen und ästhetischen Seite der Politik kann hierzulande indes nicht umstandslos ausgegangen und gesprochen werden. Die Bundesrepublik konnte auf keine gesicherten Traditionsbestände zurückgreifen, die meisten staatsrepräsentativen Ausdrucksformen waren verbraucht oder kompromittiert. Zudem verstand sich der westdeutsche Teilstaat zumindest in seinen frühen Jahren als ein eher transitorisches Gemeinwesen. Entsprechend zurückhaltend und schwierig gestalteten sich seine Versuche der symbolischen Selbstdarstellung.

Oder sie standen unter Zeitvorbehalt. Einer der sozialdemokratischen Väter der Republik, Adolf Arndt, äußerte sich in seiner berühmten Rede anläßlich der Berliner Bauwochen 1960 besorgt, daß sich inzwischen das »Vorurteil festgefressen« habe, die Demokratie sei »etwas Anonymes, ja geradezu Amusisches, unfähig, sich im öffentlichen Bauen darzustellen und im Bauen ihr Ethos sichtbar zu machen«.[2] Diese Kritik wäre auch für die anderen Bereiche und Ausdrucksmittel staatlicher Selbstdarstellung nicht unberechtigt gewesen. Sie stehen in einem engen funktionalen Verbund. Verbraucht schien nicht nur der Fundus erhabener architektonischer Formen. Auch von den patriotischen Festspielen, den fröhlichen politischen Festen und selbstbewußten nationalen Feiern früherer Zeiten war nicht mehr viel übrig geblieben.[3] Selbst der Volkstrauertag, unter den Nazis zum »Heldengedenktag« verkommen, ließ sich nicht mehr ohne weiteres gebrauchen.

Von Schwierigkeiten der steinernen Staatsrepräsentation war zuletzt die Rede. Von Schwierigkeiten mit der interaktiven und inszenatorischen Staatsrepräsentation ist nun zu sprechen, also von der Gestaltung nationaler Gedenk- und Feiertage mit einem Publikum und für dasselbe. Für sie gilt zunächst, was für die nationalen Symbole in diesem Lande überhaupt charakteristisch ist: Ihr Verschleiß war im Verlauf der Jahrzehnte enorm. Deutschland hat seine Flaggen, Hymnen und nationalen Feiertage mit den politischen Systemen gewechselt oder in der Rivalität unvereinbarer Traditionen gegeneinander ausgespielt, wobei die Auseinandersetzung um sie nicht selten so erbittert geführt wurde, als ginge es ums Ganze. Und so war's ja auch.[4] Ein kurzer Rückblick mag das verdeutlichen.

Zwar ist Bonn kein zweites Weimar geworden. Und doch besteht zwischen der ersten und der zweiten deutschen Republik eine ebenso auffällige wie aufschlußreiche Parallele. Beide Republiken waren Nachfolger zusammengebrochener und militärisch besiegter nichtdemokratischer Systeme. Beide Republiken standen unter dem Eindruck struktureller Umwälzungen. Die Weimarer Republik, indem sie die überfällige Demokratisierung von Staat und Gesellschaft aus eigenem, anfangs revolutionären Antrieb versuchte. Die Bundesrepublik, indem sie die demokratische Ordnung der westlichen Siegermächte übernahm und mit ihrer Hilfe befestigte, im raschen wirtschaftlichen Wiederaufstieg und durch westliche Bündnisintegration. Und beide Republiken taten sich schwer mit ihrer ästhetischen Repräsentation und symbolischen Identität. Die eine wegen unüberbrückbarer sozial-kultureller Spaltungen und politischer Instabilität, die andere trotz hoher politischer Stabilität und sozialer Integration.

Daß die Weimarer Republik nur unter Vorbehalt Flagge, will sagen ihre demokratischen Farben Schwarz-Rot-Gold zeigen konnte, war ihr schon in die Verfassung geschrieben, die in der Handelsflagge ausdrücklich am Schwarz-Weiß-Rot der gestürzten Monarchie festhielt. Dem waren heftige Debatten in der Nationalversammlung vorausgegangen.[5] In Artikel 3 heißt es: »Die Reichsfarben sind schwarz-rot-gold. Die Handelsflagge ist schwarz-weiß-rot mit den Reichsfarben in der oberen inneren Ecke.« Ausgerechnet dort, wo die Revolution begonnen, wo die aufständischen Matrosen die Flagge des verhaßten autoritären und imperialen wilhelminischen Staates niedergerissen hatten, wehte wieder die Fahne der gestürzten Monarchie.

Das zweite Kabinett des parteilosen Reichskanzlers Luther stürzte im Mai 1926 über den Versuch, nach der Wahl Hindenburgs zum Reichspräsidenten das Schwarz-Weiß-Rot aufzuwerten und im Ausland – in den europäischen Seehäfen wie in den außereuropäischen Konsulaten und Botschaften – neben der Republikfahne auch die Handelsflagge zu zeigen. Die Verordnung löste unter den republikanischen Kräften einen Sturm der Entrüstung aus. Im Reichsinnenministerium bemühte man sich danach vergeblich um einen Farben-Kompromiß. Der demokratische Innenminister im Kabinett Marx, Wilhelm Külz, schlug »augenzwinkernd« vor, das Schwarz-Weiß-Rot als Grund zu nehmen, aber diagonal »durch schwarz-rot-goldene Streifen zu durchqueren, also (...) durchzustreichen«.[6]

Nach der Zerschlagung des Dritten Reiches schien das antidemokratische Schwarz-Weiß-Rot kein Thema einer politischen Debatte mehr sein zu können. Doch der Flaggenstreit lebte noch einmal auf, allerdings weniger heftig. Unumstritten war das demokratische Schwarz-Rot-Gold auch jetzt nicht. Im befreiten KZ Buchenwald wehten zur Maifeier 1945 an den Masten die Fahnen der Nationen, aus denen die Häftlinge stammten. Der Mast, an dem die deutsche Fahne aufgezogen werden sollte, wäre leer geblieben, hätte man nicht trotz oder wegen fehlender Übereinstimmung eine Phantasiefahne gehißt, einen fünfzackigen gelben Stern auf rotem Grund. Der Sozialdemokrat Ernst Thape berichtet, er habe mit Rücksicht auf die Kommunisten vorgeschlagen, die schwarz-rot-goldene Fahne – nach jugoslawischem Vorbild – mit einem fünfzackigen roten Stern zu versehen, aber dafür keine Mehrheit gefunden.[7]

Kontrovers war die Flaggenfrage auch bei der Staatsgründung der DDR im Deutschen Volksrat und bei der Entstehung der Bundesrepublik. Zwar hatte man sich bereits im Verfassungskonvent von Herrenchiemsee auf das Farbensymbol der Revolutionen von 1848 und 1918 verständigt. Aber im Parlamentarischen Rat machte die CDU den alternativen Vorschlag: »Die Flagge des Bundes zeigt auf rotem Grunde ein schwarzes liegendes Kreuz und auf dieses aufgelegt ein goldenes Kreuz« – das Symbol des christlichen Abendlandes. Dies war auf Empfehlung von Ernst Wirmer geschehen, dem Bruder von Josef Wirmer, einem Berliner Rechtsanwalt, der bis zu seiner Hinrichtung zum Widerstandskreis um Goerdeler gehört und diese »Fahne der Männer des 20. Juli« als zukünftige Staatsflagge entworfen hatte.[8] Theodor Heuss (FDP) war gegen jede »Verkünstelung der Flagge«. Auch die SPD erhob Einspruch. Aber nicht, wie ihr Sprecher, der Abgeordnete Ludwig Bergsträsser, betonte, aus »Religionsfeindschaft«, sondern weil Staat und Kirche getrennt sein müßten. Weil die neue Bundesflagge ein Symbol der »Tradition« und der »inneren Willenserklärung« sein müsse, sprach er sich nachdrücklich für die Farben Schwarz-Rot-Gold aus. Sie seien das Symbol des Frankfurter Paulskirchenparlaments gewesen und das des Deutschen Reiches zur Zeit der Weimarer Republik, ein »Symbol der Einheit in der Freiheit«, demgegenüber die schwarz-weiß-rote Fahne »die Tradition einer autoritären Einheit« symbolisiere.[9] Schließlich einigte man sich auf die demokratischen Traditionsfarben, die allerdings bald darauf erneut zum Streit führten. Weil Schwarz-Rot-Gold auch die Farben der DDR-»Spalterflagge« wurden, also als »Symbol für das totalitäre volksdemokratische System« dienten, wie man das in konservativen Kreisen nannte. Insbesondere die Deutsche Partei und die Freien Demokraten fanden das Schwarz-Rot-Gold der DDR-Fahne so anstößig, daß sie auf ihren Wahlplakaten zunächst an Schwarz-Weiß-Rot festhielten.

Aber der jungen Bundesrepublik fiel es anfangs nicht nur schwer, den passenden Farbenschmuck zu finden. Sie war sich zunächst auch unschlüssig, was sie bei Staatsfeiern singen sollte. Zur strittigen Hauptstadtfrage und zum Flaggenproblem kam vorübergehend auch noch ein Hymnenstreit. In ihm setzte sich Bundeskanzler Adenauer gegen Bundespräsident Heuss durch, der vergeblich dafür plädiert hatte, eine neue Hymne einzuführen, denn – so Heuss – »der tiefe Einschnitt in unserer Volks- und Staatengeschichte (sei) einer neuen Symbolgebung bedürftig«.[10] Zudem hatte der Alliierte Kontrollrat zusammen mit allen NS-Symbolen, -Feiertagen und -Liedern auch das Singen des Deutschlandliedes verboten. Eine Hymne aber wurde bald benötigt. Schon der Parlamentarische Rat hatte bedauert, daß nun die »wundervolle Haydnmelodie« nicht mehr gesungen werden könne. Manche textliche Korrekturen wurden vorgeschlagen. Auch alternative Hymnen kamen ins Gespräch. Nachdrücklich setzte sich Heuss für die in seinem Auftrag von Rudolf Alexander Schröder verfaßte neue Hymne ein, für die schließlich auch eine Melodie komponiert wurde. Es wurde ein Reinfall, Heuss und seine Hymne ernteten viel Spott (»Theos Nachtlied«, weil die Premiere für die Silvesternacht 1950/51 vorgesehen war), fanden aber kaum Beifall.

Anders sein Kontrahent Konrad Adenauer, der sich auf andere Weise bemühte, Fakten zu schaffen. Bei einer Großveranstaltung im Berliner Titania-Palast im Frühjahr 1950 bat er das verdutzte Publikum, mit ihm die dritte Strophe des Deutschlandliedes zu singen. Die meisten Menschen stimmten begeistert zu – und ein. Zahlreiche Sozialdemokraten verließen empört den Saal, ihr Oberbürgermeister Ernst Reuter allerdings nicht. Mochten Heuss und eine Minderheit gegen dieses Vorpreschen auch heftig protestieren, – nur knapp 10 Prozent der befragten Bundesbürger waren nach einer Allensbach-Umfrage gegen das Deutschlandlied, fast drei Viertel aber dafür. So blieb es bei der Hymne Heinrich Hoffmann von Fallerslebens, genauer, bei seiner für unverfänglich gehaltenen dritten Strophe. Die Weimarer Republik hatte es auf Anordnung Eberts seit der Verfassungsfeier 1922 im übrigen ebenso gehandhabt. Die DDR stimmte sich auf den Neuanfang und eine bessere, gesamtdeutsche Zukunft ein, mit der von Hanns Eisler vertonten Hymne von Johannes R. Becher, dem einstigen expressionistischen Lyriker und nachmaligen DDR-Kulturminister: »Auferstanden aus Ruinen...«

Deutsche Gedenktage:
Kein »geschichtlicher Glanz«, keine »allgemeinen Feste«

Nun brauchte man aber für die staatsfeierlichen Anlässe neben stolzem Fahnenschmuck und erhebendem Gesang auch noch einen passenden, d.h. allseits zustimmungsfähigen und nicht vorbelasteten Feiertag. Das konfrontierte die Organisatoren der symbolischen Staatsrepräsentation mit neuen Problemen. Von den seit 1871 bis heute zahlreich eingeführten nationalen Feiertagen hatten die Zeiten nur zwei – mehr oder weniger – überdauert: der 1. Mai und der Volkstrauertag. Und auch sie waren keineswegs unumstritten, weil von rivalisierenden Lagern und Gruppen in Anspruch genommen. Immer ging und geht es den politischen Akteuren darum, ihr Handeln unter Bezug auf die scheinbare Wiederkehr von für sie bedeutsamen Ereignissen zu legitimieren. So kam es wiederholt zur Begründung oder zum Bruch von Feiertagstraditionen, zum Bedeutungsverfall oder zur Bedeutungsverschiebung.[11]

Das Kaiserreich knüpfte mit seinen Nationalfeiertagen – den Kaisergeburtstagen und dem Sedanstag – an die Tradition der dynastischen Huldigungsfeiern bzw. an die Erinnerungsfeiern für herausragende militärische Ereignisse an. Und auch die als Reichsgründung inszenierte deutsche Kaiserproklamation in Versailles am 18. Januar 1871 benutzte ein für das preußische Königshaus höchst bedeutsames Datum: die

Erhebung Preußens zum Königreich durch die Selbstkrönung von Kurfürst Friedrich III. zum König von Preußen 170 Jahre zuvor. Gleichwohl wurde keiner dieser neuen nationalen Feiertage wirklich als solcher allgemein akzeptiert. Das ließen die gesellschaftlichen Verhältnisse nicht zu. Mochte auch insbesondere der Sedanstag ein Volksfest sein – anders als die organisierten Geburtstage der Kaiser und des Reiches –, beteiligt war doch stets nur ein Teil der Bevölkerung. Denn das vorgebliche Volksfest wurde zugleich als politischer Kampftag benutzt – gegen den äußeren Erbfeind Frankreich und gegen jene ethnisch, religiös oder politisch definierten Minderheiten, die man im Innern glaubte ausgrenzen und als Reichsfeinde bekämpfen zu müssen. In einem zugespitzten, aber kaum überzogenen Resümee heißt es denn auch: »Der Tag von Sedan einte so wenig wie der 18. Januar oder Kaisers Geburtstag die tief gespaltene, durch Kulturkampf, Sozialistenhetze, Nationalismus und Chauvinismus vorsätzlich tief gespaltene Nation.«[12]

Für die Nachfolgerin wurde dies zu einer schweren Erblast. Und es überrascht kaum, daß die so glücklose Weimarer Republik auch in der Frage der nationalen Feiertage an ihren inneren Widersachern und kaum überbrückbaren Gegensätzen scheiterte. Gewiß, es gab immer wieder Initiativen und auch eine Kontinuität in der Veranstaltung von Reichsfeiern bei den umstrittenen Feiertagen, wofür nicht zuletzt der Reichskunstwart im Innenministerum Sorge trug. Aber die reichsgesetzliche Verankerung eines oder mehrerer nationaler Feiertage gelang eben nicht.[13] Der 1. Mai wurde das nur einmal, im Jahr 1919. Für die Konservativen war schon dies ein Affront gegen das ganze deutsche Bürgertum, denn im 1. Mai sahen sie nur einen sozialdemokratischen Feiertag und zugleich den Weltfeiertag des verhaßten internationalen Sozialismus. Auf der anderen Seite wollte die USPD den 1. Mai nur in Verbindung mit dem 9. November, dem Revolutionstag, als nationalen Feiertag akzeptieren. Die Konservativen und Nationalsozialisten favorisierten den Reichsgründungstag des zweiten deutschen Kaiserreichs, den 18. Januar. Die Sozialdemokraten und Liberale wollten den 11. August zum nationalen Feiertag machen; an diesem Tag war 1919 die Weimarer Verfassung in Kraft getreten. Das Zentrum schwankte. Und als ob der Dissens zwischen den Parteien eine Einigung nicht schon schwer genug gemacht hätte, bestritten die Länder auch noch die Zuständigkeit der Reichsregierung, zumal es für die nationalen Feiertage keine reichsgesetzlichen Grundlagen gab. Die größten Chancen, einheitlicher nationaler Feiertag zu werden, hatte der Volkstrauertag. Die Einigung scheiterte jedoch bis zuletzt an unterschiedlichen Terminvorstellungen. Die von den Nazis geführte Reichsregierung bestimmte 1934 den fünften Sonntag vor Ostern (Reminiscere) zum Heldengedenktag. Anfang 1939 löste Hitler diesen Gedenktag aus dem Kirchenjahr und ordnete an, ihn auf den 16. März zu legen, den Tag der Wiedereinführung der allgemeinen Wehrpflicht.

So fehlte der Weimarer Republik, was ihr Vorgänger so pompös und ihr Nachfolger so monströs und mißbräuchlich entfaltete – Glanz und Größe der Selbstdarstellung in der Wiederkehr besonderer Jahrestage. Auch deshalb blieb sie in weiten Teilen der Bevölkerung ungeliebt und wurde sie von ihren inneren Feinden als »graue November-Republik« verachtet, weil sie – wie Arnold Brecht schrieb – »keine durch ihren geschichtlichen Glanz sich dem Volksbewußtsein als allgemeine Feste aufzwingenden Gedenktage«[14] besaß. Werkbund-Künstler und Politiker hatten schon während des Krieges die Notwendigkeit erkannt, zur Stärkung der inneren Einheit und zur Selbstdarstellung des Reiches nach außen bei der Reichsregierung Kompetenzen für ein kulturpolitisches Organ zu verankern. Und bereits 1919 wurde das Amt des Reichskunstwartes geschaffen, in das man den Stuttgarter Museumsdirektor Edwin Redslob berief. Ihm oblag nicht weniger als die ästhetische »Formgebung des Reiches«.[15] Aber es lag kaum an ihm und seinen Kompetenzen, daß die Republik »keinen Ersatz (fand, d. V.) für den stolzen Prunk der kaiserlichen, königlichen oder der fürstlichen Staatsrepräsentation mit ihrer spielerischen Entfaltung militärischer Pracht, Macht und Disziplin« und »sich schmucklos (erhob) aus den Niederungen und Demütigungen des Zusammenbruchs«. Durch amtliche Verlautbarungen, Verordnungen und – unregelmäßige – Veranstaltungen republikfreundlicher Regierungen allein konnten die demokratisch-republikanischen Ideen »keine rechte Lebensfülle, keine anziehende Wärme, keine einprägsame Gestalt gewinnen«.[16] Nicht von ungefähr gelang der Republik die größte symbolische Integrationswirkung, als sie den Tod führender Politiker zu beklagen und ihre Begräbnisse zu organisieren hatte. Die Beisetzungen Eberts, Rathenaus und Stresemanns gerieten jedenfalls zu klassenübergreifenden Massendemonstrationen für die Republik.[17] Am Grabe ihrer großen Toten fand die gezeichnete und im inneren Belagerungszustand gelähmte Republik ihren für einen Augenblick befreienden, bewegenden Ausdruck.

Der totalitäre NS-Staat, der seiner Natur und Zielsetzung nach auf die Institutionen bürgerlicher Politik nicht bauen konnte, war um so stärker auf Gewalt und Massenbeeinflussung durch Inszenierung seiner Ideologie angewiesen. Er hat sich dazu bekanntlich skrupellos aus dem Fundus ästhetischer Politik bedient, der von der Romantik und den Freiheitskriegen bis zur Arbeiterbewegung und zum Kaiserreich üppig angewachsen war. Die Tradition der Totenfeiern steigerte und pervertierte das NS-Regime zum Totenkult. Mit ihm machte es permanent für sich Reklame. Die völkische Ideologie suchte dem individuellen

Tod dadurch seinen Schrecken zu nehmen, daß sie keinen Eigenwert des einzelnen Individuums anerkannte, dessen Geburt und Tod vielmehr zu Erscheinungen des ewigen Volkslebens verklärte, die Unsterblichkeit des Einzelnen also an seine Volkszugehörigkeit knüpfte und an seine – vorzugsweise soldatische – Tat. Zwei der zunächst drei, ab 1937 vier nationalen Feiertage galten der Totenehrung: der »Heldengedenktag« (16. März) und der Gedenktag für die »Gefallenen der Bewegung« (9. November). Ihre Bedeutung wird erst dann ganz ersichtlich, wenn man sie im Zusammenhang der großen Zahl von Staatsbegräbnissen und dem alles übergreifenden Totenkult sieht, was letztlich auch für die beiden anderen nationalen Feiertage im nationalsozialistischen Deutschland gilt, den 1. Mai und den Erntedanktag.[18] Denn die Feiertagsregisseure und Stimmungstechniker des NS-Staates gaben nur vor, das Leben zu meinen und um der Lebenden willen der Toten zu gedenken. Indem die Nazis ihre Vorstellungen vom Leben an apokalyptische Visionen knüpften und dabei verächtlich alles Humane, die Würde des einzelnen Menschen und den Schutz seines Lebens, als bloße Humanitätsduselei abtaten, konnten sie den Wert des Lebens nur immer wieder in dem ihnen eigenen völkisch-nationalen Pathos entwerten. Und indem sie das Sterben, zumal fürs Vaterland, zur Ewigkeit des Heldenlebens verklärten, machte ihre Regie aus dem Tod massenhaft Todeskitsch – auf der Leinwand wie im richtigen Leben.[19]

»Ein Volk muß seine Freiheit selbst erobern«

Nachdem der Nationalsozialismus das Feld der ästhetischen Politik so virtuos und massenwirksam genutzt und zugleich so gründlich mißbraucht hatte, mußte der Bundesrepublik die Kunst, Staat zu machen, naturgemäß schwer fallen. Zumal diese Kunst in der Republik einer gewissen Selbstbeschränkung unterliegt. Höfische Prachtentfaltung und der sterile Personenkult autoritärer Systeme sind ihr jedenfalls fremd. Mag republikanische Repräsentationslust auch nicht ganz auf Glanz und Zauber, auf Staatsarchitektur und Staatszeremoniell, Galadiners und Gartenfeste, Empfänge, Ordensschmuck und Titel verzichten, zumal im Multi-Medienzeitalter nicht, der Republik gemäß ist das »Pathos der Nüchternheit«. Sie hat den im Umfeld des kaiserdeutschen Kasernen- und Kneipenmilieus heimischen Hurrapatriotismus in den Verfassungspatriotismus unserer Tage verwandelt. Die Republik gründet auf die Rationalität von Verfahren, Werten und Rechten. Sie appelliert an die Vernunft und den kritischen Sachverstand des einzelnen Staatsbürgers. Sie muß überzeugen wollen, nicht überreden. Sie setzt auf den öffentlich-kontroversen Diskurs und pluralistischen Willensbildungsprozeß und spekuliert nicht auf die Suggestion und Faszination der Massen durch die Inszenierung staatlicher Macht und historisch grundierter nationaler Größe. Heute droht der ästhetischen Repräsentation des republikanischen Prinzips allerdings eine neue Gefahr. Wo die Grenzen zwischen Wahlwerbung und Waschmittelreklame undeutlich werden, hat das »Verschwinden der Politik« im Ästhetischen begonnen.[20]

Die trotz aller historischen Brüche, systemimmanenter Restriktionen und massenmedialer Überformungen gleichwohl unverzichtbare Staatsrepräsentation wurde für die Bundesrepublik dadurch nicht leichter, daß sie sich zum Erben und Nachfolger des Dritten Reiches erklärte und – mit der Verpflichtung eines Verfassungsauftrages – zu einer gesamtdeutschen Verantwortung und internationalen Interessenvertretung bekannte. So mußte sich der westdeutsche Teilstaat auf der Suche nach seiner Identität von Anfang an unter einer Vielzahl von bedeutsamen Geschichtsdaten und Gedenktagen zurechtfinden und ein Feiertagsgewand schneidern, das der Bevölkerung ein möglichst attraktives Identifikationsangebot machte, auf historische Kontinuität sah, doch zugleich auf kritische Distanz achtete und auf Prioritäten nicht verzichtete.

Dem neuen, verfassungspatriotisch definierten Staatsverständnis hätte als nationaler Feiertag der 23. Mai entsprochen, der Tag, an dem das Grundgesetz in Kraft trat. Er blieb blaß und unpopulär. Der bezahlte Feier-»Tag der deutschen Einheit« zur Erinnerung an den gescheiterten Ost-Berliner Arbeiteraufstand war in der Wohlstands- und Freizeitgesellschaft kaum mehr als ein sozialer Besitzstand der Arbeitnehmer und wurde, je länger man ihn zelebrierte, zu einer »öffentlichen Kalamität«.[21] Und der wieder in den Trauermonat November verlegte Volkstrauertag konnte auch kein national erhebendes Kalenderereignis werden.

Nach dem noch sehr gegenwärtigen Feiertagskult des NS-Staaten und angesichts der schwierigen Verhältnisse und einer ungewissen Zukunft erschien die Einführung eines Staatsfeiertages anfangs vielleicht überhaupt entbehrlich, jedenfalls nicht vordringlich. Die Bundesregierung mußte sich aber bereits im Sommer 1950 mit dieser Frage befassen, weil die Vereinigung der Verfolgten des Naziregimes eine Gedenkveranstaltung für die Opfer des Nationalsozialismus am 10. September 1950 plante. Bundesinnenminister Gustav Heinemann machte dem Kabinett den Vorschlag, ein mehrfaches Gedenken am ersten Sonntag im September zu bündeln und die Erinnerung an die Kriegsopfer mit der Verfassungsfeier und dem Gedenktag für die deutsche Einheit zu verbinden. Der Vorschlag fand keinen Beifall. Aus ihrer Verlegenheit, einen passenden Staatsfeiertag zu finden, half der Regierung in Bonn dann der Arbeiteraufstand in Ostdeutschland und Ostberlin heraus.

Damit war das Problem staatlicher Gedenk- und Feiertage noch keineswegs gelöst oder ausgestanden. Beide deutsche Staaten hatten immer wieder mit schwierigen historischen Daten zu tun, wegen ihres divergierenden Erbeverständnisses allerdings in je besonderer Weise. Diese Tage erinnern an die jüngere und jüngste deutsche Vergangenheit: Der einstige Heldengedenktag, nun wieder Volkstrauertag und vom Frühling in den Herbst verlegt, erinnert an die Toten des Krieges und der Gewaltherrschaft, der 20. Juli an das mißglückte Stauffenberg-Attentat und den deutschen Widerstand, der 9. November an die Reichspogromnacht, den Auftakt zur letzten Phase der Verfolgung und Vernichtung der deutschen und europäischen Juden durch Deutschland, der 30. Januar an den Beginn und der 8. Mai an das Ende des Dritten Reiches. Diese Gedenktage sind naturgemäß eher schwierig, weil belastend und in ihrem historischen Bedeutungsgehalt für die jeweilige Gegenwart umstritten. Im Umgang mit den diversen NS-Gedenktagen hat es jedenfalls immer wieder heftige Kontroversen gegeben. Offensichtlich ist die Schwierigkeit, mit einer irritierenden und kontrovers bewerteten Geschichte öffentlich umzugehen, auch im Abstand von Jahrzehnten noch erheblich und die Unsicherheit, ihr angemessenen Ausdruck zu geben, so groß, daß es immer wieder zu handfesten politischen Skandalen kommen kann. So geschah es zuletzt aus Anlaß mehrerer »runder« Jahrestage: des 8. Mai 1945/1985 (Bitburg-Belsen), des 9. November 1938/1988 (Jenninger-Rücktritt) oder des 20. Juli 1944/1994 (Streit um den kommunistischen Widerstand und seine öffentliche Würdigung in der Berliner Gedenkstätte Deutscher Widerstand).

Daß die Kunst, Staat zu machen, hierzulande an diesen Tagen so besonders schwer fällt, hat natürlich zuallererst seinen Grund darin, daß sie die Bürger – vielleicht mit Ausnahme des 20. Juli – nicht mit Stolz erfüllen, sondern ratlos machen, also eher verdrießlich stimmen, zumal in der Häufung so bedrückend vieler unerfreulicher Daten. Die Bilanz ist auch für notorische Frohnaturen niederschmetternd. Wir haben keinen Anlaß zu fröhlichen politischen Festen. Nach dem Verlauf unserer jüngeren Geschichte gibt es kaum etwas zu feiern: die revolutionären Umwälzungen zur Demokratie scheiterten, die beiden Weltkriege gingen von Deutschland aus, brachten verheerende Verwüstungen über den Kontinent und schrieben in das Menschheitsgedächtnis mit dem industriell organisierten Völkermord ein neuartiges, schwer verständliches Ereignis ein, das den Glauben an die Zivilisation nachhaltig erschüttert hat. Wir haben – trotz wiederholter Versuche – unsere Freiheit nicht selbst erkämpft, die erste Republik gegen ihre inneren

Feinde nicht bewahren können, und die zweite von den Alliierten zum
– geteilten – Geschenk bekommen. Während sie im Westen Deutschlands als Wohlstandsdemokratie reüssierte, verkam sie im Osten –
»Volksdemokratie« genannt – schnell zum antifaschistisch verklärten
Muster ohne Wert, weil die Befreier als Besatzer keine bürgerliche Demokratie wollten, sondern einen kommunistischen Einparteienstaat.
Und daß der 9. November nicht zum neuen nationalen Feiertag
wurde, ist zum einen dem unbequemen Umstand zuzuschreiben, daß
er bereits durch widerstreitende Bedeutungen besetzt und insofern für
ein pflegeleichtes Gedenken nicht opportun war. Zum anderen ist
darin vielleicht auch ein – offensichtlich ungewollt – ehrlicher Ausdruck für das Eingeständnis zu sehen, daß die beständig zitierte »friedliche Revolution« auf den Straßen Berlins und Leipzigs allenfalls eine
halbe war. Die andere Hälfte hat im Kreml stattgefunden.

Der französische Historiker Joseph Rovan, gebürtiger Münchener,
Dachau-Häftling und Résistance-Mitglied schrieb vor einigen Jahren
einen eindringlichen Essay zum Thema der Befreiung von Gewaltherrschaft.[22] Er ist in der verqueren Stasi-Debatte viel zu wenig beachtet worden. Das Ende einer Tyrannei müsse, so Rovan, »kurz und blutig sein – blutig, weil mit den Mitteln des Rechtsstaates das Erbe an
Haß, Wut, Entrüstung und Verachtung nicht bewältigt werden kann,
das die Tyrannei materiell und psychisch hinterläßt«. Der Tyrannenmord, die physische Liquidierung einer verbrecherischen Führungsgruppe erleichtere im übrigen den unvermeidlichen Übergang zur
Amnestie, zumal nach einer langen Zeit der Gewaltherrschaft, die
zwangsläufig eine unübersehbar große Zahl von Bürgern kompromittiert und kriminalisiert. Einen solchen selbstbefreienden Terror hat es
zuletzt bei uns nicht gegeben. Weder 1989 noch 1945. Wenn die verhaßten und verbrecherischen Führer zu Tode kamen, dann, weil sie
sich selbst töteten, weil sie entkamen oder weil sie durch die Siegertribunale zum Tode verurteilt wurden. »Ein Volk muß seine Freiheit
selbst erobern, nicht zum Geschenk erhalten«, schrieb vor bald zweihundert Jahren Georg Friedrich Rebmann, einer der führenden Köpfe
unter den deutschen Jakobinern, denen der in Tel Aviv lebende und in
Wien geborene jüdische Historiker Walter Grab ein so schönes literarisches Denkmal gesetzt hat, in seiner gleichnamigen Darstellung der im
ganzen gesehen gescheiterten revolutionären Freiheitsbewegung in
Deutschland.[23]

Wir können also nicht auf den Straßen tanzen, wie die Franzosen am
14. Juli auf der Place de la Concorde zur Erinnerung an den Auftakt
ihrer Revolution gegen das Ancien regime. Und wir können auch
nicht wie unsere polnischen Nachbarn am 3. Mai im Warschauer Chopin-Park die Erinnerung an die innere Selbstbefreiung feiern, durch die

Polen mit der seinerzeit modernsten Verfassung von 1791 den Übergang vom altständischen Adelsstaat zur konstitutionellen Demokratie schaffte, trotz oder auch wegen der äußeren Bedrohung, der durch die Teilungsmächte Preußen, Rußland und Österreich schrittweise herbeigeführten Auslöschung des polnischen Staates. Unsere nationalen Feiertage und -stunden tragen einen eher nekrophilen Charakter: »Richtig feierlich wird's erst am offenen (oder... am geschlossenen) Grab«, schrieb einer, der von Amts wegen für die Staatsrepräsentation zuständig ist. Das schließt Peinlichkeiten à la Bitburg durchaus ein, läßt aber bei unverfänglichen Toten – wie zuletzt beim Staatsbegräbnis von Franz Josef Strauß – durchaus zu, daß auch einmal ein stimmungsvolles, unterhaltsames und virtuoses Volkstrauerspiel aufgeführt wird.[24]

Der Mythos der runden Zahl

Wie die Ereignisse auch inszeniert und erlebt werden mögen, und was der aktuelle Anlaß auch sein mag, der patriotischen Feier wird als institutionalisierter Form des außeralltäglichen Handelns und Kommunizierens erhebliche Bedeutung zugemessen. Für die nationale Identitätsbildung und gesellschaftliche Binnenintegration scheinen öffentliche Feiern weiterhin unverzichtbar zu sein.[25] Sie waren in der Vergangenheit vorzugsweise auf mythologische und religiöse Grundlage gestellt. Diese Fundamente sind zerbrochen. Von den Göttern und Heiligen, den Mythen und Utopien hat die Geschichte nicht viel übrig gelassen. Die einmal religiös geglaubten politischen Leitbilder – Reich und Rasse, Nation und Revolution, Volk und Führer, heiliger Krieg und herrschaftslose Gesellschaft – sind verbraucht, wenn auch keineswegs überall. Um so wichtiger geworden ist ein anderer Mythos für die Überhöhung in der Gegenwart und für die Unterbrechung flüchtiger Zeitläufte. Er verhilft den Gedenk- und Feiertagen zu mehr oder weniger durchschlagender, massenmedialer und kommerzieller Wirkung: der Mythos der Zahl.[26] Das offenbar fortbestehende Bedürfnis nach bedeutsamen Ereignissen ist angesichts der fortgeschrittenen Entzauberung der Welt nicht mehr ohne weiteres zu befriedigen. Ersatzweise, so scheint es, versucht man das Massenpublikum mit der Wiederkehr der gleichen oder »runden« Zahl zu verzaubern, zumindest einen Augenblick lang zu unterhalten. Wobei die runde Zahl dadurch entsteht, daß die zeitliche Differenz zwischen dem für bedeutsam gehaltenen historischen Ereignis und dem aktuellen Gedenk- und Feiertag genau 10, 20, 50, 100 oder 200 Jahre beträgt. Auch halbrunde Zahlen kommen gelegentlich zu Ehren, entsprechend der bei Unternehmen, Vereinen und Ehen gängigen Praxis.

Nicht die Nachgeschichte eines Ereignisses, seine Deutung und Umdeutung, seine ideellen und materiellen Folgen als Vorgeschichte der Gegenwart beanspruchen dabei das Interesse. Worauf es zuallererst ankommt, ist, den Schein der Wiederkehr zu einer medienwirksamen Darstellung eines geschichtlichen Ereignisses selbst zu nutzen – oder richtiger: zur Darstellung einer von aktuellen Interessen bestimmten Deutung desselben. Mit der Wiederholung der Jahreszeiten und Jahrestage scheint auch – im Rhythmus von Jahrzehnten, halben oder ganzen Jahrhunderten – die Geschichte wiederzukehren. Jedenfalls für einen Augenblick.

So wird dem flüchtigen Tag eine von ferne entliehene historische Bedeutung verliehen und das Vergangene in einem massenmedialen Spektakel nachgespielt, nachgeschrieben, nacherlebbar gemacht. Der Zwischenraum, die geschichtlich-politische Vermittlung zwischen einst und heute interessiert in der Regel nicht. Das Gedenken ist politisch grundlos und folgenlos zugleich: »Es ist ein Gedenken ohne Gedächtnis« (H. Schlaffer). Typisch für dieses Erinnerungsritual ist, zumal bei den negativ besetzten Gedenktagen des Nationalsozialismus, die penetrante Wiederholung jener abgenutzten Beschwörungs- und Bekenntnisformel, daß sich die geschehenen Gewaltverbrechen nicht wiederholen dürften und nicht wiederholen könnten, solange man sich nur regelmäßig an sie erinnern würde. So, als sei die Erinnerung eine Art Medizin, die vor staatlich legitimierten Gewaltverbrechen schützt, als sei sie nicht vielmehr eine höchst ambivalente politische Kraft, über deren Wirkung so oder so erst der konkrete politische Handlungszusammenhang entscheidet. Nicht die Erinnerung an eine bestimmte Vergangenheit an sich ist der springende Punkt, sondern die Einstellung, die Bewertung derselben sowie die politischen Konsequenzen, die daraus unter bestimmten Verhältnissen womöglich gezogen werden. Der Krieg auf dem Balkan und an den Rändern des einstigen sowjetischen Vielvölkerstaates demonstriert das Tag für Tag erbarmungslos. Er erklärt sich eben nicht aus einem kollektiven Gedächtnisschwund, sondern gerade aus einer – militanten – Revitalisierung unterdrückter ethnisch-religiöser Kulturen, Überlieferungen, Erinnerungen.

Hierzulande ist die gehegte und gepflegte Erinnerungskultur, an der mitzuwirken Ansehen und Einkommen garantiert, nicht in ein militärpolitisches, sondern in ein geschichtspolitisches Umfeld eingelassen. Der Krieg zwischen rivalisierenden Meinungsgruppen und Erinnerungskulturen wird bei uns vorzugsweise zwischen Historikern und geschichtspolitischen Agitatoren ausgetragen. Innerhalb einer pluralistischen Gesellschaft ist ein Konsens in der Geschichtsbewertung eher unwahrscheinlich und selten. Und in der Geschichte des innerdeutschen Systemkonfliktes beansprucht der Interpretationskrieg über die Zeit vor 1945 ein eigenes Kapitel. Anläßlich feierlicher Gedenktage gilt hierzulande indes Friedenspflicht, genauer: friedliche Selbstdarstellungspflicht. Alle polarisierende, politisch-moralische Kraft, die das Erinnern freisetzen könnte und – sofern es existentiell bedingt oder relevant ist – gewöhnlich auch freisetzt, wird durch dessen rituellen Charakter gleichsam abgeschöpft. Die öffentliche Bekundung vorgeblicher Betroffenheit ist primär kalendarisch motiviert, also vorhersehbar, geplant und von vornherein befristet. Es ist ein Erinnern ohne Gedächtnis, eingezäunt, befriedet, entpolitisiert. Erinnerung soll sich nicht verselbständigen, keine eigene politische Dynamik entwickeln, nicht aus dem Käfig des rituellen Gedenkens ausbrechen, gar zu einer Geschichtsbewegung avancieren. Sie tut das allerdings regelmäßig doch, was angesichts der Vergangenheit, um die es geht, ja auch kaum verwunderlich sein kann. Daraus erwachsen dann Konflikte um die Neugestaltung von NS-Gedächtnisorten – wie zuletzt in Dachau und Neuengamme, Buchenwald, Ravensbrück und Sachsenhausen oder in Nürnberg, Berlin, Peenemünde und Prora / Rügen. So entstehen lokale Geschichtswerkstätten und alternative Museumsgründungen, die mit den national-integrativen und gesamtstaatlichen Gedenkzeremonien konkurrieren und nicht selten auch in Konflikt geraten. Beispiele waren zuletzt der Streit um die Berliner Neue Wache oder die jahrelange Auseinandersetzung um die Gestaltung von Täter-Gedächtnisorten, genannt seien nur die Wannseevilla und die »Topographie des Terrors«.

Nationale Feier- und Gedenktage durften und dürfen also auch und gerade im Hinblick auf spezifische NS-Gedächtnisorte mit einem erheblichen Interesse rechnen.[27] Und das aus mindestens drei Gründen. Zum einen, weil der Umgang mit dem Erbe des Dritten Reiches Gegenstand der innerdeutschen Systemkonfrontation war, die im Osten eine antifaschistisch-antikapitalistische Erinnerungskultur hervorbrachte und im Westen eine antitotalitär-antikommunistisch geprägte. Zum anderen weil die Deutung und Bewertung der NS-Geschichte sich immer wieder änderte, aber strittig blieb – ebenso wie die Gestaltung von Gedenktagen und Gedächtnisorten. Und zum dritten schließlich, weil der Umgang mit der NS-Vergangenheit gleichsam unter Aufsicht der internationalen Staatengemeinschaft stand, die allerdings die Bundesrepublik dabei aufmerksamer beobachtete als die DDR. Immerhin hatte sich der westdeutsche Teilstaat als Nachfolger und Treuhänder des Deutschen Reiches zur Haftung für die Folgen von Krieg und Völkermord bekannt und die Auseinandersetzung mit der Vergangenheit zu einem konstitutiven Element seiner politischen Kultur gemacht, wie widerstrebend das auch geschehen mochte.

Demgegenüber verstand die DDR sich als Sieger und agierte bisweilen als Mitankläger und lachender Erbe, der für sich die heroisierte antifaschistische Tradition in Anspruch nahm, und den braunen Rest auf die personell und strukturell »restaurative« Bundesrepublik abwälzte.

In der deutschen Nachkriegsgeschichte, besonders aber in der jüngsten Zeit haben drei NS-Gedenktage einen herausragenden Platz eingenommen: das Ende des Zweiten Weltkriegs mit der Unterzeichnung der bedingungslosen Kapitulation durch Deutschland am 8. Mai 1945, das ein Jahr zuvor gescheiterte Attentat auf Hitler durch Claus Schenk Graf von Stauffenberg am 20. Juli 1944 und die sogenannte »Reichskristallnacht« als Beginn der »Endlösung der Judenfrage« am 9. / 10. November 1938. Der 9. November fixiert mehrere einschneidende historische Ereignisse der deutschen Geschichte in diesem Jahrhundert zugleich, so, als lägen mehrere historische Brennpunkte übereinander: der Beginn der Novemberrevolution 1918, Hitlers gescheiterter Münchener Putsch von 1923, der die Gegenrevolution auslösen sollte, der Novemberpogrom 1938 und schließlich die sogenannte friedliche Revolution in der DDR, die Maueröffnung im November 1989. Wegen dieses vierfachen Bezuges ist für einen Augenblick öffentlich erwogen worden, den 9. November zum zentralen nationalen Gedenk- und Feiertag des vereinigten Deutschland zu machen. Aber nicht die Querdenker setzten sich durch. Die Bedenkenträger behielten die Oberhand und verspielten damit die seltene Chance, in einer jährlichen nationalen Gedenkfeier die historischen Bewegungen *und* Gegenbewegungen, die Brüche und Widersprüche der jüngeren deutschen Geschichte aufeinander zu beziehen.

Der 8. Mai: Befreiung und Zusammenbruch

Wer nach der Bedeutung von Zäsuren in der Geschichte fragt, den interessieren vor allem Epochenabgrenzungen, Bewertungen von Wendepunkten und ihre Alternativen, also das Verhältnis von Tradition und Wandel, von Kontinuität und Diskontinuität in der Entwicklung einer Gesellschaft. Auf die Zäsur des Jahres 1945 richten sich gleich zwei Fragen. Die eine – eher nach vorn blickend – sieht dieses Jahr mehr als den Anfang einer neuen Epoche, als Auftakt der Geschichte der späteren Bundesrepublik und DDR. In dieser Perspektive heißt die Frage nach der Alternative des möglichen Wendepunktes von 1945: Neubeginn oder Restauration?[28] Nicht wenige Zeitgenossen empfanden die Zäsur als so einschneidend, »das Gedränge von Schocks und erbitternden Geschehnissen«, wie Thomas Mann schrieb, als so außerordentlich, das Ausmaß des materiellen und ideellen Zusammenbruchs als so groß und zugleich die zukünftige Entwicklung als so offen, unbestimmt und ungewiß, daß die Formel von der »Stunde Null« aufkam. Es gab sie nicht, wie wir heute wissen. Aber als Legende lebt dieses Diktum fort. Aus ihm haben die beiden Lebenslügen der Bundesrepublik sich immer wieder genährt: zum einen der Glaube, daß der NS-Staat nur eine unglückliche Episode, ein Betriebsunfall der deutschen Geschichte war, die Herrschaft einer verbrecherischen Clique und eines diabolischen Verführers, eines Dämons. Und zum anderen der Glaube an den Nullpunkt, an den totalen Neubeginn nach dem totalen Zusammenbruch, weshalb der 8. Mai vor allem »die Unfähigkeit der Deutschen« dokumentiert, »mit ihrer Geschichte ins reine zu kommen«.[29]

Die andere Frage – eher in die Zeit vor 1945 zurückblickend – sieht dieses Jahr vor allem als Ende; als Ende der NS-Herrschaft, aber eben auch als Ende des 1871 von Bismarck geschaffenen Deutschen Reiches und der nationalstaatlichen Ära. In dieser Perspektive bewerten die einen die Zäsur von 1945 vor allem als Ende einer Epoche, als Zusammenbruch, die anderen als Befreiung und als Ende eines bedenklichen deutschen Sonderwegs. Noch nach vierzig Jahren bestand die Schwierigkeit im Umgang mit dem 8. Mai darin, anzuerkennen, wie Eugen Kogon schrieb, »daß Niederlage und Freiheit eine Einheit bilden«, zumal mit der Befreiung von der NS-Herrschaft die Teilung Deutschlands einherging, weshalb dieses Datum für die Deutschen keines »der Einheit und der unbezweifelbaren Erneuerung« wurde.[30]

Mit der »Gnade des Kalenders« die Niederlage neutralisieren

So überrascht es kaum, daß die Jahrestage der deutschen Kapitulation zunächst nur geringe Beachtung fanden. Erst aus Anlaß des 40. Jahrestages wurde dieser »sperrige Gedenktag« (*Die Zeit*), wie ihn eine mehrmonatige Artikelserie nannte, zum politischen Streitfall und zum weltweiten Medienereignis. In den Jahrzehnten zuvor war das Interesse für dieses geschichtliche Datum zumeist schwach. Ja, der Eindruck drängt sich im Rückblick auf, als sei gelegentlich der Versuch gemacht worden, diesen Tag als Symbol politisch zu neutralisieren, durch Verzicht und Verweigerung des öffentlichen Gedenkens, vor allem aber durch Bedeutungsveränderung.[31] Ob kalkulierter Vorsatz im Spiel war oder Zufall, verschiedentlich verhalf jedenfalls die »Gnade des Kalenders« diesem Datum zu neuen Bedeutungen und den politischen Akteuren zur Entlastung von lästigen Gedenktagen. Am 8. Mai 1949 nahm der Parlamentarische Rat das Grundgesetz in dritter Lesung an, das dann am 23. Mai verkündet wurde. Mitte der fünfziger Jahre schien die Zeit des Nationalsozialismus schon weit zurückzuliegen, wie abgetrennt durch den tiefen Einschnitt des Jahres 1945, ein Abgrund, eine Zäsur des Zusammenbruchs, die – so manche Kommentatoren – in der deutschen Geschichte ohne Parallele sei.[32] Da war vom 8. Mai als dem »düsteren Tag der tiefsten Erniedrigung« die Rede. Das »deutsche Volk« sei durch »einen aus der Tiefe hervorgegurgelten Dämon« in einen »Strudel (...) geschleudert«, in einem ihm durch Hitler aufgezwungenen »Ringen mit einer Koalition der ganzen Welt« besiegt und schließlich auch noch mit »Schmach und Schande« bedeckt worden, »als die Sieger das deutsche Volk, der Wahrheit zuwider, mit einer Kollektivschuld belasten wollten, um es für alle Zeit zu ächten«. Dann aber sei es eben doch »vorwärts« gegangen, denn der deutsche »Lebenswille« habe sich durchgesetzt und den westlichen Teil Deutschlands als »Damm (...) zum Schutz der freien Welt« unentbehrlich gemacht. So sei die Bundesrepublik »jetzt endlich in der Gemeinschaft der freien Welt souverän geworden«, zehn Jahre nachdem dieses Land bloß noch ein »geographischer Begriff« war, ein »Niemandsland«, ein »unabsehbarer Friedhof«, ein »gähnendes Trümmerfeld«, ein »politisch leerer Raum«, ein »Kasernenhof der Besatzungsmächte«.[33]

Zwischen dem 5. und dem 9. Mai 1955 wurde das Besatzungsstatut aufgehoben, die Nachkriegszeit gleichsam beendet, wurde die Bundesrepublik weitgehend souverän und zugleich in die westliche Verteidigungsgemeinschaft aufgenommen. Das brachte manchen Politiker und politischen Feiertagsplaner 1985 auf die Idee, den 40. Jahrestag der bedingungslosen Kapitulation Deutschlands als 30. Jahrestag des westdeutschen Nato-Beitritts zu feiern. In den späten fünfziger Jahren verdrängten Auseinandersetzungen um die Atombewaffnung der Bundeswehr die Erinnerung an das Ende Hitler-Deutschlands.

Auch zwanzig Jahre später wurde der 8. Mai zu jenen Gedenktagen gezählt, die man nicht übergehen kann, aber eben auch nur »mit gemischten Gefühlen zu überstehen vermag«. Es bestehe aber kein Anlaß, wie die *Frankfurter Allgemeine* in ihrem Leitartikel schrieb, »in Sack und Asche herumzulaufen«. Zur Selbstzufriedenheit gäbe es allerdings auch keinen Grund. Das wiedergewonnene Selbstbewußtsein aber könne und dürfe niemand anstößig finden, »sofern es nur einigermaßen ausbalanciert und nicht auf Vergeßlichkeit begründet ist«.[34] Es war offenbar leichter, diesen Anspruch zu erheben, als ihm in der politischen Praxis gerecht zu werden, gerade auch gegenüber den einstigen Kriegsgegnern Deutschlands. Mehrfach ist der 8. Mai zum Stein des Anstoßes geworden.

Am 8. Mai 1965 kam es zu einem deutsch-sowjetischen Eklat. Der sowjetische Botschafter hatte zu einem Empfang geladen, aus Anlaß des »20. Jahrestages des vom sowjetischen Volk im Großen Vaterländischen Krieg 1941 bis 1945 errungenen Sieges«. Die Bonner Politiker blieben der Veranstaltung fern. Primaner protestierten vor dem Versammlungsort mit Spruchbändern: »Befreier, wo ist eure Freiheit?« Zur gleichen Zeit fand in Hannover der 1. Parteitag der Nationaldemokratischen Partei Deutschlands (NPD) statt, die in ihrem Programm u. a. die Beendigung der Kriegsverbrecherprozesse forderte sowie die Rückgabe jener Gebiete, »in denen das deutsche Volk seit Jahrhunderten gewachsen ist«. Aber es gab auch andere Zeichen und Erklärungen zu diesem Tag. In einer Rede vor der Frankfurter Universität würdigte der Politikwissenschaftler Wolfgang Abendroth den 8. Mai in seiner ganzen Ambivalenz: »Als heute vor 20 Jahren die deutsche Wehrmacht kapitulierte, wurde damit zugleich das deutsche Volk vom Dritten Reich befreit, und insoweit ist es angebracht, in diesem Tag nicht nur das Ende des Zweiten Weltkrieges und eines verbrecherischen Regimes zu sehen, sondern auch den Tag eines neuen Anfangs für Europa und für Deutschland. Aber das deutsche Volk wurde vom Dritten Reich befreit, es befreite sich nicht selbst. Deshalb begann an diesem Tag auch die Entwicklung zu unserer heutigen Situation, der der Spaltung des deutschen Volkes in zwei Staaten, die entgegengesetzten Bündnissystemen angehören.«[35]

Aus Anlaß des 25. Jahrestages kam der Bundestag zu einer Sondersitzung zusammen. Der damalige Bundeskanzler Willy Brandt warb für eine Aussöhnung mit dem Osten und mit den Opfern, appellierte an die Jugend, die Lehren der Geschichte zu beherzigen, würdigte die westdeutsche politische Ordnung als »freiheitlichste Verfassung (...) der deutschen Geschichte« und gab seiner Hoffnung Ausdruck, daß einmal »eine europäische Friedensordnung« einen »Schlußstrich der Geschichte ziehen« werde, die »sich für uns Deutsche mit dem Jahr 1945 verbindet«. Daß durch den Kanzler der sozialliberalen Koalition erstmals eine Bundesregierung im Deutschen Bundestag offiziell zum Ende des Zweiten Weltkrieges Stellung nahm, fand insbesondere bei den ehemaligen vier alliierten Siegermächten Beifall. Bei der Oppositionsfraktion war er geteilt. Manche Abgeordneten meinten, »Niederlagen feiert man nicht« und »Schande und Schuld« verdienten keine Würdigung. Rückblick auf das Erreichte und Ausblick auf die Zukunft schienen näher zu liegen. Der CDU-Abgeordnete Richard von Weizsäcker stellte denn auch vermittelnd die Schwierigkeiten im Umgang mit diesem Datum heraus: »Der 8. Mai ist für uns kein Feiertag. Manche möchten ihn schweigend begehen, und wir wollen sie achten. In diesem Hause aber haben wir Grund, uns offen und nüchtern den Fragen dieses Tages zu stellen.«[36]

Am 30. Jahrestag fand in der Schloßkirche der Bonner Universität eine Gedenkstunde statt. Die Feier sollte in kleinem Rahmen stattfinden, weshalb man die Hauskapelle der evangelischen Studentengemeinde dem großen Forum der Bonner Beethovenhalle vorgezogen hatte. Dadurch mußte allerdings die Jugend, an die sich Bundespräsident Walter Scheel in seiner Rede ausdrücklich wandte, weitgehend draußen bleiben. Die Spitzen der CDU, Helmut Kohl als Partei- und Karl Carstens als Fraktionsvorsitzender, hatten sich wegen dringender anderweitiger Verpflichtungen entschuldigen lassen. Walter Scheel würdigte den 8. Mai als wiederholten »Augenblick der Selbstprüfung, welche Lehren Diktatur, Krieg und Katastrophe uns erteilen«. Ausdrücklich ging er auf die Jahre zwischen 1933 und 1945 ein. Hitler sei »kein unentrinnbares Schicksal« gewesen, erklärte Scheel, »er wurde gewählt«. Auch die Schuldfrage und den Judenmord ließ er nicht aus: »Wir nahmen es hin, daß unser Recht, das Recht unseres Nächsten, das Recht unserer Nachbarn mit Füßen getreten wurde. In unserem Namen geschah millionenfacher Mord (...).« Jeder Deutsche müsse aber für sich selbst entscheiden, ob ihn dies mit einem Gefühl der Schuld oder der Scham erfülle. Im übrigen, so Scheel weiter, habe »unser Volk ... für die zwölf Jahre Gewaltherrschaft gebüßt (...)« – und: es habe begriffen, »daß Freiheit und sozialer Ausgleich bessere Garantien für die Zukunft eines Volkes sind als der Kult der Macht«.[37] Auch Bundeskanzler Helmut Schmidt fand moderate Töne, ja, er stellte seinen Landsleuten und der von ihnen geleisteten Vergangenheitsbewältigung ein beruhigend gutes Zeugnis aus: »Wir haben inzwischen die Jahre der Finsternis nicht verdrängt, sondern wir haben die Epoche unserer Geschichte in einem oft schmerzvollen Prozeß unseres Bewußtseins geklärt.«[38]

Während im westlichen Teil Deutschlands die Aufforderung zur kritischen Selbstbefragung mit dem Bewußtsein einherging, »bereut, gebüßt (und) bezahlt« zu haben, wurde am 30. Jahrestag der deutschen Kapitulation in der DDR – wie schon zuvor – das »Fest der Befreiung« gefeiert. Hier die Neigung zur Verabschiedung von der Vergangenheit, dort die zwanghafte Flucht in die Vergangenheit – oder richtiger: in eine bestimmte Deutung derselben. Denn nach dem Willen der SED-Führung war der Tag der Niederlage des Hitlerfaschismus ein Tag des Sieges und der Befreiung, ein Tag, an dem »das Tor zur Freiheit ... durch die Sowjetunion aufgestoßen« wurde. Das galt fraglos für jene, die von der Roten Armee« aus den Gefängnissen und Konzentrationslagern Hitlers befreit, aus Trümmern gerettet und mit Lebensmitteln versorgt wurden, aber kaum für die, die in Gefangenschaft und sowjetische Speziallager kamen, die von den Sowjets vertrieben wurden, die Plünderung und Vergewaltigung erleben mußten.[39]

Das mißglückte Versöhnungsfest: Bitburg und Bergen-Belsen

Die Veranstaltungen zum 40. Jahrestag warfen ihre Schatten lange voraus. Während seiner Israel-Reise im Januar 1984 fand Kohl für das Verhältnis der meisten Deutschen zu ihrer jüngsten Geschichte und zu Israel die Formel von der »Gnade der späten Geburt«. Sachlich gewiß nicht unrichtig, für ein säkularisiertes Publikum allerdings eher befremdlich und wegen des forcierten Versuchs, »einen Notausgang aus der deutschen Geschichte«[40] zu finden, auch eine mißglückte rhetorische Geste. Mochte sie auch bei seinen Wählern und der Schlußstrich-Partei Zustimmung finden, vor allem provozierte sie im In- und Ausland Mißstimmung. Mit Befremden reagierten Opposition und ostmitteleuropäische Länder auch, als Ende 1984 bekannt wurde, daß der Bundeskanzler seine Teilnahme an dem Deutschlandtreffen der Schlesier im Juni 1985 zugesagt hatte. Die Veranstaltung sollte unter dem Motto stehen: »Vierzig Jahre Vertreibung – Schlesien bleibt unser.«

Als unrühmlich empfanden nicht nur die Überlebenden des Holocaust den monatelangen Parteien-Streit um ein Gesetz gegen die Kampagne der Leugnung von Auschwitz. Gar nicht zu reden von der Auseinandersetzung um die Pensionsansprüche der Witwe von Freisler, dem Präsidenten des »Volksgerichtshofes«, und die halbherzige Stornierung jenes Urteils des Bundesgerichtshofes aus der frühen Nachkriegszeit, demzufolge der Volksgerichtshof ein »ordentliches Gericht« gewesen war.[41] Zwar hatte der SPD-Rechtsexperte Adolf Arndt schon Ende der fünfziger Jahre gefragt, ob strafrechtliche Normen und Sanktionen ein geeignetes Mittel seien, Antisemitismus und Rassismus zu bekämpfen. Fünfundzwanzig Jahre später wogen solche Bedenken gering. Einmal mehr vertrauten die Parlamentsvertreter ganz auf die Macht staatlicher Interventionen, was der Frankfurter Autor und Rechtsanwalt Sebastian Cobler als naiv, vermessen und geschichtsblind bezeichnete, weil die Rolle des staatlichen Systems beim Vollzug der NS-Gewaltverbrechen ausgeblendet würde. Und der Publizist Peter Sichrovsky kommentierte sarkastisch: »Der Staat greift ein zweites Mal ein, in derselben Sache. Einmal, um Auschwitz aufzubauen und funktionieren zu lassen, und ein zweites Mal, um den zu bestrafen, der behauptet, es hätte es nie gegeben. So verteidigt der Staat seine Denkmäler.«[42]

So gab es manche Anhaltspunkte, schon Monate vor dem 8. Mai 1985 zu prophezeien: »Das wird ein Lehrstück in Deutsch-Kunde wie schon lange nicht mehr: der 8. Mai 1945. Leicht ist es uns nie gefallen, angemessen und ehrlich an den Tag zu erinnern, den legendären May-Day, an dem der Zweite Weltkrieg zu Ende ging, Deutschland besiegt und befreit wurde. Oft, immer öfter, gerann die Erinnerung zum bloßen Ritual.« Und nun der 40. Jahrestag nach der »deutschen Katastrophe«. Er »trifft auf veränderte Stimmungen und eine neue Wahrnehmung. Die Politik jedenfalls stürzt das Datum in neue Verlegenheit, Verkrampfung, auch Verlogenheit«.[43] Und der amerikanische Historiker und Deutschlandkenner Gordon Craig riet den Deutschen, »an ihre Geschichte pragmatischer als bisher heranzugehen«. Das sei ihnen immer schwergefallen, sie hätten es vorgezogen, »sich ihre Geschichte zurechtzulegen, sie zu idealisieren, zum Vehikel für Zukunftsvisionen zu machen und nicht selten auch als Waffe gegen bestimmte, ihnen unbehagliche Aspekte der Gegenwart einzusetzen«.[44] Es sollte sich bald zeigen, wie berechtigt solche Prognose und solcher Rat waren.

Dabei schien der Auftakt zunächst günstig. Der französische Staatspräsident François Mitterrand hatte versprochen, alles zu unterlassen, was »die Seelen oder die Herzen« der deutschen Freunde kränken könne. Und der Händedruck zwischen dem französischen Staatspräsidenten und dem deutschen Kanzler über den Gräbern der Gefallenen des Ersten Weltkriegs in Verdun hatte den politischen Imagepflegern im Herbst 1984 bereits ein Vorbild geliefert, wenn es auch keineswegs unumstritten war und von manchen als bloßes »Händchenhalten« verspottet wurde. Und auch Margaret Thatcher, die nicht gerade für ihre Deutschlandsympathien bekannte englische Premierministerin, versprach Zurückhaltung. Zurückhaltung im offiziellen Gedenk-Zeremoniell wünschte sich wohl auch der Kanzler, jedenfalls zunächst. Im Anschluß an den Bonner Weltwirtschaftsgipfel war an einen ökumenischen Gottesdienst im Kölner Dom gedacht, wogegen insbesondere der Präses der rheinischen Evangelischen Kirche, Gerhard Brandt, protestierte. Die Kirche sei als kultisches Instrument für staatliche Gedenkfeiern nicht der geeignete Ort.

Den passenden Gedächtnisort zu finden, darin lag ein erhebliches Problem. Zur Feier der Alliierten des Zweiten Weltkrieges in der Normandie war der Kanzler nicht geladen worden. Dort blieben die (westlichen) Sieger unter sich. Ersatzweise hatte Mitterrand die Versöhnungsgeste von Verdun inszeniert. Bei seinem Besuch in Washington im November 1984 zur Wiederwahl Ronald Reagans äußerte Kohl dem US-Präsidenten gegenüber den Wunsch, im Mai 1985 nun auch zwischen den Amerikanern und den Deutschen »über Gräber hinweg eine Geste für Frieden und Versöhnung zu finden«.[45] Kohl erklärte auf der Washingtoner Pressekonferenz, zwei Drittel aller heute lebenden Deutschen hätten das Kriegsende entweder noch nicht bewußt erlebt oder seien überhaupt noch nicht auf der Welt gewesen. Dieses Argument griff Reagan später auf, als er Ende März 1985 auf einer Pressekonferenz seinen Verzicht auf den Besuch der KZ-Gedenkstätte

Dachau begründete: »Ich glaube (...), es gibt nur noch sehr wenige Deutsche, die sich an den Krieg überhaupt erinnern können, und keiner von ihnen hat als Erwachsener an irgend etwas teilgenommen. Sie haben ein Schuldgefühl, das ihnen aufgezwungen wurde. Und ich glaube, das ist unnötig. Man sollte vielmehr die Demokratie, die sie geschaffen haben, und ihre demokratischen Grundsätze anerkennen.«[46] Die nationale Rechte in der Bundesrepublik triumphierte. »Mit diesen Ausführungen ist Reagan einer konzertierten antideutschen Aktion aus kommunistischen Propagandisten, Israel-Lobby, weltweiter Meinungsindustrie, SPD, Grünen, DGB und Evangelischer Kirche direkt entgegengetreten, die systematisch jedweden Anlaß und vor allem den bevorstehenden Jahrestag der Kapitulation der Deutschen Wehrmacht nutzen, um zumindest den in der Bundesrepublik lebenden Teil des deutschen Volkes seiner nationalen Identität zu berauben und einer Gehirnwäsche zu unterziehen, die auf einen Kollektivschuldkomplex hinausläuft, der auch kommende Generationen umfassen soll.«[47]

Zunächst war seitens der Amerikaner offenbar ein Besuch ihres Präsidenten in einer KZ-Gedenkstätte vorgesehen. Dann wurde er wieder aus dem Programm herausgenommen. Sei es, weil Reagan auf Wunsch aus Bonn die Empfindlichkeiten der Deutschen schonen wollte, sei es, weil seine Reise gekürzt wurde. Schon das aber sorgte für inneramerikanische Irritationen. Und als bekannt wurde, daß Reagan einen Besuch auf dem Soldatenfriedhof Bitburg eingeplant hatte, auf dem nicht – wie angenommen – amerikanische Soldaten neben deutschen liegen, dafür aber – wie offenbar übersehen – auch ehemalige Angehörige der Waffen-SS begraben sind, da brach ein Sturm der Entrüstung los. Nicht nur die amerikanischen Juden waren empört. Auch Amerikas Weltkriegsveteranen, im allgemeinen verläßliche Anhänger Reagans, zeigten sich konsterniert. Als »obszön« bezeichnete die *Washington Post* den beabsichtigten Bitburg-Besuch. *Time* und *Newsweek* berichteten wochenlang in Titelgeschichten über die Gewaltverbrechen Hitler-Deutschlands. Elie Wiesel, Auschwitz-Überlebender, Schriftsteller, Professor an der Universität Boston und Vorsitzender des amerikanischen Holocaust Memorial Council, forderte Reagan im Weißen Haus – vor laufenden Kameras – auf, seinen Bitburg-Besuch abzusagen. Wiesel wiederholte seine Forderung verschiedentlich. An anderer Stelle erklärte er, mit dem drohenden Besuch des amerikanischen Präsidenten in Bitburg beginne die internationale »Ehrenrettung der SS«. Der Forderung Wiesels schloß sich eine Mehrheit der Senatoren an. Und auch 200 Kongreß-Abgeordnete protestierten. In einem Brief an Kohl baten sie diesen, seine Entscheidung zu überdenken. Aber nicht nur in den USA, weltweit gab es vehementen und anhaltenden Protest. Und die Kritik zeigte Wirkung.

Am 16. April gab der damalige Regierungssprecher Peter Boenisch einen Brief des Bundeskanzlers an den US-Präsidenten bekannt. Darin wurde dieser gebeten, »zusätzlich« den Besuch einer NS-Gedenkstätte in das Programm aufzunehmen. Wenige Tage später erfuhr die Weltöffentlichkeit, daß Kohl und Reagan am 5. Mai 1985 an einer Gedenkfeier in Bergen-Belsen teilnehmen würden, vor ihrem Friedhofsbesuch in Bitburg. Doch die Kritik hielt an. Vertreter der amerikanischen Juden waren nicht bereit, Reagan nach Deutschland zu begleiten. Amerikanische Kreise erwarteten von ihrem Präsidenten und noch mehr von Kanzler Kohl, daß er Bitburg absagen würde.[48]

Noch ein anderer Brief aus der CDU-Führung machte von sich reden. Ihn hatte der CDU/CSU-Fraktionsvorsitzende Alfred Dregger an jene 53 US-Senatoren geschrieben, die den Versuch unternommen hatten, Reagan von seinem Bitburg-Besuch abzubringen. Dregger stilisierte sich und die deutsche Wehrmacht darin zum Verteidiger des Abendlandes und zugleich das deutsche Volk zum Opfer der Hitler-Diktatur. Er schrieb: »Am letzten Kriegstag, dem 8. Mai 1945, habe ich – damals vierundzwanzig Jahre – mit meinem Bataillon die Stadt Marklissa in Schlesien gegen Angriffe der Roten Armee verteidigt (...) Mein einziger Bruder, Wolfgang, ist 1944 an der Ostfront im Kurlandkessel umgekommen, ich weiß nicht wie. Er war ein anständiger junger Mann, wie die allermeisten meiner Kameraden. Wenn Sie Ihren Präsidenten auffordern, die von ihm geplante noble Geste auf dem Soldatenfriedhof in Bitburg zu unterlassen, muß ich das als Beleidigung meines Bruders und meiner gefallenen Kameraden empfinden (...) Ich frage Sie, ob Sie im deutschen Volk, das zwölf Jahre lang einer braunen Diktatur unterworfen war und das seit vierzig Jahren an der Seite des Westens steht, einen Verbündeten sehen.«[49] Der Brief blieb nicht unwidersprochen.

Der SPD-Bundesgeschäftsführer Peter Glotz hielt Dregger vor, »das Ansehen der deutschen Demokratie« zu gefährden und persönlich »moralisch korrupt« sein. Es gehe nicht, den Amerikanern vorzuwerfen, daß sie »mit der Sowjetunion gegen Hitler und nicht mit Hitler gegen die Sowjetunion gekämpft« hätten und zugleich von ihnen zu verlangen, daß sie die Vergangenheit vergessen sollten, weil die Bundesrepublik ein starker und verläßlicher Verbündeter der USA geworden sei.[50] Mehrere Zeitungskommentare betonten, daß hinter dieser erpresserischen Geste die unbewältigte Last der Vergangenheit allzu deutlich sichtbar sei. »Die meisten« Deutschen wollen die Wunden der Vergangenheit vergessen, nicht einmal die Narben schauen sie an«, tadelte die *Nürnberger Zeitung*.[51] Und die *Rhein-Neckar-Zeitung* deutete das Problem sozialpsychologisch: »Das greifbare Aufbäumen gegen die Kollektivschuld, die uns gar niemand zugewiesen hat, stellt im Grunde das unausgesprochene Verlangen nach einer Kollektivverzeihung dar, die es nicht geben kann.«[52] Auch der bayerische Ministerpräsident Strauß nannte die Vorbereitung dieser Gedenkveranstaltung »ungeschickt« und das »Ergebnis peinlich«. Und mit den Pannen und Peinlichkeiten war's noch nicht zu Ende.

Ende April forderten der Ministerpräsident von Rheinland-Pfalz, Bernhard Vogel, und der Bitburger Bürgermeister, Theo Hallet, den Bundeskanzler auf, sich nicht beirren zu lassen und nach Bitburg zu gehen, denn »die Toten, die hier auf dem Soldatenfriedhof ruhen, dürfen nicht nach einer grausamen Selektion vor über 40 Jahren unter Lebenden nunmehr Opfer einer Selektion unter Gefallenen, zumeist Jugendlichen, werden«. Und auch der Staatsminister im Auswärtigen Amt, Alois Mertes, hielt es offenbar für unbedenklich, diesen nachhaltig durch die medizinisch-bürokratische Sprache der *Endlösung* geprägten Ausdruck zu gebrauchen. Statt etwa davon zu sprechen, die Toten nicht nach Tätern und Opfern zu unterscheiden, erklärte er entschlossen und um die Semantik seiner Rede unbekümmert, »daß wir hier nicht eine Selektion von Toten vornehmen wollen«.[53] Unbekümmert und lautstark reagierte auch manches Boulevardblatt. *Quick* appellierte an tieferliegende antijüdische Ressentiments: »Die sagenhafte jüdische Lobby reißt deutsche Wunden auf.« Leserbriefe beschwerten sich unumwunden darüber, daß noch nach Jahrzehnten das »internationale Judentum« nicht zur »ehrlichen Versöhnung« bereit sei und statt dessen »Haß und Rache« gegen Deutschland predige.[54] Selbst die ansonsten eher moderate *Frankfurter Allgemeine* schlug schrille Töne an und klagte, daß durch eine »mächtige publizistische Maschinerie (...) das Zerrbild des häßlichen Deutschen« wieder ausgegraben und »alte Wunden« wieder aufgerissen würden.[55]

Kanzler Kohl konnte demnach in den eigenen Reihen auf nicht geringe Unterstützung rechnen und in der öffentlichen Meinung mit viel Verständnis. Er spekulierte wohl auch auf die Zustimmung der großen Mehrheit seiner Landsleute. In einem *Time*-Interview erklärte er jedenfalls, eine Absage des Bitburg-Besuchs würde die »Gefühle unseres Volkes tief verletzen«, denn seine Landsleute hätten »nicht nur Verstand. Sie haben auch Herz und Seele«. Der demoskopische Befund schien seine Spekulation zu bestätigen. Einerseits – so das Ergebnis einer Allensbach-Umfrage – wurde das Kriegsjahr 1945 von einem Großteil der vor 1933 geborenen Deutschen als »Jahr des Zusammenbruchs« angesehen. Nach der Bedeutung des 8. Mai 1945 gefragt, hieß die Antwort der meisten allerdings »Tag der Befreiung«.[56] In einer Allenbacher Blitzumfrage am 8. und 9. Mai waren fast 70 Prozent der befragten Bundesbürger der Meinung, daß es »vierzig Jahre nach dem Kriege ein schönes Zeichen der Versöhnung ist, wenn ein amerikanischer Präsident einen deutschen Soldatenfriedhof besucht«, nur 12 Prozent hatten eine entgegengesetzte Auffassung. Wurde nach der Bewertung der Besuchsorte einzeln gefragt, erhielten Bitburg und Bergen-Belsen mit jeweils über 60 Prozent etwa gleichviel Zustimmung.[57]

Anders als der Kanzler geriet der amerikanische Präsident zunehmend unter innenpolitischen Druck. Vielleicht hatte sich Reagan zu sehr auf seine Berater verlassen, die – wie ein amerikanischer Kommentator schrieb – »Regie führen und das Drehbuch schreiben«, denn das Weltbild und die Wahrnehmung dieses aus Hollywood kommenden Präsidenten seien in hohem Maße durch die Erfahrungswelt des Kinos beeinflußt: »Stets sucht er nach einem heroischen Schluß.« Andererseits hätte der Kanzler den Präsidenten aus dessen innenpolitischer Bedrängnis durch einen Verzicht auf Bitburg – und einen überzeugenden alternativen Vorschlag befreien können. Beispielsweise durch eine Veranstaltung in der Frankfurter Paulskirche, wie der amerikanische Kolumnist Joseph Kraft vorschlug, der sich dabei allerdings keiner Illusion hingab: »Kohl fehlt diese Art von Vorstellungskraft. Er ist ein anständiger Deutscher, ohne Nazi-Vergangenheit (...), aber ihm fehlen die Erfahrung und die Vision zum Staatsmann von Weltrang. Seine beste Eigenschaft ist seine größte Schwäche – ein gedankenloser Optimismus.«[58]

So blieb nur noch die Möglichkeit, durch inszenatorische Eingriffe andere Akzente zu setzen und von Bitburg abzulenken. Das geschah auch, insbesondere durch die zeitliche Straffung der Friedhofszeremonie. Kranzniederlegung und Händedruck der Generäle a.D. Johannes Steinhoff und Matthew Ridgeway im stummen Beisein der Regierungschefs wurden in der Weltrekordzeit »von vier Minuten im Besuchen von Soldatenfriedhöfen bei einem Staatsbesuch« absolviert, wie ein Kommentator süffisant schrieb.[59] Die Reden hielten die beiden Hauptakteure nicht am umstrittenen Ort ihrer Versöhnungszeremonie, sondern auf dem Gelände des nahen amerikanischen Luftwaffenstützpunktes, wo für einige tausend amerikanische und deutsche Gäste ein großes Fest arrangiert war und dank der Großzügigkeit einer bekannten örtlichen Brauerei viel Freibier floß. Anderswo wurde demonstriert und gegen Bitburg protestiert. In den USA gingen mehrere Zehntausend jüdische US-Bürger auf die Straße, vor allem in Chicago und in Cincinnati, in Philadelphia und in New York.

Nachdem der Bundeskanzler Bitburg ein »Symbol der Aussöhnung und der deutsch-amerikanischen Freundschaft« genannt hatte, war auch Reagan bemüht, die Wogen zu glätten und es diesmal allen recht zu machen. Den amerikanischen Kriegsveteranen versicherte er, daß »ihr Opfer nicht umsonst« gewesen sei, sondern entscheidend dazu beigetragen habe, daß Deutschland, Italien und Japan heute zur »Gemeinschaft der freien Nationen« gehören. Den Holocaust-Überlebenden versuchte er ebenso nachdrücklich die Sorge zu nehmen, daß »Aussöhnung Vergessen bedeute«. Und der Bundesrepublik bescheinigte er, ein »tiefes und hoffnungsvolles Zeugnis für den Geist des Menschen zu sein«. Zugleich vereinfachte er die Geschichte der deutschen Gesellschaft auf die eines dämonischen Diktators, verringerte er die politische Last der Geschichte durch ihre populäre Personifizierung und Reduzierung auf den großen Versucher und Verführer. In Bergen-Belsen sprach er vom »gräßlichen Unheil, das von einem Menschen ausging«, und in Bitburg nannte er das NS-Regime die »totalitäre Diktatur eines Mannes«. Zugleich fand er jene anerkennenden, ja rühmenden Worte, die nicht wenige Deutsche gern gehört haben dürften, denn sie stellten der Bundesrepublik ein erstklassiges Zeugnis aus, hinsichtlich ihrer Aufbauleistung nach dem Kriege, aber auch hinsichtlich ihrer Auseinandersetzung mit der NS-Vergangenheit: »Herr Bundeskanzler, Sie und Ihre Landsleute haben die Erneuerung, die kommen mußte, Wirklichkeit werden lassen. Ihr Land und das deutsche Volk waren mit Stärke und Entschiedenheit bereit, sich mit den Taten eines verhaßten Regimes der Vergangenheit auseinanderzusetzen und sie zu verdammen. Hierin kommen der Mut und der Einsatz für Freiheit und Gerechtigkeit zum Ausdruck, den Ihr Volk nach dem Krieg bewiesen hat.«[60]

Der Kanzler begnügte sich mit einem kurzen Text, bekannte sich in den üblichen Formeln »zu unserer Verantwortung vor der Geschichte«, gedachte der gefallenen amerikanischen Soldaten und beschwor die »Wertegemeinschaft der gemeinsamen Verteidigungsallianz«.[61] Immerhin hatte sich Kohl während der Gedenkfeier des Zentralrates der deutschen Juden am 21. April, dem 40. Jahrestag der Befreiung des Lagers, ausdrücklich »zur historischen Haftung für die nazistischen Untaten« bekannt, »auch vierzig Jahre danach«. Bergen-Belsen, so der Kanzler, bleibe »ein Kainsmal, eingebrannt in die Erinnerung unseres Volkes wie Auschwitz und Treblinka, Belzec und Sobibor, Kulmhof und Majdanek und die vielen anderen Stätten eines wahnhaften Vernichtungswillens«. Kohl erinnerte auch an die 50 000 in Bergen-Belsen ums Leben gekommenen sowjetischen Kriegsgefangenen, sprach von den 20 Millionen Kriegstoten der Sowjetunion und würdigte zugleich das Los der Heimatvertriebenen, »denen das Unrecht der Nazis mit neuem Unrecht vergolten wurde«.[62]

Am 8. Mai selbst waren die Deutschen dann unter sich. Reagan hielt vor dem Europäischen Parlament eine Rede. Das Interesse der Weltöffentlichkeit war nicht mehr auf Bitburg und Bergen-Belsen gerichtet – oder auf Bonn, wo Anfang Mai der Weltwirtschaftsgipfel getagt hatte.

Am 8. Mai, so schien es, hatten die durch den Zweiten Weltkrieg in Mitleidenschaft gezogenen Staaten vor allem mit sich und ihrer eigenen Geschichte zu tun. Zumal in den verschiedenen ost- und westeuropäischen Ländern unterschiedliche Traditionen des Gedenkens und / oder Feierns bestehen.

Die Veteranen und der Victory-Day

In Frankreich ist dieser Tag seit langem eher umstritten, zumal für nicht wenige Franzosen der 15. August 1944, die Befreiung von Paris, das eigentlich bedeutsame Datum ist. Der als Befreier von Paris gefeierte General de Gaulle hatte als Staatspräsident 1959 entschieden, daß die deutsche Kapitulation kein französischer Feiertag mehr sein solle. Die Gedenkfeiern an den Kriegerehrenmalen waren auf den jeweils zweiten Maisonntag verschoben worden. Und 1975 ging der damalige Staatspräsident Giscard d'Estaing noch einen Schritt weiter und ordnete an, daß im Interesse der deutsch-französischen Freundschaft auch keine offiziellen Feiern mehr stattfinden sollten. Dieser Beschluß brachte die französische Öffentlichkeit in Aufruhr. Die Veteranenverbände protestierten, aber auch die Kommunisten, die Résistance ebenso wie verschiedene Verbände gegen Rassismus und Antisemitismus. Der Druck war so groß, daß zwar der nationale Feiertag nicht wieder eingeführt wurde, den Bürgermeistern aber gestattet werden mußte, nach eigenem Ermessen Erinnerungsfeiern zu veranstalten.

Schon während des Wahlkampfes 1980 hatte dann der Präsidentschaftskandidat François Mitterrand angekündigt, den Jahrestag des alliierten Sieges wieder zu einem arbeitsfreien Feiertag zu machen. Die Nationalversammlung unterstützte bald darauf den Entscheid des Präsidenten in einer Geschlossenheit, die politischen Projekten seiner Linksregierung nur selten zuteil geworden ist. Seitdem wird dieser Gedenktag wieder mit großem Aufwand inszeniert, mit Militärparaden und Kranzniederlegungen, mit Sportveranstaltungen und Volksfesten, Filmveranstaltungen, Ausstellungen und viel Feuerwerk. Als Veteranenminister Laurain auf das Risiko angesprochen wurde, daß das so wiederbelebte Siegesfest die deutsch-französische Aussöhnung belasten könnte, soll er geantwortet haben. »Wir feiern hier keinen Sieg über ein Volk, sondern den Sieg der Zivilisation über die Barbarei.«[63]

Unproblematisch ist aber dieser Gedenk- und Feiertag auch für Frankreich nicht. Die glanzvolle Feier zur Erinnerung an Résistance, Befreiung und Sieg über Nazi-Deutschland verdeckt die andere, die häßliche Seite der Geschichte, die Kollaboration mit den Deutschen und die späteren Racheakte für Denunziationen. Eine junge Französin, Kind polnisch-jüdischer Flüchtlinge, traf in einem Gespräch, das eine deutsche Journalistin im Vorfeld des 40. Jahrestages führte, womöglich einen entscheidenden Punkt, als sie nachdenklich und lachend zugleich in ihrer eigenen Familiengeschichte die der Nation wiedererkannte: »Meine Mutter wurde von Franzosen aufgenommen und versteckt (...), mein Vater von Franzosen an die Deutschen ausgeliefert (...). Eine Hälfte der Franzosen hat uns gerettet, die andere hat uns verraten.«[64]

Um Zurückhaltung bemühte man sich bei den Gedenkveranstaltungen in Großbritannien. Premierministerin Margaret Thatcher erklärte im Vorfeld der Planung, daß nicht oder weniger eines »militärischen Sieges« gedacht werden müsse, sondern »aller Opfer des Krieges und der vierzig folgenden Jahre des Friedens in Freiheit«. Sie hatte wohl auch an die eigenen »Skelette im Schrank« gedacht, wie das der Volksmund auf der Insel nennt, in Erinnerung an das Versagen der Appeasement-Politiker, ihre katastrophale Verkennung der Lage am Vorabend des Zweiten Weltkrieges. Der konservative *Daily Express* hatte – unter Berufung auf Hitlers Neujahrsversprechen – Anfang 1939 Optimismus verbreitet: »Dieses Jahr gibt es keinen Krieg«.

Dies und die Empfehlung Margaret Thatchers, auf eine Siegesfeier zu verzichten, hielt die örtlichen Veteranenverbände nicht davon ab, auf ihre Art am »Victory in Europe-Day« an ihre Verdienste zu erinnern. Denn zumindest für die Kriegsgeneration sei dieser Krieg kein Ereignis, das die Nation beschämen müßte oder spalten könnte – wie der Vietnam-Krieg die Amerikaner. Trotz aller Toten und aller Verwüstungen sei dieser Krieg gewissermaßen der letzte »gute Krieg« gewesen. So gab es ausgelassene Straßenfeste und viel Nostalgie. Die Siegesfeier stand unter dem Motto »Schön war die Jugend«.[65] Als zentrales öffentliches Ereignis war zunächst vor allem an einen Gottesdienst gedacht, in Anwesenheit der Königin und mit einer Predigt des Erzbischofs von Canterbury in der Westminster Abbey. Der Dekan von Westminster hatte in der Vorbereitung die versöhnliche und doch nicht undifferenzierte Deutung und Bedeutung dieses Tages auf eine deutsche und russische Dimension bezogen:

>»Es wird ein Gottesdienst des Dankes werden, für die Befreiung der Menschen von der Tyrannei. Aber es war unverkennbar sowohl eine Befreiung für die Deutschen als auch für die Juden und den Rest Europas, weil die Deutschen nicht in der Lage waren, aus eigener Kraft das unerträgliche Regime abzuwerfen. Die russische Dimension ist die, daß wir Alliierte waren und der Krieg ohne die Russen eventuell anders verlaufen wäre. Sie brachten ein größeres Opfer als sonst jemand.«[66]

So sahen das auch die Russen selbst. Alljährlich feiern die Veteranen des »Großen Vaterländischen Krieges« am 9. Mai den »Sieg der Roten Armee über den deutschen Faschismus«, zugleich die Rettung der »Rodina«, der Heimat, welche die Völker der Sowjetunion mit zwanzig Millionen Toten bezahlt haben. Etwa sechs Millionen der aktiven Kriegsteilnehmer lebten Mitte der achtziger Jahre noch. Viele von ihnen trafen sich auch zum 40. Jahrestag, ältere Männer und Frauen in dunklen Kostümen und Anzügen, über und über dekoriert mit Orden und Ehrenzeichen, geordnet nach ihren einstigen Kampfverbänden, zum Austausch von Erinnerungen im Moskauer Gorkij-Erholungspark. Und die Regierung der Sowjetunion ließ sich die Ehrung ihrer Veteranen nicht wenig kosten. So wurde am Kutusow-Prospekt mit dem Bau eines großen Kriegsdenkmals begonnen und auch viel Kriegskunst und Kriegskitsch produziert und ausgestellt. Aber die Veteranen durften sich nicht nur symbolischer Gratifikationen erfreuen, sie erhielten und erhalten auch zahlreiche materielle Vergünstigungen.[67] Und auf die Darstellung militärischer Stärke wurde ebenfalls nicht verzichtet. In einer einstündigen Militärparade zogen Kriegsveteranen und reguläre Armeeformationen über den Roten Platz vorbei am neuen Parteichef Michail Gorbatschow. Von den ehemaligen Westalliierten nahmen nur die Botschafter Frankreichs und Großbritanniens teil. Der amerikanische Botschafter hatte sich damit begnügt, einen Kranz am Denkmal des Unbekannten Soldaten an der Kremlmauer niederzulegen. In einer Ansprache würdigte Verteidigungsminister Sokolow zwar den »großen Beitrag« der Westalliierten zum Sieg über den Hitler-Faschismus, um zugleich der »bürgerlichen Propaganda« vorzuwerfen, daß sie den »entscheidenden Beitrag« der Sowjetunion zur »Befreiung der Völker Europas« nicht als solchen anerkenne.[68]

So stolz, so selbstbewußt konnte es nicht überall zugehen, wo in den Hauptstädten der osteuropäischen Staaten an den Tag des Sieges erinnert wurde.[69] Zwangsläufig hatten die »Sieges- und Jubelfanfaren unterschiedliche Tonqualität«. Nicht alle Länder des Warschauer Paktes konnten sich in gleichem Maße auf ihre Zugehörigkeit zur antifaschistischen Front gegen das nationalsozialistische Deutschland berufen. Nur Polen und Jugoslawien hatten vom ersten bis zum letzten Kriegstag gegen die deutsche Wehrmacht und Besetzung gekämpft. Rumänien und Bulgarien wechselten erst im Spätsommer 1944 die Fronten. Slowaken und Ungarn zählten bis zuletzt zu den Verbündeten Hitler-Deutschlands. Und die DDR?

Sie beging den »40. Jahrestag des Sieges über den Hitler-Faschismus und der Befreiung des deutschen Volkes« – wie dieser Tag offiziell hieß – in großem Stil und mit großem Aufwand, so, »als könnten die Sieger über ihren Sieg nicht glücklicher sein als die Besiegten«, so als habe es im östlichen Teil Deutschlands nur Antifaschisten und Kommunisten gegeben, und vielleicht noch Juden, aber keine Nazis oder Mitläufer.[70] Schon Monate vorher begann die DDR mit ihrer Festveranstaltung zum 8. Mai. Anläßlich des 40. Jahrestags der Zerstörung Dresdens fand am 13. Februar mit 200 000 Menschen und Erich Honecker an der Spitze eine Friedensmanifestation statt. Im April folgte die Einweihung der Gedenkstätte auf den Seelower Höhen, wo 1945 etwa 30 000 sowjetische Soldaten gefallen waren. Weitere Gedenkveranstaltungen in den ehemaligen Konzentrationslagern Buchenwald, Ravensbrück und Sachsenhausen sowie im Zuchthaus Brandenburg folgten. Auch ein Erinnerungstreffen zwischen sowjetischen und amerikanischen Veteranen in Torgau fehlte nicht, dem Ort des legendären »Handschlags«.[71]

Der eigentliche Staatsakt fand in Ost-Berlin statt, mit einem »pompösen Polit-Schauspiel«[72], einem riesigen Aufgebot von Thälmannpionieren und FDJ-Formationen, mit Fackeln und roten Fahnen, mit Liedern, Lichtdom und feierlicher Eidesformel, mit Kranzniederlegungen am sowjetischen Ehrenmal im Treptower Park sowie am Denkmal des polnischen Soldaten und des deutschen Antifaschisten im Berliner Volkspark Friedrichshain, am Vorabend des 8. Mai und einer Festveranstaltung im Palast der Republik am folgenden Tag. Die Rede hielt DDR-Volkskammerpräsident Horst Sindermann in Anwesenheit des sowjetischen Kulturministers Demitschew und des Oberkommandierenden der sowjetischen Streitkräfte, Saizew. Ausdrücklich würdigte er den Beitrag der – nicht anwesenden – westlichen Alliierten im Kampf gegen den Hitler-Faschismus, ließ aber keinen Zweifel daran, wem der größte Dank für die Befreiung zukommt: dem »Sowjetvolk und seiner ruhmreichen Armee«. Das hatte schon die Einladung der DDR unzweideutig zum Ausdruck gebracht: Die Einladungskarte zeigte eine sowjetische Fahne, eingepflanzt in ein zerstörtes Hakenkreuz.[73]

Die Weizsäcker-Rede:
Eine »Sternstunde der Nachkriegsgeschichte«?

In Westdeutschland stand das Gedenken an den 8. Mai 1945 stark im Zeichen kirchlicher Veranstaltungen. Neben der zentralen ökumenischen Gedenkveranstaltung, einem Gottesdienst im Kölner Dom, fanden in fast allen Städten und Kirchenkreisen der Bundesrepublik gemeinsame Friedensgottesdienste beider Konfessionen statt.[74] Das nahm dem Tag gewiß viel von seinem politisch-kontroversen Charakter und gab ihm einen stark moralischen und religiösen Anstrich. Die Thematisierung umstrittener historischer Fragen trat dahinter sichtbar zurück.

Zwar stellte der EKD-Ratsvorsitzende, Bischof Lohse, die vielleicht zentrale Frage dieses Erinnerungstages: wie es denn zu allem hatte kommen können.[75] Seine Antwort aber fiel eher einseitig aus und war doch zugleich umfassend im Erklärungsanspruch: »Die Heilige Schrift sagt uns die Wahrheit: weil das Gebot des Herrn, unseres Gottes, in schändlicher Weise mißachtet worden war (...).« Zwar erinnerte er an das berühmte Stuttgarter Schuldbekenntnis der EKD von 1945, aber er verschwieg zugleich, daß dieses »Wagnis und Politikum ersten Ranges« innerkirchlich lange umstritten war, weitgehend folgenlos blieb und die Abrechnung mit dem Nationalsozialismus ähnlich halbherzig verlief wie in der damaligen deutschen Gesellschaft überhaupt.[76]

Auch der Vorsitzende der katholischen Deutschen Bischofskonferenz, Joseph Kardinal Höffner, sprach von der Mitschuld der Christen, machte aber vor allem den Glaubensverfall für den Sieg Hitlers und seiner Bewegung verantwortlich: »Ohne die jahrelang betriebene Zerstörung des Glaubens an Gott und ohne die Vernebelung und Betäubung des Gewissens« wäre der »bösartige und zerstörerische nationalsozialistische Machtrausch« nicht möglich gewesen, erklärte er. Nachdrücklich sprach er sich jedoch dafür aus, »vergangene Schuld und gegenseitig zugefügtes Unrecht nicht immer wieder selbstquälerisch hervorzuholen«. Der Kardinal vermied es, das widersprüchliche kirchliche Verhalten konkret beim Namen zu nennen. Über die Rolle des Papstes, des Konkordates und der katholischen Bischöfe Deutschlands verlor er kein Wort, und über den katholischen Widerstand auch nicht.[77]

Von der Notwendigkeit zur »Wahrhaftigkeit« im Umgang mit der NS-Vergangenheit sprach auch der CDU-Fraktionsvorsitzende Dregger auf einer Kundgebung des Bundes der Vertriebenen in der Bonner Beethovenhalle am 28. April. Ausdrücklich nannte er »Heuchelei und Selbstgerechtigkeit« untaugliche Motive der Besinnung und des Geschichtsverständnisses, um gleichwohl Unterschiede unter den Millionen Toten einzuebnen und Angreifer wie Angegriffene, Verfolger wie Verfolgte, gleichermaßen zu Opfern eines Ereignisses zu machen, das er nicht als Folge politischer Ideen, Interessen und Entscheidungen *beschrieb*, sondern mehr als katastrophisches Verhängnis *umschrieb*. »Wir müssen begreifen«, so Dregger am Schluß seiner Rede, »daß die KZ Hitlers und Stalins, daß die Vertreibung der Ostdeutschen und der Ostpolen, daß der millionenfache Tod deutscher Soldaten und ihrer soldatischen Gegner Teil ein und derselben Katastrophe waren, die Europa zerstört, die Europäer im Innern verwüstet und die den alten Kontinent geteilt hat.«[78]

Die Rhetorik seiner Geschichtsdeutung war teils durch Reduktion geprägt, teils durch Verallgemeinerung. Die NS-Gewaltverbrechen machte Dregger zu einer Sache Hitlers: »Ohne Hitler, den Verderber Deutschlands, hätte es die Verbrechen der Vertreibung und des Judenmordes nicht gegeben.« Und die deutsche Katastrophe erweiterte er zu einer europäischen, wobei er offenbar weniger oder gar nicht die Ursachen der NS-Herrschaft und des Zweiten Weltkrieges vor Augen hatte als vielmehr die Auswirkungen. Wohl mit Blick auf seine Zuhörer, überwiegend Heimatvertriebene, betonte er vor allem »die Unterwerfung ganz Ost-Mitteleuropas unter eine kommunistische Diktatur (...), die Teilung Berlins, Deutschlands und Europas (...) und die Vertreibung von 14 Millionen Deutschen, von denen 2 Millionen umkamen«. Demgegenüber blieb die Würdigung der jüdischen Opfer und die der Völker der Sowjetunion zweitrangig. Doch als Verbeugung gegenüber den Vertriebenen ging er noch einen Schritt weiter in der Umdeutung der jüngsten Geschichte. In kämpferischer Pose wandte er sich gegen die »niederträchtigen Revanchismuskampagnen«, von denen die Heimatvertriebenen angeblich »heimgesucht werden«, um ihnen zugleich zu bestätigen, daß es nirgendwo auf der Welt Flüchtlinge und Vertriebene gäbe, »die haßfreier, friedenswilliger und politisch verantwortungsbewußter gehandelt hätten als die deutschen Heimatvertriebenen«.

Es wurden an diesem Tag viele Reden in Deutschland gehalten, und nicht nur von dieser Art. Wie weit die Bewertungen und Deutungen des 8. Mai auch vierzig Jahre danach auseinandergingen, wird erkennbar, wenn man der Dregger-Rede beispielsweise die Reden von Willy Brandt, Walter Dirks oder Günter Grass gegenüberstellt. So unterschiedlich sie waren, sie alle rückten das Datum des 8. Mai in eine übergreifende Perspektive. Dirks stellte seine in Frankfurt gehaltene Rede unter das Motto »Gedächtnis und Erinnerung« und breitete vor seinen Hörern »siebzig Jahre deutsche Zeitgeschichte« aus, die der 84jährige Publizist so oder so miterlebt hatte. Als ob er einen Kontrapunkt zur Dregger-Rede setzen wollte, attackierte er schon zu Beginn jene Millionen Mitläufer, die sich bis in unsere Tage immer wieder von ihrem »Schuldanteil« entlasten, wenn »sie verkennen, daß der große Dämon nicht ohne kräftige Resonanz der Volksgenossen seine Macht hätte schaffen und sichern können«; wenn sie »den Krieg, den sie für vaterländisch ausgeben, gegen Hitlers verbrecherisches System ausspielen«; wenn sie die Augen davor verschließen, daß »der deutsche Faschismus ... das Bündnis der braunen Volksbewegung mit Teilen der reaktionären Oberschichten zum Zwecke der Herstellung eines autoritären Staates« war. Nach 1945 sei dann zunächst die Entnazifizierung fehlgelaufen, und mit dem Scheitern der Vision eines demokratisch-sozialistischen Neuaufbaus habe sich das »restaurative System des sozial gebremsten Eigeninteresses« durchgesetzt. Deshalb – so Dirks weiter –

stelle sich ihm die Geschichte dieses Jahrhunderts als der »sinistre Zusammenhang (...) von Gewalt und Lüge« dar.[79]

In seiner eindringlichen Rede vor der Akademie der Künste zu Berlin, ging ihr damaliger Präsident, Günter Grass, auf die Zäsur des Jahres 1945 ein und die Jahre, die folgten, Jahre »der Verfälschungen und Trugbilder«, wie er sagte, aber auch Jahre »harter Tatsächlichkeiten«, Jahre des Wiederaufbaus und der Wiederbewaffnung »bei gleichzeitiger Flucht aus der Wirklichkeit«. Darin offenbare sich, was tiefer reiche als Kriegsniederlage und Zerstörung materieller und ideeller Werte, so Grass: »Die Deutschen verloren ihre Identität. Sie können sich nicht mehr begreifen seitdem. Es fehlt ihnen etwas, das sich, bei allem Fleiß, nicht wettmachen ließ. Dieses Loch in ihrem Bewußtsein.« Deshalb seien seit 1945 so viele Schön- und Schonwörter im Umlauf: Zusammenbruch und Katastrophe, Kriegsende, Kapitulation, Stunde Null. Das moralisch und politisch bedeutsamere Datum aber sei der 30. Januar 1933. Hier bereits hätten die Deutschen »bedingungslos kapituliert«.[80]

Auch der SPD-Vorsitzende Willy Brandt betonte die Vorgeschichte des Krieges. In seiner Rede auf einem »Nürnberger Friedensgespräch«, der zentralen Gedenkveranstaltung der SPD mit Überlebenden aus Coventry und Rotterdam, aus Leningrad und Warschau, aus Auschwitz, Lidice und Oradour, aus Köln und Dresden, erklärte er: »Die eigentliche Niederlage stand am Beginn der NS-Zeit, nicht an ihrem Ende.« Deshalb sei der 8. Mai besonders gut geeignet, darauf hinzuwirken, die geschichtliche »Wirklichkeit anzuerkennen und die Verantwortung zu tragen, die sich aus ihr ergibt«.[81]

Diesem Anspruch suchten auch die Grünen gerecht zu werden. Eine Delegation von Mitgliedern ihrer Bundestagsfraktion, des Bundesvorstandes und verschiedener Landesvorstände war zusammen mit Überlebenden am 8. Mai nach Auschwitz gefahren, »der einzig sinnvolle Ort, an dem junge Deutsche dieses Tages gedenken können«, so Antje Vollmer in ihrer Rede, denn: »Wir sind ja nicht nur die Kinder der Kapitulanten (...). Wir sind auch die Kinder der Täter, wir sind die Kinder der Mitläufer. Und wir sind die Kinder von denen, die nicht stark genug waren, den Nationalsozialismus zu bekämpfen. Wir haben nicht einfach von der Generation unserer Mütter und Väter lernen können (...) Und wir selbst? Irgendwann haben wir auch aufgehört, unsere Eltern zu fragen, wie das alles war. Diese Sprachlosigkeit hat sich wie ein Nebel auf alles gelegt.«[82] Das war nicht die einzige Aktivität der Grünen an jenem Gedenktag. Mit der NS-Geschichte konfrontierten sie Parlament und deutsche Öffentlichkeit auf ihre Weise. So mit einer Erklärung ihres Hauptausschusses zum 50. Jahrestag des Erlasses der Nürnberger Rassengesetze. So mit einem Entschließungsantrag zur Lage und Forderungen der Sinti, Roma und verwandter Gruppen. So mit einem Gesetzentwurf zur Regelung einer angemessenen Versorgung für alle Opfer nationalsozialistischer Verfolgung. So mit einer Erklärung zum 40. Jahrestag der Nürnberger Prozesse. So mit einer Initiative zur Verhinderung der Errichtung einer zentralen Mahn- und Gedenkstätte in Bonn. Und bereits im Dezember 1984 hatte die Fraktion der Grünen zusammen mit FDP- und SPD-Abgeordneten – CDU/CSU-Politiker waren nicht erschienen – Äußerungen von Mitgliedern der Regierungskoalition diskutiert, die die Grünen in die Nähe der Nazis und von Kommunisten gerückt hatten.

Über die historische Wahrheit und die Art und Weise, an sie zu erinnern, gingen die Auffassungen auch 1985 weit auseinander. In der Befürchtung, die parlamentarische Gedenkfeier könne zu einem »deutschen Heldengedenktag« mißraten, weil zugleich die »Waffenbrüderschaft mit dem amerikanischen NATO-Partner gefeiert werden soll«, waren die Grünen der Veranstaltung ferngeblieben. Lediglich der Grünen-Abgeordnete Otto Schily war gekommen. Aber er verließ den Plenarsaal unter Protest und zusammen mit einigen SPD-Abgeordneten, weil auch der frühere Ministerpräsident Hans Filbinger unter den Anwesenden weilte. Filbinger hatte 1978 wegen seiner zweifelhaften Rolle als Marinerichter zurücktreten müssen. Ferngeblieben war der Gedenkfeier auch ein CSU-Abgeordneter, denn der 8. Mai sei »ein Tag der tiefsten Demütigung«. Zum materiellen Elend sei auch noch die Ächtung der Deutschen als Nation und die Verweigerung der staatlichen Einheit hinzugekommen. Zunächst hatte der Bundeskanzler im Parlament reden sollen – oder wollen. Der Bundespräsident sollte eine Fernsehansprache halten. Auf Drängen der Opposition sprach dann doch von Weizsäcker im Parlament vor den Mitgliedern des Bundestages und des Bundesrates, Vertretern aller großen gesellschaftlichen Organisationen und dem gleichfalls geladenen Diplomatischen Korps.[83]

Die inzwischen berühmte, vielfach abgedruckte und weit verbreitete Rede des Bundespräsidenten gilt als Höhepunkt des an Gedenkreden so reichen Jahres. In einer gemeinsamen Veranstaltung von Bundestag und Bundesrat nannte von Weizsäcker den 8. Mai ausdrücklich einen »Tag der Befreiung«, um allerdings sogleich hinzuzufügen, daß er »für uns Deutsche kein Tag zum Feiern« ist. »Wir haben wahrlich keinen Grund, uns am heutigen Tag an Siegesfesten zu beteiligen. Aber wir haben allen Grund, den 8. Mai 1945 als das Ende eines Irrweges deutscher Geschichte zu erkennen, das den Keim der Hoffnung auf eine bessere Zukunft barg.« Deshalb sei dieser Tag vor allem »ein Tag der Erinnerung«, an dem es darauf ankomme, der historischen »Wahrheit ins Auge« zu sehen.

Die Rede des Präsidenten wurde und wird seitdem immer wieder als vorbildlich gerühmt. Im In- und Ausland fand sie viel Zustimmung und Anerkennung. Der israelische Botschafter Yitzhak Ben Ari nannte sie gar eine »Sternstunde deutscher Nachkriegsgeschichte«.[84] Aber es war eben doch auch eine Rede an die Nation. Eine Rede, die verbreitete Geschichtslegenden kritisierte, die aber vor allem Selbstverständliches artikulierte. Sie wiederholte keine populären Stereotypen, und sie bemühte sich um Differenzierung, doch auf gewisse Glättungen und Auslassungen bei der Kommentierung der NS-Gewaltherrschaft konnte auch sie nicht verzichten.

So sprach von Weizsäcker vom »abgrundtiefen Haß Hitlers gegen unsere jüdischen Mitmenschen« als dem »Anfang der Gewaltherrschaft«, ließ aber unerwähnt, daß die konservativen Eliten Hitler zum Reichskanzler gemacht hatten, und daß er »das ganze Volk« nur deshalb »zum Werkzeug« seines Hasses hatte machen können, weil er in diesem eine breite, nach 1933 noch wachsende soziale Basis fand, denn große Teile der damaligen Bevölkerung waren von tiefen Existenzängsten erfüllt und politisch desorientiert, verachteten die Republik und die Parteien, verlangten nach einem starken Führer und ersehnten den wirtschaftlichen und politischen Wiederaufstieg der Nation.

Weizsäcker sprach auch vom »menschenverachtenden System der nationalsozialistischen Gewaltherrschaft«, aber eben nicht davon, daß dieses System bis weit in den Krieg auf hohe Massenzustimmung rechnen konnte. Denn die menschenverachtenden Maßnahmen bekamen zunächst nur »gemeinschaftsfremde« politische, religiöse und andere. Minderheiten zu spüren, während die »arischen« Angehörigen der »deutschen Volksgemeinschaft« mit massenkulturellen Attraktionen, einem bescheidenen »Wirtschaftswunder« und einer autoritären Ordnungspolitik mobilisiert und formiert wurden, bevor auch sie die menschenverachtende Seite des Regimes unmittelbar erfuhren.

Irreführend und beschönigend war schließlich auch von Weizsäckers Behauptung: »Die Ausführung des Verbrechens lag in der Hand weniger.« Das Gegenteil traf zu: Sie lag in der Hand vieler. Mehrere zehntausend Personen aus allen sozialen Schichten waren am Holocaust beteiligt. Ungezählt sind die Zuschauer, im Englischen treffender »bystander« genannt. Und von Weizsäcker hätte das thematisieren müssen, jedenfalls von seinem hohen Wahrheitsanspruch her. Schon Hannah Arendt hatte – drei Jahrzehnte früher – vom »Verwaltungsmassenmord« gesprochen. Herbert Jäger unterschied in seiner frühen Studie über die Gewaltverbrechen unter totalitärer Herrschaft ebenfalls schon in den sechziger Jahren zwischen einer großen Zahl von Täter-Typen und Täter-Gruppen samt Helfern und Helfershelfern. Und Raul Hilberg hat die Endlösung wiederholt das Ergebnis einer »Vernichtungsmaschine« genannt, die nichts anderes gewesen sei »als ein besonderer Aspekt der organisierten Gesellschaft«[85], also nicht nur die Tat einer verbrecherischen Clique.

In der Einleitung hatte von Weizsäcker – mit Blick über die Grenzen – die Losung dieses Tages verkündet und einen hohen intellektuell-moralischen Anspruch an die Vergegenwärtigung der NS-Vergangenheit hierzulande begründet:

> »Viele Völker gedenken heute des Tages, an dem der Zweite Weltkrieg in Europa zu Ende ging. Seinem Schicksal gemäß hat jedes Volk dabei seine eigenen Gefühle. Sieg oder Niederlage, Befreiung von Unrecht und Fremdherrschaft oder Übergang zu neuer Abhängigkeit, Teilung, neue Bündnisse, gewaltige Machtverschiebungen (...).
> Wir Deutsche begehen den Tag unter uns, und das ist notwendig. Wir müssen die Maßstäbe allein finden. Schonung unserer Gefühle durch uns selbst oder durch andere hilft nicht weiter. Wir brauchen und wir haben die Kraft, der Wahrheit so gut wir es können ins Auge zu sehen, ohne Beschönigung und ohne Einseitigkeit.«[86]

Gewiß, die Rede unterschied nicht nur zwischen Opfern und Tätern, sie nannte auch die verschiedenen Opfergruppen ausdrücklich beim Namen. Es war demnach eine politische Rede, aber eine, die nicht provozierte. Gunter Hofmann hat das in seiner freundlich-ironischen Verabschiedung des Präsidenten als dessen Politikstil pointiert beschrieben. Weizsäckers Reden würden Politik wattieren, einpacken. Als höchster Repräsentant der Republik verkörperte er etwas, was ihre Verfassung nicht kennt: »eine Art Staatspräsident (...), scheinbar fehlerfrei, die Wunden sorgsam verborgen.«[87] So konnte er wohl, gerade im Umgang mit der NS-Vergangenheit »die moralische und ästhetische Situation der Republik erträglicher« (H. M. Enzensberger) machen.

Der 20. Juli:
Zweierlei Widerstand im geteilten Deutschland

Wie schwierig es ist, dem historischen Wahrheitsanspruch gerecht zu werden, zeigt auch der Umgang mit dem 20. Juli. Ohne Beschönigung und Einseitigkeit ging es auch hier nicht, wobei dieser Gedenktag anders als der 8. Mai eher nationale als internationale Bedeutung hat. Der Widerstand gegen Hitler war jahrzehntelang vor allem Gegenstand innerdeutscher Kontroversen. Im geteilten Deutschland wurden auch die Widerstandsakteure in zwei Lager geteilt und die verschiedenen Widerstandsgruppen bis heute unterschiedlich bewertet. Im Blickpunkt steht dabei weniger das primäre Ziel ihres Widerstands – die Beseitigung Hitlers –, sondern mehr der sekundäre Zweck ihres Tuns, ihre programmatischen Vorstellungen für die politischen Verhältnisse im Deutschland nach Hitler.

Daß dieser Tag seit langem Deutungen und Gegendeutungen provoziert und zu allerlei Spekulationen und Stilisierungen animiert, hat ihm zu einer gewissen Sonderstellung unter den vielen historischen Daten verholfen, mit denen wir Deutsche leben müssen. Nicht von ungefähr knüpfen sich an den 20. Juli viele Fragen und Hypothesen, vor allem und immer wieder die: Was wäre geschehen, wenn das Attentat durch Stauffenberg gelungen und Hitler getötet worden wäre?[88] Wäre es zu einer Spaltung in der Wehrmacht und in der NS-Führung gekommen, gar zu einem Bürgerkrieg in Deutschland? Hätte sich Göring mit seinen Gefolgsleuten durchgesetzt, trotz der Walküre-Aktion, zumal der Widerstand weder innerhalb noch außerhalb Deutschlands mit großer Unterstützung rechnen konnte? Hätte das zur Entstehung einer neuen Dolchstoßlegende geführt und eine Verklärung des Dritten Reiches begünstigt, zumal Hunderttausende von Holocaust-Opfern und Kriegstoten in den Städten und an der Front vor dem Tode bewahrt und die schlimmsten Verwüstungen vermieden worden wären?

Mögen auch Mutmaßungen über ungeschehene Geschichte verpönt sein, sie sind verbreitet und können – methodisch kontrolliert – durchaus zum besseren Verständnis der geschehenen Geschichte beitragen, gerade dort, wo – wie am Beispiel der NS-Zeit – dieses Verständnis mit großen Schwierigkeiten verbunden ist. Alexander Demandt, der über die Reflexion auf Ungeschehenes höchst anregende Gedanken aufgeschrieben hat, vermutet kaum zu Unrecht, daß »unter allen Motiven für ein Interesse am Gedankenspiel über ungeschehene Geschichte keines so stark (ist) wie das Unbehagen über den Zweiten Weltkrieg und seine Corollarien«.[89] Dieses Unbehagen gilt auch gegenüber dem gescheiterten Widerstand. Und es widerspiegelt sich bis heute im schwierigen Umgang mit diesem Erbe. Haben doch nicht wenige in unserer Gesellschaft lange darin bloß einen Fall von Verrat erkennen können, was für andere – so oder so – ein bleibendes Vermächtnis bedeutete, weshalb der Widerstand gegen Hitler ein permanenter »Stachel im Fleisch der deutschen Nachkriegsgesellschaft« blieb.[90]

»Nicht aus eigener Kraft zur freiheitlichen Demokratie«

Gewiß, der Weg von der »Verfemung des Widerstands« in der frühen Nachkriegszeit bis zur schrittweisen, wenn auch nicht unumstrittenen Anerkennung in der Gegenwart war lang und hat immer wieder, zumal im öffentlichen Gedenken, zu Irritationen, Konflikten und Skandalen geführt.[91] Aber vielleicht ist der 20. Juli gerade dadurch das einzige auf die NS-Zeit bezogene Datum, an dem sich die Deutschen wirklich abgearbeitet haben. Die ausgeprägte Gedenktagspraxis läßt nicht nur verschiedene Phasen und Widerstandsbilder erkennen. Sie zeigt auch exemplarisch, daß und wie sich in der öffentlichen Auseinandersetzung die Einstellung gegenüber dem Widerstand gewandelt, das Bild differenziert und dessen Akzeptanz verbreitert hat. Zumal an dieser Auseinandersetzung letztlich alle gesellschaftlichen Gruppen, Institutionen und politischen Akteure beteiligt waren: Kirche und Universität, Justiz und Bundeswehr, Regierung und Parlament, Parteien, Abgeordnete, Publizisten, Wissenschaftler und nicht zuletzt die Überlebenden und Hinterbliebenen des Widerstands selbst.

Es ist kaum übertrieben, wenn man behauptet, daß der Streit um den Widerstand gegen das Hitler-Regime den normativen Grundlagen der westdeutschen Nachkriegsdemokratie wesentliche Impulse gegeben und zugleich ein »neues Politikfeld« mitgeschaffen hat, das der Geschichtspolitik. Die Erinnerung an den Widerstand und dessen gegenwartsbestimmte Deutung gingen – in Ost- wie in Westdeutschland – immer wieder eine enge Verbindung ein.[92] Ob nun der Bogen geschlagen wurde vom 20. Juli zum »großen Tage des 17. Juni 1953«, um für ein Leben in »Frieden und Freiheit« zu demonstrieren – wie das schon Ernst Reuter anläßlich der Einweihung der Gedenkstätte im Hof des ehemaligen OKW und Reichskriegsministeriums in der damaligen Bendler- und späteren Stauffenbergstraße tat. Oder ob – zwei Jahrzehnte später – im Hinblick auf die Politiker-Morde und Attentate der RAF die Frage nach der Bewahrung des Rechtsstaates und des Widerstands in der Demokratie in den Vordergrund rückten. Mit den Nöten der Gegenwart veränderten sich die Fragen an die Geschichte, wurde diese auf jene bezogen – und umgekehrt.

Zunächst standen jedoch kaum ereignisgeschichtliche Fragen im Mittelpunkt, so sehr war der erst wenige Jahre zurückliegende Widerstand der Verschwörer des 20. Juli in seiner moralisch-rechtlichen Legitimation und politischen Bedeutung umstritten. Die Alliierten standen ihm distanziert bis ablehnend gegenüber. Die Sowjetunion[93] sah hinter dem Ereignis bloß eine »imperialistisch-antisowjetische Verschwörung«. Aus westalliierter Sicht[94] hatte das Attentat vor allem drei Makel: Er wurde zu spät unternommen, blieb erfolglos, und die für ihn verantwortlichen Offiziere waren ihrerseits am Aufstieg und an der Konsolidierung des Nationalsozialismus nicht schuldlos. Daß sie anfangs den Widerstand eher tabuisierten und an der Kollektivschuld der Deutschen festhielten, wurde noch dadurch begünstigt, daß nach 1945 viele Deutsche erklärten, dem NS-Staat ablehnend gegenüber gestanden zu haben. Erhebliche Vorbehalte gab es aber auch in der deutschen Bevölkerung. Noch bis in die sechziger Jahre sahen fast 25 Prozent der befragten Bundesbürger im Widerstand einen Fall von »Verrat«.[95] Wollte man aber die Erinnerung an den 20. Juli »zu einem Kristallisationspunkt für unser gemeinsames nationales Bewußtsein« machen, wie der damalige Bundesinnenminister Gerhard Schröder (CDU) auf der Gedenkveranstaltung in der FU Berlin 1954 den Sinn der Tat derer deutete, die »den Aufstand gegen einen Staat wagten, der Unrecht verkörperte anstatt Recht zu setzen«,[96] dann mußte man das Problem des »Führereides« und des »Treuebruchs« thematisieren. Anders gewendet: der weit verbreitete Vorwurf des Landes- bzw. Hochverrats war zu verhandeln.

Dazu bot vor allem ein Ereignis eine medienwirksame Gelegenheit, der sogenannte Remer-Prozeß in Braunschweig. Der ehemalige Wehrmachtsmajor Remer und Kommandeur des Berliner Wachbataillons, maßgeblich daran beteiligt, daß der Staatsstreich mißglückt war, hatte auf einer Veranstaltung der neonazistischen Sozialistischen Reichspartei die Verschwörer des 20. Juli als vom Ausland bezahlte »Landesverräter« bezeichnet. Es ist das bleibende Verdienst von Fritz Bauer, dem damaligen Braunschweiger Generalstaatsanwalt, daß er die Gelegenheit erkannte und zu einem politischen Prozeß nutzte, in dem es weniger um die Person Remer ging als darum, das NS-Regime anzuklagen und als Unrechtsstaat zu verurteilen. Die Verschwörer waren damit vom »Stigma des Verrats« befreit.[97]

Schon bald nach Kriegsende hatte Gustav Radbruch den Unrechtscharakter des NS-Regime dargelegt, indem er »gesetzliches Unrecht und übergesetzliches Recht« miteinander konfrontierte.[98] An ihn anschließend, plädierte Bauer im Remer-Prozeß: »Solange die Menschenrechte gewahrt werden, solange eine Möglichkeit zur Opposition besteht und einem Parlament Gelegenheit zur Gesetzgebung gegeben ist, solange unabhängige Gerichte walten und die Gewalten geteilt sind«, werde kein Widerstandsrecht gebraucht, »es erwacht aber wieder zur lebendigen Wirklichkeit, wenn eine dieser Voraussetzungen in Wegfall tritt«.

Aber es dauerte lange, bis sich diese Sicht in der westdeutschen Gesellschaft durchsetzte, zumal Justiz und Legislative, Rechtsprechung und Rechtswissenschaft durchaus divergierende Auffassungen zum Widerstandsrecht vertraten. Insbesondere im Rahmen der Auseinandersetzung um die sogenannte Wiedergutmachung spielte der Widerstand eine gewichtige Rolle, gehörten doch auch die politischen Gegner des NS-Staates zu den Anspruchsberechtigten. Jedenfalls hieß es in der Präambel des Bundesentschädigungsgesetzes von 1953, der Widerstand aus politischen, religiösen und moralischen Gründen sei ein »Verdienst um das Wohl des Deutschen Volkes und Staates«. Das hinderte Gesetzgeber und Rechtsprechung allerdings nicht, über die Frage und Differenzierung nach »Beweggründen, Zielsetzungen und Erfolgsaussichten« sogleich wieder Einschränkungen einzuführen und Ausgrenzungen vorzunehmen, die dem Zeitgeist folgten.[99] Deshalb ist es kaum überraschend, wenn man feststellen muß, daß der kommunistische Widerstand »besonders kritisch (...) unter die Lupe genommen« wurde.[100] Ohne Anspruch auf Entschädigung blieb nach dem Gesetz, »wer der nationalsozialistischen oder einer anderen Gewaltherrschaft Vorschub geleistet hat (...) (und) wer die freiheitliche demokratische Grundordnung bekämpft.« (§ 1 Bundesentschädigungsgesetz Abs. 4, Satz 1 u. 4). Und Anfang der sechziger Jahre hatte der Bundesgerichtshof »eine gewisse Aussicht« auf Erfolg des Widerstandes zum Kriterium einer Entschädigungsberechtigung gemacht. Ähnlich entschied das Bundesverwaltungsgericht, als es Widerstand als ein Verhalten definierte, das »wenigstens in der Vorstellung des Täters, auch dazu geeignet war, das abgelehnte Regime als solches über den Rahmen des Einzelfalls hinaus zu beeinträchtigen«.[101]

Im öffentlichen Gedenken an den 20. Juli stellte sich das Widerstandsproblem anders dar. An einer ausdrücklichen Würdigung des kommunistischen Widerstands bestand auch hier kein großes Interesse, zumal unter dem Eindruck des 17. Juni und des KPD-Verbots. Den politischen Akteuren war jedoch vor allem daran gelegen, die polarisierenden Effekte zu überspielen und diesen Gedenktag für die innere Aussöhnung und Integration zu nutzen. Deshalb wurde schon in jener Zeit nicht selten hervorgehoben, daß zum Widerstand gegen Hitler Personen und Gruppen aus allen sozialen Schichten gehörten. Das »Beispielhafte dieses Aufstandes«, so Bundesinnenminister Schröder (CDU) in seiner schon erwähnten Rede vom Sommer 1954 in der FU Berlin, komme aber gerade darin zum Ausdruck, daß die beteiligten Männer und Frauen »des anderen Deutschland« in ihrem »Kampf gegen das Unrecht (...) alle Gegensätze der Herkunft und der Weltanschauung« zurückstellten. Auf derselben Veranstaltung, es war der 10. Jahrestag des Stauffenberg-Attentats, wurde Theodor Heuss noch deutlicher: »Bislang geschiedene Gruppen trafen sich im menschlichen Vertrauen«, erklärte er, um in lutherischer Formulierung fortzufahren: »Der »christliche Adel deutscher Nation« verband sich mit Führern der Sozialisten, der Gewerkschafter und sie erkannten sich in dieser Begegnung.«[102] Diese Erkenntnis geriet später bisweilen in Vergessenheit.

Mit wachsendem zeitlichen Abstand vom Ende des Dritten Reiches nahmen die offiziellen Erinnerungen und Ehrungen allerdings nicht ab, sondern zu. Anfang der sechziger Jahre wurden fünf Kasernen der Bundeswehr nach Widerstandskämpfern benannt. Und die Bundesregierung entschied, daß auf allen öffentlichen Gebäuden am 20. Juli geflaggt wird, in der Annahme, daß »Aufbegehren, Leiden und Sterben all derer, die den verschiedenen Widerstandskreisen angehörten, heute in das Bewußtsein des deutschen Volkes eingedrungen sind.«[103] Aber noch immer war die Bewertung des Widerstands umstritten. Der SPD-Abgeordnete Fritz Sänger beklagte sich, daß auch jetzt noch etwa ein Viertel aller befragten Deutschen den Widerstand als Landesverrat ansehen. Und Bundespräsident Heinrich Lübke bedauerte in seiner Rede zum 20. Jahrestag, daß der 20. Juli »heute wie damals die Geister (scheidet)«. Ausdrücklich und unter Verweis auf Ergebnisse der Geschichtsforschung wandte er sich gegen unredliche Motive im Umgang mit diesem Erbe: »Wir sollten nicht verschweigen, daß auch viele undoktrinäre Kommunisten sowie Vertreter obrigkeitsstaatlicher Auffassungen, die wir heute nicht mehr teilen, Opfer der politischen Verfolgung wurden (...)« und »daß viele der damaligen deutschen Kommunisten innerlich unabhängige Idealisten waren«, die keineswegs »nur als Handlanger einer fremden Macht gehandelt« hätten. Als Quintessenz und eigentliche politische Botschaft verstand man aber Lübkes Definition des Widerstands als »Symbol der Selbstachtung unseres Volkes und (...) seiner Rehabilitierung in der Völkerfamilie.«[104]

Wie wohl keine andere staatliche Einrichtung war die Bundeswehr, die in diesen Jahren aufgebaut wurde mit dem Vermächtnis des Widerstands konfrontiert. Und das gleich in mehrfacher Hinsicht.[105] Zum einen ging es generell um das Verhältnis zwischen Wehrmacht/Nationalsozialismus und Bundeswehr, also um das schwierige Problem der soldatischen Traditionspflege und der Rekrutierung der militärischen Führung, zumal ja der weit überwiegende Teil derer, die seit Ende der fünfziger Jahre in die Bundeswehrkasernen einrückten, in der Wehrmacht gedient hatten. Zum zweiten und im besonderen ging es um die Bewertung des 20. Juli als einer Ausnahmesituation im Verhältnis von Befehlsrecht, Eid und Gehorsamspflicht. Einerseits galt die Gewissensentscheidung der »Eidbrecher«, die aufgrund ihrer Stellung und Einsicht den Mißbrauch des Befehlsrechtes erkannt hätten, als vorbildlich. Andererseits und zugleich – so hieß es in der für den Aufbau der Bundeswehr grundlegenden Himmeroder Denkschrift – müsse diese Anerkennung »mit der Achtung vor den vielen anderen Soldaten« einhergehen, »die im Gefühl der Pflicht ihr Leben bis zum Ende eingesetzt haben«. In der öffentlichen soldatischen Traditionspflege zeigt sich insofern ein ambivalentes Bild: Bundeswehrangehörige beteiligen sich ebenso selbstverständlich an der Gedenkfeier im Innenhof der ehemaligen Bendlerkaserne in Berlin wie an Ehrungszeremonien vor Kriegerdenkmälern aus der NS-Zeit.

Wie schon sein Vorgänger Heinrich Lübke betonte auch Gustav Heinemann in seiner stark beachteten Rede als Bundespräsident zum 25.Jahrestag des gescheiterten Attentats am 20. Juli 1969 in der Gedenkstätte Plötzensee, daß dies ein »gesamtdeutscher Tag« sei und bleiben müsse.[106] Seine Rede war indes konkreter, differenzierter, schonungsloser in den Fragen, gründlicher in der Analyse und (selbst)kritischer in den Antworten als alle staatsoffizielle Rhetorik zuvor. Und er stellte den gescheiterten Widerstand in eine größere Perspektive. Das Dritte Reich sei – so Heinemann – kein Betriebsunfall gewesen, nicht aus der Massenarbeitslosigkeit der frühen dreißiger Jahre zu erklären und auch nicht aus den Belastungen des Versailler Vertrages. Die Ursachen lägen tiefer. Man müsse ins 19. Jahrhundert zurückblicken, auf den »christlichen Antisemitismus«, die obrigkeitsstaatliche »Untertänigkeit«, den »gewalttätigen Nationalismus«.

Vor diesem Hintergrund würdigte Heinemann dann Komplexität und Widersprüchlichkeit des Widerstands. Der »äußeren Erfolglosigkeit« stehe der »hohe Rang« der Tat gegenüber. Den unterschiedlichen »politischen und sozialen Zielsetzungen« der Widerstandskämpfer ihre Einigkeit, »daß Unfreiheit und Krieg ein Ende haben sollten«. Und auch auf den ambivalenten Rechtsstatus und das schwierige Verhältnis von soldatischem Eid und Widerstand ging er ein: was »draußen in jedem Falle als nationale Verteidigung galt«, so Heinemann, »war hier drinnen Hoch- und Landesverrat«. Der von ihnen geleistete »Führereid« habe zu einer »besonderen Gewissensbeschwerung« ihres Tuns geführt, während Hitler die »dem Treueid eigene Gegenseitigkeit der Pflichten« längst gebrochen hatte. Zudem waren die Verschwörer nach außen, vor allem aber im Innern weitgehend isoliert. »Der Hitler-Mythos und der nationalistische Wahn wären 1944 mit dem Tode Hitlers noch nicht zerbrochen gewesen. Geblieben wäre eine wütende Anklage, daß die Attentäter uns um den Sieg und um die Herrlichkeit des Großdeutschen Reiches gebracht hätten.« Und Heinemann erinnerte an die Weimarer »Dolchstoßlegende«, an die »zähe Verleumdung« derer, die 1918 zugleich als Konkursverwalter des zusammengebrochenen Kaiserreichs und als Gründer der Weimarer Republik hätten auftreten müssen.

Im Rückblick und im vergleichenden Blick auf die westlichen Demokratien könne man deshalb nur ein ernüchtertes, beunruhigtes und beschämtes Fazit ziehen: »Wir müssen zugeben, daß wir nicht aus eigener Kraft zu einer freiheitlichen Demokratie durchgebrochen sind.« Eindringlich erinnerte er seine Zuhörer daran, »daß unsere heutige Bedrängnis der Spaltung das Ergebnis nationalistischer Überhebung ist«. Zugleich ermahnte er seine Landsleute, daß ein »nationalbewußter Deutscher« heute nur »Europäer« sein könne. Die Rede hatte es an Deutlichkeit und Kritik wahrlich nicht fehlen lassen und wurde in der Presse entsprechend gewürdigt. Keine glättenden Formeln, kein erhebendes Pathos, keine erbaulichen Einsichten hatte der Bürgerpräsident zu bieten. Und am Schluß nichts Tröstliches, keine versöhnliche Sicht auf die Vergangenheit, nur ein bescheidenes persönliches Wort, ein selbstkritisches Bekenntnis, ein Rückblick auf die eigene Lebensgeschichte: »Mich läßt die Frage nicht los, warum ich im Dritten Reich nicht mehr widerstanden habe.«

Ein ganz anderes Bild boten fünf Jahre später Auftreten und Rede des baden-württembergischen Ministerpräsidenten Hans Filbinger (CDU), der als amtierender Bundesratspräsident vom SPD-geführten Berliner Senat gebeten worden war, die Rede während der Gedenkfeier im Reichstag zu halten.[107] Schon im Vorfeld der Veranstaltung hatte es Protest gegen das Auftreten des ehemaligen Marinestabsrichters gegeben, der noch nach der Kapitulation in Norwegen gegen einen jungen Soldaten wegen Gehorsamsverweigerung eine Gefängnisstrafe verhängt hatte. Aber nicht darauf ging Filbinger ein, er verwies vielmehr auf seine Zugehörigkeit zum Freiburger Freundeskreis um Reinhold Schneider und dessen Nähe zu verschiedenen Gruppen des Widerstands, sprach aber zugleich vom Ungenügenden dieses Tuns, das er »als schwerwiegende Unterlassung« umschrieb. Wie Heinemann zitierte auch er aus dem Stuttgarter Schuldbekenntnis der Evangelischen Kirche. Anders als dieser bestritt er die gesellschaftliche Isolierung der Verschwörer und nannte die These von einer »Revolution ohne Volk« »grundfalsch«. Und anders als dieser relativierte er die Rolle der Kommunisten, denen er zwar den Status von Opfern und Verfolgten zubilligte, die er aber als Widerstandskämpfer nicht ohne weiteres anerkennen mochte.

Filbinger wurde während seiner Rede wiederholt unterbrochen. Zwischenrufe wie »Nazi«, »Heuchler« und »NS-Richter« ertönten von den Rängen. Als ein junger Mann, der Enkel des ermordeten Julius Leber, eine Erklärung verlesen wollte, wurde er von Beamten aus dem Plenarsaal geführt. Filbinger nannte den Protest gegen ihn anschließend nur »schlechten Stil«, bedauerte, »daß einige Leute die Würde der Feierstunde mißachtet« hätten, und verwahrte sich zugleich gegen die Angriffe wegen seiner Tätigkeit als Marinerichter. Das Stuttgarter Landgericht habe sie für haltlos erklärt. Er ließ allerdings unerwähnt, daß es dabei gar nicht um sein früheres »Feldurteil« ging, sondern um einen

Bericht des *Spiegel* darüber, der Gegenstand des Gerichtsurteils war.[108]

Zu einem weiteren Eklat kam es im Zusammenhang der Vorbereitung der Feier zum 35. Jahrestag 1978. Das »Hilfswerk 20. Juli« hatte den SPD-Fraktionsvorsitzenden Herbert Wehner als Redner vorgeschlagen, wogegen ein Sohn des Hitler-Attentäters, der CSU-Abgeordnete Franz Ludwig Graf Schenk von Stauffenberg, vehement protestierte. »Das Gedächtnis an den 20. Juli erhalte mit Wehner eine falsche politische Färbung«, behauptete Stauffenberg, denn »der Widerstand des 20. Juli« stehe »in einer anderen geistigen Tradition und in einer anderen geschichtlichen Zielsetzung (...) als sie die Geschichte Herbert Wehners verkörpere«. Bei der Würdigung des Widerstands komme es nicht nur auf das *Wogegen*, ihre »Gegnerschaft gegen das Hitlersystem« an, sondern auf »die grundlegende Gemeinsamkeit des Wofürs«. Zu dieser gehörten die Kommunisten eben nicht. Denn: »Sie kämpften gegen die Nazis für ein System des Kommunismus, eines totalitären Systems, an dessen oberster Spitze Josef Stalin stand.«[109] Wehner verzichtete daraufhin auf seine Teilnahme und Mitwirkung an der Gedenkfeier. »Der Respekt, den ich den Opfern des 20. Juli 1944 zolle, gebietet mir, meine Person nicht zum Anlaß eines Konfliktes um das Gedenken an diese Opfer werden zu lassen«, schrieb er in seiner Absage.

Das Presseecho war groß.[110] Stauffenberg fand in den eigenen Reihen und bei den der CDU/CSU nahestehenden Zeitungen viel, aber nicht nur Zustimmung. Peter Boenisch, gewiß kein Freund Wehners, begründete in seinem Kommentar, warum es unzulässig sei, zwischen einem linken und einem rechten Widerstand zu unterscheiden und warum es falsch gewesen sei, Wehner zu verwehren, »an den Gräbern des 20. Juli zu reden (...), weil er einmal Kommunist war«. Zwar seien seine »politischen Irrtümer (...) zu beklagen« und »seine Haßtiraden gegen seine demokratischen Gegner (...) kaum zu ertragen. Doch der Haß Wehners gegen Hitler« verdiene »Respekt«.[111] Stauffenberg und der Berliner CDU-Fraktionsvorsitzende Heinrich Lummer, der ihn nachdrücklich unterstützt hatte, mußten sich außerdem vorhalten lassen, mit zweierlei Maß zu messen, und wurden gefragt, »warum sie bei Filbinger geschwiegen haben, wenn sie jetzt angreifen«.[112]

Von »Verfälschung« des Vermächtnisses sprachen auch Angehörige von ermordeten Widerstandskämpfern. »Es liegt uns daran festzustellen«, schrieben sie in einem offenen Brief, »daß Stauffenberg nicht im Namen aller gesprochen hat, die dies betrifft.«[113] Als »erschreckend, beschämend und geschichtsfeindlich« bezeichnete der SPD-Vorsitzende Willy Brandt die Ausladung Wehners. Er erinnerte daran, daß engste Freunde Stauffenbergs seinerzeit Verbindung auch zum linken Flügel der Arbeiterbewegung gesucht und daß führende Mitglieder des Widerstands sich um einen Ausgleich mit der Sowjetunion bemüht hätten.[114]

Nachdrücklich wandte sich der damalige Staatsminister im Auswärtigen Amt, Klaus von Dohnanyi, dagegen, »daß der 20. Juli weiterhin für den Tagesverbrauch ausgedroschen wird«. Dreifach kritisierte er den öffentlichen Umgang mit dem Vermächtnis des 20. Juli. Unzulässig sei »jede Ausbeutung der Toten des deutschen Widerstands zugunsten persönlicher politischer Vorteile. Im übrigen sei Widerstand »die Ausnahme, Anpassung die Regel« gewesen. Unzulässig, weil unvereinbar mit Denken und Handeln der Widerstandskämpfer sei weiterhin der rituelle Gebrauch von »unverbindlichen Leerformeln über Demokratie und Menschenrechte«. Und schließlich sei es unzulässig, Kommunisten und Faschisten gleichzusetzen.[115]

Die Würdigung des Widerstands blieb auch in den folgenden Jahren schwierig, und die Frage, wer dies öffentlich tun solle, umstritten. Zu einem neuen Eklat kam es, als Anfang Juli 1985 bekannt wurde, daß Heiner Geißler, damals Familienminister und CDU-Generalsekretär, die offizielle Gedenkrede halten sollte. Auf Veranlassung des Vorsitzenden der Arbeitsgemeinschaft Verfolgter Sozialdemokraten in Berlin, Robert W. Zeiler, boykottierte die Berliner SPD die offizielle Gedenkfeier. Der Bund der Verfolgten des Naziregimes, die Alternative Liste und der Berliner Landesjugendring schlossen sich dem Boykott an. Zeiler hatte in der Nominierung Geißlers einen persönlichen Affront gesehen, weil er sich der Tradition jenes Weimarer Pazifismus zurechnete, von der der CDU-Politiker in einer turbulenten parlamentarischen Debatte über die Nachrüstung im Juni 1983 behauptet hatte, daß sie »Auschwitz erst möglich gemacht« habe. Geißler hatte sich dabei auf ein Interview des Grünen-Abgeordneten Joschka Fischer bezogen, in dem dieser erklärt hatte: »Ich finde es moralisch erschreckend, daß es offensichtlich in der Systemlogik der Moderne auch nach Auschwitz noch nicht tabu ist, weiter Massenvernichtung vorzubereiten, diesmal nicht entlang der Rassenideologie, sondern entlang des Ost-West-Konflikts.«[116]

In einer Presseerklärung nannte der Bundeskanzler das Verhalten der Berliner SPD »beschämend« und warf ihr eine »verleumderische Kampagne« gegen Geißler vor, der als »leidenschaftlicher Kämpfer gegen jede Form des Totalitarismus (...) über jeden Zweifel erhaben« sei. Über den von seinem Generalsekretär ins Zwielicht gerückten Pazifismus verlor der Kanzler allerdings kein klärendes fachkundiges Wort.[117] Und von einer Kampagne konnte keine Rede sein. Der SPD-Landesvorstand hatte sich erst mit einer gewissen Verzögerung hinter die »Arbeitsgemeinschaft« gestellt und durch seinen Vorsitzenden Jürgen Egert erklärt: »Ossietzky oder die Geschwister Scholl waren Pazifisten der dreißiger Jahre. Sie waren ein Vorbild für die Pazifisten heute, sie leisteten friedlichen Widerstand, weil sie an eine friedliche Welt glaubten, und sie starben dafür.«[118] Zwiespältig fiel auch das Fazit dieser Kontroverse in der Presse aus. Einerseits wurde Geißlers »Reizwort-Rhetorik« kritisiert. Doch auch die SPD mußte sich Schelte gefallen lassen, weil sie erstmals »die Spaltung dem Erinnern an den Widerstand im Reich Hitlers vorgezogen habe«.[119]

Warum Ulbricht (nicht) neben Stauffenberg gehört

Im Vorfeld der Gedenkfeiern zum 50. Jahrestag kam es erneut zur Auseinandersetzung um die alte Streitfrage, wer zum deutschen Widerstand gegen das Hitler-Regime zählte bzw. wem von den Nachlebenden der Widerstand gehört.[120] Nachdem er zwölf Jahre zuvor Wehner zum Verzicht auf eine Gedenkrede im Hof des Bendlerblocks genötigt hatte, versuchte Franz Ludwig Graf Schenk von Stauffenberg erneut, das öffentliche Widerstandsbild in seinem Sinne zu definieren und gegen die ständige Ausstellung in der Gedenkstätte Deutscher Widerstand zu intervenieren. Ziel seiner Intervention war die Entfernung der Dokumentation des Nationalkomitees Freies Deutschland und des Bundes Deutscher Offiziere, die in sowjetischer Gefangenschaft gegen Hitler-Deutschland gearbeitet hatten – unter Führung deutscher Kommunisten im Moskauer Exil, zu denen auch die späteren DDR-Führer Wilhelm Pieck und Walter Ulbricht gehörten. Auch diesmal schien der Attentäter-Sohn den geschichtspolitischen Streit zu seinen Gunsten entscheiden zu können, die »guten« nichtkommunistischen Gegner von den »bösen« kommunistischen Widersachern Hitlers im öffentlichen Gedenken zu trennen. Immerhin konnte der frühere CSU-Abgeordnete in diesem »geistigen Bürgerkrieg« *(Frankfurter Allgemeine)* eine einflußreiche Streitmacht aufbieten: konservative Historiker, Journalisten und Parteifreunde, die zu einer publizistischen Offensive antraten[121], dazu Wehrmachtsveteranen, Bundeswehroffiziere und nicht zuletzt den Bundesverteidigungsminister und neuen Hausherrn in der Stauffenbergstraße. »Menschen, die ein Unrechtsregime nur durch ein anderes ersetzt haben«, so Volker Rühe, verdienten nicht »an gleicher Stelle und in gleichem Atemzug mit Persönlichkeiten wie Graf von Stauffenberg, Goerdeler und Leuschner geehrt zu werden«.

Aber der politische und publizistische Anschlag auf die Dokumentation des deutschen Widerstands konnte abgewehrt werden. Die Gedenkstätte und ihre integrierte, gesamtdeutsche Würdigung des Widerstands, die längst auch international hohes Ansehen genießt, wurden nachdrücklich in Schutz genommen vor allem durch den (parteilosen) Berliner Kultursenator Ulrich Roloff-Momin, den scheidenden Bundespräsidenten von Weizsäcker und durch Angehörige ermordeter Widerstandskämpfer. Es gäbe, so der Senator, kein »Reinheitszertifikat unvermischten Widerstands«. Die verschiedenen Strömungen, Gruppen und Formen des Kampfes gegen Hitler, ob von links oder rechts, aus christlichem oder sozialistischem Antrieb, im Innern oder aus dem Exil, ließen sich »eben nicht säuberlich in gedenkstättenwürdig und gedenkstättenunwürdig einteilen«.[122] Gegen den Versuch, »das Handeln damals (...) an den Konflikten einer späteren Zeit« zu messen, wandte sich in einem Aufruf auch die Kreisau-Initiative, die 13 Angehörige von Widerstandskämpfern unterzeichnet hatten, aber auch PolitikerInnen unterschiedlicher Parteizugehörigkeit, unter ihnen Hildegard Hamm-Brücher (FDP), Hanna-Renate Laurien (CDU), Markus Meckel (SPD) und Wolfgang Ullmann (Bündnis 90 / Die Grünen).[123] Und Rosemarie Reichwein erklärte in einem Interview: »Es schmerzt mich, und es ist historisch nicht gerechtfertigt, wenn jener Widerstand von konservativen Parteipolitikern vereinnahmt wird. Die Kommunisten haben die größten Opfer gebracht. Sie füllten als erste die Konzentrationslager. Nach den Juden haben sie am meisten gelitten.«[124] Ihr Mann, Adolf Reichwein, Pädagogikprofessor und Reichstagsabgeordneter (SPD) hatte zusammen mit Julius Leber im Auftrag von Stauffenberg für den Kreisauer Kreis Kontakt zu den Kommunisten um den Berliner KPD-Führer Anton Saefkow hergestellt.

Diese »Notkoalition von links bis rechts« (K. H. Janßen) war selbstverständlich nicht ausgeblendet, als der Politologe und Historiker Peter Steinbach vom damaligen Berliner Regierenden Bürgermeister Richard von Weizsäcker den Auftrag erhielt, die schon bestehende Gedenkstätte zu erweitern und schrittweise den gesamten deutschen Widerstand zu dokumentieren: Offiziere und ehemalige Nazis, Konservative und Kommunisten, Sozialdemokraten, Gewerkschafter und Christen, den studentischen und jugendlichen Widerstand, die Weiße Rose und die Edelweißpiraten, den Widerstand innerhalb und außerhalb Deutschlands, in Gefangenschaft und Exil, den jüdischen Widerstand in den Ghettos und den Widerstand der Namenlosen, die Verfolgte versteckten. Weil sie in einem Willen einig waren: Hitler zu beseitigen und die Herrschaft des Unrechtsstaates zu beenden. Darauf kam es in der Stunde der Not zuallererst an, auf das »Wogegen« der Widerstandskämpfer, ihre Regimegegnerschaft. Sie hat die Berliner Gedenkstätte in den achtziger Jahren ins Zentrum ihrer Dokumentation gestellt. Aus gutem Grund. Und in guter Gesellschaft. Schon 1980 empfahl die Konferenz der Kultusminister den Schulen, »auch die Widerstandsbewegung außerhalb Deutschlands und die Aktivität von

Emigranten im Exil« im Unterricht zu thematisieren; niemand dürfe ausgegrenzt werden. Wechselseitige Ausgrenzung und Diffamierung des jeweils anderen Widerstands aber war im geteilten Deutschland die gängige Praxis.

Die jahrzehntelange systempolitische Konfrontation hatte den tatsächlich vielgestaltigen Widerstand auf die für die beiden deutschen Staaten jeweils überragend bedeutsamen Akteure reduziert, zumal in den öffentlichen Würdigungen.[125] Die DDR-Führung, die nicht nur, aber doch zahlreich aus der kommunistischen Arbeiterbewegung kam, den Nationalsozialismus im KZ überlebt und gegen ihn im Untergrund und im Exil gekämpft hatte, machte die sozialistisch-revolutionäre Tradition des antifaschistischen Widerstands zum historischen Bezugspunkt ihres Systems. Anfangs war die Erinnerung an den Widerstand noch gesamtdeutsch geprägt. Eindrucksvoll kam das in der frühen Nachkriegszeit in manchen deutschen Städten auf Kundgebungen zur Ehrung und Erinnerung an die Opfer des Faschismus zum Ausdruck. Aber der demokratisch-antifaschistische Konsens zerbrach bald. Die innerdeutsche Konfrontation politisierte und polarisierte auch das Widerstandsbild. Zunächst wurde das Stauffenberg-Attentat pauschal als »Palastrevolution« diffamiert, die nur das Ziel gehabt habe, »der Nazihydra den Kopf abzuhacken, ohne sie zu töten«.[126] Zur selben Zeit schrieb Albert Norden, das eigentliche Ziel der Beck-Goerdeler-Gruppe sei gewesen: »Einstellung des Widerstandes im Westen und Fortsetzung des Krieges im Osten«.[127]

Aber schon in den fünfziger Jahren war verschiedentlich auch hinsichtlich nichtkommunistischer Widerstandsgruppen von »fortschrittlichen Tendenzen« die Rede. Das galt insbesondere für die Reformpläne des Kreisauer Kreises. Und anläßlich des 20. Jahrestages des Attentates wurde Stauffenberg in einer Festveranstaltung ausdrücklich geehrt – und zugleich der Bundesrepublik vorgehalten, »die Gestalt des Patrioten... zu einem »Leitbild« für die Bundeswehr zu verfälschen«.[128] Maßgeblichen Einfluß auf diesen Sinneswandel und Sichtwechsel hatte der sowjetische Historiker Daniil Melnikow mit seinem Buch *20. Juli 1944 – Legende und Wirklichkeit.*[129]

Nun wurden auch die in der frühen Nachkriegszeit verfemten sozialdemokratischen Widerstandskämpfer für die DDR-Traditionspflege vereinnahmt. Der DDR-Chefpropagandist Karl Eduard von Schnitzler brachte das in eine politisch-geographische Perspektive: Goerdeler gehöre nach Bonn, Brüssel und Washington, Thälmann, Breitscheid und Stauffenberg aber in die Hauptstadt der DDR. Und Ende der siebziger Jahre hieß es gar in einem Dokumentarfilm *(Aussagen über ein Attentat – Der Prozeß gegen die Verschwörer)*: »Das politische Vermächtnis Stauffenbergs und seiner engsten Freunde, das patriotische Bündnis aller antifaschistisch-demokratischen Kräfte des deutschen Volkes ist verwirklicht und bewahrt in Geschichte und Gegenwart der Deutschen Demokratischen Republik.«[130] Eine spürbare Erweiterung, Entkrampfung und Differenzierung im Blick auf den Widerstand wurde aber doch erst im Zusammenhang des 40. Jahrestages erreicht. Sei es, weil die DDR in der Zeit der Hochrüstung mit dem Westen Deutschlands eine »Koalition der Vernunft« (Honecker) anstrebte. Sei es, daß sich die DDR nun stärker um ein Geschichtsbild für die gesamte Bevölkerung bemühte. [131]

Aber auch die Bundesrepublik konnte – wie zuvor gezeigt – auf einen unhistorischen, teils idealisierenden, teils verunglimpfenden Umgang mit dem Widerstand nicht verzichten. So wichtig für die DDR der antifaschistische Gründungsmythos wurde, so unentbehrlich war für die Gründungsidee der Bundesrepublik die Nobilitierung der Männer des 20. Juli zum »Aufstand des Gewissens«. Die idealisierende Erinnerung an das Stauffenberg-Attentat war im Land der Mittäter und Mitläufer zunächst allerdings unpopulär. Sie konnte ihre Wirkung erst entfalten, nachdem jene integriert und amnestiert waren. Auch beim Aufbau der Bundeswehr war das Leitbild des Widerstands nützlich, aber eben durchaus nicht unumstritten.

Bereitwillig ausgeblendet wurde dabei, daß der nationalkonservative Widerstand zwar schließlich den Sturz des Hitler-Regimes wollte und vorbereitete, aber doch auch zuvor maßgeblich an dessen Errichtung beteiligt war. Für ihn war der Unrechtscharakter des Dritten Reiches keineswegs von Anfang an gegeben, und in der Sorge um »volkstumspolitische« Gefahren bestand durchaus eine gewisse Nähe zum Regime. Deshalb sprach man auch hier von einer »Judenfrage«, deren Lösung als rechtsstaatlich angesehen wurde, solange sich die Ausgrenzung der Juden in einem bürokratisch-formalrechtlichen Verfahren vollzog.[132]

Im geteilten Deutschland gab es also zweierlei Widerstand, genauer: zweierlei Sichtweisen und Bewertungen. Die ständige Ausstellung in der Berliner Gedenkstätte bemüht sich seit Jahren, diese geteilte und verzerrte Sicht auf den deutschen Widerstand gegen Hitler zu überwinden, nicht nur anläßlich der jährlichen Gedenkfeiern. Sie hat damit einer öffentlichen Aufgabe vorgearbeitet, die seit November 1989 – unversehens – ganz obenan auf der politischen Tagesordnung steht. Im vereinten Deutschland soll nun endlich auch im politischen Geschichtsbewußtsein zusammenwachsen, was zusammengehört, die Vorgeschichte der beiden Nachfolgestaaten des Großdeutschen Reiches. Würde die Widerstandsgeschichte in ihrer öffentlichen Darstellung und dokumentarischen Vermittlung abermals in eine böse totalitäre und in eine gute antitotalitäre auseinanderdividiert und der kommunistische Widerstand ausgegrenzt, die neue Bundesrepublik wiederholte nur mit umgekehrtem politischem Vorzeichen, was das verachtete Ulbricht-Regime jahrzehntelang betrieb, die Männer des 20. Juli zu »reaktionären Putschisten« zu machen, die zur Rettung des »deutschen Imperialismus« eine Militärdiktatur errichten und nach einem Sonderfrieden mit den Westmächten zusammen mit diesen den Sieg über die Sowjetunion erringen wollten. Ob also Kommunisten oder Konservative den ihnen jeweils unbequem oder mißliebig erscheinenden Teil des deutschen Widerstands ausgrenzen oder diffamieren, ist unerheblich, weil gleichermaßen fragwürdig. Wer historische Ereignisse bewußt ignoriert oder einseitig instrumentalisiert, denkt und handelt »unhistorisch und reaktionär«.[133]

Der 9. November: Eine verpaßte Chance

Schon vor der Maueröffnung war der 9. November ein historisches Datum, dem bis dahin immerhin bereits drei bedeutsame Ereignisse ihren Stempel aufgedrückt hatten: die Novemberrevolution von 1918, der gescheiterte Hitlerputsch von 1923 und die Pogromnacht von 1938.[134] So vielfältig und widersprüchlich seine historischen Bezüge auch sind, zu einem nationalen Gedenktag ist der 9. November auch nach der deutschen Vereinigung nicht geworden. Vielleicht deshalb. In der frühen Nachkriegszeit mochte sich kaum jemand mit diesem Datum befassen.

Zehn Jahre später, im November 1958, fanden vereinzelt kleinere Gedenkfeiern statt. In West-Berlin rief der Regierende Bürgermeister Willy Brandt die Deutschen auf, nicht zu vergessen. In einer Feierstunde auf dem jüdischen Friedhof in Bielefeld erklärten Vertreter der Evangelischen und Katholischen Kirche, der 9. November 1938 bleibe »eine Last, ein Kreuz und eine Schuld für das deutsche Volk«. In den ehemaligen Konzentrationslagern Dachau und Flossenbürg veranstaltete die Gewerkschaftsjugend Feierstunden. Für die 1400 Mitglieder zählende Jüdische Gemeinde in Hamburg, deren acht Synagogen und vier Bethäuser 1938 zerstört worden waren, wurde aus Anlaß dieses Jahrestages der Grundstein für eine neue Synagoge gelegt, mit der sich, so Bürgermeister Brauer in seiner Ansprache, die schmerzlichste aller Wunden unter den Gotteshäusern in Hamburg zu schließen beginne. Und in einem Schreiben an den Zentralrat der Juden in Deutschland erklärte Bundespräsident Heuss:

»Die Erinnerung an den 9. November weckt das Erschrecken, das wir alle empfinden mußten, als Roheit, Lüge und Ehrfurchtslosigkeit sich in einer zerstörerischen Wut gegen jüdische Gotteshäuser manifestierten. Dieses Tages zu gedenken ist sonderliche Pflicht in einem Zeitpunkt, da die Zahl derer wächst, die sich in die Annehmlichkeit des Vergessenwollens flüchten möchten oder bereits geflohen sind. Die Infamie hat sich selber damals ein loderndes Denkmal gesetzt. Die Flammen mögen längst in sich zusammengesunken sein, aber ihre düstere Glut wirkt über die Jahrzehnte hinweg als brennende Scham.«[135]

Mehrere große Zeitungen erinnerten zugleich an den 40. Jahrestag des Revolutionsbeginns bzw. der Kaiserabdankung[136] und an den 20. Jahrestag der »Kristallnacht«.[137] Und ein Kommentator nahm die »erinnerungsschweren Daten« des »traurigen November« gar zum Anlaß, bis ins Jahr 1848 zurückzugehen, und beklagte die Unfähigkeit seiner Landsleute, die Konflikte und Niederlagen »als Erfahrungsbesitz in die Geschichte der Nation einzubringen«, statt vor ihnen zu fliehen oder sie auf Sündenböcke abzuwälzen.[138]

Und zehn Jahre später hatte sich der Akzent aus aktuellem Anlaß wiederum verschoben – die Studentenrevolte war in vollem Gange. »Fünfzig Jahre Konterrevolution«, schrieb *Die Zeit* – »unter diesem Motto wollten symbolsüchtige Mitglieder der Berliner APO des Tages gedenken, an dem in Deutschland der Kaiser vom Thron gestürzt wurde (...) Die Nachfahren der Rosa Luxemburg im Jahre 1968 sind vom gleichen idealistischen Feuer ergriffen.« In einer mehrteiligen historischen Reportage würdigte die Hamburger Wochenzeitung die »Revolution, die keine war«.[139] Zwar beanspruchte in diesem Jahr die Beschäftigung mit dem November 1918 die größte Aufmerksamkeit, aber auch an den 9. November 1938 wurde erinnert. So in mehreren Zeitungskommentaren, offiziellen Erklärungen und Gedenkveranstaltungen in verschiedenen Städten.[140] Das Münchener Stadtmuseum zeigte eine erste Ausstellung zum Thema, zu der ein Student ein Jahr zuvor den Anstoß gegeben hatte. Das Tagesgespräch war allerdings die Ohrfeige für Bundeskanzler Kiesinger auf dem CDU-Parteitag in Berlin, mit der die Studentin Beate Klarsfeld – wie sie erklärte – »die deutsche Jugend auf die Nazi-Vergangenheit Kiesingers« aufmerksam machen wollte.[141]

In den späten siebziger Jahren, verstärkt seit der Ausstrahlung des amerikanischen TV-Melodrams *Holocaust*, rückte der Novemberpogrom mehr und mehr ins öffentliche Bewußtsein. Begünstigt wurde die Aufmerksamkeit auch durch die abermals aktuelle Streitfrage der Verjährungsfrist für die NS-Gewaltverbrechen.[142] Mehrere Zeitungen würdigten den 40. Jahrestag in Leitartikeln, Dokumentationen und umfangreichen Darstellungen.[143] Im ZDF diskutierte die Bonner Runde mit Bundeskanzler Helmut Schmidt, Historikern und Journalisten über die »Reichskristallnacht«.[144] Die Synode der EKD gedachte in Bethel in einem Bußgottesdienst des Judenpogroms. In einem seelsorgerischen Wort des Rates der EKD an die Gemeinden hieß es u. a.: »Unser ganzes Volk hat dieses Verbrechen weltgeschichtlichen Ausmaßes nicht oder zu spät erkannt. Nur in wenigen Fällen kam es zu offenem Widerspruch, auch heimliche Hilfe blieb die Ausnahme. Die meisten sahen tatenlos zu, teils in bedrücktem Schweigen, teils in erschreckender Gleichgültigkeit, mitunter sogar in offener Billigung. Auch die evangelische Kirche blieb weitgehend stumm.«[145] Und mit der Feier in der Kölner Synagoge 1978 im Beisein von Bundespräsident Scheel und Bundeskanzler Schmidt begann das, was der kanadische Soziologe Y. Michal Bodemann später die »Verstaatlichung dieses Gedenkens« genannt hat.[146]

Auch in der DDR fanden verschiedene staatliche und kirchliche Gedenkveranstaltungen statt. Auf der zentralen Gedenkveranstaltung des Verbandes der jüdischen Gemeinden in der DDR in Dresden erklärte der stellvertretende Staatsratsvorsitzende und Vorsitzende der Ost-CDU, Götting, Rassismus und Antisemitismus seien in der DDR für alle Zeiten überwunden, und »ihre im Imperialismus und Faschismus liegenden gesellschaftlichen Wurzeln ein für allemal beseitigt«. Der Vertreter der jüdischen Gemeinden bedankte sich bei der DDR-Führung für die »große Fürsorge«, ohne auf die für das DDR-Judentum bedenklichen Tendenzen im eigenen Land einzugehen, die propalästinensche und antiisraelische Außenpolitik oder die Diffamierung der Bundesrepublik. In Ost-Berlin waren andere Töne zu hören und Zeichen zu sehen. Dem überfüllten Gedenkgottesdienst in der evangelischen Sophienkirche durch Bischof Schönherr schloß sich ein »Weg des schweigenden Gedenkens« zur Ruine der Synagoge in der Oranienburger Straße und zum Gedenkstein am Ort des früheren jüdischen Altersheims in der Großen Hamburger Straße an, einer von mehreren Sammelstellen für die Deportationszüge. Dort wurden Kränze niedergelegt und Kerzen entzündet.[147]

Bemerkenswert unangepaßt und ohne rhetorische Routine war das, was der Literaturwissenschaftler Hans Mayer an diesem Gedenktag zu bedenken gab. Zwar müsse man die »Kristallnacht« den Gedenktagen des »geschichtlichen Unglücks« der Deutschen zurechnen. Aber zugleich müsse man erkennen, daß es ein »nicht untypisches Phänomen der heutigen Zivilisationsentwicklung« sei, ein Beispiel für den rationalen Einsatz von Mitteln der Gegenaufklärung.[148]

»Denounced for the truth«: Die Jenninger-Rede

An ihrem 50. Jahrestag wurde aus der Reichspogromnacht ein deutscher Gedenktag, gerade wegen aller Streitigkeiten, die ihm vorausgingen und folgten. Erstmals fand eine Gedenkfeier im Deutschen Bundestag statt. Sie endete mit einem Eklat und führte zum Rücktritt von Bundestagspräsident Philipp Jenninger, der die Rede gehalten hatte. Wieder einmal war die Bundesrepublik und die jüngste deutsche Geschichte wochenlang kontroverser Gesprächsstoff der nationalen und internationalen Medien – aus Anlaß der Wiederkehr eines historischen Datums. Schwierigkeiten gab es schon bei den Vorbereitungen der Gedenkfeier. Sie war von Heinz Galinski angeregt worden, dem damaligen Vorsitzenden des Zentralrates der Juden in Deutschland. Dieser wollte wohl auch die Rede halten vor den im Parlament versammelten Repräsentanten der Republik. Die Unionsfraktionen zeigten ein nur geringes Interesse an einer solchen Veranstaltung, was Jenninger offenbar bewog, selbst zu sprechen. Er fand darin auch bei seinem Stellvertreter, Heinz Westphal (SPD) Unterstützung. Der Bundestag, so hieß es, müsse selber vor der Öffentlichkeit erklären, wie er zur deutschen Geschichte stehe und was dieser Tag für die deutsche Gegenwart bedeute. Die Grünen hielten vergeblich an Galinski als Redner fest. Sie mochten nicht einsehen, warum im Bundestag unmöglich sein sollte, was zur entsprechenden Veranstaltung in der Ost-Berliner Volkskammer vorgesehen war: daß nämlich auch ein Sprecher der Juden an diesem Tag das Wort ergreift. Abgelehnt wurde auch ihr Vorschlag, über die Rede und die Feier im Parlament zu debattieren. Nach langem Hin und Her einigte sich der Ältestenrat dann auf folgenden Ablauf der Feierstunde: Zuerst sollte der Bonner Bachchor singen, zusammen mit dem Kantor der Synagogengemeinde dann das berühmte Krakauer Ghetto-Lied von Mordechai Gebirtig »'s brennt Brüder, es brennt«. Danach würde Ida Ehre das nicht minder berühmte Gedicht von Paul Celan *Todesfuge* lesen und anschließend der Bundestagspräsident seine Rede halten. Zum Abschluß sollte wiederum jiddische Musik erklingen.[149]

Schon nach wenigen Sätzen wurde Jenninger von Zurufen unterbrochen. Er bat die Anwesenden, »diese würdige Stunde in der vorgesehenen Form ablaufen« zu lassen. Weitere Zwischenrufe wurden laut. Schließlich verließen Abgeordnete der Grünen, der SPD und auch einige Liberale den Plenarsaal. Jenninger trug seine Rede – mit Mühe – bis zum Ende vor.[150] Auch die Parteifreunde des CDU-Bundestagspräsidenten zeigten sich am Ende »entsetzt« und »betroffen«. Eine CSU-Abgeordnete berichtet, ihre Fraktionskollegen seien »aus Scham immer kleiner und kleiner geworden«. Die Liberalen waren sich (fast) einig: »Eine katastrophale Rede«, befand der Abgeordnete Lüder. Sein Kollege Uwe Ronneburger traf – unbeabsichtigt – womöglich den eigentlichen Kern des Anstoßes, als er gestand, viele »Passagen der Rede« Jenningers hätten auf ihn gewirkt »wie der Versuch einer Erklärung von etwas Unerklärbarem«. Hildegard Hamm-Brücher fand die Rede »hilfreicher« als Weizsäckers Rede vom 8. Mai 1985. Auch SPD-Linke wie Peter Conradi und Norbert Gansel mochten den Text nicht in Bausch und Bogen verdammen und hatten wohl manches Richtige herausgehört. Aber letzte Auffangversuche blieben erfolglos. Das politische Schicksal des Bundestagspräsidenten war schnell besiegelt. Der weitaus größte Teil der Abgeordneten aller Fraktionen stand nicht mehr hinter ihm, sondern gegen ihren Präsidenten. Wenige Stunden nach seiner Rede trat Jenninger von seinem Amt zurück. Vor der CDU / CSU-Fraktion gab er eine Erklärung ab, in der es u. a. heißt: »Meine Rede ist von vielen nicht so verstanden worden, wie ich sie gemeint hatte. Ich bedaure das zutiefst, und es tut mir sehr leid, wenn ich andere in ihren Gefühlen verletzt habe.«[151]

Was war geschehen, was hatte Jenninger gesagt, vielleicht auch unterlassen zu sagen oder mißverständlich vorgetragen? Warum war die ablehnende Reaktion der Abgeordneten so heftig und so einmütig, von links bis rechts – und in ihrem Gefolge auch die der Presse? »Skandalös« sei die Rede gewesen, so *die tageszeitung*, »eine seltsame Mischung aus oberflächlicher Geschichtsnacherzählung, Rechtfertigungsversuchen und Faszination für die NS-Politik«[152]; einfach »taktlos«, meinte – ausgerechnet – die *Bild*zeitung, die *Süddeutsche* nannte Rede und Verlesung »beschränkt«, und die *Frankfurter Rundschau* sprach von einer für »konservative Kreise« symptomatischen »Entgleisung«. Diese Entgleisung wurde vor allem darin gesehen, daß Jenninger »mehr erklärt und entschuldigt als verurteilt« habe. Die *Frankfurter Allgemeine* blieb zurückhaltender und differenzierter, fand den Text immerhin »diskutabel«, die Form des Vortrags dagegen nicht und hielt Jenninger vor, daß er die »ureigenste Aufgabe des Geschichtsforschers« übernommen habe, was nicht seines Amtes gewesen sei. Nur wenige Kommentatoren hielten sich – angesichts der öffentlichen Aufregung ungewöhnlich genug – mit persönlichen Bewertungen (fast ganz) zurück und zogen es vor, den Fall Jenninger zu referieren und zu rekonstruieren, also vor allem Urteil erst einmal Distanz zu gewinnen.[153]

Nur wenige Zeitungen hielten jedoch dezidiert dagegen, ließen sich nicht mitreißen von dem lauten Strom der Vorurteile und Verurteilungen, wollten sich aber auch nicht heraushalten aus diesem Konflikt. Herausragend war der Kommentar der *Stuttgarter Zeitung* (11. November 88), er sei deshalb etwas ausführlicher zitiert: »Mag der Redner auch ungeschickt vorgetragen haben«, man komme nicht umhin, der

Rede »zu bescheinigen, daß sie fundiert und nachdenklich ausgefallen ist. Es ist eine gute Rede, die, anders als vorausgegangene, in die Geschichte zurückgreift und so verständlich zu machen sucht, wie es zu der Vernichtung der Juden hat kommen können.« Es hätte deshalb trotz gewisser formaler Mängel überhaupt kein Anlaß bestanden, »empört das Parlament zu verlassen, wie Abgeordnete der SPD, FDP und Grünen dies getan haben. (...) Und noch weniger Anlaß besteht, nun den Rücktritt des Bundestagspräsidenten zu fordern. Er hat nichts gesagt, dessen er sich schämen müßte. Im Gegenteil.« Unterstützung und Zustimmung kam auch aus dem Ausland. Die in Tel Aviv erscheinende *Jediot Acharonot* schrieb (am 13. November 88): »Die Wahrheit ist..., daß Jenninger die Wahrheit gesagt hat (...), er stellte den Deutschen einen Spiegel vors Gesicht, in dem sie sich aber nicht wiedererkennen wollten. Deswegen ist er gefallen (...)«. Treffend, sachverständig, präzise in der Analyse, wohltuend in der Diktion: der Kommentator der Londoner *Times*, vielleicht das Beste, was in den ersten Tagen nach dem Sturz Jenningers überhaupt geschrieben worden ist: »I write today in praise of a honest German, Philipp Jenninger (...)«, schrieb er, »He was forced to resign because he had made a truthful statement to Parliament on the occasion of the commemoration of the 50th anniversary of the *Kristallnacht* pogroms of November 9–10, 1938.« Falsch sei nicht gewesen, was er über die NS-Zeit gesagt hätte, irrig war allein seine Annahme über das Motiv und den Zweck der Zusammenkunft, daß »wir Deutsche uns klarwerden wollen über das Verständnis unserer Geschichte«. Eben das wollten viele offenbar nicht. Hier hatten die ersten Parlamentarier den Saal verlassen. »It was Jenninger's fate«, so der englische Kommentator weiter, »to demonstrate experimentally that he had been wrong in that ... remark. Germans, at present, very much don't want to be completely clear about the understanding of their history.«[154] Nicht ganz so deutlich, aber besonnen und mit dem Blick fürs Ganze, die *Neue Zürcher Zeitung* (12. November 88). Sie bescheinigte allerdings allen, dem Redner, den empörten Abgeordneten und den hitzigen Kommentatoren, »Teil eines deutschen Trauerspiels« zu sein, »das rational kaum mehr erfaßbar erscheint (...)«, die »komplexe Unfähigkeit im Nachkriegsdeutschland zum angemessenen Umgang mit der schrecklichen Vergangenheit und zu gelassener Pietät gegenüber den Schattenseiten der Historie«.

An Gelassenheit und Augenmaß fehlte es offenbar auch den wortgewaltigen Intellektuellen und einflußreichen Meinungsführern der Nation. Robert Leicht *(Die Zeit)* hätte diese Rede keinem historischen Seminar vorlegen mögen. Gräfin Dönhoff sprach von einem »verfehlten Kolleg« und konnte es gar nicht »fassen, wie ein Politiker so total danebengreifen kann. Es ist, (...) als würde in einem Haus, in dem um ermordete Familienmitglieder getrauert wird, ein Exkurs über den geschichtlichen Prozeß gehalten, anstatt Verzweiflung und Trauer der Anwesenden zu teilen.«[155] Klaus Hartung sah in der Rede die »Methode eines verstockten Kindes« am Werk, das ein Versagen weitschweifig mit der Erklärung der Umstände rechtfertigt.«[156] Erich Kuby klassifizierte Jenninger als »Typ des guten, des demokratischen, des blinden Deutschen«.[157] Rolf Hochhuth mochte es noch gröber und stufte Jenninger gar als einen »geistig wie seelisch minderbemittelten« Präsidenten ein. Wolfgang Menge sprach von »Dickfelligkeit und Dämlichkeit« und fühlte sich an Kohl in Bitburg erinnert. Nur wenige versagten sich alle Häme und Herablassung und distanzierten sich von der landesweiten Hetzjagd. »Ich bin bestürzt über die ungeheure Schärfe der Reaktion«, erklärte Dorothee Sölle: »Das war eine besonnene, nachdenkliche, informierte Rede, die irreführend formuliert und miserabel vorgetragen war«. Die Frage aber, »wie es im deutschen Volk zu diesem Verbrechen kommen konnte«, habe Jenninger »ehrlicher beantwortet als viele andere mit ihrem Diktaturgeschwätz«.[158]

So sahen das zumeist nur Außenstehende wie Michael May vom Londoner Institut für jüdische Angelegenheiten oder Robert Kempner, der einstige Chefankläger beim Nürnberger Internationalen Militärtribunal, oder Simon Wiesenthal vom Jüdischen Dokumentationszentrum in Wien. Sie sprachen von einer »sehr guten« oder »außergewöhnlich aufrichtigen« Rede und nannten den Rücktritt »falsch« oder eine »Tragödie«. Wiesenthal betonte, Jenninger sei »ein Freund der Juden und ein Freund Israels«. Moralische Einwände hatten sie nicht, nur gegen diejenigen, die Jenningers Rücktritt erzwungen hätten. Ähnlich befand auch Michael Fürst, stellvertretender Vorsitzender vom Zentralrat der Juden in Deutschland. Ausdrücklich anerkannte er, daß Jenninger mutig genug war, darzulegen, »daß alles, was Hitler gemacht hat, eindeutig von der Masse der ganzen Deutschen getragen wurde«. Das war dem Vorsitzenden Heinz Galinski zu viel. Er zeigte sich entrüstet über die »deplazierten Äußerungen« seines Stellvertreters, was ausreichte, daß dieser sein Mandat zur Verfügung stellen mußte. Der zweite Rücktritt im Fall Jenninger.[159]

Ungehalten war nicht zuletzt auch einer der wortgewandtesten unter Deutschlands Moralisten und selbst ein vielgefragter und gerühmter Redner bei Gedenk- und Feiertagen – Walter Jens, ehemaliger Rhetorikprofessor und Altphilologe, Schriftsteller und Kritiker, von vielen verehrt, von anderen gefürchtet, für ebenso urteilssicher wie unbestechlich gehalten – eine öffentliche Instanz wie man so sagt. Auch eine solche kann sich verirren. Jens mochte sich die Gelegenheit wohl nicht entgehen lassen, den gerade Gedemütigten und – wie sich an den Reaktionen schnell ablesen ließ – zu Unrecht mit Schmach und

Schande aus dem Amt Gedrängten noch einmal öffentlich vorzuführen, in einem fiktiven Dialog zwischen Präsident und Referent:[160] »Ich stelle mir vor«, begann Jens seine Lehrstunde, »Philipp Jenninger hätte einen verläßlichen, klugen, moralisch integren und geschichtskundigen Freund (...)« als Redenschreiber zur Seite gehabt. Das Ergebnis wäre gewesen, entweder »eine dem Naturell des Redners angemessene, etwas verworrene und wenig originelle Rede«, Jenninger hätte zumindest »unanstößig ein Pflichtsoll erfüllt«, oder eine, die in die Schulbücher gekommen wäre, neben die 8. Mai-Rede Richard von Weizsäckers. Beanstandungen und Ergänzungen verdienen wegen ihrer anderen und ja durchaus fragwürdigen Sicht der Geschichte nähere Betrachtung.

Streichen sollen hätte Jenninger Jens' Empfehlungen zufolge den Absatz über das Faszinosum, die Erfolge und Triumphe Hitlers, weil sie mit dem Leid seiner Opfer erkauft wurden, der verfolgten Juden, Christen, Sozialisten. Von einem »fesselnden Lebensphänomen« hatte der ganz unverdächtige Emigrant Thomas Mann bereits vor Jahrzehnten gesprochen, Fest und Haffner sowieso. Streichen sollen hätte Jenninger auch, worauf die Antisemiten Weimars ihre Haß- und Hetzkampagnen gegen die »Judenrepublik« und die »Verjudung« der deutschen Kultur stützten, den außerordentlichen Aufstieg der assimilierten deutschen Juden. Jene Leistungen in Kultur, Wirtschaft und Politik, die Arnold Zweig in seiner ebenso schönen wie scharfsinnigen *Bilanz der deutschen Judenheit* gewürdigt hat, ein schmerzliches Buch, gleichermaßen als Erklärung des modernen Antisemitismus zu lesen und als Ausdruck des Scheiterns aller Assimilationshoffnungen. Jens dürfte das Buch gekannt haben. Und statt von den Tätern und Mitläufern hätte Jenninger – so Jens weiter – von den Opfern sprechen sollen. Wenn er aber doch von den Tätern und Mitläufern sprechen mußte, dann hätte er nicht von den Eichmanns, Globocniks und Himmlers reden sollen, sondern vom Scheitern der Entnazifizierung und der hohen Elitenkontinuität 1945. Übersah Jens, daß Jenninger als Repräsentant derer sprach, die in der Nachfolge der NS-Täter stehen und deshalb zuallererst fragen mußten, warum und wie der Holocaust geschehen konnte, zumal bei der ersten parlamentarischen Gedenkveranstaltung zur Reichspogromnacht überhaupt? Und übersah er vielleicht auch, daß Jenninger sich nicht über den Abgrund hinwegmogelte, der die Nachkommen der Täter von den Überlebenden und ihren Nachkommen trennt – »die Opfer – die Juden überall auf der Welt – wissen nur zu genau, was der November 1938 für ihren künftigen Leidensweg zu bedeuten hatte. – Wissen auch wir es?« fragte er zu Beginn. Übersah Jens also, daß Betroffenheitsgesten billig, aber doch nicht unbedenklich sind? Denn Deutschland hat ja die Geschichte »seiner« Juden, die seine eben nie wirklich waren, von der eigenen blutig abgetrennt. Und hatte er zudem übersehen, daß gewichtige jüdische Stimmen Jenningers Rede Respekt und ausdrückliche Anerkennung bekundet hatten?

Erst mit einem gewissen Abstand kehrte Besonnenheit zurück, wurden die Kommentare nachdenklicher und differenzierter, die spontanen Verurteilungen teilweise revidiert. Wenn auch eher indirekt denn als Eingeständnis eines publizistischen Fehlverhaltens.[161] Sie nahmen allerdings – wie das allgemeine Interesse an diesem Fall – auch schnell ab. Als Monate, teilweise auch erst einige Jahre später die ersten eingehenderen Dokumentationen zum Fall Jenninger erschienen, war das politische Interesse daran jedenfalls längst erloschen. Nun stand das Thema der deutsch- deutschen Vereinigung obenan auf der politischen Tagesordnung.[162] Es ist im übrigen nicht bekannt geworden, daß die vielen Publizisten und Parlamentarier später, als sich die öffentliche Aufgeregtheit beruhigt und die internationale Debatte für Klärung gesorgt hatte, ihre Äußerungen bedauert und korrigiert, den erzwungen Rücktritt Jenningers womöglich als Fehler bezeichnet und die Debatte über dessen Rede im Parlament nachgeholt hätten.

Es gab dazu – nicht nur aus der Sicht ausländischer Beobachter – genug Veranlassung, zumal sich im Zusammenhang der unversehns ermöglichten deutschen Einheit die Frage nach dem Verhältnis der Deutschen zur NS-Vergangenheit erneut stellte und stellt.[163] Die Erinnerung an den 9. November 1938 ist in der Vergangenheit nicht nur zwischen den beiden deutschen Staaten kontrovers gewesen, sondern auch innerhalb der alten Bundesrepublik, je nachdem welche Position man gegenüber Tätern und jüdischen Opfern einnahm und je nachdem, was man zum Holocaust sagte und was nicht, und wie man das tat. Die beiden Hauptvorwürfe an Jenninger waren ja, abgesehen von formalen Mängeln, daß er nicht über die Opfer, sondern über die Täter gesprochen, und daß er ein Gedenkzeremoniell mit einem historischen Kolleg verwechselt habe.

Tatsächlich bestehen längst unterschiedliche NS-Diskurse nebeneinander, mit unterschiedlichen thematischen Akzenten, unterschiedlichen Terminologien, unterschiedlicher Emotionalität und auch von unterschiedlichen politischen und moralischen Prämissen her. Man könnte daraus schlußfolgern, so Elisabeth Domansky, daß Westdeutschland insofern seine NS-Vergangenheit besser »bewältigt« habe als in den Jahrzehnten zuvor, jedenfalls einer pluralistischen Gesellschaft gemäß, und auch besser als Teile seiner politischen Führung. So gesehen stürzte Jenninger, weil eine öffentliche Kontroverse diesen vorgeblichen Fortschritt im Umgang mit der NS-Vergangenheit allemal besser beweist als eine perfekt abgelaufene Feier zu einer angeblich unpassenden Rede an jenem 50. Jahrestag. Unangemessen jedenfalls aus der Sicht derer, die unter Protest den Plenarsaal verließen, die Grünen, SPD-Abgeordnete und einige Liberale. Bei ihnen und in ihrem Selbst- bzw. NS-Bild lag denn auch der zweite Grund für den Rücktritt Jenningers.

Indem er nicht die Perspektive der Nazi-Opfer wählte, sondern die der »Volksgemeinschaft«, mit ihren Tätern und Mitläufern, machte er es Teilen des Parlaments und der Öffentlichkeit leicht, in die Rolle des Anti-Nazi zu schlüpfen. Und als solche verstehen sich ja nicht wenige hierzulande, zumal unter den Linken. Danach hat sich in der 68er Bewegung jener antiautoritäre Protest und Widerstand formiert, den die Eltern der rebellischen Studentengeneration, Hitlers faszinierte Gefolgschaft, versäumten. Mehr noch. Die Linke reklamiert für sich die demokratische, antinazistische Traditionslinie, die sie nachträglich idealisiert, und belastet allein die Rechte mit den undemokratischen Traditionen und der nazistischen Erblast, während die Rechte ihrerseits das historische Erbe akzeptiert, indem sie die Vergangenheit nachträglich normalisiert, die NS-Verbrechen relativiert oder ganz abtrennt. Links wie rechts wird dadurch die NS-Geschichte nur selektiv, also verzerrt wahrgenommen und die Erinnerung an die ganze Geschichte unterdrückt. Insbesondere die Erinnerung an die wirklich beunruhigenden Zusammenhänge und an den kränkenden Kern, daß nämlich Deutsche nicht nur massenhaft an der Diskriminierung der Juden beteiligt waren, sondern auch an ihrer physischen Vernichtung, und daß der Holocaust zwar das dunkelste Kapitel in der deutschen Geschichte ist, aber kein schwarzes, unerklärbares Loch. Der bundesdeutsche Konsens bei der Vergegenwärtigung der NS-Vergangenheit beruht seit Jahrzehnten darauf, so die Quintessenz der Analyse von Elisabeth Domansky, den Holocaust für einzigartig und letztlich auch für nicht erklärbar auszugeben.

Deshalb akzeptiert und genießt man ihn als Gegenstand der Literatur, der fiktionalen Sprache, zumal in Ida Ehres anrührender Rezitation der *Todesfuge* von Paul Celan. Der Holocaust und seine Vorgeschichte als Gegenstand eines kühlen, distanzierten analytischen Diskurses wird hingegen schnell abgewehrt. Diesen ansatzweise versucht zu haben, war Jenningers politisches Verhängnis, zumal er einen Tag dafür wählte, an dem die meisten nicht auf nüchterne Rationalität eingestellt waren, sondern musikalisch, literarisch und emotional unterhalten werden wollten. Dabei lieferte Jenninger keine eigentliche Erklärung des Genozids – so, wie sie inzwischen in mehreren bedeutenden Büchern vorliegt, von der *Dialektik der Aufklärung* bis zur *Dialektik der Ordnung*, in der *Banalität des Bösen* ebenso wie im *Milgram-Experiment* und in *Verbrechen unter totalitärer Herrschaft* – und Jenninger wollte dies nicht tun, »but he claimed at least that the Holocaust needs explanation and can perhaps be explained after all«.¹⁶⁴ Aber schon das war zuviel. Denn wieviel schärfer stellt sich die Schuld- und Verantwortungsfrage, wieviel schwieriger, wenn nicht unmöglich, wird der Glaube an eine humane Welt, wenn man begreifen muß, daß die Endlösung kein bloßer Rückfall in die Barbarei war, sondern ein Produkt der modernen Zivilisation, unter Verhältnissen und Bedingungen, wie sie vor allem in Deutschland bestanden.

So erwies sich der Fall Jenninger als ein besonderer Fall deutscher Gedenkfeierlichkeiten. Nicht als eine jener vielen trostlosen oder peinlichen, über die Eva Demski gespottet hatte, sie seien »fast immer eine feierliche Erinnerung an eine Panne, eine bramarbasierend zugedröhnte und zugelogene Erinnerung an etwas, das danebengegangen ist«.¹⁶⁵ Diesmal ging die Gedenkfeier daneben, weil einer redete, der nicht log oder heuchelte und in seiner Aufrichtigkeit auch noch ungeschickt war, nur mit Mühe seine Rede zu Ende brachte, während Abgeordnete unter Protest den Saal verließen. Niemand hat das Fazit dieses Streitfalls aber wohl prägnanter auf den Begriff gebracht als Christoph Bertram, denn er formulierte zugleich die Alternative jeder an die NS-Vergangenheit erinnernden Gedenkfeier: »Der Dorn im Fleisch der Deutschen, die mit ihrer Geschichte leben müssen, wurde nicht herausgezogen«, sondern tiefer hineingetrieben. Wie denn kann der Vergangenheit besser gedacht werden: mit Buchsbäumen, Bachchor und Betroffenheit – oder mit Aufwühlen, Aufregung und ungelenker Ehrlichkeit?«¹⁶⁶

Ein »deutsches Schicksalsdatum«, kein nationaler Gedenk- und Feiertag?

Schon ein Jahr später gab es neue Aufregung, und wieder am 9. November. Aber nicht wegen der Reichspogromnacht. Die Mauer wurde geöffnet, die innerdeutsche Grenze fiel, die DDR beschloß alsbald, sich der BRD anzuschließen, und schon wenig später konnten die Deutschen ihre Vereinigung feiern. Aber nicht das ist hier von Interesse. Der 9. November bekam ein neues Bedeutungselement, das sich gleichsam über die anderen historischen Bedeutungsschichten dieses Tages gelegt hat und diese, wenn nicht verdrängt, so doch verdeckt. Wer sprach im November 1989 noch vom Rücktritt Jenningers, wer dachte an die Reichspogromnacht, gar an den gescheiterten Hitlerputsch oder die Kaiserabdankung und die Ausrufung der ersten deutschen Republik?

Allerdings sollte die Öffentlichkeit dazu alsbald Gelegenheit bekommen. Denn mit der deutschen Vereinigung kam die Frage nach einem gesamtdeutschen Feiertag auf die Tagesordnung. Die Diskussion darüber begann schon vor der Vereinigung. Bereits im November 1989 regte der damalige Bundesinnenminister, Wolfgang Schäuble, an, daß die Bundesrepublik und die DDR den 9. November als Tag der Maueröffnung zukünftig gemeinsam feiern sollten, Ersatz für den 17. Juni. Der Vorschlag löste umgehend eine Kontroverse in der Koalition aus. Otto Graf Lambsdorff widersprach heftig. Dem FDP-Vorsitzenden gefiel die »Gesamtkombination« nicht: Maueröffnung, »Reichspogromnacht«, Hitler-Putsch und Kapitulation Deutschlands 1918. Beim SPD-Vorsitzenden Hans-Jochen Vogel und manch anderen führenden SPD-Politikern fand er hingegen Zustimmung.

An der Debatte beteiligten sich bald auch die außerparlamentarischen Meinungsführer der Nation. Sie waren uneins, ihre Vorstellungen und Empfehlungen gingen weit auseinander, wie *Die Zeit* ermittelte.[167] Der westdeutsche Schriftsteller Martin Walser und der ostdeutsche Historiker Ernst Engelberg plädierten für den 18. März, an dem 1848 in Berlin das Volk auf die Barrikaden ging und – längst vergessen – 1793 in Mainz die erste Republik in Deutschland ausgerufen wurde. Es sei das »erste demokratische Datum« unserer Geschichte, die »Märzgefallenen« lange unvergessen und schon 1918, aber auch 1948 habe man sich in Deutschland auf dieses Datum berufen. Und seit mehr als zehn Jahren engagiere sich für den 18. März eine Bürgerinitiative Nationalfeiertag in beiden deutschen Staaten. Den 8. Mai und den 20. Juli favorisierten nur wenige. Der letzte Ministerpräsident der DDR, Hans Modrow, wünschte sich den 8. Mai als Nationalfeiertag, weil dieser Tag »die Chance eines Neubeginns« für alle Deutschen symbolisiere. Der Literaturwissenschaftler Peter Wapnewski votierte für den 20. Juli, weil er erlaube, an die »Schmach der Hitler-Zeit« zu erinnern und zugleich an das »andere Deutschland«. Nicht wenige wollten am bisherigen 17. Juni festhalten, der jetzt erst wirklich begründet sei, wie sie meinten, denn – so der Publizist Peter Bender – »die ihn begründeten, dürfen ihn nun mitfeiern. Und was ihn bisher beschwerte – ein Tag des Scheiterns« zu sein und nicht des Sieges, das sei nun »aufgehoben durch den zweiten Aufstand, der den Sieg über die Diktatur brachte und die Einheit ermöglichte«. Ähnlich sah es auch der *Zeit*-Historiker Karl-Heinz Janßen: »Die Menschen der DDR bringen das Vermächtnis des 17. Juni in das neue ganze Deutschland ein. Es war und ist *ihr* Tag, ein Tag der Trauer und des Schmerzes, aber auch des Stolzes auf das, was sie schließlich doch errungen haben: Einigkeit und Recht und Freiheit.«[168]

Zahlreich und bunt gemischt war auch der Kreis, der Schäubles Vorschlag unterstützte. Rita Süssmuth riet ihren Landsleuten, »immer die innere Verbindung zwischen dem Tag der Freude vom 9. November und dem Tag der Trauer vom 9. November 1938« zu sehen.[169] Ähnlich argumentierte der ostdeutsche Schriftsteller Günter de Bruyn: die nationalfeiertägliche »Erinnerung an die Maueröffnungsfreuden« würde den Vorteil bieten, auch an die 9. November 1918, 1923 und 1938 zu erinnern, »was möglichen nationalen Überschwang vielleicht etwas dämpft«. Daß Historiker und Politologen nachdrücklich für den 9. November stimmten, überrascht kaum, denn zumal für Professoren ist der Gedanke verführerisch, an einem einzigen, zudem regelmäßig wiederkehrenden Tag »einen Kurzlehrgang in deutscher Geschichte« (M. Greiffenhagen) abhalten zu können. Am deutlichsten brachte es der Historiker Ernst Nolte auf den Punkt: »Der 9. November ... ist derjenige Tag, an dem die ganze Vielfalt und Widersprüchlichkeit der deutschen Geschichte am augenfälligsten wird: der Tag der deutschen Zusammenbruchsrevolution 1918, des nationalsozialistischen ›Marsches zur Feldherrnhalle‹ 1923, des befohlenen Judenpogroms von 1938 und der friedlichen, aber zunächst auf die Einkaufsstraßen West-Berlins und Westdeutschlands abgelenkten Revolution von 1989. Kein Tag gibt einen so starken Anstoß zum Nachdenken wie dieser.« Er bezweifelte allerdings, ob »ernsthaftes Nachdenken und massenhafte Feier« zusammenzubringen seien.

Gerade deshalb, wegen seiner »Erinnerungslast« (W. Holzer) und weil er »die Deutschen eher verlegen« machen und womöglich »immer neue Kontroversen hervorrufen« (H. Heigert) würde, wurde nun auch vehement gegen den 9. November votiert und für einen neuen, unbelasteten Feiertag.[170] Die Grünen-Bundestagsabgeordnete Antje Vollmer hätte, wie manch andere(r) auch, am liebsten auf einen Nationalfeiertag verzichtet und wollte nur einem Datum zustimmen, das »nicht so ein gespenstisches Doppelgesicht« trägt wie der 9. November. Er scheiterte indes nicht an diesen Bedenkenträgern, sondern weil Heinz Galinski und Helmut Kohl entschieden dagegen waren. Beifall fand der Kanzler vielerorts – sogar in der *taz*: »Und es ist gut so«, schrieb der Kommentator, »Nationalfeiertage symbolisieren die Erinnerung an Überwundenes.«[171]

Die Diskussion um den 9. November war mit der Entscheidung, den 3. Oktober zum nationalen Feiertag zu machen, schnell vorbei, und so wurde dieses »deutsche Schicksalsdatum« (R. v. Weizsäcker) wieder in den Hintergrund gedrängt, dorthin, wo sich auch die anderen schwierigen deutschen Gedenktage befinden, die nur von Zeit zu Zeit hervortreten, daß man sich mit ihnen abmüht. Insofern war die Entscheidung für den 3. Oktober bequem, ein Ausweichen, vielleicht ein Zurückschrecken vor einer institutionellen Form komplexer Geschichtserinnerung. Zwingend war die Entscheidung nicht. Warum sie fragwürdig bleibt, das hat in einer schönen Betrachtung zum 75. Jahrestag der Ausrufung der Weimarer Republik der Historiker Reinhard Rürup so dargelegt:

»Der 9. November 1918 (bleibt) ein großes und unverzichtbares Datum der politischen Geschichte unseres Landes, weil es an den Tag erinnert, an dem die Menschen ihre Geschichte selbst in die Hand genommen, die Fürsten gestürzt und eine demokratische Republik begründet haben. Dem steht freilich die nicht minder notwendige Mahnung des 9. November 1938 zur Seite, die uns daran erinnert, wohin es führen kann, wenn ein Projekt der demokratischen Republik scheitert. Daß wir inzwischen auch an den 9. November 1989 denken können, ermöglicht es uns, die historische Betrachtung mit einem optimistischeren Ton abzuschließen.«[172]

So gesehen ist der Verzicht auf den 9. November eine verpaßte Chance. Unserem Gedächtnis wäre eine institutionelle Stütze gegeben worden, der kollektiven Erinnerung ein Rahmen, dem Gedenken ein gedanklicher Zusammenhalt. Man hätte öffentlich über die Brüche und Widersprüche, die Kontinuitäten und Zäsuren, die Höhen und Tiefen debattieren können, ja müssen, über ein Jahrhundert im Zusammenhang reden, zusammen, Jahr für Jahr. Sollte dem 3. Oktober nach einigen Jahren widerfahren, was Eva Demski schon dem 17. Juni nachgesagt hat: »Das einzige Gefühl, das dieser Gedenktag auszulösen in der Lage ist, ist das der Bitterkeit, wenn er auf einen Sonntag fällt«, man wird nicht behaupten können, es hätte keine Alternative gegeben.

Schlußwort

Wir sind am Ende der Wanderung durch eine weiträumige, nicht leicht zu überschauende Erinnerungslandschaft. Eine Landschaft mit ungezählten Erinnerungsorten – wie von einem Netz überzogen, das sich gewissermaßen in drei Dimensionen dynamisch ausbreitet, einer räumlichen, einer zeitlichen und einer sozial-kulturellen. In diesem Gedächtnisraum gibt es vielfältige Verdichtungen, Erinnerungsschichten, Akteure und Aktivierungspotentiale. Und der hauptstädtisch-zentrale Erinnerungsort ist darin ein besonders auffälliges Verdichtungsareal. Wer von der Vielzahl der Erinnerungsorte im kulturellen Gedächtnis der Nation überrascht, vielleicht auch ein wenig erschöpft ist, der mag sich an die zu Beginn zitierten Worte Nietzsches erinnern. Der hatte nachdrücklich vor der »Überwucherung des Lebens durch das Historische« gewarnt, die übermäßige Geschichtserinnerung als »greisenhafte Beschäftigung« und die Erinnerungsvirtuosen als grauhaarige »Antiquare« und »Totengräber« der bürgerlichen Gesellschaft verspottet. Denn er wußte, daß wir mit »unseren Tugenden« zugleich »unsere Fehler anbauen«. Ihm ging es also um die Ambivalenz, um Art und Ausmaß des »historischen Sinns«, der als »hypertrophische Tugend« ins Gegenteil umschlagen kann. So sehr Nietzsche auch die »Kraft« anerkannte, »das Vergangene zum Leben zu gebrauchen«, so sehr setzte er auf die »Kraft« des Vergessens.

Wie es scheint, haben sich die Deutschen nach 1945 im Umgang mit ihren NS-Gedächtnisorten im Spannungsverhältnis dieser Kraftfelder bewegt und dabei mal stärker auf die Kraft des Vergessens und Verdrängens gesetzt, mal mehr auf die der Erinnerung. Stand anfänglich vielfach die Entsorgung und Umfunktionierung von Gedächtnisorten im Vordergrund des Interesses, vor allem wegzukommen von der noch so gegenwärtigen NS-Vergangenheit, war es Jahrzehnte später gerade umgekehrt. Nun galt das Bestreben immer stärker der Vergegenwärtigung des Ferngerückten. Nun waren die vielfach vergessenen und vernachlässigten Erinnerungsorte dem Zugriff einer organisierten Erinnerungseuphorie ausgesetzt. Die Erinnerungslast vergangener Tage verwandelte sich vielerorts geradezu in eine Erinnerungslust. Die neuen Konzepte hießen – und heißen einstweilen noch – Rekonstruktion, Dokumentation und Inszenierung, wobei nicht selten Spuren jüngster Verdrängung verwischt worden sind. Die individuelle Auseinandersetzung mit der Vergangenheit an besonderen Gedächtnisorten ist längst im Geschichts- und Museumstourismus massenhaft und kommerziell organisiert.

Der Rückblick auf vierzig, fünfzig Jahre Umgang der Deutschen mit ihrer Erinnerungslandschaft dürfte gezeigt haben, wie vielfältig, gegenwartsabhängig und interessenbedingt das öffentlich inszenierte Erinnern war. Ignoranz gegenüber der Vergangenheit und ihre Idealisierung gehören ebenso dazu wie andere Formen der Manipulation vergangener Ereignisse: die Revision von Geschichtsdeutungen und die Verkleinerung der Schuld, die Relativierung der Leiden im Opfermythos, der alle Toten des Krieges und der Gewaltherrschaft im selben Bild zu integrieren sucht, und immer wieder die selektive, stilisierte und einseitige Sicht der widersprüchlichen Geschichte. Wie man die manipulativen Strategien der Umdeutung und Beschönigung auch beurteilt, offensichtlich ist »Vergessen viel mehr als bloß Nicht-Erinnern« und »Erinnern viel mehr als bloß Nicht-Vergessen« (M. Scharfe). Und gerade im innerdeutschen Systemkonflikt ist offenbar geworden, daß und warum die öffentliche Geschichtserinnerung zumeist Politik mit der Erinnerung ist. Diese ist in ihrer Wahrnehmung selektiv und in ihrer Strategie konfliktorientiert angelegt. Immer geht es um die symbolische Besetzung von Gedächtnisorten und die Aneignung bzw. Nutzung der Ressource Geschichte für die eigene Traditionsbestimmung und Herrschaftslegitimierung. Gerade weil beide deutschen Staaten aus denselben historischen Wurzeln hervorgegangen sind, aber antagonistischen Bündnissystemen angehörten, mußten sie sich um eine je eigene »Traditionserfindung« (E. Hobsbawm) bemühen. Daß dabei immer wieder Mythen entstanden, wird angesichts der Vergangenheit, um die es schließlich ging, kaum überraschen. Konflikterinnerung als Erinnerungskonflikt.

Mythenbildung resultiert nun allerdings nicht nur aus dem Kampf um die Erinnerung, also aus politischen Interventionen in die Sphäre der Erinnerungskultur. Sie nährt sich auch aus einer Quelle, die ihr selbst eigen ist. Wie die kulturelle Sphäre im allgemeinen läßt sich auch die Erinnerungskultur nach mehreren Handlungsfeldern unterscheiden mit je eigenen Problemstellungen und Geltungskriterien: Da ist zunächst das Feld wissenschaftlicher Wahrheitsfindung, in dem es – auf unser Beispiel angewandt – um die Objektivierung von Geschichtserkenntnis geht. Da ist ferner das Feld des authentischen Ausdrucks, der auf die ästhetische Vergegenwärtigung des Vergangenen und Verlorenen zielt, und eben das Feld moralisch-praktischen Handelns und Erlebens, auf dem es in unserem Kontext um das Täter-Opfer-Problem geht, sei es mehr in juristischer (Bestrafung, Amnestie, Entschädigung usw.), sei es mehr in lebensgeschichtlicher Hinsicht (Tod, körperliche Schäden, Traumatisierungen).

Man erkennt schnell, daß im Unterschied zu den ersten beiden Feldern das letzte von vornherein an einen begrenzten Zeithorizont gebunden ist, denn es wird im wesentlichen durch die Überlebenden selbst konstituiert, gestaltet und aufrechterhalten. Für die Zukunft der Erinnerungskultur ist das von kaum zu unterschätzender Bedeutung. Mögen im Frühjahr 1995 zu den zahlreichen Feiern aus Anlaß des 50. Jahrestages der Lagerbefreiungen auch noch einige Tausend ehemalige Häftlinge aus allen Teilen der Welt gekommen sein, der Zeitpunkt ist abzusehen, daß auch die Überlebenden des Holocaust nicht mehr leben werden. Dann aber wird von den drei Handlungsfeldern der Erinnerungskultur, dem historiographischen, dem ästhetischen und dem lebensgeschichtlichen eben dieses nicht mehr bestehen. Dann werden die existentiellen und emotionalen Bindungen an die nationalsozialistische Vergangenheit, werden Trauer und Wut der Überlebenden als Erinnerungsenergie fehlen, wird Betroffenheit nur mehr eine ererbte oder angemaßte Attitüde sein, wird sich die Erinnerung der Nachlebenden nur noch auf erzählte und dokumentierte sowie medial repräsentierte Geschichte stützen können. Der Übergang dahin hat längst begonnen. Das kommunikative Gedächtnis der zwei, drei Generationen Überlebender geht im kulturellen Gedächtnis, seinen Ritualen, Institutionen und Manifestationen, auf. Eben deshalb haben vierzig, fünfzig Jahre nach Auschwitz die Denkmalsetzungen der Überlebenden in Autobiographien und räumlich-bildlichen Erinnerungszeichen noch einmal so auffällig zugenommen.

Aber was wird danach sein, nach weiteren Jahrzehnten? »Wie macht man dem Menschen-Tier ein Gedächtnis? Wie prägt man diesem teils stumpfen, teils faseligen Augenblicks-Verstande, dieser leibhaften Vergeßlichkeit etwas so ein, daß es gegenwärtig bleibt?« Der so gefragt hat, war niemand anderes als Nietzsche, was überraschen mag. Immerhin hatte er – wie wir eingangs gesehen haben – der Kraft des Vergessens so nachdrücklich das Wort geredet. Und auch diese Antwort mag einleuchten, aber doch nicht ganz befriedigen: »Man brennt etwas ein, damit es im Gedächtnis bleibt: nur was nicht aufhört *wehzutun*, bleibt im Gedächtnis«. Wie aber kann man erreichen, daß die NS-Vergangenheit auch noch nach Generationen beunruhigt, wehtut, umstritten bleibt und immer wieder anstößig wird? Das geschah in der Vergangenheit oft unbeabsichtigt und unerwartet, weil diese Zeit immer wieder in überlebenden Opfern und Tätern gegenwärtig wurde, sich die Gegenwart noch nicht oder nicht ohne weiteres nach dem Grundsatz »vergessen und vergeben« einrichten ließ. Inzwischen ist die öffentliche Geschichtserinnerung institutionalisiert und kommerziell organisiert, wird die Vergangenheit vielerorts vorbildlich ausgestellt, verwaltet und politisch neutralisiert. Daß der jahrelange Streit um die Gestaltung von Erinnerungsorten in der Heftigkeit der letzten Jahre noch sehr lange andauern wird, ist kaum zu erwarten. Vielleicht gibt es noch einige

Zeit bei staatlichen Gedenkfeiern Pannen und Peinlichkeiten, zumal hierzulande. Man wird sie auch zukünftig kritisieren und zugleich dankbar sein für derlei Anstößiges. Denn die Politisierung der Erinnerung an die Vergangenheit, um die es geht, verschafft ihr – wenigstens für einen Augenblick – erhöhte öffentliche Aufmerksamkeit. Für eine langfristige, Generationen an- und überdauernde, politisch kontroverse Auseinandersetzung sind die Gedenktage und Gedächtnisorte deshalb allein keine hinreichende Bedingung, eine unverzichtbare sind sie gewiß.

Dank

Die Entstehung eines solchen Buches ist auf vielfältige Unterstützung angewiesen, materielle und ideelle, kommunikative und technisch-organisatorische. Ich habe sie auch diesmal zahlreich und dankbar erfahren, von einzelnen Personen und von verschiedenen Institutionen. Für finanzielle Förderung danke ich der Gabriel-Riesser-Stiftung, der BAT-Stiftung, der Karl H. Dietze Stiftung, der Hansischen Universitätsstiftung. Mein ganz besonderer Dank gilt Frank Laubert (Forschungsreferat der Universität Hamburg), der sich wiederholt für die finanzielle Unterstützung dieses mehrteiligen, längerfristigen Projektes eingesetzt hat. Der Universität Hamburg danke ich für die Gewährung eines zusätzlichen Forschungsfreisemesters, ohne das die Niederschrift des Manuskriptes nicht termingerecht hätte abgeschlossen werden können. Einrichtungen der Universität haben mit ihrem Sachverstand und ihrer Hilfsbereitschaft wesentlich zum Gelingen beigetragen. Ich danke besonders Dr. Michael Mahn (Staats- und Universitätsbibliothek Hamburg – Carl von Ossietzky) und Hans-Hermann Ballschuh (Fotostelle der Universität). Großzügig, kompetent und, wenn es sein mußte, auch sehr schnell hat verschiedentlich das vorzüglich organisierte und bestückte Pressearchiv des Gruner und Jahr-Verlages geholfen. Dafür danke ich Frau Corinna Slotty sehr herzlich.

Auch zahlreiche Kollegen, Forschungsstellen, Gedenkstätten und Museen außerhalb Hamburgs haben freundlicherweise Materialien zur Verfügung gestellt und Auskünfte erteilt. Mein besonderer Dank gilt Prof. Dr. Winfried Nerdinger (Architekturmuseum TU München), den Mitarbeitern des Pädagogischen Instituts der Stadt Nürnberg, Dr. Johannes Tuchel (Gedenkstätte Deutscher Widerstand Berlin), dem Aktiven Museum Faschismus und Widerstand Berlin, der Stiftung Topographie des Terrors Berlin (Thomas Lutz), Dr. Hermann Simon (Centrum Judaicum), Dr. Jochen Spielmann (Berlin), der Stiftung Brandenburgische Gedenkstätten, Prof. Dr. Günther Gottmann (Museum für Technik und Verkehr Berlin), der Landesbildstelle Berlin, dem Bildarchiv Preußischer Kulturbesitz Berlin (Frau Eva Schwichtenberg), Frau Christa Drews-von Steinsdorff (Landeszentrale für Politische Bildung Schwerin), Dr. Jürgen Rostock (Berlin), Bernd Eichmann (Bonn), dem Haus der Geschichte Bonn, Dr. Detlef Garbe (Gedenkstätte Neuengamme), Dr. Günter Morsch (Gedenkstätte Sachsenhausen), Dr. Barbara Distel (Gedenkstätte Dachau), dem Arbeitskreis »Zukunft der Gedenkstätte Dachau« sowie Mitarbeitern der

Gedenkstätten Bergen-Belsen, Buchenwald, Flossenbürg, Grafeneck, Hadamar und Ravensbrück.

Bei der Beschaffung, Durchsicht und Auswertung der umfangreichen Buch-, Bild-, Zeitschriften- und Zeitungsbestände, wie auch bei den vielfältigen Arbeiten am Manuskript haben mir in kürzeren und längeren Phasen eine Reihe von studentischen MitarbeiterInnen geholfen. Ihr Engagement, ihre Umsicht und kritische Begleitung haben zum Gelingen dieses Projektes ganz wesentlich beigetragen. Auch im persönlichen Miteinander war diese Zeit für mich ein Gewinn. Herzlich danke ich Gisela Hüttinger, Katharina Hering, Katrin Hobusch, Martina Schwarz, Andrea Tschiggerl und Dietmar Rübel. Harald Schmid und Oliver von Wersch sei besonders gedankt; sie mußten sich in der Schlußphase nicht nur um die Korrekturen, Ergänzungen, Formatierungen und Verzeichnisse kümmern, sondern nebenher auch noch ihr Examen machen. Mein Sohn Matthias und Joachim Döbler, Freund, früherer Mitarbeiter und nun in Braunschweig tätiger Kollege, haben mich mit der ihnen eigenen Kompetenz und freundlichen Geduld um so manche PC-Klippen manövriert. Ihnen verdanke ich, daß ich überhaupt noch den Sprung aus dem manuellen und mechanischen in das computerisierte Schreibzeitalter geschafft habe. Es heißt, daß Väter es mit ihren Söhnen und Söhne es mit ihren Vätern bisweilen nicht leicht haben. Das ist wohl so. Hier galt jedoch einmal nur der zweite Satz.

Viel gelernt habe ich in den Diskussionen im Graduiertenkolleg »Politische Ikonographie« des Kunstgeschichtlichen Seminars der Universität Hamburg, wo anregend über den Zusammenhang von Politik und Ästhetik geforscht und diskutiert wird. Für die Ermöglichung dieses auch in Hamburg immer noch seltenen fächerübergreifenden Gesprächs danke ich den Kollegen Martin Warnke und Hermann Hipp.

Einmal mehr gilt mein Dank Eginhard Hora, der als Lektor im Carl Hanser Verlag meine Arbeit im Grenzbereich von Zeitgeschichte, Kultur und Politik nun schon seit mehreren Jahren kritisch begleitet und fördert. Und Michael Krüger, dem Verleger, bin ich zu Dank verpflichtet für seine Bereitschaft, dieses umfangreiche Projekt auf zumindest zwei Bände aufzuteilen. Als es in mancher Hinsicht eng wurde, war er dazu spontan bereit.

Bücherschreibende Individuen leben privilegiert und gefährdet zugleich. Sie vernachlässigen zumindest zeitweise äußere Bewegung, ihr soziales Umfeld und seinen Kern, die freundschaftlichen und familiären Bindungen. Um so dankbarer war und bin ich für die Geduld und Aufgeschlossenheit, kritisches Nachfragen und anteilnehmende Nähe, für die Ermunterung und Anregung, mit der Freunde mich begleitet und diese Arbeit gefördert haben, ob direkt oder eher indirekt, in Gedanken, ungezählten Gesprächen, Briefen und Telefonaten. Einige von ihnen haben sich der Mühe unterzogen, das Manuskript ganz oder teilweise zu lesen, und mit Kritik und Zuspruch zu seiner Verbesserung beigetragen. Wolfgang Grünberg, Joachim Raschke und Peter Steinbach danke ich dafür sehr herzlich.

Und nicht zuletzt danke ich meiner Tochter Annette und Nina. Sie haben mich des öfteren nachsichtig, aber bestimmt daran erinnert, daß der Alltag nicht nur aus Schreiben, Lesen und Schreiben bestehen kann und gerade dadurch Fortgang und Abschluß dieser Arbeit gefördert.

Hamburg im Frühjahr 1995   Peter Reichel

Anmerkungen

I.
Gedächtnisorte und Geschichtspolitik

1 Nietzsche (1966), S. 213.
2 Die *Fledermaus* entstand übrigens nach einem zutiefst deprimierenden Ereignis, dem Wiener Börsenkrach im Mai 1873; vgl. Spiel (1987), S. 190.
3 Vgl. zum folgenden: Cavalli (1991).
4 Vgl. dazu vor allem: Virilio (1989) und (1992).
5 Zum folgenden Caroline Neubaur, Vom Nutzen des Vergessens, (Gedanken zur Zeit), NDR 3, Sendung vom 2.4.1994. Vgl. auch Ernrich / Smith (1995).
6 Vgl. zu Benjamin vor allem Kany (1987), S. 168 ff., 189 ff. und 214 ff.; Folkers (1991); Moses (1993); zu Proust vgl. Warning (1993); zu Halbwachs siehe die in Anm. 22 genannten Arbeiten.
7 Vgl. Nora (1990), S. 11 ff. und 19 f.
8 Vgl. Schneider (1987).
9 Habermas (1985) und (1987a); Zur Auseinandersetzung zwischen Habermas und westdeutschen Historikern siehe: Maier (1992), S. 48 ff. und Wehler (1988).
10 So Lothar Baier (1993).
11 Zur Erörterung der Begriffe Erinnerung / Gedächtnis sowie Erinnerungskultur, kulturelles bzw. kollektives Gedächtnis siehe insbesondere: Cancik / Mohr (1990); Art. Erinnerung, in: Ritter (1972), S. 635 ff.; Art. Gedächtnis, ebd. (1974), Bd. 3, S. 35 ff.; Assmann (1992), S. 29 ff.; LeGoff (1992).
Erinnerungskultur ist zwar bislang kein allgemein geläufiger Begriff, verdient aber gegenüber dem ebenso populären wie fragwürdigen Ausdruck »Vergangenheitsbewältigung« (vgl. dazu zuletzt Dudek 1992) bei weitem den Vorzug. Er ist unpathetisch und verweist sehr viel präziser als jener gleichermaßen auf das Handlungsfeld, das kulturelle Teilsystem, und den gesellschaftlichen Prozeßcharakter und die ästhetisch-kulturellen Medien der kollektiven Vergegenwärtigung von Vergangenheit.
12 Hölscher (1989).
13 Vgl. Grunenberg (1993).
14 Habt ihr vergessen? Plakate gegen Gewalt, Diktatur und Krieg (Ausstellungskatalog Katholische Akademie Hamburg / Kulturbehörde Hamburg), Hamburg 1983.
15 So Günter Kunert in seinem Essay über Buchenwald, in: Kramen in Fächern. Berlin / Weimar 1968, S. 176. Vgl. auch Améry (1966).
16 Stürmer (1987).
17 Nietzsche (1966), S. 213.
18 Vgl. dazu Bar-On (1993). Vgl. zum Ganzen auch: Bergmann / Jucovy (1982), Eckstaedt (1992), Pross (1988).
19 Hermann Lübbe, Es ist nichts vergessen, aber einiges ausgeheilt. Der

Nationalsozialismus im Bewußtsein der deutschen Gegenwart, in: FAZ, 24.1.1983.
20 Nolte (1987).
21 So Meier (1987); vgl. hierzu und zum folgenden auch ders. (1990), einer der überzeugendsten Beiträge zu diesem Thema überhaupt.
22 Halbwachs (1985) und (1985a). Zur Reformulierung, Präzisierung und Weiterführung der Überlegungen von Halbwachs siehe vor allem: Assmann (1992), insbes. S. 34 ff.
23 Genannt seien als einführende Überblicke – ohne Anspruch auf Vollständigkeit – vor allem Schmidt (1991), Assmann/Hölscher (1988), Assmann/Harth (1991) und (1991a). Vgl. auch Haverkamp/Lachmann (1993); Bönisch-Brednich (1991).
24 Vgl. Schmidt (1991), S. 11 ff.; daraus auch die nachfolgenden Zitate.
25 Als einführender Überblick Cancik/Mohr (1990). Grundlegend Gerhardsson (1961), außerdem LeGoff (1992), Harth (1991). Vgl. auch Schmid (1985).
26 Schneider (1987).
27 Siehe Yerushalmi (1988) und (1993).
28 Vgl. Assmann (1991), S. 337 ff. und ders. (1992), S. 196 ff.
29 Ein sehr eindringliches Beispiel für diesen Gedächtniszusammenhang ist der Fall des jüdischen Dichters Layser Aychenrand, dem die Flucht aus einem Auschwitz-Transport gelang und der die Schweizer Grenze erreichte, ohne Papiere. Nach seinem Alter gefragt, antwortete er: »Ich bin 2000 Jahre alt ...«. Simon Wiesenthal (1990) hat das zum Anlaß genommen, die Geschichte der jüdischen Verfolgung in einem Jahreskalender zu dokumentieren.
30 Niethammer (1992).
31 Schneider (1987), S. 682
32 Hahn (1982). Am Beispiel der »Confessiones« von Augustinus zeigt Oexle (1985), daß dieses selbstreflexive Verhalten schon früh zu beobachten ist.
33 Vgl. LeGoff (1992), S. 115 ff.
34 Zit. nach: LeGoff (1992), S. 121.
35 Nora (1990), S. 17.
36 LeGoff (1992), S. 124 f.
37 Grundlegend für die deutsche Entwicklung: Lurz (1985 ff.) (6 Bände); vgl. außerdem Hütt u. a. (1990).
38 Zit. in der Übersetzung bei LeGoff (1992), S. 125. Siehe auch Bourdieu u. a. (1981), S. 42 f.
39 Vgl. Cavalli (1991), S. 207 f.
40 Vgl. dazu Burke (1991).
41 Siehe die in den Anm. 23 und 25 genannten Veröffentlichungen von Aleida Assmann, Jan Assmann und Dietrich Harth.
42 So dezidiert Cancik/Mohr (1990), S. 311. Vgl. auch die kritischen Überlegungen von Korff (1991).
43 Ebd., S. 312.
44 Vgl. etwa Anita Kugler, 50 Jahre danach, in: taz, 5.1.1995; Große Freude, in: Der Spiegel, 2.1.1995, S. 22 f.
45 Vgl. Gerz/Shalev-Gerz (1994).
46 Herzogenrath u. a. (1990), Schneede (1991).
47 Vgl. insgesamt: Spielmann (1992) und Young (1993), S. 27 ff.

48 Young (1992), S. 266 ff.; ders. (1993). Siehe dazu auch Friedländer (1992), in dem allerdings die denkmalkünstlerischen Aspekte dieser Frage leider nur am Rande Erwähnung finden.

49 Vgl. Young (1994), S. 294 ff. In der Schlucht sind bis zum Ende der deutschen Besatzung ca. 100 000 Menschen ermordet worden. Ein Denkmal wurde erst 1974 errichtet, etwa zwei Kilometer von der Schlucht entfernt. Unerwähnt blieb, daß die meisten Opfer Juden waren. Eine Inschrift für die jüdischen Opfer kam erst Ende der 80er Jahre hinzu. Vgl. auch: Wiehn (1991).

50 Vgl. Freed (1994).

51 Young (1992), S. 272 ff.

52 Ebd., S. 269f.

53 Vgl. Claude Lanzmann im Gespräch mit Mariam Niroumand: Hier ist kein Warum, in: taz, 23. 4. 1992; Mariam Niroumand, »Du sollst dir kein Bildnis machen«. Experimentalfilme über den Holocaust nach Lanzmanns »Shoah«, in: taz, 12. 11. 1992; Friedländer (1987). Gertrud Koch (1993) hat dargelegt, daß und warum *Shoah* kein Erinnerungsfilm ist, sondern die »mimetische Konstruktion eines Gedächtnisses, das aus der Teilnehmerperspektive kein Vergessen kennt und aus der Beobachterperspektive mit Faktizität gefüllt werden muß«. Denn die Shoah hat die psychische Ökonomie von Vergessen und Erinnern bei den Überlebenden gleichsam außer Kraft gesetzt, ihr Gedächtnis traumatisiert, zur blackbox eines »zeitvernichtenden Raumes« gemacht. Das Erlebte, genauer: die inszenierte, nachgestellte und nachgespielte Wiederkehr des Erlittenen steht denn auch im Mittelpunkt des Films, nicht die Erinnerung an das Erlebte.

54 So, zugespitzt, aber m. E. durchaus nicht überzogen Mattenklott (1989).

55 Ophir (1992). Siehe auch Mariam Niroumand, Bildnis, in: taz, 12. 11. 1992.

56 Vgl. dazu vor allem Loewy (1992). Meier (1990), Pehle (1990), Diner (1987).

57 Friedländer (1984), S. 82 f. Vgl. auch Langer (1975).

58 Dazu Habermas (1981).

59 Virilio (1992a).

60 Musil (1978), S. 506. Zum Thema insgesamt: Mittig (1987).

61 Vgl. Mai / Schmirber (1989), S. 7.

62 Adam (1992), S. 10.

63 Vgl. zum folgenden vor allem Jürgen Habermas, Die Last der doppelten Vergangenheit, in: Die Zeit, 13. 5. 1994; ders., Bemerkungen zu einer verworrenen Diskussion. Was bedeutet ›Aufarbeitung der Vergangenheit‹ heute?, in: Die Zeit, 3. 4. 1992; Eberhard Jäckel, Die doppelte Vergangenheit, in: Der Spiegel Nr. 52, 23. 12. 1991, S. 39 ff.; Karl-Heinz Janßen, Von deutscher Schuld. Warum Deutschland den Schatten der Vergangenheit nicht entfliehen kann, in: Die Zeit, 16. 11. 1990; Herbert / Groehler (1992); Faulenbach (1993); Bracher (1981), S. 233 ff.

64 Vgl. als eine interessante, frühe Stimme aus der DDR die vergleichende Betrachtung von D. Günter Jacob, Wie bewältigt man Vergangenheit? In beiden Teilen Deutschlands haben die Väter die Zeit des Nationalsozialismus verdrängt, in: Die Zeit, 17. 11. 1978.

65 Lepsius (1988). Vgl. in diesem Zusammenhang auch: Stile des Erbens, in: FAZ, 16. 4. 1994.

66 Vgl. etwa – mit unterschiedlichen Akzenten und Bewertungen – die auf Österreich bezogenen Beiträge in Steininger (1994); ferner: Wodak u. a. (1994), Stiefel (1981), Meissl u. a.(1986), Botz (1988); Joachim Riedl, Anschluß von innen, in: Die Zeit, 18. 3. 1988; Wem gehört Hitler? Deutschland und Österreich: Vergangenheit und Vergangenheitsbewältigung. Ein ZEIT-Forum in Wien, in: Die Zeit, 5. 6. 1987.

67 Zur Gründung der DDR vor allem Weber (1985). S. 21 ff. und 47 ff.

68 Das schloß die Integration und den Aufstieg »gewendeter« Alt-Nazis in der DDR selbstverständlich nicht aus, und auch nicht, daß die kommunistischen Antifaschisten gegen sozialdemokratische und »bürgerliche« Antifaschisten und Antistalinisten vorgingen. Vgl. neuerdings Niethammer (1994).

69 So treffend Kleßmann (1992), S. 271 ff. Vgl. dort auch den Beitrag von Fischer / Heydemann, S. 125 ff. Siehe auch Thamer (1987).

70 So etwa Meroz (1986), S. 123.

71 So bei Groehler (1994). Siehe als einführenden Überblick auch Friedrich-Ebert-Stiftung (1989), S. 54 ff. und passim.

72 Vgl. Lemke (1993).

73 Zit. Groehler (1994), S. 244.

74 Zimmermann (1992), Miller (1990).

75 Meier (1990), S. 77.

76 Hans-Albert Walter, Schwieriges Gedenken? Über den öffentlichen Umgang mit unserer Vergangenheit, in: FR, Pfingsten 1983; zum Ganzen außerdem Meier (1990), S. 50 ff.

77 Das kann selbstverständlich aus unterschiedlichen – mehr kritischen oder mehr revisionistischen – Intentionen geschehen; vgl. als eine Art Zwischenbilanz zuletzt Schildt (1994), S. 3 ff. und Frei (1993), der sich zwar eingehend mit den Veröffentlichungen von Götz Aly / Susanne Heim, Michael Prinz / Rainer Zitelmann auseinandersetzt, aber nicht auf die kultur- und kunstgeschichtliche Dimension des Modernisierungsproblems eingeht. Vgl. dazu Nerdinger (1993); Reichel (1993); Taylor / van der Will (1990).

78 Diese Debatte wird dokumentiert und kommentiert u. a. in »Historikerstreit« (1987), Wehler (1988), Evans (1991), Kühnl (1987).

79 Vgl. als Überblicke und Gesamtwürdigungen Meier (1991), Faulenbach (1987), Broszat (1990). Für die fünfziger und frühen sechziger Jahre Steinbach (1987); Garbe (1993); Reichel (1993a).

80 Als einführender Überblick: Steinbach (1981). Eine umfassende monographische Würdigung der NS-Prozesse, der bürokratischen Verfahren und parlamentarischen Auseinandersetzungen mit den NS-Gewaltverbrechen fehlt weiterhin.

81 Zit. nach Steinbach (1987), S. 342 f.

82 Vgl. Steinbach (1981), S. 54 ff. und Deutscher Bundestag (1980).

83 Dt. Bundestag, Stenogr. Berichte, 145. Sitzg. vom 29. 3. 1979, Bonn 1979, S. 11596 ff.

84 Kwiet (1989), S. 196.

85 Mommsen (1974), S. 113. Grundlegend für Erneuerung der deutschen Historiographie nach dem Kriege: Schulze (1989); vgl. außerdem die der Zeitgeschichte und NS-Forschung gewidmeten Beiträge in: Faulenbach (1974), Schulin (1989); als Forschungsbilanz ferner: Hildebrand (1991).

2.
Deutschland nach 1945: Eine Erinnerungslandschaft

1 Grundlegend Scharf (1984), Mittig / Plagemann (1972), Mittig (1987), Nipperdey (1968), Mai / Schmirber (1989), Lipp (1993), Diers (1993).
2 Dazu vor allem Ehlich (1991), Düding (1988).
3 Mattenklott (1993 und 1993a).
4 Die Literaturlage ist trotz zahlreicher neuerer Studien insgesamt noch unbefriedigend. Als erste, frühe Einführung siehe Rieth (1968); neuerdings vor allem: Young (1993) und (1994), Lutz u. a.(1992).
5 Mattenklott (1993), S. 27, und Mattenklott (1993a).
6 In: Die Reden Hitlers am Reichsparteitag 1933, München 1934; siehe auch: Völkischer Beobachter Ausg. A, 3. / 4. 9. 1933.
7 Bartetzko (1992), S. 19.
8 Siehe vor allem Zelnhefer (1991), Ogan / Weiß (1992), Rusinek (1989).
9 Der Wortlaut der Rede des Bundespräsidenten erschien in: Die Neue Zeitung, 23. / 24. 8. 1952; sie ist gekürzt wieder abgedruckt in: Stölzl (1988), S. 25 ff.
10 Sigrid Randa, Vergangenheit als Erlebnis der Gegenwart. Das Germanische Nationalmuseum in Nürnberg – Gründungsidee und neue Aufgaben, in: Das Parlament, 2. / 9. 1994, S. 5.
11 Dazu und zum folgenden vor allem: Dietzfelbinger (1990) und Centrum Industriekultur (1993), 142 ff.
12 Nürnberger Nachrichten v. 17. 5. 1967 (Hervorheb. v. Verf.)
13 Peter Schmitt, Die Last mit Hitlers steinernem Erbe, in: SZ, 22. 7. 1988; Mathias Schreiber, Brutale Bauten? in: FAZ, 15. 7. 1988; Bernd Siegler, Nürnbergs Erbe – die »Worte aus Stein«, in: taz, 10. 3. 1989.
14 Eckhard Roelcke, Die Räte: ratlos. Wird die kulturpolitische Krise in Nürnberg zu einem Fall Karla Fohrbeck? in: Die Zeit, 13. 12. 1991.
15 Bernd Siegler, NS-Entsorgungsstätte Nürnberg? in: taz, 17. 9. 1990; ders., Grüne Gebete in der »Tempelstadt der Bewegung«, in: Konkret 12 (1990), S. 54 ff. Bäume und Steine zum Gedenken, in: NZ, 31. 8. 1990; Karla Fohrbeck (1990): Gestaltung des ehemaligen Reichsparteitagsgeländes – Eine deutsche, eine Nürnberger, eine internationale Aufgabe, unveröffentlichtes Positionspapier. Nürnberg.
16 Bernd Eichmann, Geometrie der Macht. Das Nürnberger Reichsparteitagsgelände, in: Das Parlament, 4. / 11. 10. 1991, S. 13.
17 Hermann Glaser, Rolling Histories, in: Plärrer Juni 1991, S. 22.
18 Vgl. Weniger Neo-Nazi-Tourismus. In: SZ, 22. 8. 94.
19 Die einschlägige Literatur ist mittlerweile kaum noch überschaubar. Zur ersten Orientierung, zuverlässig, kritisch und anschaulich: Nerdinger (1993b), S. 9 ff., Schäche (1991).
20 Vgl. dazu vor allem Rostock / Zadnicek (1992).
21 Vgl. die Dissertation von Petra Leser (1991) über den Architekten Clemens Klotz. Sie betont das »sachlich-moderne Vokabular« seiner in Prora benutzten Formensprache, das seinerzeit preiswürdig war. Auf der Pariser Weltausstellung 1937 erhielt Klotz für sein Modell einen »Grand Prix«.
22 Das 1. Symposium ist vorzüglich dokumentiert worden von Rostock /

Werkgruppe Prora (1994). Die Dokumentation des 2. Symposiums, das die Landeszentrale für Politische Bildung in Schwerin organisiert hat, war Ende 1994 in Vorbereitung. Zu dieser Veranstaltung siehe Marlies Nickel u. Oliver Spitza, Die unendliche Geschichte von Prora, in: Ostseezeitung, 17.11.1994; Claudia Schreyer, Ein Aquapark und sein steinernes Erbe, in: Neues Deutschland, 26./27.11.1994; Claus Rosenau, Volksgenossen in der Ferienkaserne, in: Dt. Allgem. Sonntagsblatt, 2.12.1994.

23 Vgl. Ralph Sommer, Völkerverständigung am V-2-Startplatz, in: Das Parlament, 2./9.9.1994 und Kaiser/Bode (1995); außerdem die Beiträge von Doßmann (1994) und Ernst (1994); sowie: Resolution der Expertenkommission. Pressemitteilung des Museums für Verkehr und Technik Berlin, 13.10.1994.

24 München – »Hauptstadt der Bewegung«, München 1993 (Ausstellungskatalog Münchner Stadtmuseum); Nerdinger (1993b). Vgl. auch die Ausstellungsrezensionen in: FR, 21.12.1993; Die Zeit, 10.12.1991; taz, 15.12.1993; FAZ, 6.11.1993. 1994 folgte die Ausstellung »Die Utopie des Designs«; vgl. dazu: Jochen Becker, München macht sauber, in: taz, 19.4.1994.

25 So zutreffend der eingehende Kommentar von Wolfgang Jean Stock, Alles lief auf Krieg hinaus, in: SZ, 27.10.1993.

26 Auf diesen Zusammenhang zielt auch Renate Schostack, Propaganda in Stein. Bauen im Nationalsozialismus: Eine Ausstellung im Münchner Stadtmuseum, in: FAZ, 6.10.1993. Vgl. auch Gerhard Matzig, Denken müssen wir selbst. Eine Münchner Denkmalschutz-Tagung zum Umgang mit der Nazi-Architektur, in: SZ, 2.12.1993.

27 Sehr geholfen hat mir dabei auch die Hamburger Magisterarbeit von Gisela Hüttinger (1992).

28 Schütz (1988).

29 Weitere Gedenktafeln befinden sich im Lichthof der Ludwig-Maximilians-Universität und an anderen Stellen der Stadt. Vgl. Vieregg (1993), S. 21 ff.

30 An sie erinnert der benachbarte »Platz der Opfer des Nationalsozialismus«, ein Verkehrsknotenpunkt, denkmalästhetisch unauffällig, und als Gedächtnisort kaum bekannt, »selbst Taxifahrer kennen den Namen« dieses Platzes nicht, so Weyerer (1988), S. 208.

31 Henn (1987).

32 Nerdinger (1988).

33 Mittig (1988).

34 Hans-Joachim Müller, Die Entsorgung des Kunsttempels, in: Die Zeit, 26.1.1990

35 Dazu eingehend Hüttinger (1992), S. 59ff. und 92 ff.

36 Zit. nach Hüttinger (1992), S. 57.

37 SZ, 25.4.1979.

38 Staatl. Antikensammlung München (1991), S. 6.

39 Arndt (1981).

40 Altenhöfer (1986), S. 205 ff.

41 Ebd., S. 229.

42 Vgl. Beseler (1988), S. XXVI.

43 Simmel (1923 / 1983).

44 Für die Nachkriegszeit einführend: Pehnt (1991).

45 Siehe zum folgenden vor allem: Beseler (1988).

46 Frisch (1958), S. 37f.
47 Zum folgenden vor allem: Meier (1991).
48 Dirks (1947).
49 Zit. nach Dieter Bartetzko, Abriß nach dem Ende der Welt, in: FAZ, 3.12.1994.
50 Pehnt (1991), S. 115.
51 Fragen an die deutsche Geschichte (1984), S. 211 f.
52 Zum folgenden: Pehnt (1991), S. 118 ff. Außerdem: Magistrat der Stadt Frankfurt (1988), Klötzer (1978).
53 Walter Siebel, Die Städte betreiben Kathedralenpolitik, in: Die Zeit, 3.11.1989.
54 Eduard Beaucamp, Volksvertreter. Zu Johannes Grützkes Monumentalbild in der Paulskirche, in: FAZ, 13.4.1991 und Hans-Joachim Müller, Schlurfen für Deutschland. Wie der Maler Johannes Grützke der Frankfurter Paulskirche ihre Abgeordneten wiedergab, in: Die Zeit, 19.4.1991.
55 Für ihren Wiederaufbau haben sich seit der Vereinigung einflußreiche Kreise mit durchaus umstrittenen Argumenten eingesetzt. Vgl. etwa Curt Siegel, Und man braucht sie doch, in: Die Zeit, 8.2.1991; Peter Sartorius, Das Dresdner Vermächtnis, in: SZ, 9./10.7.1994.
56 Dazu vor allem: Werner (1987), Machat (1985).
57 Werner (1987), S. 201.
58 Zum folgenden: Grünberg (1991), Mathias Wegner, Das Feuer war ihr Schicksal, in: FAZ, 9.5.1992; siehe außerdem Plagemann (1986), S. 164 f. und Hipp (1989), S. 140 f.
59 Wegner, in: FAZ, 9.5.1992.
60 Negt/Kluge (1972), S. 451.
61 Rieth (1968), S. 16 f., Spielmann (1990), S. 207 ff.
62 Zit. nach Spielmann (1990), S. 210
63 Zum folgenden: Springer (1989).
64 Grundlegend: Hedinger u.a. (1979); Plagemann (1986), S. 130 ff., S. 142 ff., S. 151 ff.; Walden (1994); außerdem Armanski (1988), besonders S. 33 ff. und zuletzt Roettig (1995).
65 Zit. nach Plagemann (1986), S. 140.
66 Zit. nach Plagemann (1986), S. 147.
67 Vgl. dazu Walden (1979).
68 Karl-Heinz Janßen, Ein Denkmal, eine Verirrung, in: Die Zeit, 28.8.1981, S. 37.
69 Rühmkorf (1972), S. 251 f.
70 Vgl. Lewin (1987). Die kunstwissenschaftliche Kritik hat sich immer wieder dieses Denkmals angenommen; vgl. etwa Schubert (1989) und (1987) und die Erwiderung von Werner (1988); Hütt (1990).
71 So Hrdlicka über seine Skulptur, zit. nach Schubert (1989), S. 139.
72 Schubert (1989), S. 140.
73 Ebd., S. 139.
74 Vgl. zum folgenden die im Hamburger Denkmalschutzamt erarbeitete, textlich und bildlich hervorragende Darstellung von Leisner/Schulze/Thormann (1990).
75 Vgl. Bracher u.a. (1992), Hoffmann/Klotz (1991), Reichel (1993) und Thamer (1986).

76 Plagemann (1986), S. 157.
77 Vgl. die typologisierende Studie von Pollack / Nicolai (1983).
78 Grundlegend dazu Koselleck (1979), Lurz (1985), neuerdings Mosse (1993); außerdem div. Beiträge in Mai / Schmirber (1989) und Hütt u. a. (1990).
79 Dazu und zum folgenden: Ackermann (1990), Baird (1990).
80 Vgl. Kuberek (1990) und Wittig (1990). Siehe auch Lurz (1989).
81 Zit. nach: Lurz (1989), S. 85.
82 Vgl. Arndt (1989).
83 Plagemann (1986), S. 159.; Leisner u. a. (1990), Bd. 2, S. 9f.
84 Plagemann (1986), S. 160f.; Leisner u. a. (1990), Bd. 2, S. 17f.
85 Nachfolgende Zitate aus: Leisner u. a. (1990), Bd. 2, S. 16f. Vgl. außerdem Plagemann (1986), S. 163f. Grundlegend als Gesamtdarstellung für Deutschland: Lurz (1987), hier insbes. S. 204f.
86 Er hieß zuvor Karmeliterplatz, bei den Nazis Dominikanerplatz, vor 1933 ebenfalls Börneplatz und vor 1885 Judenmarkt. Vgl. zum folgenden vor allem: Best (1988), Der Frankfurter Börneplatz. Zur Archäologie eines politischen Konflikts, Frankfurt M. 1988 und Jüdisches Museum Frankfurt / M. (1992). Zuletzt Bernd Eichmann, Wie man ein Ghetto ins Museum sperrt, in: Das Parlament Nr. 35 / 36, 2. / 9. 9. 1994.
87 Walter Grab, Aus Untertanen politisch bewußte Staatsbürger machen, in: FR, 3. 5. 1986
88 Best (1988), S. 59.
89 Dieter Bartetzko, Das simulierte Ghetto als altväterliche Idylle, in: FR, 7. 9. 1987
90 Best (1988), S. 99.
91 Walter Boehlich, Das Loch von Frankfurt. Der Börneplatz alias Karmeliterplatz alias Judenmarkt: ein Fall von Vergangenheitsbewältigung, in: Die Zeit vom 10. 7. 1987. Vgl. auch Dieter Ohlmeier, »Geschichten, die man wohl weiß, aber nicht wissen will«. Ein psychoanalytischer Beitrag zum Konflikt über die Börneplatz-Bebauung, in: FR, 16. 12. 1987.
92 »Optimales unter schlechten Bedingungen«, in: FAZ , 30. 11. 1992.
93 Bartetzko, Ghetto und ders. (1992).
94 Zit. nach: Joachim Riedl, Juden in Frankfurt, in: Die Zeit (Dossier), 15. 11. 1985.
95 Otto Köhler, Fritz Bauer zu Ehren, in: Die Zeit, 4. 12. 1992, S. 61.
96 Mariam Niroumand, Gegen moralische Schockpädagogik, und Interview mit Hanno Loewy, in: taz, 26. 1. 1993. Vgl. außerdem Hanno Loewy, Der Holocaust bleibt ein Niemandsland des Verstehens, in: FR, 22. 10. 1991; Otto Köhler, Die Rationalität von Auschwitz. Frankfurter Diskussion über die Einrichtung eines Holocaust-Forschungszentrums, in: Die Zeit, 1. 11. 1991.
97 Eine – denkmalästhetische und geschichtspolitische Aspekte verbindende – Geschichte der Denkmäler und Gedenkstätten zur Erinnerung an die NS-Zeit steht trotz zahlreicher Studien, zumal aus den letzten Jahren, weiter aus. Als Einführung, Dokumentation und Materialsammlung grundlegend Eichmann (1986²) (für 1996 ist eine Neuausgabe vorgesehen: Konzentrationslager in Europa); Puvogel (1987) (Von der zweibändigen Neuauflage wird 1995 der 1. Band für Westdeutschland erscheinen. Eine Einsichtnahme vor

Erscheinen war leider nicht möglich, weshalb hier noch die alte Ausgabe zugrunde liegt); Lehrke (1988); grundlegend ebenfalls, auch wenn der Titel teilweise irreführend ist, denn das Buch beschränkt sich keineswegs nur auf Kriegerdenkmäler: Lurz (1987).

98 Diers (1993).

99 Deshalb macht es durchaus Sinn, trotz der Gleichzeitigkeit unterschiedlicher Formensprachen in den verschiedenen Phasen der Denkmalkunst, jeweils die relative Dominanz bestimmter denkmalästhetischer Konzepte zu betonen; vgl. Spielmann (1992) und (1990). Siehe auch: Hoffmann (1988).

100 Puvogel (1987), S. 100ff.; Eichmann (1986), S. 149ff. Vgl. auch Peter Schmitt, Vernichtung durch Arbeit, in: SZ, 1./2.12.1984.

101 Puvogel (1987), S. 594ff.; Eichmann (1986), S.53 ff.; Albertz (1981) und Diestelmeier (1983).

102 Puvogel (1987), S. 29f.; Eichmann (1986), S. 157ff. Zur Geschichte der »Euthanasie« grundlegend: Klee (1983).

103 Puvogel (1987) S. 338f.; Eichmann (1986), S. 121ff.

104 Scharf (1984), S. 310ff.; Spielmann (1992), S. 107ff.; aus der Sicht der früheren DDR: Kuhirt (1982); Institut für Denkmalpflege (1976). Zur aktuellen Diskussion über den Umgang mit dem Denkmal-Nachlaß in der vormaligen DDR-Hauptstadt Ost-Berlin vgl. Aktives Museum (1990), Abgeordnetenhaus von Berlin (1993).

105 Im vollen Wortlaut: »Ihr könntet heute weder frei lernen noch spielen. Ja, ihr wäret vielleicht gar nicht geboren, wenn solche Frauen nicht ihre zarten, schmächtigen Körper wie stählerne Schutzschilder (...) vor euch und eure Zukunft gestellt hätten.«

106 Vgl. vor allem den Bericht der Berliner Denkmalkommission: Abgeordnetenhaus von Berlin (1973); Aktives Museum (1990); wichtig außerdem: Adam (1992).

107 Adam (1992), S. 25.

108 Ebd., S. 12.

109 Hermann Weber (1985), S. 115ff. verweist darauf, daß die »Vereinigung (...) bis heute völlig gegensätzlich bewertet« wird; er schwächt das Diktum von der »Zwangsvereinigung« deutlich ab, wenn er auch bei aller abgewogen akzentuierten Vielfalt und Verschiedenheit der Voraussetzungen und Motive der beiden Parteien keinen Zweifel an den Repressionen insbesondere der SMAD läßt.

110 Lurz (1987), S. 145ff. und 192ff.

111 Ebd., S. 215ff.

112 Ebd., S. 34f.

113 Ebd., S. 35f.

114 Puvogel (1987), S. 416f.

115 Siehe dazu: Young (1992), S. 139ff.

116 Plagemann (1988), S. 33ff.

117 Die beiden problematischen Aspekte der Denkmalsetzung in Demokratien – Integrationsbedarf und Symbolisierungsschwäche einerseits, und das antiegalitäre Element des Denkmals andererseits, betont Mattenklott (1993), S. 29f.

118 Young (1992), S. 269; ders. (1993).

119 Siehe auch Mattenklott (1989). Auf die Diskussion um die beiden

neuen amerikanischen Holocaust-Museen, die auch in der deutschen Presse einen breiten Niederschlag gefunden hat, kann ich hier nicht eingehen.

120 Young (1992), S. 266 ff. Vgl. auch ders., Die Tradition des mea culpa. Ein Beitrag zur Debatte um die Erinnerungskultur in Deutschland, in: taz, 15. 3. 1993.

121 Metken (1994).

122 Vgl. Young (1993), S. 28 ff.; Plagemann (1986), S. 173 f.; Steinhauser (1993); Gerz / Shaler-Gernz (1994).

123 Petra Kipphoff, Das verschwundene Denkmal, in: Die Zeit, 19. 11. 1993

124 Schmidt-Wulffen (1994); Dem Zugriff des Wissens widerstehen. Interview mit Jochen Gerz (Paris, 25. 4. 1993), in: Neue Bildende Kunst. zeitschrift für Kunst und Politik H. 3 / 1993, S. 33 ff. Vgl. auch Barbara v. Ihering, Duell mit der Verdrängung, in: Die Zeit, 7. 2. 1992.

125 Dazu vor allem Thomas Wagner, Es steht geschrieben. »1926 Steine«: Ein Mahnmal gegen Rassismus in Saarbrücken, in: FAZ, 5. 2. 1992. Siehe jetzt auch »Ancienne Douanne« Gerz-Retrospektive Straßbourg (Ausstellungskatalog); dazu Christoph Danelzik, Keine Namen, in: taz, 2. 5. 1994.

126 Hans Dickel, Das fehlende Haus. Christian Boltanski in Berlin, in: Ästhetik und Kommunikation 21 (1992) 78, S. 43 ff. Vgl. auch Wulf Herzogenrath u. a. (Hg.), Die Endlichkeit der Freiheit, Berlin 1990 (Ausstellungskatalog); Hans Dickel, Installationen als ephemere Form der Kunst, in: Diers (Hg.), Installationen als ephemere Form der Kunst, in: Diers (Hg.), Monumente (1993), S. 223 ff.

127 Andrea Köhler, Passage und letzte Station, in: Die Zeit, 20. 5. 1994; Jörg Lau, Zum Andenken eines Abgewiesenen, in: taz, 14. 5. 1994.

128 Karavan (1992).

129 Zur Vorgeschichte: Scheuermann (1992); Rainer Hoffmann, Nur ein Grundstein für Walter Benjamin? in: Neue Zürcher Zeitung, 19. / 20. 4. 1992; Manfred Schneckenburger, Kleinmut siegt. Ein Denkmal für Walter Benjamin wird gekippt, in: FAZ, 6. 6. 1992.

3.
Ehemalige Konzentrationslager als Gedenkstätten

1 Vgl. außer den Darstellungen von Eichmann (1986) und Puvogel (1987) auch Matz (1993) und Lehrke (1988). Zur Geschichte der Lager und der »Endlösung« unentbehrlich: Hilberg (1982), Gutmann u. a. (1993) sowie Schwarz (1990). Vgl. außerdem Young (1994). Dieser Band ist das Begleitbuch zu der vom Jüdischen Museum New York erarbeiteten Ausstellung *The Art of Memory*, die u. a. auch in Berlin gezeigt worden ist. Den Doppelsinn des Ausstellungstitels haben die optische Opulenz und die Beliebigkeit in der Präsentation der Bild- und Modellbeispiele im Deutschen Historischen Museum verfehlt. Durch unzureichende Beschriftung der Exponate und sehr allgemeine Texte wurde dieser Eindruck noch verstärkt. Erstaunlich unkritisch die Kommentare: Mariam Niroumand, Drama der Erinnerung, in: taz, 17. 9. 1994 und Eva-Elisabeth Fischer, Nach dem Erinnern, in: SZ, 14. 12. 1994.

2 Als Überblick Sonnet (1987). Eine Dokumentation »Gedenkstätten für

die Opfer des Nationalsozialismus« (Bd. 2: Neue Bundesländer) ist bei der Bundeszentrale für Politische Bildung für 1996 in Vorbereitung.

3 Vgl. dazu vor allem die Beiträge von Annette Leo, Wolfgang Benz, Rainer Eckert und Lutz Niethammer, in: Ministerium für Wissenschaft, Forschung und Kultur des Landes Brandenburg (1992) und Loewy (1992).

4 Siehe etwa Raabe (1990), Bruford (1984), Meßner (1984); und auch: Bernd Kauffmann, Weimars deutsches Gesicht, in: Tagesspiegel (Berlin), 3.7.1994; Gustav Seibt, Kisten aus Buchenwald, in: FAZ, 4.6.1994.

5 Aus damaliger DDR-Sicht: Trostorff (1975).

6 An ihn erinnert sich Alfred Andersch (1980) in einer sehr eindringlichen Erzählung: Der Vater eines Mörders. Eine Schulgeschichte. Zürich (vgl. dazu auch die treffende Rezension von Ludwig Harig, Heilloses deutsches Wesen, in: Die Zeit, 10.10.1980).

7 Vgl. hier und zum folgenden Bernd Eichmann, Der Alltag war Hunger, Folter und Sterben. Das Konzentrationslager Buchenwald bei Weimar – Zweimal »im Dienst«, erst in der NS-Zeit, ab 1945 dann in der SBZ, in: Das Parlament, 21.2.1992; vgl. außerdem Karl Adam, O Buchenwald, ich kann dich nicht vergessen, in: FAZ, 9.12.1991; Morsch (1989) und Sonnet (1987).

8 Ein Denkmal eigener Art hat der ehemalige Buchenwald-Häftling und spätere Darmstädter Politologe Eugen Kogon geschaffen, mit seiner in alliiertem Auftrag erarbeiteten Studie Der SS-Staat (1946), deren viele Auflagen in die Hunderttausende gehen.

9 Vgl. dazu Klonovsky/von Flocken (1993). Bekannt war die Existenz dieser Lager natürlich sehr viel länger, vgl. Fricke (1979).

10 Finn (1990); zum folgenden vor allem: Meyer (1993).

11 Gedenkstätte Buchenwald (1992). Vgl. auch Hans-Helmut Kohl, Das deutsche Dilemma mit der doppelten Vergangenheit, in: FR, 3.3.1992; Vera Gaserow, Buchenwald wird »neu positioniert«, in: taz, 5.6.1991; Bettina Markmeyer, Verbrechen nicht gleichsetzen, aller Opfer gedenken, in: taz, 13.4.1992. Inzwischen hat eine Arbeitsgruppe die neue Ausstellungskonzeption erarbeitet und vorgelegt. Vgl. Stein (1994).

12 Zit. nach Kohl, Dilemma. Zur Auseinandersetzung um die konzeptionellen und personellen Fragen der Neugestaltung vgl. zuletzt: Heribert Seifert, Mythos oder Museum?, Streit um die Lager-Gedenkstätte in Buchenwald, in: Neue Züricher Zeitung, 15.9.1994; Thomas A. Seidel, Doppelsymbol brauner und roter Gewalt, in: Das Parlament, 2./9.9.1994.

13 Vgl. taz, 27.7.1994.

14 Vgl. zum folgenden die entsprechenden Abschnitte des Gutachtens: Gedenkstätte Buchenwald (1992); außerdem Bernd Eichmann, Die Hölle am Hang des Südharzes, in: Das Parlament, 31.1.1992; Anita Kugler, Die Hölle »Mittelbau-Dora«, in: taz, 5.8.1991.

15 Anita Kugler, Militariahändler stehlen in KZ-Stollen, in: taz, 29.4.1994. Vgl. auch Kaiser/Bode (1995).

16 Karl-Heinz Janßen, Geisterbahn im Stollen? in: Die Zeit, 23.4.1993.

17 Elisabeth Kiderlen, Babylonische Sklavenarbeit und High-Tech, in: SZ, 15.1.1993.

18 Klonovsky/von Flocken (1993).

19 Joachim Nawrocki, Die Schrecken der Vergangenheit. Viele wußten, niemand redete von den Internierungslagern nach 1945, in: Die Zeit,

6.4.1990; Massengräber im früheren Lager Sachsenhausen entdeckt, in: FAZ, 3.8.1992. Vgl. auch Götz Aly, Das Ende der Antifaschistischen Amtskirche, in: taz, 13.7.1990.

20 So die m.E. auch hier sehr stimmige Wahrnehmung und Darstellung von Bernd Eichmann, Was bleibt? Das Bild des Leichenkellers... In Sachsenhausen bei Oranienburg wird KZ-Alltag faßbar wie nirgends sonst in Deutschland, in: Das Parlament, 5.6.1992. Daraus auch die folgenden Zitate.

21 Ministerium für Wissenschaft, Forschung und Kultur des Landes Brandenburg (1992a), S. 23 ff.

22 Michaela Schießl, Brandstifter von Sachsenhausen gefaßt, in: taz, 3.4.1993; Annette Rogalla, Sachsenhausen-Urteil kassiert, in: taz, 1.9.1994.

23 Auch zum folgenden: Ute Frings, Schöner wohnen am KZ? in: FR, 17.3.1993; Lutz Göllner, Blick zurück – Schritt nach vorn, in: SZ, 24.3.1993. Stadt Oranienburg (Hg.), Gutachterverfahren. Urbanisierung des Geländes der ehemaligen SS-Kaserne Oranienburg. Dokumentation, Oranienburg 1993; Denkmalschutz-Antrag für den Gesamtlagerkomplex und Schreiben Dr. Morsch an den Verf. vom 4.4.1995.

24 Ulrike Helwerth, Sonderangebote neben der KZ-Gedenkstätte, in: taz, 6.7.1991.

25 Buber-Neumann (1978). Zur Lagergeschichte jetzt vor allem: Füllberg-Stolberg (1994), Arndt (1993).

26 Bernd Eichmann, Noch immer Totenasche auf dem Grund des Schwedtsees, in: Das Parlament, 3.4.1992; Ulrike Helwerth, Gewürdigt wurden nur die Kommunistinnen. in: taz, 26.10.1990; aus der Sicht der damaligen DDR: Litschke (1985).

27 Für die nachfolgenden Zitate vgl.: Geschäfte auf Massengräbern?, in: Hamburger Abendblatt, 19.7.1991; Dramatische Szenen in Ravensbrück, in: taz, 22.7.1991; Ulrike Helwerth, Arbeitsplätze gegen Tote, in: taz, 23.7.1991.

28 Siehe Marlies Menge, Gegen den Rest der Welt, in: Die Zeit, 26.7.1991; Ulrike Helwerth, Arbeitsplätze. Daß angesichts ihrer eigenen Versäumnisse und der »Gnade der richtigen Geographie« die Westdeutschen keinen Anlaß zur Schelte hatten, hob pointiert Karl-Heinz Janßen hervor: Ravensbrück überall. Ein deutsches Lehrstück, in: Die Zeit, 26.7.1991.

29 Auch zum folgenden: Anita Kugler, »Gemütliches Wohnen im KZ«, in: taz, 1.6.1994.

30 Ministerium für Wissenschaft, Forschung und Kultur des Landes Brandenburg (1992a), S. 37ff. Vgl. auch: Bernd Faulenbach, Von der Gegenwärtigkeit des Vergangenen, in: Tagesspiegel (Berlin), 7.2.1993.

31 So einmal mehr die sensible Berichterstattung von Bernd Eichmann, Noch immer Totenasche, in: Das Parlament, 3.4.1992.

32 Andreas Schneider, Alles Opfer, oder was?, in: taz, 1.12.1994.

33 Grundlegend dazu Marcuse (1990) und (1992). Vgl. auch Young (1993), S. 60ff. und Blohm (1993).

34 Vgl. dazu vor allem die Beiträge in: Benz/Distel (Hg.) (1985/1993).

35 Klaus Bachmann, Verjagte Schwestern. Kommt zurück, in: taz 14.5.1994. Dieser Streit hat auch die Vorbereitung zum 50. Jahrestag des Warschauer Ghettoaufstandes erheblich belastet; vgl. Klaus Bachmann, Wiedergänger im Gedenken, in: taz, 17.4.1993.

36 Dazu und zum folgenden: Benedikt Erenz, Unser Dachau, in: Die Zeit, 30.6.1989.

37 Jochen Gerz: Exit. Materialien zum Dachau-Projekt (Faltblatt, Ausstellung Neuer Berliner Kunstverein 1974; Ausstellung Lenbachhaus München 1977).
38 Gottfried Knapp, Peinliche, peinigende Doppeldeutigkeit, in: SZ, 12. 10. 1977.
39 Zit. nach und vgl. auch zum folgenden: Peter Fahrenholz, Gewiß muß erinnert werden, aber warum jetzt und hier?, in: FR, 7. 12. 1994; Waltraud Taschner, Differenzen über die Zukunft der Gedenkstätte Dachau, in: Bayerische Staatszeitung, 14. 10. 1994. Vgl. auch Arbeitskreis Zukunft der Gedenkstätte, Erinnerung für die Zukunft. Eine Dokumentation zu Gegenwart und Zukunft der KZ-Gedenkstätte Dachau, Dachau 1994 (Neuaufl. 1995).
40 Puvogel (1987), S. 393 ff.; Eichmann (1986²), S. 41 ff.; Kolb (1986²); Gedenkstätte Bergen-Belsen (Hg.) (1990): Begleitheft zur Ausstellung. Hannover.
41 »Israel und die Welt seien daran erinnert, daß im Konzentrationslager Bergen-Belsen 30 000 Juden durch die Hände der mörderischen Nazis ausgerottet wurden. Erde, verdecke nicht das Blut, das auf dich vergossen wurde!« (Am ersten Jahrestag der Befreiung, dem 15. 4. 1946). Texte und Übersetzungen nach Puvogel (1987), S. 395 f.
42 Eckart Spoo, Bergens Bürger wollen nicht an Anne Frank erinnert werden, in: FR, 15. 7. 1985; Hans Jakob Ginsburg, »Laß« das mit der Anne Frank«, in: Die Zeit, 19. 7. 1985.
43 Zit. nach: Dietrich Strothmann, Heide drüber und mal ein Kreuz. Begegnungen in Bergen-Belsen, in: Die Zeit, 20. 12. 1985.
44 Celler Sonntags-Kurier, 5. 8. 1990.
45 Vgl. insbesondere die eindringlichen Beiträge von Dietrich Strothmann, Heide drüber, in: Die Zeit, 20. 12. 1985 und Wolfgang Stenke, Ein Inferno des Sterbens. das Konzentrationslager Bergen-Belsen, in: FR, 20. 4. 1985.
46 Gabriele Goettle, Bergen-Belsen. Deponie für Kranz und Würde, in: taz, 31. 7. 1989 (jetzt auch in: dies., 1993, S. 170 ff.).
47 Zit. nach: Gutachten der Sachverständigenkommission (Leitung Eberhard Kolb) (1987): Zur Neugestaltung der Gedenkstätte Belsen(!). Hektogr. Text. Hannover. S. 22.
48 Siehe auch Barbara Groneweg, Symbol der Schuld und Schande, in: Stuttgarter Zeitung, 3. 2. 1960; Josef Schmidt, Wo einst die Unmenschlichkeit regierte..., in: SZ, 3. 2. 1960.
49 »Damit der Blick frei auf den Gräbern ruhen kann.« Der Wortlaut der Rede des Bundespräsidenten im ehemaligen Konzentrationslager Bergen-Belsen, in: FAZ, 28. 4. 1965.
50 Vgl. dazu ebenfalls das Gutachten der Sachverständigenkommission zur Neugestaltung der Gedenkstätte.
51 Die Gedenkstätte in Bergen-Belsen umfaßt nur die Hälfte des KZ-Geländes, in: Hannoversche Allgemeine Zeitung, 26. 4. 1990; Möglichkeiten nicht genutzt, in: Cellesche Zeitung, 20. 4. 1990.
52 Vgl. Lévy-Hass (1982), Laqueur (1983).
53 Sington (1948), S. 17 und 34 f.
54 Sie wurde von Peter Wiebke recherchiert, der auch das Tagebuch von Renata Laqueur ins Deutsche übertragen hat. Vgl. Dokumentation Pressearchiv Gedenkstätte Bergen-Belsen, 15. 7. 1990.
55 Vgl. Geburtsort: KZ Bergen-Belsen, in: Weser-Kurier, 24. 3. 1988.

56 Mark Krümpel, »Ein Gefühl, als ob alles gestern war« Spuren deutscher Geschichte sichern, in: Cellesche Zeitung, 2.9.1993.
57 Vgl. insbesondere: Eiber (1987), Garbe (1983). Zum folgenden vor allem: Bringmann/Roder (1987); soweit nicht anders angegeben daraus auch die nachfolgenden Zitate.
58 Zit. nach: Eiber (1987), S. 70.
59 Zur Geschichte des Lagers: Eiber (1990), Kaienburg (1990).
60 Karsten Plog, in: FR, 19.10.1981.
61 Vgl. auch zum folgenden Dorothee Hackenberg, Stilles Gedenken am »Ehrenmal«, in: taz, 16.10.1990; ferner Viola Roggenkamp, Den »Fluch« schnell vergessen, in: Die Zeit, 6.1.1989.
62 Vgl. Empfehlungen der Kommission KZ-Gedenkstätte Neuengamme (1993), Bürgerschaft der Freien und Hansestadt Hamburg, Drcks. 14/3875 vom 6.4.93 und die unveröffentlichte Dokumentation (1994): Zur Neugestaltung der KZ-Gedenkstätte Neuengamme. Die Beratungen der Senatskommission und ihr Echo in Politik und Presse. Hamburg.
63 Stellungnahme der CDU in der Kommission zur Neugestaltung der KZ-Gedenkstätte Neuengamme. Bürgerschaft der Freien und Hansestadt Hamburg, Drcks. 14/3875, S. 6f. Vgl. auch Bergedorfer Zeitung, 28.5.1993. Siehe außerdem: Bericht des Kulturausschusses über die Drcks. 14/3875, Bürgerschaft, Drcks. 15/1508 vom 30.6.1994.
64 Vgl. Freie und Hansestadt Hamburg, Staatliche Pressestelle (Hg.) (1994): Mitteilung des Senats an die Bürgerschaft, Bürgerschaft der Freien und Hansestadt, 15. Wahlperiode, Drcks. 15/2246 vom 22.11.1994.
65 Vgl. zum folgenden: »Beteiligung des Bundes an Mahn- und Gedenkstätten« (Öffentliche Anhörung von Sachverständigen in der Gedenkstätte Sachsenhausen am 7.3.1994), 91. Sitzg. des Innenausschusses des Deutschen Bundestages (Tonbandabschrift) und Verhandlungen des Deutschen Bundestages, 12. Wahlp., 120. Sitzg. am 12.11.1992, Stenograph. Ber., Bd. 164, Bonn 1992, S. 10167ff. und 205. Sitzg. am 20.1.1994, Stenograph. Ber., Bd. 166, Bonn 1994, S. 17722ff. sowie Beschlußempfehlung und Bericht des Innenausschusses, Dt. Bundestag, 12. Wahlp., Drcks. 12/7884 vom 15.6.1994. Dazu auch Anita Kugler, Im Clinch ums Interpretationsmonopol, in: taz, 7.3.1994.
66 Améry (1966), S. 127f. Vgl. auch die einfühlsame, schöne Würdigung von Hartmut Diessenbacher, Das Leben vom Tode her. Der Gaskammer entkommen, durch eigene Hand gestorben: Erinnerung an Jean Amery, in: FAZ, 12.12.1992.
67 Koch (1992), S. 237.

4.
Berlin: Die Hauptstadt als zentraler Gedächtnisort

1 Zit. nach: Klaus Hartung/Kuno Kruse, Der Bär ist los, Berlin – Metropole ohne Maß und Mitte, in: Die Zeit, 13.4.1990.
2 Zit. nach Joachim Nawrocki, Die Mauer in den Herzen, in: Die Zeit, 31.1.1992. Siehe auch Johann Jakob Häßlin, Berlin 1971, S. 23 und passim.
3 Klaus Hartung, Die Baustelle Wiedervereinigung, in: Die Zeit, 1.10.1993.

4 Karl Schlögel, Berlin – der dritte deutsche Zustand, in: FAZ, 17.2.1990.
5 Vgl. vor allem: Abgeordnetenhaus von Berlin (1993), Aktives Museum (1990), Adam (1992); Detlev Lücke, Unter Berufung auf die Geschichte: Streit und nochmals Streit, in: Das Parlament, 2./9.9.1994; Gabriele Riedle, Eichenlaub und Mördergrube. Wie ratlos Berlin mit dem schwierigen Erbe umgeht, in: Die Woche, 16.12.1994. Zur Lesbarkeit im Gedächtnis der Metropole vgl. jetzt vor allem das eindrucksvolle, schöne Buch von Stierle (1993), bes. S. 12ff.
6 Kurt W. Forster, Berliner Balance, in: Die Zeit, 21.1.1994; ferner: Manfred Sack, Aber jetzt! Berlin braucht eine Stadtbaudirektion und eine unabhängige Planungsgesellschaft, in: Die Zeit, 9.11.1990. Siehe auch das Schwerpunktheft (1994): Von Berlin nach Neutonia, Arch – Zeitschrift für Architektur und Städtebau, Nr. 122; sowie die eindringlichen Beiträge in der Denkschrift der Akademie der Künste: Zur historischen Mitte Berlins, Berlin 1992 und in Engel/Ribbe (1993).
7 Schon Jahre vor dem Mauerfall schrieb Benedikt Erenz über diese: Berliner Adressen. Wo Himmler und Heydrich verfügten, Eichmann plante, Freisler richtete. Ein Weg durch die Ruinen des deutschen Alptraums, in: Die Zeit, 28.11.1986.
8 Vgl. dazu die verschiedenen Artikel: Stile des Erbens, in: FAZ, 16.4.1994.
9 Vgl. dazu vor allem die Beiträge von Hein (1990) und Tscheschner (1990).
10 Durth (1992), S. 17.
11 Reichhardt/Schäche (1985).
12 Benjamin (1987). Siehe auch Reinhard Alings, Die standhafte Else, in: Die Zeit, 16.3.1990 und Eichmann (1994), S. 275ff.
13 Herding/Mittig (1975).
14 Vgl. Mittig (1988a).
15 Reichhardt (1985), S. 55f. Siehe auch Preiß (1989).
16 Vgl. zum folgenden die vorzügliche Darstellung und Dokumentation von Schäche (1991), in der sich auch zahlreiche Hinweise auf spätere bauliche Veränderungen und Nutzungen finden.
17 Mittig (1988a), S. 28 und weitere Verweise dort.
18 Vgl. Kreuter/Hoffmann (1985).
19 Vgl. zum folgenden: Hoffmann (1985).
20 Rittich (1938) und zit. nach Schäche (1991).
21 Schäche (1991), S. 241ff.
22 Ebd., S. 266ff.
23 Ebd., S. 437ff.
24 Ebd., S. 441ff.
25 Vgl. dazu besonders Machule (1985).
26 Vgl. Schäche (1984) und Mittig (1988a).
27 Wolf Jobst Siedler, Anstößige Athleten. Überflüssige Diskussion: Die Skulpturen des Olympiageländes, in: FAZ, 12.1.1990
28 Hilmar Hoffmann, Einstürzende Altbauten. Eine Replik auf Wolf Jobst Siedler, in: SZ, 23./24.1.1993.
29 Buddensieg (1993). Vgl. auch das Gespräch von Hans-Hermann Kotte und Hans Monath mit dem Berliner Denkmalpfleger Jörg Haspel: Künstlerische Entnazifizierungsversuche zur Rettung der »Jahrtausendspiele«, in: taz, 27.1.1993; Hoffmann (1993), bes. S. 161ff. Über die architektur- und

skulpturgeschichtlichen Aspekte informieren eingehend Bettina Güldner u. Wolfgang Schuster, Das Reichssportfeld, in: Skulptur und Macht, Berlin 1983, S. 37 ff. (Ausstellungskatalog/Akademie der Künste).

30 Vgl. zum folgenden besonders Bien (1984).

31 Vgl. auch Krüger (1972).

32 Sie trug zuvor den Namen »Dietrich Eckart«, Mentor Hitlers, Erfinder des NS-Kampfrufes »Deutschland erwache« und erster Hauptschriftleiter des *Völkischen Beobachter*.

33 Vgl. Iden (1979), S. 192 ff., und von Becker (1978).

34 Severin Weiland, Seelenschichten freigelegt, in: taz, 22.7.1992; Hanns C. Löhr, Düstere Bunker der Geschichte, in: FAZ, 13.11.1993; Gabriele Riedle, Eichenlaub und Mördergrube, in: Die Woche, 16.12.1994. Zur politik- und architekturgeschichtlichen Bedeutung der ehemaligen Reichskanzlei grundlegend: Schönberger (1981).

35 Vgl. Edith Heller, Die Wolfsschanze als Touristenattraktion, in: FR, 3.8.1992; Janusz Tycner, Schauplatz Wolfsschanze, in: Die Zeit, 24.6.1994; Hanna Rheinz, Ortsbesichtigung, in: Die Zeit, 4.12.1992.

36 Vgl. Bräutigam / Silbereisen (1989).

37 Vgl. Frankenberg, Günter / Müller, Franz J. (1983): Juristische Vergangenheitsbewältigung – Der Volksgerichtshof vorm BGH, in: Kritische Justiz 16, S. 145 ff.; Friedrich, Jörg (1983): Freispruch für die Nazi-Justiz. Die Urteile gegen NS-Richter seit 1948. Eine Dokumentation, Reinbek; Vhdl. Dt. BT., Stenogr. Berichte, 10. Wahlp. (1985), S. 8761 ff. und Drcks. 10/2368.

38 Vgl. Kreuzer (1989).

39 Vgl. Schönfeld (1993). Siehe auch Klee (1986).

40 Vgl. dazu Haase (1990), Schönfeld (1993), S. 59 f.

41 Bundesminister der Justiz (1989). Vgl. auch Wassermann (1994).

42 Karl Markus Michel, Die Magie des Ortes. Über den Wunsch nach authentischen Gedenkstätten und die Liebe zu Ruinen, in: Die Zeit, 11.9.1987.

43 Vgl. Tuchel (1992); siehe auch: Bilang (1992) und Eberhard Jäckel, Die Konferenz am Wannsee, in: Die Zeit, 17.1.1992.

44 Abgeordnetenhaus von Berlin, 12. Wahlperiode, Drcks. 12/236, S. 3.

45 Anita Kugler, Die Täter sind der Hölle entstiegen, in: taz, 23.1.1992.

46 Ausdrücklich heißt es in der Senatsvorlage, daß die »Großfotos und Dokumente« durch »sparsamen Kommentar« erläutert werden sollen. Im übrigen ist davon die Rede, daß sich diese Ausstellung »gegenwartsbezogen der Lebenswelt der heutigen Generation« zuwenden soll. Das aber geschieht nicht. Denn weder werden Opfer- und Täterbiographien über 1945 hinaus dokumentiert und erläutert, noch wird dargestellt und erklärt, daß und warum es Antisemitismus auch 1945 gibt, in Deutschland und weltweit. Mit einer Ausnahme: das letzte Bild der Ausstellung zeigt die Grabschändung eines jüdischen Friedhofes – aus dem Jahr 1960.

47 Vgl. den eindringlichen Kommentar von Ingrid Strobl, Vernichtung ohne Vernichter, in: Konkret 5/1992, S. 45 ff.

48 Vgl. Schoenberner (1992), Tuchel (1992), S. 149 ff., Heilmann (1989).

49 Denkmal der Schande, in: Christ und Welt, 1.12.1967.

50 The Times, 20.1.1992.

51 Schönfeld (1993), S. 172.

52 Vgl. Bodo Baumunk, Die Wilhelmstrasse, in: Die Zeit, 18. 10. 1991 und ders. (1989), S. 330 ff.
53 Siehe zum folgenden vor allem Rürup (1993), Aktives Museum (1985), Dokumentation Offener Wettbewerb Berlin (1985), Südliche Friedrichstadt. Gestaltung des Geländes des ehemaligen Prinz-Albrecht-Palais; Internationale Bauausstellung Berlin (1987), Neue Gesellschaft für Bildende Kunst (1987), Akademie der Künste (1983), Endlich (1988) und (1990), Triebel (1994).
54 Vgl. Manfred Sack, Wohin mit dem goldenen Ei?, in: Die Zeit, 7. 6. 1985.
55 Vgl. Robert Frank, Warnung an die Mörder von heute, in: Die Zeit, 12. 10. 1990; Benedikt Erenz, Der Ort, der stört, in: Die Zeit, 2. 9. 1988.
56 Senatsverwaltung (1993); vgl. auch: Topographie des Terrors, in: Daidalos 49 (1993), S. 450 ff.
57 Dieter Hoffmann-Axthelm, Ein Niemandsland, das nur der Geschichte gehört, in: FAZ, 20. 1. 1993.
58 Vgl. zum folgenden Wippermann (1982), Berlinische Galerie (1988).
59 So Mario Offenberg, in: Berlinische Galerie (1988), S. 55. Vgl. auch Sembritzki (1987).
60 Zit. nach Spielmann, in: Berlinische Galerie (1988), S. 20.
61 Zur Architekturgeschichte: Schwarz (1968), S. 265 ff. u. S. 312 f. Siehe auch Reissig (1985).
62 Vgl. zum folgenden Simon (1992); ferner: »Und lehrt sie: Gedächtnis!« (1988): Katalogbuch zur Ausstellung des Ministeriums für Kultur und des Staatssekretärs für Kirchenfragen in Zusammenarbeit mit dem Verband der Jüdischen Gemeinden in der DDR zum Gedenken an den faschistischen Novemberpogrom vor fünfzig Jahren, Berlin. Darin auch der Beitrag von Heinz Knobloch über den »beherzten Reviervorsteher« Wilhelm Krützfeld, S. 62 ff.
63 Zit. nach Spielmann, in: Berlinische Galerie (1988), S. 23.
64 Vgl. Anita Kugler, Gedenkstätte im Grunewald, in: taz, 22. 10. 1994.
65 Vgl. zum folgenden: Knothe (1987) und Roik-Bogner (1994).
66 Siehe zum folgenden besonders: Melcher (1986); er hat diesem Friedhof ein – bildlich wie textlich gleichermaßen eindringliches – Denkmal gesetzt. Vgl. auch Brocke u. a. (1994), S. 157 ff.; sowie Nachama / Simon (1992), Etzold u. a. (1988).
67 Wie P.T. (= po tuman) oder P.N. (= po nikbar), was soviel heißt wie: hier ist verborgen, hier ist begraben.
68 Scholem (1970), S. 8.
69 Melcher (1986), S. 91 ff.
70 Ebd., S. 98
71 Es ist das Verdienst von Martin Schönfeld und des Aktiven Museums Berlin als Herausgeber, in zwei Dokumentationen überaus informative Einblicke in den Gedächtnisort Berlin gegeben zu haben: (1991) und (1993).
72 Scholem (1970), S. 22.
73 Auch im kritisch-distanzierten Umgang mit dieser Rechtspartei fällt immer wieder die unkritische Verwendung der irreführenden Selbstbezeichnung dieser Partei auf, als würden deren Anhänger / Mitglieder sich mit einer republikanischen, also universalen Rechts- und Wertordnung identifizieren. Vgl. die eindringliche Aufklärungs- und Streitschrift von Oberndörfer (1993).
74 Vgl. Anita Kugler, Ein Denkmal empört Berliner Provinzpolitiker, in: taz, 20. 5. 1994.

75 Vgl. Eike Geisel, Lebensbriefe von toten Juden, in: Junge Welt, 14. 5. 1994; Anita Kugler, Ein Yad Vashem in Berlin Mitte, in: taz, 25. 4. 1994. Vgl. jetzt Bürgerinitiative Perspektive Berlin (Hg.), Ein Denkmal für die ermordeten Juden Europas. Dokumentation 1988–1995, Berlin 1995.
76 Rudolf Kraft, In trennendem Gedenken, in: Die Zeit, 24. 7. 1992.
77 Vgl. dazu: Aktives Museum (1990) und Adam (1992), S. 10 ff.
78 Vgl. Jochheim (1993), Stoltzfus (1994) und ders., »Jemand war für mich«. Der Aufstand der Frauen in der Rosenstraße, in: Die Zeit, 21. 7. 1989.
79 Siehe Jochheim (1993), S. 178 ff.
80 Vgl. Schönfeld (1991), S. 11 ff.
81 Siehe Heinrich August Winkler, Marx bleibt Marx, in: FAZ, 25. 6. 1994; Otto Köhler, Der doppelte Winkler, in: Die Zeit, 1. 7. 1994.
82 Abgeordnetenhaus von Berlin (1993).
83 Siehe Kettenacker (1994).
84 Vgl. zum Hilfswerk: Toyka-Seid (1994).
85 Schönfeld (1993), S. 22 f.
86 Zu Rittmeister siehe: Brecht u. a., Hg. (1985), bes. S. 170 ff. und Lohmann (1984).
87 Steinbach (1994a), S. 171.
88 Puvogel (1987), S. 178.
89 Schönfeld (1993), S. 11 f.
90 Zum folgenden Damus (1974); vgl. auch Tümpel u. a. (1992), S. 87 ff. und 179 ff.
91 Scharf (1984), S. 312.
92 Vgl. Bushart (1989).
93 Zur Geschichte und Vorgeschichte der heutigen ständigen Widerstandsausstellung: Steinbach (1994a).
94 Steinbach (1994a), S. 175.
95 Vgl. Steinbach (1994a), S. 177 ff. und Ringshausen (1994).
96 Vgl. dazu neben Nipperdey (1968), Mittig / Plagemann (1972), Lurz (1987) neuerdings: Nationaldenkmale 1790–1990. Ausstellungskatalog hg. vom Sekretariat für kulturelle Zusammenarbeit nichttheatertragender Städte und Gemeinden in NRW. Bielefeld 1993.
97 Zum folgenden vor allem Lurz (1987), S. 81 ff.; Rolf Zundel, Besser kein Denkmal? in: Die Zeit, 15. 11. 1985; Schulz (1993).
98 Siehe dazu vor allem Stölzl (1993), Akademie der Künste (1993), Büchten / Frey (1993). Noch aus DDR-Sicht: Demps (1988).
99 So Thomas E. Schmidt in: FR, 16. 8. 1993.
100 So treffend Reinhart Koselleck, Stellen uns die Toten einen Termin? in: FAZ, 23. 8. 1993 (wieder abgedr. in: Akademie der Künste, 1993, S. 27 ff.) Vgl. auch das Interview von Andrea Seibel und Siegfried Weichlein mit Reinhart Koselleck, »Mies, mediokker und provinziell«, in: taz, 13. 11. 1993.
101 Vgl. zum folgenden Tietz (1993) und Demps (1988), S. 126 ff.
102 Kracauer (1990).
103 Vgl. Frey (1993) und Zimmerhof (1981).
104 Ein Reichsehrenmal war anderswo geplant, kam aber nicht zustande; vgl. dazu Lurz (1987), S. 43 ff. Hitler hat nach dem Tod Hindenburgs 1935 das Tannenberg-Denkmal zum Reichsehrenmal erklärt.
105 Vgl. dazu beispielsweise das Gespräch in der Akademie-Galerie im Marstall am 24. 3. 1993, in: Akademie der Künste (1993), S. 55 ff.

106 Mittig in: ebd., S. 79 ff.
107 Siehe Dolff-Bonekämper (1993).
108 Vgl. zum folgenden vor allem: Lurz (1987), S. 81 ff.
109 Beteiligt waren das Deutsche Rote Kreuz, der Bund der Vertriebenen, der Zentralverband demokratischer Widerstandskämpfer und Verfolgtenorganisationen, der Verband der Kriegs- und Wehrdienstopfer, Behinderten und Sozialrentner, der Reichsbund der Kriegsopfer, Behinderten, Sozialrentner und Hinterbliebenen, der Deutsche Bundeswehrverband, der Ring Deutscher Soldatenverbände, der Verband der Heimkehrer, Kriegsgefangenen und Vermißtenangehörigen und nicht zuletzt der Volksbund Deutsche Kriegsgräberfürsorge als federführender Verband.
110 Vgl. zum Ganzen: Helmut Dahmer, Die Sinngebung des Sinnlosen. Pietät und Weihe fördern falsche Trauer, in: Die Zeit, 26.10.1984; Günter Bannas, Zum Gedenken an die Opfer der Gewalt-jedweder Gewalt!, in: FAZ, 3.9.1985; Rolf Zundel, Besser kein Denkmal, in: Die Zeit, 15.11.1985.
111 Verhandlungen d. Dt. Bundestages, Protokolle 10/214, S. 16460 ff.
112 Die SPD-Bundestagsfraktion hatte Anfang Juli 1985 in der Hessischen Landesvertretung eine Anhörung zum Thema veranstaltet. Vgl. Freimut Duve (Hg.), Materialien der Arbeitsgruppe Kunst und Kultur der SPD-Fraktion, Protokoll vom 3.7.1985.
113 Verhandlungen d. Dt. Bundestages, Drcks. 10/4521 v. 11.12.1985.
114 Vgl. Aktives Museum, Mitgliederrundbrief Nr. 24/1993 mit einem umfangreichen Pressespiegel.
115 Ende Juni 1993 fand ein SPD-Colloquium zur Neuen Wache statt (vgl. SPD-Bundestagsfraktion, Pressemitttteilung Nr. 1592 vom 29.6.1993) und eine öffentliche Anhörung des Innenausschusses (vgl. Dt. Bundestag, 12. Wahlp., Innenausschuß, Protokoll Nr. 68 v. 28.6.1993).
116 So in einem Gespräch mit Thomas Fechner-Smarsly, Menschelnde Männersentimentalität, in: taz, 13.11.1993.
117 Reinhart Koselleck, Stellen uns die Toten einen Termin? In: FAZ, 23.8.1993.
118 Vgl. Wolf Jobst Siedler, Wo Preußen am preußischsten war, in: Die Zeit, 26.11.1993; Tilmann Buddensieg, Trauerspiel am Trauermal, in: FAZ, 27.11.1993; Julius Posener, Zurück zum Einmaligen, in: Die Zeit, 18.10.1993.
119 Vgl. Gem.Min.bl. 37/1986, Nr. 8, 14.3.1986, S. 149.
120 Vgl. Stölzl (1988), S. 646. Dieser Band dokumentiert auch die kontroverse Debatte um beide Geschichtsmuseen bis 1987.
121 Vgl. Sheehan (1990), S. 277 ff.
122 Die Auseinandersetzung um die historischen Museen in Bonn und Berlin während der achtziger Jahre ist selbstverständlich auch im Hinblick auf den Umgang mit der NS-Zeit aufschlußreich. Insofern diese aber dort jeweils nur ein – wenn auch bedeutsames – Thema unter sehr vielen ist, werden beide Museumsprojekte hier nur mehr skizzenhaft vorgestellt. Umfassender informieren Stölzl (1988), Schäfer (1988).
123 Korff/Roth (1990), S. 11 ff.; Hummel/Berger (1988). Siehe auch Kuhn/Schneider (1978), Schwencke (1986), Gerstenberger/Schmidt (1987), Rüsen u. a. (1988).
124 FAZ, 6.10.1983.
125 Carl Heinrich Meyer, Armes reiches Land. Anmerkungen zur Idee

eines Historischen Museums und zur Ausstellung »Vierzig Jahre Bundesrepublik«, in: SZ, 1./2.4.1989.
126 Vgl. Anhörung der SPD-Bundestagsfraktion zum Haus der Geschichte der Bundesrepublik Deutschland, Protokoll vom 9.5.1984, Materialien der Arbeitsgruppe Kunst und Kultur, Bonn 1984.
127 Vgl. Schäfer (1988), S. 27 ff.
128 Die Republik wird besichtigt, in: Rheinischer Merkur, 10.6.1994.
129 Patrick Bahners, Glück unter Glas, in: FAZ, 15.6.1994.
130 Angelika Storm-Rusche, Eine neue Architekturkonzeption, in: Das Parlament, 10.6.1994.
131 Holger Becker in: Neues Deutschland, 17.6.1994.
132 Christian Thomas in: FR, 16.6.1994.
133 Christian Semler, Wie Kohl Geschichte schreiben läßt, in: taz, 15.6.1994.
134 Johannes Willms, Die Vorleibe des Kanzlers fürs Hambacher Fest, in: SZ, 16.6.1994.
135 Benedikt Erenz, BRD ab 6, in: Die Zeit, 24.6.1994.
136 Vgl. Tom Bower, Von Dachau zum Mond, in: Die Zeit, 8.5.1987; Bode/Kaiser (1995).
137 FAZ, 10.12.1994.
138 Bernhard Schulz, Dilemma in der Dampfmaschine, in: Der Tagesspiegel, 16.12.1994; Ingeborg Ruthe, »Fritzige« Stimmung, aber kaum Pathos, in: Berliner Zeitung, 16.12.1994; Restlos abgeräumt, in: Der Spiegel, 12.12.1994.
139 Vgl. etwa Stephan Speicher, Dämonen vom Dachboden, in: FAZ, 19.12.1994; Berthold Seewald, Vertrauen auf die Erzählkraft des Objekts, in: Die Welt, 16.12.1994
140 Rüdiger Schaper, Der Zufall regiert, in: Süddeutsche Zeitung, 17.12.1994; einmal mehr voller Spott Benedikt Erenz, Antiquitätenhaus Stölzl; in: Die Zeit, 23.12.1994.
141 Joachim Rogge, Geschichte im Häppchenformat, in: Stuttgarter Zeitung, 28.12.1994; Christian Semmler, Deutschland, Deutschland unter anderem, in: taz, 19.12.1994.
142 Speicher, Dämonen, FAZ, 19.12.1994.
143 So Roland H. Wiegenstein, Die Verwandlung von Mordwerkzeug ins Kunstschöne, in: FR, 29.3.1994. Vgl. demgegenüber den diese Verwandlung bloß referierenden Bericht von Camilla Blechen, Preußens Waffenruhm, in: FAZ, 19.5.1994.
144 Der nicht als Katalogbuch konzipierte Sammelband von James E. Young (1994) versucht allerdings, neben künstlerischen Profilen auch nationale Denkmaltraditionen typologisierend zu thematisieren. Anders etwa als die vom DHM geplante, dann aber nach Protest der jüdischen Gemeinde abgesagte Hoffmann-Hitler Ausstellung fanden die »Mahnmale des Holocaust« keine übermäßige Beachtung in der Presse und schon gar keine kontroverse. Vgl. Jens Jessen, Mahnmale im Vergleich, in: FAZ, 12.10.1994; Bernhard Schulz, Die Kunst der Erinnerung, in: Der Tagesspiegel, 13.9.1994; Mariam Niroumand, Drama der Erinnerung, in: taz, 17.9.1994 und für die auch in München gezeigte Ausstellung: Eva-Elisabeth Fischer, Nach dem Erinnern, in: SZ, 14.12.1994 – sie alle bemerkten das politische Defizit dieser Ausstellung nicht oder wollten es nicht bemerken.

145 Gisela Völger, 36000 qm Geschichte, in: Die Zeit, 23.10.1987.
146 Thomas Köstlin, Die Kulturpflege des Bundes – das Beispiel des »Deutschen Historischen Museums« in Berlin, in: Deutsches Verwaltungsblatt vom 1.3.1986; wieder abgedr. in: Stölzl (1988), S. 288 ff. Vgl. dagegen: Sieghardt v. Köckritz, Der Bund und die Museen, in: Preiß/Stamm/Zehnder (1990), S. 39 ff.
147 Vgl. Hans Mommsen, Zum Projekt eines »Deutschen Historischen Museums« in West-Berlin, in: Geschichtsdidaktik. Probleme, Projekte, Perspektiven, 3/1986, wieder abgedr. in: Stölzl (1988), S. 296 ff. und ders. (1986), S. 13 ff. Vgl. auch dessen Redebeiträge in der Anhörung der SPD-Bundestagsfraktion zum Deutschen Historischen Museum, Protokoll vom 2.7.1986, (Materialien der Arbeitsgruppe »Kunst und Kultur« der SPD-Bundestagsfraktion, hrsg. v. Freimut Duve, Bonn 1986).
148 Jürgen Habermas (1987), S. 49; wieder angedr. in Stölzl (1988), S. 336 ff.
149 In: Anhörung der SPD-Bundestagsfraktion zum DHM Berlin, Protokoll vom 2.7.1986 (Materialien der Arbeitsgruppe »Kunst und Kultur« der SPD-Bundestagsfraktion, hrsg. v. Freimut Duve), Bonn 1986, S. 132.
150 Benedikt Erenz, Die Berliner GAA, in: Die Zeit, 5.5.1989; vgl. auch Gabriele Riedle, Jahresetat: 20 Millionen, in: Die Zeit, 3.10.1991.
151 Völger, 36000 qm Geschichte, in: Die Zeit, 23.10.1987.
152 Dieter Hoffmann-Axthelm, Geschichte ohne Ort und Schatten. Deutsches Historisches Museum in Berlin, in: Geschichtswerkstatt Berlin (Hg.), Die Nation, S. 59 f. Die konzeptionellen Streitfragen des historischen Museums können hier nicht diskutiert werden; vgl. Korff/Roth (1990), Rüsen (1988 und 1988a).
153 Vgl. dazu die verschiedenen Beiträge, Modellphotos und Konstruktionszeichnungen in Daniel Libeskind, Erweiterung des Berlin Museums mit Abteilung Jüdisches Museum, hrsg. von Kristin Feireiss, Berlin 1992 (Ausstellungskatalog).
154 Ebda., S. 57 ff. Vgl. auch die schöne Würdigung des Zürcher Kunsthistorikers Kurt W. Forster (1992).
155 Daniel Libeskind hat über Motive und Hintergrund seines Streits mit dem Senatsbaudirektor und dem Verfechter der »neuen Einfachheit«, Vittorio Lampugnani, in mehreren Interviews Stellung genommen; vgl. »Es tut mir leid, daß ich höflich war«, in: Rhein. Merkur, 7.10.1994; Steingewordene Erinnerung an Deutschlands Juden, in: Die Weltwoche, 8.9.1994; Daniel Libeskind, Ein Ruf nach Ordnung, in: Konkret, 1.8.1994; vgl. auch Lore Ditzen, Städtebau gegen den Strich, in: SZ, 24.11.1994 und SZ, 5.8.1994.
156 Vgl. das Gespräch zwischen Mariam Niroumand und Amnon Barzel: 2000 Jahre altes Modell: in: taz, 23.1.1995; außerdem: Eine optimistische Sache, in: Die Woche, 22.9.1994.
157 Vgl. Andreas Nachama/Gereon Sievernich (Hg.), Jüdische Lebenswelten. Katalog, Berlin 1991, S. VII; für das Interview: taz, 31.1.92; vgl. auch die Ausstellungskritik von Gabriele Goettle, in: taz, 27.1.1992.
158 Vgl. »Museum einer untergegangenen Rasse«, in: Der Spiegel, 14.11.1988.

5.
Gedenktage: Kalendarische Erinnerung und politische Skandale

1 Ekkehard Klausa, Die Kunst, Staat zu machen. Über die unbeholfene Repräsentation unserer Demokratie, in: SZ, 23. / 24. 4. 1988. Grundlegend dazu weiterhin: Edelman (1976). Außerdem: Voigt (1989), Gauger / Stagl (1992), Ehlich (1991).
2 Arndt (1961), S. 219.
3 Siehe Düding (1988) und Sauer / Werth (1971).
4 Als informativen Überblick siehe Hattenhauer (1990).
5 Vgl. Ribbe (1972); Bernhard Wördehoff, Flagge zeigen. Das Symbol Schwarz-Rot-Gold: Geschichte und Geschichten, in: Die Zeit, 9. 1. 1987. Aufschlußreich auch die vielen Hinweise und Beobachtungen zur politischen Symbolik Weimars im allgemeinen und zur Flaggenfrage im besonderen von Brecht (1966).
6 Brecht (1966), S. 463.
7 Thape (1969), S. 82 f.
8 Vgl. Buchstab / Kaff / Kleinmann (1990), S. 214.
9 Vgl. den Bericht von den Beratungen über Art. 22 GG in: v. Doemming u. a. (1951), S. 211 ff.
10 Vgl. zum folgenden vor allem: Hattenhauer (1990), S. 77 ff., Trümmler (1979); Eghard Mörbitz, Das Traditionsbewußtsein war stärker, in: FR, 29. 7. 1986.
11 Siehe dazu und zum folgenden vor allem: Schellack (1990), S. 15 ff.
12 Witt (1988).
13 Dazu vor allem: Schellack, S. 133 ff.
14 Brecht (1966), S. 361.
15 Vgl. Heffen (1986).
16 Brecht (1966), S. 361.
17 Vgl. Ackermann (1990), besonders S. 91 ff.
18 Schellack (1990), S. 277 ff.
19 Vgl. Fest (1973), S. 513 ff. und 700; auch Ackermann (1990), S. 169 ff. und 223 ff.; sowie Mosse (1993), S. 223 ff. und 245 ff.
20 Bernd Guggenberger, Das Verschwinden der Politik, in: Die Zeit, 7. 10. 1994.
21 Lutz Niethammer, Wir wollen nicht mehr Sklaven sein. Kollegen reiht euch ein!, in: FAZ, 9. 11. 1990.
22 Joseph Rovan, Das Erbe der Tyrannei. Kurzer oder langer Prozeß? Wie nach dem Ende eines Unrechtsregimes mit den Verantwortlichen zu verfahren ist, in: FAZ. 8. 8. 1992. Vgl. in diesem Zusammenhang auch die eindrucksvolle Salzburger Rede von Ivan Nagel über Shakespeares *Julius Caesar* und Mozarts *Titus* bzw. über das Morden, Vergeben und Vergessen in der Gegenwart: Bürgerkrieg und Amnestie, in: Die Zeit, 31. 7. 1992.
23 Grab (1984).
24 Tilmann Spengler, Die Virtuosität zu trauern. Franz Josef Strauß und die Seinen – Beobachtungen bei einem Staatsbegräbnis, in: Die Zeit, 14. 10. 1988.
25 Siehe vor allem Gebhardt (1987) und Ehlich (1991).
26 Ich folge hier den anregenden Gedanken von Schlaffer (1989).

27 Die zeitgeschichtlich-politologische Forschung hat gerade begonnen, auch die zeitlichen NS-Gedächtnisorte als Gegenstand zu entdecken und zu bearbeiten; siehe Schiller (1993), Ueberschär (1994) und Holler (1994).
28 Als ersten Überblick: Kocka (1979). Weiterführend und vertiefend jetzt vor allem: Broszat / Henke / Woller (1988), Albrecht (1986); außerdem: Winkler (1979), Becker / Stammen / Waldmann (1979).
29 Gilbert Ziebura, Die Rechnung ist noch nicht bezahlt, in: Vorwärts, 4. 5. 1985.
30 Eugen Kogon, Tag der Niederlage, Tag der Befreiung, in: Die Zeit, 19. 4. 1985.
31 Seitz (1985), S. 9 ff. Zum folgenden außerdem Sprenger (1985) und weitere Beiträge zum Thema in diesem Heft; Schirmer (1988) und (1993).
32 Erich Dombrowski, 8. Mai 1945, in: FAZ, 7. 5. 1955; vgl. auch in derselben Ausgabe: Vor zehn Jahren: Zusammenbruch. Dokumente und Berichte aus den letzten Kriegswochen. Als weiteres Beispiel für die Fixierung auf die Zäsur des Jahres 1945 als Zusammenbruch und den gleichzeitigen Verzicht auf perspektivisch übergreifende Deutung: Michael Freund, Die Wochen, die ein Jahrtausend zerstörten. Eine Chronik des deutschen Zusammenbruchs, in: Die Zeit, 5. 5. 1955.
33 Jürgen Tern, Zwanzig Jahre später, in: FAZ, 7. 5. 1965; vgl. auch Michael Freund, Segen und Unsegen der Kapitulation, in: FAZ, 8. 5. 1965 und Paul Sethe, Zwanzig Jahre danach. 1945 zerriß das Band, das die Deutschen mit ihrer Geschichte verknüpfte, in: Die Zeit, 7. 5. 1965
34 Marion Gräfin Dönhoff, 25 Jahre nach Hitler, in: Die Zeit, 8. 5. 1970.
35 Vgl. FR, 10. 5. 1965. Zum NPD-Parteitag: HAZ, 10. 5. 1965.
36 Zit. nach FR, 9. 5. 1970.
37 Vgl. Scheel: Das deutsche Volk hat aus seinen Fehlern gelernt, in: FAZ, 7. 5. 1975; Thomas Meyer, Vergangenheit und Gegenwart bei der Bonner Gedenkstunde, in: FAZ, 7. 5. 1975.
38 In: Die Zeit, 16. 5. 1975.
39 Peter Jochen Winters, Die Schlachtgemälde von Karlshorst, in: FAZ, 7. 5. 1975; Theo Sommer, Alte Rechnungen..., in: Die Zeit, 9. 5. 1975.
40 Meier (1990), S. 99.
41 Kritisch dazu der Beitrag »Es ist quasi vergessen worden«, in: taz, 2. 2. 1985.
42 Zit. nach Sebastian Cobler, Die Strafjustiz als Selbstbedienungsladen, in: Der Spiegel, Nr. 18, 29. 4. 1985, S. 34 ff.
43 So Gunter Hofmann, Der sperrige Gedenktag, in: Die Zeit, 18. 1. 1985.
44 Gordon Craig, Eine Selbstverpflichtung für den Frieden. Der Jahrestag des Kriegsendes sollte wirklich ein Tag der Erinnerung sein und niemandes Gefühle schonen, in: Die Zeit, 22. 3. 1985.
45 Zit. nach Titelgeschichte: »Auf Kohls Rat hören wir nicht wieder«. Das deutsch-amerikanische Trauerspiel um das Gedenken an den 8. Mai 1945, in: Der Spiegel 18, 29. 4. 1985, S. 17 ff.
46 Zit. nach Ulrich Schiller, »Die Schuld hat ihr Kanzler, in: Die Zeit, 19. 4. 1985.
47 Deutsche National-Zeitung, 29. 3. 1985.
48 Vgl. die verschiedenen Berichte und Kommentare in: FAZ, 29. 4. 1985; SZ, 23. 4. 1985.

49 Zit. FR, 23. 4. 1985.
50 Zit. FR, 24. 4. 1985.
51 Am 26. 4. 1985.
52 Am 26. 4. 1985.
53 Zit. nach Sprenger (1985), S. 36.
54 Der Besuch. Nazi-Gespenst überschattet Reagans Deutschlandreise, in: Quick, 25. 4. 1985, S. 24 ff.
55 Fritz Ullrich Fack, Ein Scherbenhaufen, in: FAZ, 29. 4. 1995.
56 FR, 8. 5. 1985. Siehe dazu auch Elisabeth Noelle-Neumann, Ein Volk, gebeutelt und gezeichnet, in: Die Zeit, 10. 5. 1985.
57 Bitburg-Besuch positiv gewertet, in: FAZ, 22. 5. 1985.
58 Zit. Der Spiegel, Nr. 18, 29. 4. 1985, S. 28 f.
59 Herbert Riehl-Heyse, Eine würdige Geste – schwer erträglich, in: SZ, 6. 5. 1985.
60 Ansprache von US-Präsident Ronald Reagan in der KZ-Gedenkstätte Bergen-Belsen am 5. 5. 1985, zit. nach der Übersetzung des Bundespresseamtes in: FR, 6. 5. 1985.
61 Beschwörungen am Obelisken, in: SZ, 6. 5. 1985.
62 Kohl bekennt sich in Bergen-Belsen zur historischen Haftung der Deutschen, in: SZ, 22. 4. 1985.
63 A. Graf Kageneck, Paris feiert wieder den Sieg über die Deutschen, in: Die Welt, 27. 4. 1982; vgl. außerdem Lutz Krusche, Arbeitsfrei am Tag der deutschen Kapitulation, in: FR, 25. 9. 1981; Rudolf Chimelli, Der 8. Mai wird wieder rot, in: SZ, 19. 4. 1982.
64 Sylvie Wickert, Frankreichs unbewältigte Vergangenheit, in: Deutsches Allgem. Sonntagsblatt, 31. 3. 1985. Vgl. auch René Lasserre, Wir sind die Erben, andere waren die Opfer. Für die Nachkriegsgeneration Frankreichs ist der 8. Mai 1945 ein Stück notwendige Erinnerung, in: FR, 4. 5. 1985.
65 Die Briten feierten ihren letzten »guten Krieg«, in: FAZ, 9. 5. 1985.
66 Vgl. den Großbritannien-Beitrag von Reiner Gatermann in der Zusammenstellung von Auslandsberichten: Der 8. Mai und das Ausland. Vierzigster Jahrestag der Kapitulation – Feiern, gedenken – in welcher Weise? in: Die Welt, 28. 1. 1985. Siehe auch: »8. Mai 1945 – 1985. Erinnerungen für die Zukunft, Sonderbeilage der FR, 4. 5. 1985.
67 Elfie Siegl, »Keiner vergißt, und nichts ist vergessen«, in: FR, 20. 4. 1985.
68 Bernhard Küppers, Moskau feiert Siegestag mit Militärparade, in: SZ, 10. 5. 1985.
69 Harry Schleicher, Sieger, Halbsieger und Besiegte. Wie der Ostblock dem Ende des Zweiten Weltkriegs gedenkt, in: FR, 10. 5. 1985.
70 Vgl. Marlies Menge, Wenn die Besiegten den Sieg feiern, in: Die Zeit, 3. 5. 1985.
71 Albrecht Hinze, Eine Kampagne für den Feiertag, in: SZ, 15. 3. 1985.
72 Der Spiegel, 13. 5. 1985.
73 Peter Jochen Winters, In Ost-Berlin ein Lob für die Alliierten, in: FAZ, 9. 5. 1985.
74 Karl-Alfred Odin, In den Gottesdiensten wird der Blick auf die Schuld gelenkt, in: FAZ, 8. 5. 1985.
75 Die Rede ist gekürzt abgedruckt in: FR, 9. 5. 1985.
76 Vgl. Vollnhals (1992).

77 FR, 9. 5. 1985. Vgl. auch: Höffner: Fragen nach Schuld ruhen lassen, in: SZ, 9. 5. 1985. Vgl. zur Situation der Kirchen nach 1945 auch die Beiträge von Blessing (1988) und Vollnhals (1988); außerdem Klee (1991).

78 »Ohne Hitler hätte es die Verbrechen nicht gegeben«, in: FR, 8. 5. 1985.

79 Walter Dirks, »Gedächtnis und Erinnerung – 70 Jahre deutsche Zeitgeschichte«, in: FR, 7. 1. 1986 (die bereits am 8. 5. 1985 gehaltene Rede wurde aus Anlaß des 85. Geburtstages von Walter Dirks abgedruckt).

80 Günter Grass, Geschenkte Freiheit. Versagen, Schuld, vertane Chancen, in: Die Zeit, 10. 5. 1985.

81 Michael Stiller, Der Versuch, den Gedenktag zum Denktag zu machen, in: SZ, 9. 5. 1985; Jutta Roitsch, »Die eigentliche Niederlage stand am Beginn der NS-Zeit«, in: FR, 8. 5. 1985 und Roman Arens, »Welch eine Kraft wächst aus der Erinnerung«, ebd.

82 In: Die Grünen (1985), S. 2.

83 Vgl. »Weizsäcker: Der 8. Mai 1945 war Tag der Befreiung«, in: SZ, 9. 5. 1985.

84 Jerusalem setzt Vertrauen in Bonn, in: Die Welt, 11. 5. 1985.

85 Vgl. zuletzt Hilberg (1992).

86 Alle Zitate nach dem Abdruck der Weizsäcker-Rede in: FR, 9. 5. 1985, S. 17. Als kritische Nachlese zu den bundesdeutschen 8. Mai-Feiern siehe Jürgen Leinemann, »Möglichkeiten, das Gewissen abzulenken«, in: Der Spiegel, 13. 5. 1985.

87 Gunter Hofmann, Worte, Bilder, Wunden, in: Die Zeit, 24. 6. 1994.

88 Jäckel (1974); vgl. auch Jürgen Busche, Schwieriger Gedenktag. Über die Erinnerungen an den 20. Juli 1944, in: FAZ, 20. 7. 1979.

89 Demandt (1984), S. 97.

90 Vgl. den gleichnamigen Beitrag von Peter Steinbach, in: Aus Politik und Zeitgeschichte B 28/94, 15. 7. 1994, S. 3 ff.

91 Dazu jetzt vor allem: Ueberschär (1994), Holler (1994).

92 Dazu Steinbach (1994) und Steinbach / Tuchel (1994).

93 Finker (1994).

94 Kettenacker (1994).

95 Vgl. Weber (1992), S. 338 ff.

96 Zit. nach Holler (1994), S. 88.

97 Überblick mit weiterführenden Hinweisen: Wassermann (1994).

98 Zit. nach Wassermann (1994), S. 207.

99 Steinbach (1988).

100 Wassermann (1994), S. 205.

101 Das Urteil des BGH ist vom 14. 7. 1961, die Entscheidung des BVG ist vom 11. 1. 1962; beide zit. nach Bauer (1965), S. 260 f.

102 Für den Wortlaut der Rede vgl. Gedenkstätte deutscher Widerstand (1984), S. 51 ff.

103 Zit. nach Holler (1994), S. 153.

104 Zit. nach Holler (1994), S. 155.

105 Zur ersten Orientierung und mit weiterführender Literatur: Buck (1994).

106 Vgl. für den genauen Wortlaut und die folgenden Zitate: Gedenkstätte deutscher Widerstand (1984), S. 99 ff. Siehe außerdem Holler (1994), S. 200 ff.

107 Vgl. Holler (1994), S. 209 ff.

108 Vgl. Der Tagesspiegel, 19. und 20. 7. 1974; Berliner Morgenpost, 20. 7. 1974; FR, 20. 7. 1974.
109 Alle Zitate nach: Stauffenberg, Wehner und der 20. Juli. Der CSU-Abgeordnete Graf Stauffenberg antwortet auf eine ZEIT-Anfrage, in: Die Zeit, 4. 8. 1978.
110 Vgl. Holler (1994), S. 253 ff.
111 Peter Boenisch, Der 20. Juli und Wehner, in: Die Welt, 24. 7. 1978; textidentisch auch in: Bild am Sonntag, 23. 7. 1978.
112 »Wehner, Filbinger und der 20. Juli«, in: Der Abend, 21. 7. 1978.
113 »Angehörige von Hingerichteten widersprechen Stauffenberg«, in: Der Tagesspiegel, 25. 7. 1978.
114 Otto Jörg Weis, Nachhilfe für Stauffenberg, in: FR, 22. 7. 1978. Vgl. auch Horst Ehmke, Erinnerung an Stauffenberg statt Kampfgeschrei, in: Vorwärts, 31. 8. 1978.
115 Klaus von Dohnanyi, Der 20. Juli bleibt eine Verpflichtung, in: Bulletin der Bundesregierung, 8. 8. 1978.
116 Vgl. dazu: Was Heiner Geißler sagte, in: FR, 19. 7. 1985
117 »CDU wurzelt im Widerstand«, in: FR, 18. 7. 1985.
118 Otto Jörg Weis, »Kein Vorbild für die Jugend«. Der Streit über Heiner Geißlers geplanten Auftritt in Plötzensee, in: FR, 20. 7. 1985.
119 So der Bonner General-Anzeiger, 20. 7. 1985.
120 Den ganzen Konflikt würdigen – aus unterschiedlicher Sicht: Karl-Heinz Janßen, Ein Anschlag auf den Widerstand, in: Die Zeit, 8. 7. 1994; Marianne Heuwagen, Mißklänge vor dem stillen Heldengedenken, in: SZ, 16. 6. 1994; Hans Mommsen, Generalangriff zur Instrumentalisierung, in: FR, 4. 7. 1994; Jens Jessen, Als hätten die Enkel der Blockwarte gesiegt, in: FAZ, 23. 7. 1994 und ders., Nicht alles Freunde der Freiheit, in: FAZ, 10. 6. 1994.
121 Vgl. etwa Günther Gillessen, Aber wofür waren sie? in: FAZ, 10. 6. 1994; Rüdiger von Voss, 20. Juli 1944, in: Rheinischer Merkur, 15. 7. 1994; Konrad Repgen, Keine Ehrung für Stalins Vasallen, in: Rheinischer Merkur, 24. 6. 1994; Eugen Georg Schwarz, Nur Vorbilder zählen, und dessen Interview mit Stauffenberg: »Keine Kumpanei mit Lumpen«, in: Focus 26 / 1994, S. 32 ff.
122 Anita Kugler, Widerstand ohne Reinheitszertifikat, in: taz, 15. 7. 1994.
123 Anita Kugler, Protest gegen Feiern zum 20. Juli, in: taz, 19. 7. 1994.
124 »Kommunisten haben die größten Opfer gebracht«,in: taz, 20. 7. 1994.
125 Emrich / Nötzold (1984).
126 So das SED-Organ »Einheit«, Dez. 1947.
127 Albert Norden, Die Bedeutung des 20. Juli, in: Die Weltbühne 2 (1947) 13, S. 556.
128 Er gehört zu uns. Nationalrat ehrte Oberst Stauffenberg, in: Neues Deutschland, 21. 7. 1964.
129 Vgl. Reich / Finker (1994).
130 Noch erstaunlicher und interessanter als die abermalige Verfälschung der DDR-Wirklichkeit ist vielleicht der Umstand, daß für diesen Film Material benutzt wurde, das auf Anordnung von Goebbels während des Freislerschen Schauprozesses im Herbst 1944 aufgenommen wurde – mit versteckten Kameras. Aber das Produkt *Verräter vor dem Volksgerichtshof* entsprach nicht den Vorstellungen des Auftraggebers und verschwand in den Archiven; vgl. Harald

Budde, Erbschleicher des Widerstandes. Die DDR vereinnahmt Graf Stauffenberg und stempelt Carl Goerdeler zum Reaktionär, in: Deutsche Zeitung / Christ u. Welt, 20. 7. 1979.
131 Karl-Heinz Baum, Vertreter der Ausbeuterklassen auf Umwegen zur Realität. DDR-Geschichtsschreibung und das Attentat auf Hitler am 20. Juli 1944: Der Widerstand wird neu bewertet, in: FR, 18. 7. 1984.
132 Vgl. Christof Dipper, Der 20. Juli und die »Judenfrage«, in: Die Zeit, 1. 7. 1994.
133 So pointiert Karl-Heinz Janßen, Ein Anschlag auf den Widerstand, in: Die Zeit, 8. 7. 1994.
134 Vgl. als einführenden Überblick: Willms (1994).
135 »Die ›Kristallnacht‹ als Mahnung«, in: SZ, 10. 11. 1958.
136 Vgl. Günther Gillesen, Revolution ohne Revolutionäre, in: FAZ, 8. 11. 1958 und Ernst von Salomon, Geburt der Republik – kein Jubiläum, in: Die Zeit, 7. 11. 1958.
137 Vgl. Eberhard Bitzer, Der organisierte Haß, in: FAZ, 7. 11. 1958. Die Zeit ging auf das Thema mit verschiedenen Beiträgen ein, einem Rückblick auf die Geschichte einer jüdischen Firma im Dritten Reich (Hans J. Robinsohn, Ein Versuch, sich zu behaupten, in: Die Zeit, 7. 11. 1958) und mit der Veröffentlichung von Auszügen aus den autobiographischen Aufzeichnungen des Auschwitz-Kommandanten Rudolf Höß (Die Zeit, 17., 24. und 31. 10. 1958); vgl. dazu auch J. Müller-Marein, Schluß mit den Nazi-Greueln? in: Die Zeit, 7. 11. 1958.
138 Trauriger November, in: SZ, 8. / 9. 11. 1958.
139 Karl-Heinz Janßen, in: Die Zeit, 1. 11. 1968; vgl. auch die beiden anderen Beiträge zum November 1918 in: Die Zeit, 18. und 25. 10. 1968.
140 Vgl. FAZ, 11. 11. 1968.
141 Vgl. »Als vieles in Scherben fiel...«; »Die Ohrfeige, von der man spricht«, in: SZ, 9. / 10. 11. 1968. Vgl. dort auch den Beitrag von Ursula von Kardorff, Auf die Gewalttat folgte der Raubzug.
142 Rolf Zundel, Schlußstrich unter die Vergangenheit? Zum drittenmal im Bundestag: Die Strafverfolgung nationalsozialistischer Gewaltverbrecher, in: Die Zeit, 10. 11. 1978.
143 Karl-Heinz Janßen, Die Nacht im November. Judenpogrom 1938: Als ein ganzes Volk schuldig wurde, in: Die Zeit, 3. 11. 1978; Joachim Fest, Gedanken zu Erinnerungen, in: FAZ, 9. 11. 1978; Mitleid, Abscheu und Ohnmacht empfunden, in: SZ, 9. 11. 1978.
144 Vgl. SZ, 9. 11. 1978
145 »Nachdenken über Schuld und Verhängnis«, in: FAZ, 9. 11. 1978
146 Y. Michal Bodemann, Was hat der Gedenktag überhaupt mit den Juden zu tun?, in: FR, 29. 11. 1988.
147 Vgl. »Für Juden in der DDR große Fürsorge«, in: FAZ, 11. 11. 1978; Peter Pragal, Wohlwollen für eine Minderheit, in: SZ, 9. 11. 1978. Siehe auch Timm (1994).
148 Hans Mayer, Die verbrannte Synagoge, in: Die Zeit, 10. 11. 1978.
149 Vgl. »Abgrund von Peinlichkeit«, in: Die Zeit, 4. 11. 1988.
150 Vgl. den vollen Wortlaut der Jenninger Rede in: Deutscher Bundestag, 11. Wahlperiode, S. 7269 ff.
151 Vollständig ist die Erklärung Jenningers abgedruckt in der Dokumenta-

tion von Laschet / Malangré (1989), die auch weitere Reaktionen aus Politik und Medien dokumentiert, zumeist gekürzt. Soweit nicht anders angegeben zitiere ich nach dieser Dokumentation.

152 Oliver Tolmein, Jenninger vom Faschismus fasziniert, in: taz, 11. 11. 1988; für die folgenden Zitate siehe Laschet / Malangré (1989), S. 43 ff. Vgl. auch: »Mit Knobelbechern durch die Geschichte«, in: Der Spiegel, 14. 11. 1988.

153 So bes. Gunter Hofmann, Der Alleingang ins Abseits, in: Die Zeit, 18. 11. 1988 und Eghard Mörbitz, Eine ausgesprochen deutsche Tragödie, in: FR, 12. 11. 1988.

154 Conor Cruise O'Brien, Denounced – for the truth, in: The Times, 16. 11. 1988.

155 Marion Gräfin Dönhoff, Ein verfehltes Kolleg, in: Die Zeit, 18. 11. 1988.

156 Klaus Hartung, Alles ein Mißverständnis? in: taz, 12. 11. 1988

157 Erich Kuby, Jenninger, der gute Deutsche, in: taz, 21. 11. 1988.

158 Vgl. die Äußerungen von zahlreichen Intellektuellen, Künstlern und Wissenschaftlern in: Stern, 17. 11. 1988.

159 »Er oder ich«, in: Der Spiegel, 21. 11. 1988, S. 34 ff.

160 Walter Jens, Ungehaltene Worte über eine gehaltene Rede, in: Die Zeit, 18. 11. 1988.

161 So die taz (21. 11. 1988) mit dem Beitrag von Martin Schmidt, Die Vergangenheit, eine Rede und ihr Echo, der sich deutlich von den Bewertungen der Beiträge von Klaus Hartung (taz, 12. 11. 1988) und Oliver Tolmein (11. 11. 1988) unterschied, ohne allerdings auf jene kritisch Bezug zu nehmen.

162 Vgl. Horst Pöttker, Mut zur Nüchternheit. Was Philipp Jenninger am 10. November 1988 wirklich gesagt hat – und warum er gehen mußte, in: medium 3 / 1989, S. 27 ff.; Werner Hill, Die Affäre Jenninger. Was eine Rede an den Tag brachte, Norddeutscher Rundfunk (NDR 3), 29. 3. 1989, später auch als TV-Spiel gesendet. Vgl. auch Heringer (1990), S. 163 ff.

163 Herausragend die Analyse von Domansky (1992), auf die ich deshalb etwas ausführlicher eingehe. Eher moralisierend als analysierend die dem Fall Jenninger gewidmeten Beiträge in: Wodak u. a. (1994), S. 163 ff. und Wasmuth u. a.(1992), S. 225 ff. u. S. 257 ff.

164 Domansky (1992), S. 79.

165 Eva Demski, Zeit zum ausschlafen: Deutsche Gedenktage, in: FR, 14. 6. 1986.

166 Christoph Bertram, Ein würdiges Gedenken, in: Die Zeit, 18. 11. 1988.

167 Vgl. dazu: »Symbole für das neue Deutschland. Welcher Name? Welche Hymne? Welcher Feiertag? – Antworten auf drei Fragen der Zeit«, in: Die Zeit, 15. 6. 1990.

168 Karl-Heinz Janßen, Ein Datum für alle Deutschen, in: Die Zeit, 15. 6. 1990.

169 »Süssmuth: Wir müssen Erinnern als eine Stärke empfinden«, in: Die Welt, 10. 11. 1990.

170 So die FR, 16. 6. 1990, und die SZ, 16. 6. 1990.

171 Götz Aly, Pogrom und Revolution, in: taz, 9. 11. 1992.

172 Reinhard Rürup, 9. November 1918 – Realität und Mythos, in: Berliner Zeitung, 9. 11. 1993.

Kulturelles Gedächtnis / Erinnerungskultur

Individuelles Gedächtnis   Kollektives Gedächtnis (M. Halbwachs)
                                       Raum-Zeit-bezogen
                                         Gruppen-bezogen
                                         rekonstruktiv

                                                  Kommunikatives Ged.   Kulturelles Gedächtnis
                                                                                             (J. Assmann)

enger Zeithorizont   *weiter Zeithorizont*
unmittelbare Erfahrung *Erbe, Tradition*
informell   *institutionell*
alltagsnah   *alltagsfern*

öffentliche Erinnerungskultur

Geltungskriterium (Handlungsfeld, Wertsphäre)	Modalität / Medien	Funktion / Problem
Emotionalität *(affektiv)*	*Politische Feste, Gedenktage u. ä.* – *Tod, Trauer* – *Sieg, Befreiung*	*Identität* *Integration*
Authentizität *(ästhet.-expressiv)*	*Gedächtnisorte* – *Ruinen, Denkmäler Gedenkstätten, Museen* – *Autobiographien Briefe, Bilder, Photos, Filme usw.*	*Repräsentation* *Imagination*
Wahrheit *(instrumentell-kognitiv)*	*Geschichtswiss.* – *Dokumentation* – *Befragung (oral history)* – *Analyse*	*Erkenntnis* – *Erklärung* – *Deutung*
Gerechtigkeit *(politisch-moralisch)*	*Bestrafung, Amnestie Entschädigung u. ä.*	*Legitimation* *Rehabilitation* *Integration*

Literatur

Abgeordnetenhaus von Berlin (Hg.) (1993): Bericht der Kommission zum Umgang mit den politischen Denkmälern der Nachkriegszeit im ehemaligen Ost-Berlin (Drucks. 12/2743). Berlin.
Ackermann, Volker (1990): Nationale Totenfeiern in Deutschland. Von Wilhelm I. bis Franz-Josef Strauß. Stuttgart.
Adam, Hubertus (1992): Erinnerungsrituale – Erinnerungsdiskurse – Erinnerungstabus. Politische Denkmäler der DDR zwischen Verhinderung, Veränderung und Realisierung. In: kritische berichte 20, H3, S. 10 ff.
Akademie der Künste (Hg.) (1983): Diskussionen um den Martin-Gropius-Bau und das angrenzende Gelände. Dokumentation. Berlin.
Akademie der Künste (Hg.) (1992): Zur historischen Mitte Berlins. Denkschrift. Berlin.
Akademie der Künste (Hg.) (1993): Streit um die Neue Wache. Zur Gestaltung einer zentralen Gedenkstätte. Berlin.
Aktives Museum Faschismus und Widerstand (Hg.) (1985): Zum Umgang mit einem Erbe. Berlin.
Aktives Museum Faschismus und Widerstand / Neue Gesellschaft für Bildende Kunst (Hg.) (1990): Erhalten. Zerstören. Verändern? Denkmäler der DDR in Ost-Berlin (Ausstellungskatalog). Berlin.
Albertz, Heinrich (1981): Blumen für Stukenbrock. Stuttgart.
Albrecht, Ulrich u. a. (Hg.) (1986): Zusammenbruch oder Befreiung? Zur Aktualität des 8. Mai 1945. Eine Berliner Universitätsvorlesung. Berlin.
Altenhöfer, Erich (1986): Die Alte Pinakothek in den Nachkriegsjahren. Die Rettung vor Abbruch und Verfall – Der Wiederaufbau durch Hans Döllgast 1952–57. In: »Ihm, welcher der Andacht Tempel baut...« Ludwig I. und die Alte Pinakothek. Festschrift zum Jubiläumsjahr 1986. München. S. 205 ff.
Améry, Jean (1966): Jenseits von Schuld und Sühne. Bewältigungsversuche eines Überwältigten. München.
Andersch, Alfred (1980): Der Vater eines Mörders. Eine Schulgeschichte. Zürich.
Arbeitskreis Zukunft der Gedenkstätte (Hg.) (1994): Erinnerung für die Zukunft. Eine Dokumentation zu Gegenwart und Zukunft der KZ-Gedenkstätte Dachau. Dachau.
Armanski, Gerhard (1988): »...und wenn wir sterben müssen«. Die politische Ästhetik von Kriegerdenkmälern. Hamburg.
Arndt, Adolf (1965): Demokratie als Bauherr, in: ders., Geist der Politik. Reden. Berlin, S. 217 ff.
Arndt, Ino (1993): Das Frauenkonzentrationslager Ravensbrück. In: Dachauer Hefte 3. S. 125 ff.
Arndt, Karl (1981): Die Münchener Architekturszene 1933/34 als ästhetisch-politisches Konfliktfeld. In: Broszat u. a.(Hg.), Bayern. S. 443 ff.
Arndt, Karl (1989): Die NSDAP und ihre Denkmäler oder: Das NS-Regime und seine Denkmäler. In: Mai / Schmirber (Hg.), Denkmal. S. 69 ff.
Assmann, Aleida / Harth, Dietrich (Hg.) (1991): Mnemosyne. Formen und Funktionen der kulturellen Erinnerung. Frankfurt / M.

Assmann, Aleida / Harth, Dietrich (Hg.) (1991a): Kultur als Lebenswelt und Monument. Frankfurt / M.
Assmann, Jan (1991): Die Katastrophe des Vergessens. Das Deuteronomium als Paradigma kultureller Mnemotechnik. In: Assmann / Harth, Mnemosyne, S. 337 ff.
Assmann, Jan (1992): Das kulturelle Gedächtnis. Schrift, Erinnerung und politische Identität in frühen Hochkulturen. München.
Assmann, Jan / Hölscher, Tonio (Hg.) (1988): Kultur und Gedächtnis. Frankfurt / M.

Baier, Lothar (1993): Erinnerung an die Vergeßlichkeit. In: Neue Rundschau 104, S. 56 ff.
Baird, Jay W. (1990): To die for Germany. Heroes in the Nazi Pantheon. Bloomington.
Bar-On, Dan (1993): Die Last des Schweigens. Gespräche mit Kindern von Nazi-Tätern, Frankfurt / M.
Bartetzko, Dieter (1992): Damnatio memoriae – Der Börneplatz als Ort kollektiven Vergessens. In: Jüdisches Museum (Hg.), Stationen. S. 18 ff.
Bauer, Fritz (Hg.) (1965): Widerstand gegen die Staatsgewalt. Dokumente der Jahrtausende. Frankfurt / M.
Baumunk, Bodo-Michael / Brunn, Gerhard (Hg.) (1989): Hauptstadt. Zentren, Residenzen, Metropolen in der deutschen Geschichte. Köln.
Becker, Josef / Stammen, Theo / Waldmann, Peter (Hg.) (1979): Vorgeschichte der Bundesrepublik Deutschland. München.
Becker, Peter von (1978): In den kalten Tropen der Erinnerung begann, doch endete nicht Klaus Michael Grübers *Winterreise* nach Hölderlin. In: Theater heute 19. H2. S. 29 ff.
Benjamin, Walter (1987): Berliner Kindheit um neunzehnhundert. Frankfurt / M.
Benz, Wolfgang / Distel, Barbara (Hg.) (1985 / 1993): Die Befreiung, München (Dachauer Hefte 1).
Bergmann, Martin S. / Jucovy, Milton E. (eds.) (1982): Generations of the Holocaust. New York.
Berlinische Galerie (Hg.) (1990): Hauptstadt Berlin. Internationaler städtebaulicher Ideenwettbewerb 1957 / 58. Berlin.
Berlinische Galerie / Senator für Bau- und Wohnungswesen (Hg.) (1988): Gedenken und Denkmal. Entwürfe zur Erinnerung an die Deportation und Vernichtung der jüdischen Bevölkerung Berlins (Ausstellungskatalog Berlinische Galerie). Berlin.
Beseler, Hartwig (1988): Baudenkmale – Zeugnisse architektonischer Überlieferung im Umbruch. In: ders. / Gutschow, Niels, Kriegsschicksale Deutscher Architektur. Verluste – Schäden – Wiederaufbau. Bd. 1: Nord. Neumünster. S. XXV ff.
Best, Michael (Hg.) (1988): Der Frankfurter Börneplatz. Zur Archäologie eines politischen Konflikts. Frankfurt / M.
Bien, Helmut M. (1984): Olympiastadion Berlin. In: Journal für Geschichte 4. S. 27 ff.
Bilang, Karla (1992): »Haus der Endlösung«. Am Großen Wannsee 56 / 58. In: Engel u. a. (Hg.), Geschichtslandschaft, Bd. 4. S. 495 ff.

Blessing, Werner K. (1988): »Deutschland in Not, wir im Glauben ...« In: Broszat u. a. (Hg.), Stalingrad. S. 3 ff.

Blohm, Katharina (1993): Gedenkstätten. In: Nerdinger (Hg), Bauen. S. 539 ff.

Bode, Volkhard / Kaiser, Gerhard (1995): Raketenspuren. Peenemünde 1936-1994. Berlin.

Bönisch- Brednich, Brigitte u. a. (Hg.) (1991): Erinnern und Vergessen. Vorträge des 27. Deutschen Volkskundekongresses Göttingen 1991.

Botz, Gerhard (1988): Der »Anschluß« von 1938 als innerösterreichisches Problem. In: Aus Politik und Zeitgeschichte B 9.

Bourdieu, Pierre u. a. (1981): Eine illegitime Kunst. Die sozialen Gebrauchsweisen der Photographie. Frankfurt / M.

Bracher, Karl Dietrich (1981): Geschichte und Gewalt. Berlin.

Bracher, Karl Dietrich u. a. (Hg.) (1992): Deutschland 1933-45. Neue Studien zur nationalsozialistischen Herrschaft. Bonn / Düsseldorf.

Bräutigam, Helmut / Silbereisen, Gabriele (1989): Volksgerichtshof, ehemals Königliches Wilhelms-Gymnasium. In: Engel u. a. (Hg.), Geschichtslandschaft, Bd. 2. Teil 1. S. 220 ff.

Brecht, Arnold (1966): Aus nächster Nähe. Lebenserinnerungen 1884-1927. Stuttgart.

Brecht, Karen u. a.(Hg.)(1985²): »Hier geht das Leben auf eine sehr merkwürdige Weise weiter ...« Zur Geschichte der Psychoanalyse in Deutschland.

Bringmann, Fritz / Roder, Hartmut (1987): Neuengamme. Verdrängt – vergessen – bewältigt? Die »zweite« Geschichte des Konzentrationslagers Neuengamme. 1945 bis 1985. Hamburg.

Brochhagen, Ulrich (1994): Nach Nürnberg. Vergangenheitsbewältigung und Westintegration in der Ära Adenauer. Hamburg.

Brocke, Michael u. a. (1994): Stein und Name: die jüdischen Friedhöfe in Ostdeutschland (neue Bundesländer und Berlin). Berlin.

Broszat, Martin (Hg.) (1990): Zäsuren nach 1945. Essays zur Periodisierung der deutschen Nachkriegsgeschichte. München.

Broszat, Martin u. a. (Hg.) (1981): Bayern in der NS-Zeit. Bd. III: Herrschaft und Gesellschaft im Konflikt. München.

Broszat, Martin / Henke, Klaus-Dietmar / Woller, Hans (Hg.) (1988): Von Stalingrad zur Währungsreform. Zur Sozialgeschichte des Umbruchs in Deutschland. München.

Bruford, Walter (1966): Kultur und Gesellschaft im klassischen Weimar 1775-1808. Göttingen.

Buber-Neumann, Margarete (1978): Milena. Kafkas Freundin. Ein Lebensbild. München / Wien.

Buchstab, Günter / Kaff, Brigitte / Kleinmann, Hans-Otto (1990²): Verfolgung und Widerstand 1933-1945. Christliche Demokraten gegen Hitler. Düsseldorf.

Büchten, Daniela / Frey, Anja (Hg.) (1993): Im Irrgarten deutscher Geschichte. Die neue Wache 1818-1993. Berlin.

Buck, Robert (1994): Die Rezeption des 20.Juli 1944 in der Bundeswehr. Anmerkungen zu deren Traditionsverständnis. In: Ueberschär (Hg.), 20. Juli. S. 214 ff.

Buddensieg, Tilmann (1993): Olympia 1936 – Olympia 2000. Werner Marchs

Reichssportfeld im Dritten Reich. In: ders., Berliner Labyrinth. Preußische Raster. Berlin. S. 95 ff.

Bundesminister der Justiz (Hg.) (1989): Im Namen des deutschen Volkes. Justiz und Nationalsozialismus (Ausstellungskatalog). Köln.

Burke, Peter (1991): Geschichte als soziales Gedächtnis. In: Assmann/Harth, Mnemosyne, S. 289 ff.

Bushart, Magdalena (1989): Überraschende Begegnung mit alten Bekannten. Arno Brekers NS-Plastik in neuer Umgebung. In: kritische berichte 17, H2. S. 31 ff.

Cancik, Hubert / Mohr, Hubert (1990): Erinnerung / Gedächtnis. In: Cancik, Hubert u. a. (Hg.), Handbuch religionswissenschaftlicher Grundbegriffe, Bd. II. Stuttgart, Berlin, Köln. S. 299 ff.

Cavalli, Allessandro (1991): Die Rolle des Gedächtnisses in der Moderne. In: Assmann / Harth, Kultur. S. 200 ff.

Centrum Industriekultur Nürnberg (Hg.) (1993): Kulissen der Gewalt. Das Reichsparteitagsgelände in Nürnberg. München.

Damus, Martin (1974): Die Vergegenständlichung bürgerlicher Wertvorstellungen in der Denkmalplastik. Das Denkmal zur Erinnerung an den 20. Juli 1944 von R. Scheibe. In: Kunst und Unterricht, Sonderheft. S. 70 ff.

Demandt, Alexander (1984): Ungeschehene Geschichte. Ein Traktat über die Frage: Was wäre geschehen, wenn ...? Göttingen.

Demps, Laurenz (1988): Die Neue Wache. Entstehung und Geschichte eines Bauwerks. Berlin (DDR).

Deutscher Bundestag (Hg.) (1980): Zur Verjährung nationalsozialistischer Verbrechen. Dokumentation der parlamentarischen Bewältigung des Problems 1960-1979. 3 Bde. Bonn.

Die Grünen im Bundestag (Hg.) (1985): Was wir verdrängen, kommt wieder. Bonn.

Diers, Michael (Hg.) (1993): Mo(nu)mente. Formen und Funktionen ephemerer Denkmäler. Berlin.

Diestelmeier, Heinrich (1983): Versöhnung über den Gräbern – Blumen für Stukenbrock. In: Garbe (Hg.), Die vergessenen KZs? S. 145 ff.

Dietzfelbinger, Eckart (1990): Der Umgang der Stadt Nürnberg mit dem früheren Reichsparteitagsgelände. Nürnberg.

Diner, Dan (Hg.) (1987): Ist der Nationalsozialismus Geschichte? Zu Historisierung und Historikerstreit. Frankfurt / M.

Dirks, Walter (1947): Mut zum Abschied. In: Frankfurter Hefte 1. S. 819 ff.

Dittmann, Ingeborg / Kuhlbrodt, Detlef (Hg.) (1992): Berlin zu Fuß. 18 Stadtteilrundgänge durch Geschichte und Gegenwart. Hamburg.

Doemming, Klaus-Berto von u. a. (1951): Entstehungsgeschichte der Artikel des Grundgesetzes, Jahrbuch des öffentlichen Rechts der Gegenwart, Neue Fassung, Band 1. Tübingen.

Dolff-Bonekämper, Gabi (1993): Schinkels Neue Wache Unter den Linden. Ein Denkmal in Deutschland. In: Akademie der Künste (Hg.), Streit. S. 35 ff.

Domansky, Elisabeth (1992): »Kristallnacht«, the Holocaust and the German Unity: The Meaning of November 9 as an Anniversary in Germany. In: History and Memory. vol. 4, H1. S. 60 ff.

Doßmann, Axel (1994): »Vernichtung durch Fortschritt«. Raketenproduktion im KZ Mittelbau-Dora. In: Werkstatt Geschichte 9. S. 45 ff.
Dudek, Peter (1992): »Vergangenheitsbewältigung«. Zur Problematik eines umstrittenen Begriffs. In: Aus Politik und Zeitgeschichte 1-2. S. 44 ff.
Düding, Dieter u. a. (Hg.) (1988): Öffentliche Festkultur. Politische Feste in Deutschland von der Aufklärung bis zum Ersten Weltkrieg. Reinbek.
Durth, Werner (1992): Wege in der Geschichte. In: Akademie der Künste (1992). S. 13 ff.

Eckert, Rainer / Küttler, Wolfgang / Seeber, Gustav (Hg.) (1992): Krise – Umbruch – Neubeginn. Eine kritische und selbstkritische Dokumentation der DDR-Geschichtswissenschaft 1989/90. Mit einem Nachwort von Jürgen Kocka. Stuttgart.
Eckstaedt, Anita (1992): Nationalsozialismus in der ›zweiten Generation‹. Frankfurt / M.
Edelman, Murray (1976): Politik als Ritual. Die symbolische Funktion staatlicher Institutionen und politischen Handelns. Frankfurt / M.
Ehlich, Konrad (1991): Politische Feiern als kommunikatives Handeln. MS. Institut für Deutsche Sprache und Literatur. Universität Dortmund.
Eiber, Ludwig (1987): Die gegenwärtige Vergangenheit oder der Umgang mit den Orten des NS-Terrors nach 1945 aufgezeigt am Beispiel der Geschichte der Gedenkstätte Neuengamme. In: Ev. Akademie Mülheim (Hg.), Erinnerung an die Vergangenheit bestimmt die Zukunft. NS-Gedenkstätten und ihre Arbeit. Mülheim. S. 61 ff.
Eiber, Ludwig (1990): Konzentrationslager Neuengamme 1938-45. Hamburg.
Eichmann, Bernd (1986[2]): Versteinert, verharmlost, vergessen. KZ-Gedenkstätten in der Bundesrepublik Deutschland. Frankfurt / M.
Eichmann, Bernd (1994): Denkmale deutscher Vergangenheit. Bad Honnef.
Emrich, Hendrik M. / Smith, Garry (Hg.) (1995): Caputher Gespräche. Berlin.
Emrich, Ulrike / Nötzold, Jürgen (1984): Der 20. Juli 1944 in den offiziellen Gedenkreden der Bundesrepublik und in der Darstellung der DDR. In: Aus Politik und Zeitgeschichte B 26. S. 3 ff.
Endlich, Stefanie (1988): Zum Umgang mit dem Gestapo-Gelände. Gutachten im Auftrag der Akademie der Künste. Berlin.
Endlich, Stefanie (1990): Denkort Gestapogelände. Berlin.
Engel, Helmut u. a. (Hg.) (1985): Geschichtslandschaft Berlin. Orte und Ereignisse. Bd. 1 u. 2: Charlottenburg. Berlin.
Engel, Helmut u. a. (Hg.) (1989): Geschichtslandschaft Berlin. Orte und Ereignisse. Bd. 2: Tiergarten. Berlin.
Engel, Helmut u. a. (Hg.) (1992): Geschichtslandschaft Berlin. Orte und Ereignisse. Bd. 4: Zehlendorf. Berlin.
Engel, Helmut u. a. (Hg.) (1994): Geschichtslandschaft Berlin. Orte und Ereignisse. Bd. 5: Kreuzberg. Berlin.
Engel, Helmut / Ribbe, Wolfgang (Hg.) (1993): Hauptstadt Berlin – Wohin mit der Mitte? Historische, städtebauliche und architektonische Wurzeln des Stadtzentrums. Berlin.
Ernst, Wolfgang (1994): Am Ende der Parabel: Die ›Dora-Lüge‹? In: Werkstatt Geschichte 9 (1994). S. 51 ff.

Etzold, Alfred u. a. (1988): Jüdische Friedhöfe in Berlin. Berlin (DDR).
Evans, Richard (1991): Im Schatten Hitlers? Historikerstreit und Vergangenheitsbewältigung in der Bundesrepublik. Frankfurt / M.

Faulenbach, Bernd (1987): NS-Interpretationen und Zeitklima. Zum Wandel in der Aufarbeitung der jüngsten Vergangenheit. In: Aus Politik und Zeitgeschichte, B 37.
Faulenbach, Bernd (1993): Probleme des Umgangs mit der Vergangenheit im vereinten Deutschland: Zur Gegenwartsbedeutung der jüngsten Geschichte. In: Weidenfeld, Werner (Hg.), Deutschland. Eine Nation – doppelte Geschichte. Materialien zum deutschen Selbstverständnis. Köln. S. 175 ff.
Faulenbach, Bernd (Hg.) (1974): Geschichtswissenschaft in Deutschland. München.
Fest, Joachim C. (1973): Hitler. Eine Biographie. Frankfurt / M. und Berlin.
Fetscher, Sebastian (1989): Das Dritte Reich und die Moral der Nachgeborenen. Vom Dünkel der Betroffenheit. In: Neue Sammlung 29. S. 161 ff.
Finker, Kurt (1994): Die Stellung der Sowjetunion und der sowjetischen Geschichtsschreibung zum 20. Juli 1944. In: Ueberschär (Hg.), 20. Juli. S. 38 ff.
Finn, Gerhard (1990): Wieder einmal nichts gewußt. »Vergangenheitsbewältigung« in Buchenwald. In: Deutschland Archiv 22. H2. S. 1251 ff.
Fischer, Alexander / Heydemann, Günther (1992): Weg und Wandel der Geschichtswissenschaft und des Geschichtsverständnisses in der SBZ / DDR seit 1945. In: Eckert / Küttler / Seeber, Krise, S. 125 ff.
Folkerts, Horst (1991): Die gerettete Geschichte. Ein Hinweis auf Walter Benjamins Begriff der Erinnerung. In: Assmann / Harth, Mnemosyne. S. 363 ff.
Forster, Kurt W. (1992): Monstrum mirable et audax. In: Libeskind, Erweiterung. S. 17 ff.
Fragen an die deutsche Geschichte (1984): Ideen, Kräfte, Entscheidungen von 1800 bis zur Gegenwart. Historische Ausstellung im Reichstagsgebäude in Berlin. Hg. vom Deutschen Bundestag, Referat Öffentlichkeitsarbeit. Bonn.
Freed, James Ingo (1994): Das United States Holocaust Memorial Museum. In: Young, Mahnmale, S. 63 ff.
Frei, Norbert (1993): Wie modern war der Nationalsozialismus? in: Geschichte und Gesellschaft 19. S. 367 ff.
Frey, Anja (1993): Ein Blümlein aufs Millionengrab. In: Büchten / Frey (Hg.), Irrgarten. S. 20 ff.
Fricke, Karl Wilhelm (1979): Politik und Justiz in der DDR. Zur Geschichte der politischen Verfolgung 1945-68. Bericht und Dokumentation. Köln.
Friedländer, Saul (1984): Kitsch und Tod. Der Widerschein des Nazismus. München.
Friedländer, Saul (1987): Die Shoah als Element in der Konstruktion israelischer Erinnerung. In: Babylon H2. S. 10 ff.
Friedländer, Saul (ed.) (1992): Probing the Limits of Representation. Nazism and the »Final Solution«. Cambridge / Mass. und London.
Friedrich-Ebert-Stiftung (Hg.) (1989): Zur Bewältigung der NS-Zeit in der DDR. Defizite und Neubewertungen. Bonn.
Frisch, Max (1958): Tagebuch 1946-1949. Frankfurt / M.
Füllberg-Stolberg, Claus u. a. (Hg.) (1994): Frauen in Konzentrationslagern. Bergen-Belsen, Ravensbrück. Bremen.

Garbe, Detlef (1993): Äußerliche Abkehr, Erinnerungsverweigerung und »Vergangenheitsbewältigung«: Der Umgang mit dem Nationalsozialismus in der frühen Bundesrepublik. In: Schildt / Sywottek, Modernisierung. S. 693 ff.

Garbe, Detlef (Hg.) (1983): Die vergessenen KZs? Gedenkstätten für die Opfer des NS-Terrors in der Bundesrepublik. Bornheim-Merten.

Gauger, Jörg-Dieter / Stagl, Justin (Hg.) (1992): Staatsrepräsentation. Berlin.

Gebhardt, Winfried (1987): Fest, Feier und Alltag. Über die gesellschaftliche Wirklichkeit des Menschen und ihre Deutung. Frankfurt / M. u. a.

Gedenkstätte deutscher Widerstand (Hg.) (1984): Der 20. Juli 1944. Reden zu einem Tag der deutschen Geschichte. Bd. 1. Berlin.

Gerhardsson, B. (1961): Memory and Manuscript. Oral Tradition and Written Transmission in Rabbinic Judaism und Early Christianity.

Gerstenberger, Heide / Schmidt, Dorothea (Hg.) (1987): Normalität oder Normalisierung? Geschichtswerkstätten und Faschismusanalyse. Münster.

Gerz, Jochen / Shalev-Gerz, Esther (1994): Das Harburger Mahnmal gegen Faschismus. Stuttgart.

Geschichtswerkstatt Berlin (Hg.) (1987): Die Nation als Ausstellungsstück. Hamburg.

Goettle, Gabriele (1993): Deutsche Sitten. Erkundungen in Ost und West. Frankfurt / M.

Grab, Walter (1984): Ein Volk muß seine Freiheit selbst erobern. Zur Geschichte der deutschen Jakobiner. Frankfurt / M.

Groehler, Olaf (1994): Der Umgang mit dem Holocaust in der DDR. In: Steininger, Umgang. S. 233 ff.

Grünberg, Wolfgang (1991): Hamburg und sein Gedächtnis. Was wird aus dem Mahnmal St.Nikolai? In: Hans Werner Dannowski u. a. (Hg.): Erinnern und Gedenken. Hamburg. S. 21 ff.

Grunenberg, Antonia (1993): Antifaschismus – ein deutscher Mythos. Reinbek.

Güldner, Bettina / Schuster, Wolfgang (1983): Das Reichssportfeld. In: Skulptur und Macht (Ausstellungskatalog Akademie der Künste). Berlin. S. 37 ff.

Gutmann, Israel u. a. (Hg.)(1993): Enzyklopädie des Holocaust. Die Verfolgung und Ermordung der europäischen Juden. Berlin.

Haase, Norbert (1990): Berlin-Charlottenburg, Witzlebenstrasse 4-10. In: Dachauer Hefte 6. S. 206 ff.

Habermas, Jürgen (1981): Die Moderne – ein unvollendetes Projekt. In: ders., Kleine Politische Schriften (I-IV). Frankfurt / M. S. 444 ff.

Habermas, Jürgen (1985): Entsorgung der Vergangenheit. In: ders., Die Neue Unübersichtlichkeit. Kleine Politische Schriften V. Frankfurt / M. S. 261 ff.

Habermas, Jürgen (1987): Zum neokonservativen Geschichtsverständnis und zur Rolle der revisionistischen Geschichtsschreibung in der politischen Öffentlichkeit. In: Geschichtswerkstatt Berlin (Hg.), Nation. S. 49 ff.

Habermas, Jürgen (1987a): Eine Art Schadensabwicklung. Kleine Politische Schriften VI. Frankfurt / M.

Hahn, Alois (1982): Zur Soziologie der Beichte und anderer Formen institutionalisierter Bekenntnisse: Selbstthematisierung und Zivilisationsprozeß. In: Kölner Zeitschrift f. Soziologie und Sozialpsychologie 34. S. 407 ff.

Halbwachs, Maurice (1985): Das kollektive Gedächtnis. Frankfurt / M.

Halbwachs, Maurice (1985a): Das Gedächtnis und seine sozialen Bedingungen. Frankfurt / M.

Harth, Dietrich (Hg.) (1991): Die Erfindung des Gedächtnisses. Eine Anthologie. Frankfurt / M.

Hartmann, Andreas (1991): Zur Geschichte der Gedächtnissysteme. In: Bönisch-Brednich (Hg.), Erinnern. S. 47 ff.

Hartmann, Geoffrey (ed.) (1986): Bitburg in moral and political perspective. Bloomington.

Hattenhauer, Hans (1990²): Geschichte der deutschen Nationalsymbole. Zeichen und Bedeutung. München.

Haverkamp, Anselm / Lachmann, Renate (Hg.) (1993): Memoria – Vergessen und erinnern. München.

Hedinger, Bärbel u. a. (1979): Ein Kriegsdenkmal in Hamburg. Hamburg.

Heffen, Annegret (1986): Der Reichskunstwart – Kunstpolitik in den Jahren 1920–1933. Essen.

Heilmann, Peter (1989): Ein gescheitertes Projekt. Das Internationale Dokumentationszentrum. In: Sachor – Nicht vergessen. Erinnerung an Joseph Wulf (Aktion Sühnezeichen / Friedensdienste). Berlin.

Hein, Carola (1990): Zur Geschichte der Hauptstadt Berlin. In: Berlinische Galerie (Hg.), Hauptstadt. S. 10 ff.

Henn, Ursula (1987): Die Mustersiedlung Ramersdorf. Ein Siedlungskonzept zwischen Tradition und Moderne. München.

Herbert, Ulrich / Groehler, Olaf (1992): Zweierlei Bewältigung. Vier Beiträge über den Umgang mit der NS-Vergangenheit in den beiden deutschen Staaten. Hamburg.

Herding, Klaus / Mittig, Hans-Ernst (1975): Kunst und Alltag im NS-System. Albert Speers Berliner Straßenlaternen. Gießen.

Heringer, Hans Jürgen (1990): »Ich gebe Ihnen mein Ehrenwort.« Politik – Sprache – Moral. München.

Herzogenrath, Wulf u. a. (Hg.) (1990): Die Endlichkeit der Freiheit (Ausstellungskatalog). Berlin.

Hilberg, Raul (1982): Die Vernichtung der europäischen Juden. Die Gesamtgeschichte des Holocaust. Berlin.

Hilberg, Raul (1992): Täter, Opfer, Zuschauer. Die Vernichtung der Juden 1933–1945. Frankfurt / M.

Hildebrand, Klaus (1991⁴): Das Dritte Reich. München.

Hipp, Hermann (1989): Freie und Hansestadt Hamburg. Geschichte, Kultur und Stadtbaukunst an Elbe und Alster. Köln.

Hoffmann, Andreas (1985): Reichssportfeld. Olympischer Platz. In: Engel u. a., Geschichtslandschaft. Bd. 1, Teil 2. S. 11 ff.

Hoffmann, Detlef (1988): Erinnerungsarbeit der »zweiten und dritten« Generation und »Spurensuche« in der zeitgenössischen Kunst. In: kritische berichte 16. H2. S. 31 ff.

Hoffmann, Hilmar (1993): Mythos Olympia. Autonomie und Unterwerfung von Sport und Kultur. Berlin und Weimar.

Hoffmann, Hilmar / Klotz, Heinrich (Hg.) (1991): Die Kultur unseres Jahrhunderts. 1933–45. Düsseldorf.

Hoffmann-Axthelm, Dieter (1987): Geschichte ohne Ort und Schatten. Deutsches Historisches Museum in Berlin. In: Geschichtswerkstatt Berlin (Hg.), Nation. S. 59 f.

Holler, Regina (1994): 20. Juli 1944. Vermächtnis oder Alibi? München.
Hölscher, Lucian (1989): Geschichte und Vergessen. In: Historische Zeitschrift. Bd. 249. S. 1 ff.
Hummel, Marlies / Berger, Manfred (1988): Die volkswirtschaftliche Bedeutung von Kunst und Kultur. Gutachten im Auftrag des Bundesministers des Innern. Berlin.
Hütt, Michael (1990): Alfred Hrdlickas Umgestaltung des Hamburger Denkmals für das Infanterieregiment Nr. 76. In: ders. u. a. (Hg.), Unglücklich. S. 112 ff.
Hütt, Michael u. a. (Hg.) (1990): Unglücklich das Land, das Helden nötig hat. Leiden und Sterben in den Kriegsdenkmälern des Ersten und Zweiten Weltkrieges. Marburg.
Hüttinger, Gisela (1992): Der Umgang mit der NS-Architektur unter besonderer Berücksichtigung Münchens. Magisterarbeit. Hamburg.

Iden, Peter (1979): Die Schaubühne am Halleschen Ufer 1970-1979. München.
Institut für Denkmalpflege (Hg.) (1976): Denkmale der Geschichte und Kultur: Ihre Erhaltung und Pflege in der Deutschen Demokratischen Republik. Berlin (DDR).
Internationale Bauausstellung Berlin (Hg.) (1987): Dokumentation zum Gelände des ehemaligen Prinz-Albrecht-Palais. Berlin.

Jäckel, Eberhard (1974): Wenn der Anschlag gelungen wäre. In: Hans Jürgen Schultz (Hg.), Der Zwanzigste Juli, Alternative zu Hitler? Stuttgart. S. 69 ff.
Jochheim, Gernot (1993): Frauenprotest in der Rosenstraße. Berlin.
Jüdisches Museum / Amt für Wissenschaft und Kunst der Stadt Frankfurt / Main (Hg.) (1992): Stationen des Vergessens. Der Börneplatz-Konflikt (Begleitbuch zur Eröffnungsausstellung des Museums Judengasse). Frankfurt / M.

Kaienburg, Hermann (1990): »Vernichtung durch Arbeit«. Der Fall Neuengamme. Die Wirtschaftsbestrebungen der SS und ihre Auswirkungen auf die Existenzbedingungen der KZ-Gefangenen. Bonn.
Kany, Roland (1987): Mnemosyne als Programm: Geschichte, Erinnerung und die Andacht zum Unbedeutenden im Werk von Usner, Warburg und Benjamin. Tübingen.
Karavan, Dani (1992): Zum Gedenkort »Passagen« für Walter Benjamin. Ein Interview von Ingrid und Konrad Scheuermann. In: Scheuermann / Scheuermann (Hg.), Benjamin. S. 265 ff.
Kettenacker, Lothar (1994): Die Haltung der Westalliierten gegenüber Hitlerattentat und Widerstand nach dem 20. Juli 1944. In: Ueberschär (Hg.), 20. Juli. S. 19 ff.
Kittel, Manfred (1993): Die Legende von der zweiten Schuld. Vergangenheitsbewältigung in der Ära Adenauer. Berlin.
Klee, Ernst (1983): »Euthanasie« im NS-Staat. Die »Vernichtung lebensunwerten Lebens«. Frankfurt / M.
Klee, Ernst (1991): Persilschein und falsche Pässe. Wie die Kirchen den Nazis halfen. Frankfurt / M.

Kleßmann, Christoph (1992): Das Problem der doppelten »Vergangenheitsbewältigung« in der früheren DDR. In: Eckert/Küttler/Seeber, Krise, S. 271 ff.

Klonovsky, Michael/Flocken, Jan von (1993): Stalins Lager in Deutschland. 1945-50. München.

Klötzer, Wolfgang (1978): Die Frankfurter Paulskirche – Symbol der Deutschen Einheit. Frankfurt/M.

Knothe, Rainer (1987): Anhalter Bahnhof. Berlin.

Koch, Gertrud (1992): Die Einstellung ist die Einstellung. Visuelle Konstruktionen des Judentums. Frankfurt/M.

Koch, Gertrud (1993): Der Engel des Vergessens und die black box der Faktizität. Zur Gedächtniskonstruktion in Claude Lanzmanns Film *Shoah*. In: Haverkamp/Lachmann (Hg.), Memoria. S. 67 ff.

Kocka, Jürgen (1979): 1945: Neubeginn oder Restauration? In: Carola Stern/Heinrich A. Winkler (Hg.), Wendepunkte deutscher Geschichte 1848-1945. Frankfurt/M. S. 141 ff.

Kogon, Eugen (1946): Der SS-Staat. München.

Kohlhammer, Siegfried (1994): Anathema. Der Holocaust und das Bilderverbot. In: Merkur 48, H6. S. 501 ff.

Kolb, Eberhard (1986²): Bergen-Belsen – Vom »Aufenthaltslager« zum Konzentrationslager 1943-45. Göttingen.

Korff, Gottfried (1991): Bemerkungen zur öffentlichen Erinnerungskultur. In: Bönisch-Brednich (Hg.), Erinnern. S. 163 ff.

Korff, Gottfried/Roth, Martin (Hg.) (1990): Das historische Museum. Labor, Schaubühne, Identitätsfabrik. Frankfurt/M. und New York.

Koselleck, Reinhart (1979): Kriegerdenkmale als Identitätsstiftungen der Überlebenden. In: Odo Marquard/Karlheinz Stierle (Hg.), Identität. München. S. 255 ff.

Köstlin, Thomas (1988): Die Kulturpflege des Bundes – das Beispiel des »Deutschen Historischen Museums« in Berlin. In: Stölzl (Hg.), Deutsches Historisches Museum. S. 288 ff.

Kracauer, Siegfried (1985): Theorie des Films. Die Errettung der äußeren Wirklichkeit. Frankfurt/M.

Kracauer, Siegfried (1990): Tessenow baut das Berliner Ehrenmal. In: ders., Aufsätze 1927-1931 (Schriften Bd. 5/2). Frankfurt/M. S. 211 f.

Kreuter, Marie-Luise/Hoffmann, Andreas (1985): Rund um den Funkturm. In: Engel u. a. (Hg.), Geschichtslandschaft. Bd. 1. Teil 2. S. 33 ff.

Kreutzer, Marie-Luise (1989): »Euthanasie«-Zentrale »T4«. Tiergartenstraße 4. In: Engel u. a. (Hg.), Geschichtslandschaft, Bd. 2. Teil 1. S. 250 ff.

Krüger, Arnd (1972): Die Olympischen Spiele 1936 und die Weltmeinung. Berlin.

Kuberek, Monika (1990): Die Kriegsgräberstätten des Volksbundes Deutsche Kriegsgräberfürsorge. In: Hütt u. a. (Hg.), Unglücklich. S. 75 ff.

Kuhirt, Ullrich (Hg.) (1982): Kunst in der DDR. 1945-59. Leipzig.

Kuhn, Annette/Schneider, Gerhard (Hg.) (1978): Geschichte lernen im Museum. Düsseldorf.

Kühnl, Reinhard (Hg.) (1987): Vergangenheit, die nicht vergeht. Die »Historiker-Debatte«. Dokumentation, Darstellung und Kritik. Köln.

Kunert, Günter (1968): Kramen in Fächern oder Diesseits des Erinnerns? Berlin/Weimar.

Kwiet, Konrad (1989): Die NS-Zeit in der westdeutschen Forschung 1945-1961. In: Schulin, Geschichtswissenschaft, S. 196 ff.

Langer, Lawrence (1975): The Holocaust and the Literary Imagination. New Haven und London.

Laqueur, Renata (1983): Bergen-Belsen Tagebuch. 1944/45. Hannover.

Laschet, Armin / Malangré, Heinz (Hg.) (1989): Philipp Jenninger. Rede und Reaktion. Aachen und Koblenz.

LeGoff, Jacques (1992): Geschichte und Gedächtnis. Frankfurt / M. und New York.

Lehrke, Gisela (1988): Gedenkstätten für Opfer des Nationalsozialismus. Historisch-politische Bildung an Orten des Widerstands. Frankfurt / M.

Leisner, Barbara / Schulze, Heiko K. L. / Thormann, Ellen (1990): Der Hamburger Hauptfriedhof Ohlsdorf. Geschichte und Grabmäler. 2 Bde. Hamburg.

Lemke, Michael (1993): Kampagnen gegen Bonn, Die Systemkrise der DDR und die West-Propaganda der SED 1960-1963. In: Vierteljahreshefte für Zeitgeschichte 40. H2. S. 151 ff.

Lepsius, M. Rainer (1989): Das Erbe des Nationalsozialismus und die politische Kultur der Nachfolgestaaten des »Großdeutschen Reiches«. In: Haller, Max u. a. (Hg.), Kultur und Gesellschaft. Frankfurt / M. und New York. S. 247 ff.

Leser, Petra (1991): Der Kölner Architekt Clemens Klotz. Diss. Köln.

Lévy-Hass, Hanna (1983): »Vielleicht war das alles nur der Anfang«. Tagebuch aus dem KZ Bergen-Belsen 1944-45. Berlin.

Lewin, Michael (1987): Alfred Hrdlicka. Das Gesamtwerk – Bildhauerei. Wien / Zürich.

Libeskind, Daniel (1992): Erweiterung des Berlin Museums mit Abteilung Jüdisches Museum. Hg. von Kristin Feireiss (Ausstellungskatalog). Berlin.

Libeskind, Daniel (1994): Radix-Matrix. Architekturen und Schriften. München.

Lipp, Wilfried (Hg.) (1993): Denkmal – Werte – Gesellschaft. Zur Pluralität des Denkmalbegriffs. Frankfurt / M.

Litschke, Egon (1985): Museum des antifaschistischen Widerstandskampfes in der NMG Ravensbrück. In: Museumskunde 28. H2. 115 ff.

Loewy, Hanno (Hg.) (1992): Holocaust: Die Grenzen des Verstehens. Eine Debatte über die Besetzung der Geschichte. Reinbek.

Lohmann, Hans-Martin (Hg.) (1984): Psychoanalyse und Nationalsozialismus. Beiträge zur Bewältigung eines unbewältigten Traumas. Frankfurt / M.

Lurz, Meinhold (1987): Kriegerdenkmäler in Deutschland. Bd. 6: Bundesrepublik. Heidelberg.

Lurz, Meinhold (1989): Architektur für die Ewigkeit und dauerndes Ruherecht. Überlegungen zu Gestalt und Aussage von Soldatenfriedhöfen. In: Mai / Schmirber (Hg.), Denkmal. S. 81 ff.

Lutz, Thomas u. a. (Hg.) (1992): Über-Lebens-Mittel. Kunst aus Konzentrationslagern und in Gedenkstätten für Opfer des Nationalsozialismus. Marburg.

Machat, Christoph (1985): Der Wiederaufbau der Kölner Kirchen. In: Deutsche Kunst und Denkmalpflege 43. S. 93 ff.

Machule, Dittmar (1985): Die Kameradschaftssiedlung der SS in Berlin-

Zehlendorf – eine idyllische Waldsiedlung? In: Hartmut Frank (Hg.), Faschistische Architekturen. Planen und Bauen in Europa 1930-45. Hamburg. S. 251 ff.

Magistrat der Stadt Frankfurt Main / Dezernat Hochbauamt (Hg.) (1988): Die Paulskirche in Frankfurt am Main. Frankfurt / M.

Mai, Ekkehard / Schmirber, Gisela (Hg.) (1989): Denkmal – Zeichen – Monument. Skulptur und öffentlicher Raum heute. München.

Maier, Charles S. (1992): Die Gegenwart der Vergangenheit. Geschichte und die nationale Identität der Deutschen. Frankfurt / M. und New York.

Marcuse, Harold (1990): Das ehemalige Konzentrationslager Dachau. Der mühevolle Weg zur Gedenkstätte 1945-68. In: Dachauer Hefte 6. S. 182 ff.

Marcuse, Harold (1992): Nazi Crimes and Identity in West Germany: Collective Memories of the Dachau Concentration Camp. 1945-1990. Diss. Michigan.

Mattenklott, Gert (1989): Trauerkunst in Washington und Jerusalem. In: Merkur 43. H9/10. S. 848 ff.

Mattenklott, Gert (1993): Denkmal. In: Daidalos 49. S. 27 ff.

Mattenklott, Gert (1993a): »Denk ich an Deutschland...« Deutsche Denkmäler 1790-1990. In: Sekretariat für kulturelle Zusammenarbeit NRW (Hg.), Deutsche Nationaldenkmäler 1790-1990 (Ausstellungskatalog). Gütersloh. S. 17 ff.

Matz, Reinhard (1993): Die unsichtbaren Lager. Das Verschwinden der Vergangenheit im Gedenken. Reinbek.

Meier, Bettina (1991): Goethe in Trümmern. Der Streit um den Wiederaufbau des Goethehauses in Frankfurt. In: Jochen Vogt (Hg.), »Erinnerung ist unsere Aufgabe«. Opladen. S. 28 ff.

Meier, Christian (1987): Verurteilen und Verstehen. In: »Historikerstreit«. Die Dokumentation der Kontroverse um die Einzigartigkeit der nationalsozialistischen Judenvernichtung. München. S. 48 ff.

Meier, Christian (1990^2): Vierzig Jahre nach Auschwitz. Deutsche Geschichtserinnerung heute. München.

Meissl, Sebastian u. a. (Hg.) (1986): Verdrängte Schuld, verfehlte Sühne. Entnazifizierung in Österreich 1945-1955. München.

Melcher, Peter (1986): Weissensee. Ein Friedhof als Spiegelbild jüdischer Geschichte in Berlin. Berlin.

Meroz, Yohanan (1986): In schwieriger Mission. Als Botschafter Israels in Bonn. Berlin und Frankfurt / M.

Meßner, Paul (1984): Bauten und Denkmale in Weimar. Ihre Geschichte und ihre Bedeutung. Weimar.

Metken, Günter (1994): Die Kunst des Verschwindens. Unsichtbare Denkmäler – ein Situationsbericht. In: Merkur 48. H6. S. 178 ff.

Meyer, Erik (1993): Erinnerungskultur der Einheit. Zur Reorganisation der Gedenkstätte Buchenwald. In: Blätter für deutsche und internationale Politik 38. H10. S. 1251 ff.

Miller, Max (1990): Kollektive Erinnerungen und gesellschaftliche Lernprozesse. Zur Struktur sozialer Mechanismen der »Vergangenheitsbewältigung«. In: Bergmann, Werner / Erb, Rainer (Hg.), Antisemitismus in der politischen Kultur nach 1945. Opladen. S. 79 ff.

Ministerium für Wissenschaft, Forschung und Kultur des Landes Brandenburg (Hg.) (1992): Brandenburgische Gedenkstätten für die Verfolgten des NS-Regimes. Perspektiven, Kontroversen und internationale Vergleiche. Berlin.

Ministerium für Wissenschaft, Forschung und Kultur des Landes Brandenburg (Hg.) (1992a): Die brandenburgischen Gedenkstätten. Empfehlungen der Expertenkommission zur Neukonzeption. Berlin.
Mitscherlich, Alexander / Mitscherlich Margarete (1967): Die Unfähigkeit zu trauern. Grundlagen kollektiven Verhaltens. München.
Mittig, Hans-Ernst (1987): Das Denkmal. In: Werner Busch (Hg.), Eine Geschichte der Kunst im Wandel ihrer Funktionen, Funkkolleg Kunst Bd. 2. München. S. 532 ff.
Mittig, Hans-Ernst (1988): München. 50 Jahre nach der Ausstellung »Entartete Kunst«. In: kritische berichte 16. H2. S. 76 ff.
Mittig, Hans-Ernst (1988a): Wie gehen wir mit NS-Bauten um? Beispiele in Berlin. In: Werk und Zeit. 3. S. 26 ff.
Mittig, Hans-Ernst / Plagemann, Volker (Hg.) (1972): Denkmäler im 19. Jahrhundert. Deutung und Kritik. München.
Mommsen, Hans (1974): Haupttendenzen nach 1945 und in der Ära des Kalten Krieges. In: Faulenbach (Hg.), Geschichtswissenschaft. München. S. 113 ff.
Mommsen, Hans (1986): Verordnete Geschichtsbilder. Historische Museumspläne der Bundesregierung. In: Gewerkschaftliche Monatshefte 37. H1. S. 13 ff.
Mommsen, Hans (1988): Zum Projekt eines »Deutschen Historischen Museums« in West-Berlin. In: Stölzl (Hg.), Museum. S. 286 ff.
Morsch, Günter (1989): Buchenwald. In: Baumunk / Brunn (Hg.), Hauptstadt. S. 274 ff.
Moses, Stephan (1993): Eingedenken und Jetztzeit. Geschichtliches Bewußtsein im Spätwerk Walter Benjamins. In: Haverkamp / Lachmann (Hg.), Memoria. S. 385 ff.
Mosse, George L. (1993): Gefallen für das Vaterland. Nationales Heldentum und namenloses Sterben. Stuttgart.
Musil, Robert (1978): Denkmale. In: ders., Werke (Bd. Prosa, Dramen, Briefe). Reinbek. S. 480 ff.

Nachama, Andreas / Sievernich, Gereon (Hg.) (1991): Jüdische Lebenswelten (Ausstellungskatalog). Berlin.
Nachama, Andreas / Simon, Hermann (Hg.) (1992): Jüdische Grabstätten und Friedhöfe in Berlin. Berlin.
Negt, Oskar / Kluge, Alexander (1972): Öffentlichkeit und Erfahrung. Zur Organisationsanalyse von bürgerlicher und proletarischer Öffentlichkeit. Frankfurt / M.
Nerdinger, Winfried (1988): Umgang mit der NS-Architektur. Das schlechte Beispiel München. In: Werk und Zeit 3. S. 22 ff.
Nerdinger, Winfried (1993): Bauhaus-Moderne im Nationalsozialismus. Zwischen Anbiederung und Verfolgung. München.
Nerdinger, Winfried (Hg.) (1993a): Bauen im Nationalsozialismus. Bayern 1933 - 1945 (Ausstellungskatalog des Architekturmuseums der TU). München.
Neue Gesellschaft für Bildende Kunst (Hg.) (1987): Der umschwiegene Ort. Berlin.
Niethammer, Lutz (1992): Erinnerungsgebot und Erfahrungsgeschichte. Institutionalisierungen im kollektiven Gedächtnis. In: Loewy (Hg.), Holocaust, S. 21 ff.

Niethammer, Lutz (Hg.) (1994): Der gesäuberte Antifaschismus. Die SED und die roten Kapos von Buchenwald. Dokumente. Berlin.
Nietzsche, Friedrich (1966): Unzeitgemäße Betrachtungen. Zweites Stück. Vom Nutzen und Nachteil der Historie für das Leben. In: ders., Werke in sechs Bänden. Hg. von Karl Schlechta. Band 1. München. S. 209 ff.
Nipperdey, Thomas (1968): Nationalidee und Nationaldenkmal in Deutschland im 19. Jahrhundert. In: Historische Zeitschrift 206. S. 529 ff.
Nolte, Ernst (1987): Vergangenheit, die nicht vergehen will. In: »Historikerstreit«. Die Dokumentation der Kontroverse um die Einzigartigkeit der nationalsozialistischen Judenvernichtung. München.
Nora, Pierre (1990): Zwischen Geschichte und Gedächtnis. Berlin.

Oberndörfer, Dieter (1993): Der Wahn des Nationalen. Die Alternative der offenen Republik. Freiburg.
Oexle, Otto Gerhard (1985): Die Gegenwart der Lebenden und der Toten. Gedanken über Memoria. In: Schmid (Hg.), Gedächtnis. S. 74 ff.
Ogan, Bernd / Weiß, Wolfgang W. (Hg.) (1992): Faszination und Gewalt. Zur politischen Ästhetik des Nationalsozialismus. Nürnberg.
Ophir, Adi (1992): On Sanctifying the Holocaust: An Anti-Theological Treatise. In: Tikkun. vol. 2. S. 61 ff.

Pehle, Walter H. (Hg.) (1990): Der historische Ort des Nationalsozialismus. Annäherungen. Frankfurt / M.
Pehnt, Wolfgang (1991): Umgang mit Ruinen. Kulturbauten in der deutschen Nachkriegsarchitektur. In: Karl-Dietrich Bracher u. a. (Hg.), '45 und die Folgen. Kunstgeschichte eines Wiederbeginns. Köln / Weimar. S. 111 ff.
Plagemann, Volker (1986): »Vaterstadt, Vaterland...« Denkmäler in Hamburg. Hamburg.
Plagemann, Volker (1988): Trauerarbeit. Neuere politische Monumente in Hamburg. In: Georg Bussmann (Hg.), Arbeit in Geschichte. Geschichte in Arbeit (Ausstellungskatalog Kunstverein Hamburg). Berlin. S. 33 ff.
Pollack, Kristine / Nicolai, Bernd (1983): Kriegerdenkmale – Denkmäler für den Krieg? In: Akademie der Künste Berlin (Hg.), Skulptur und Macht, Ausstellungskatalog. Berlin. S. 61-93.
Pöttker, Horst (1989): Mut zur Nüchternheit. Was Philipp Jenninger am 10. November 1988 wirklich gesagt hat – und warum er gehen mußte. In: medium 3. S. 27 ff.
Preiß, Achim (1989): Nazikunst und Kunstmuseum. In: kritische berichte 17. H2. S. 76 ff.
Preiß, Achim / Stamm, Karl / Zehnder, Frank Gunter (Hg.)(1990): Das Museum. Die Entwicklung in den achtziger Jahren. Fs. Hugo Borger. München.
Pross, Christian (1988): Wiedergutmachung. Der Kleinkrieg gegen die Opfer. Frankfurt / M.
Puvogel, Ulrike (1987): Gedenkstätten für die Opfer des Nationalsozialismus. Eine Dokumentation. Bonn.

Raabe, Paul (1990): Spaziergänge durch Goethes Weimar. Zürich.
Reich, Ines / Finker, Kurt (1994): Reaktionäre oder Patrioten? Zur Histo-

riographie und Widerstandsforschung in der DDR bis 1990. In: Ueberschär (Hg.), 20. Juli. S. 135 ff.

Reichel, Peter (1992²): Der schöne Schein des Dritten Reiches. Faszination und Gewalt des Faschismus. München.

Reichel, Peter (1993): Zwischen Dämonisierung und Verharmlosung: Das NS-Bild und seine politische Funktion in den 50er Jahren. Eine Skizze. In: Schildt/Sywottek, Modernisierung, S. 679 ff.

Reichhardt, Hans J./Schäche, Wolfgang (Hg.) (1985³): Von Berlin nach Germania. Über die Zerstörungen der Reichshauptstadt durch A.Speers Neugestaltungsplanungen. Berlin.

Reissig, Harald (1985): Die Synagoge und das Jüdische Gemeindehaus Fasanenstraße. In: Engel u. a. (Hg.), Geschichtslandschaft, Bd. 1. S. 410 ff.

Ribbe, Wolfgang (1972): Flaggenstreit und Heiliger Hain. Bemerkungen zur Nationalen Symbolik in der Weimarer Republik. In: Dietrich Kurze (Hg.), Aus Theorie und Praxis der Geschichtswissenschaft. Festschrift für Hans Herzfeld zum 80.Geburtstag. Berlin/New York. S. 175 ff.

Rieth, Adolf (1968): Den Opfern der Gewalt. KZ-Opfermale der europäischen Völker. Tübingen.

Ringshausen, Gerhard (1994): Der 20. Juli 1944 als Problem des Widerstands gegen die Obrigkeit. Die Diskussion in der evangelischen und katholischen Kirche nach 1945. In: Ueberschär (Hg.), 20. Juli. S. 191 ff.

Ritter, Joachim (Hg.) (1972/74): Historisches Wörterbuch der Philosophie. Bd. 2/3. Basel, Stuttgart.

Rittich, Werner (1938): Architektur und Bauplastik der Gegenwart. Berlin.

Roettig, Petra (1995): Vom Stahlhelm zum Blauhelm. Vom Umgang mit dem Denkmal. In: Manfred Fischer/Helga Kutz-Bauer (Hg.), Die Last des Ortes – über den Umgang mit dem steinernen Erbe der NS-Zeit. Hamburg.

Roik-Bogner, Christine (1994): Der Anhalter Bahnhof. Askenasischer Platz. In: Engel u. a. (Hg.), Geschichtslandschaft, Bd. 5: Kreuzberg. Berlin. S. 52 ff.

Rostock, Jürgen/Zadnicek, Franz (1992): Paradiesruinen. Das KdF-Seebad der Zwanzigtausend auf Rügen. Berlin.

Rühmkorf, Peter (1972): Die Jahre, die ihr kennt. Anfälle und Erinnerungen. Reinbek.

Rürup, Reinhard (Hg) (1993⁹): Topographie des Terrors. Gestapo, SS und Reichssicherheitshauptamt auf dem »Prinz-Albrecht-Gelände«. Eine Dokumentation. Berlin.

Rüsen, Jörn u. a.(Hg.) (1988): Geschichte sehen. Beiträge zur Ästhetik historischer Museen. Pfaffenweiler.

Rüsen, Jörn u. a. (Hg.) (1988a): Die Zukunft der Aufklärung. Frankfurt/M.

Rusinek, Bernd A. (1989): »Die deutscheste aller deutschen Städte«. Nürnberg als eine Hauptstadt des Nationalsozialismus. In: Baumunk/Brunn (Hg.), Hauptstadt. S. 92 ff.

Sauer, Klaus/Werth, German (1971): Lorbeer und Palme. Patriotismus in deutschen Festspielen. München.

Schäche, Wolfgang (1984): Das Gebäude der ehemaligen japanischen Botschaft in Berlin-Tiergarten. Berlin.

Schäche, Wolfgang (1991): Architektur und Städtebau in Berlin zwischen 1933 und 1945: Planen und Bauen unter der Ägide der Stadtverwaltung. Berlin.

Schäfer, Hermann (1988): Das Haus der Geschichte der Bundesrepublik Deutschland. In: Aus Politik und Zeitgeschichte B 2. S. 27 ff.

Scharf, Helmut (1984): Kleine Kunstgeschichte des deutschen Denkmals. Darmstadt.

Scharfe, Martin (1991): Erinnern und Vergessen. Zu einigen Prinzipien der Konstruktion von Kultur. In: Bönisch-Brednich (Hg.), Erinnern. S. 19 ff.

Schellack, Fritz (1990): Nationalfeiertage in Deutschland 1871 bis 1945. Frankfurt / M.

Schembs, Hans-Otto (1989): Frankfurt am Main. »Den besten Ruhm in Teutschland hat«. Kaiserkrönung, Deutsche Bundesversammlung und Paulskirchenparlament. In: Baumunk / Brunn (Hg.), Hauptstadt. S. 109 ff.

Scheuermann, Ingrid / Scheuermann, Konrad (Hg.) (1992): Für Walter Benjamin. Dokumente, Essays und ein Entwurf. Frankfurt / M.

Scheuermann, Konrad (1992): Grenzen, Schwellen, Passagen. Zu Dani Karavans Entwurf eines Gedenkortes für Walter Benjamin. In: Scheuermann / Scheuermann (Hg.), Benjamin. S. 249 ff.

Schildt, Axel (1994): NS-Regime, Modernisierung und Moderne. Anmerkungen zur Hochkonjunktur einer andauernden Diskussion, in: Tel Aviver Jahrb. für Deutsche Geschichte, Bd. 23. S. 3 ff.

Schildt, Axel / Sywottek, Arnold (Hg.) (1993): Modernisierung im Wiederaufbau. Die westdeutsche Gesellschaft der 50er Jahre. Bonn.

Schiller, Dietmar (1993): Die inszenierte Erinnerung. Politische Gedenktage im öffentlich-rechtlichen Fernsehen der Bundesrepublik Deutschland zwischen Medienereignis und Skandal. Frankfurt / M.

Schirmer, Dietmar (1988): Strukturen und Mechanismen einer deformierten Wahrnehmung. Der 8. Mai und das Projekt »Vergangenheitsbewältigung«. In: Helmut König (Hg.), Politische Psychologie heute, Leviathan Sonderheft 9. Opladen. S. 190 ff.

Schlaffer, Heinz (1989): Gedenktage. In: Merkur 43. H1. S. 81 ff.

Schmid, Karl (Hg.) (1985): Gedächtnis, das Gemeinschaft stiftet. München / Zürich.

Schmidt, Siegfried J. (Hg.) (1991): Gedächtnis. Probleme und Perspektiven der interdisziplinären Gedächtnisforschung. Frankfurt / M.

Schmidt-Wulffen, Stephan (1994): Ein Mahnmal versinkt. Ein Gespräch mit Esther und Jochen Gerz, 1987. In: Young (Hg.), Mahnmale. S. 43 ff.

Schneede, Uwe M. (Hg.) (1991): Christian Boltanski, Inventar (Ausstellungskatalog). Hamburg.

Schneider, Manfred (1987): Liturgien der Erinnerung, Techniken des Vergessens. In: Merkur, H462. S. 676 ff.

Schoenberner, Gerhard (1992): Der lange Weg nach Wannsee. Von der Gründervilla zur Gedenkstätte. In: Dachauer Hefte 8. S. 150 ff.

Scholem, Gershom (1970): Judaica 2. Frankfurt / M.

Schönberger, Angela (1981): Die neue Reichskanzlei von Albert Speer. Zum Zusammenhang von nationalsozialistischer Ideologie und Architektur. Berlin.

Schönfeld, Martin (1991): Gedenktafeln in Ost-Berlin (Schriftenreihe Aktives Museum Bd. 4). Berlin.

Schönfeld, Martin (1993): Gedenktafeln in West-Berlin (Schriftenreihe Aktives Museum Bd. 6). Berlin.

Schubert, Dietrich (1987): Hamburger Feuersturm und »Cap Arcona«. Zu Alfred Hrdlickas Gegendenkmal in Hamburg. In: kritische berichte 15. H1. S. 8 ff.

Schubert, Dietrich (1989): Alfred Hrdlickas antifaschistisches Mahnmal in Hamburg oder Die Verantwortung der Kunst. In: Mai / Schmirber (Hg.), Denkmal. S. 134 ff.

Schulin, Ernst (Hg.) (1989): Deutsche Geschichtswissenschaft nach dem Zweiten Weltkrieg (1945-1965). München.

Schulz, Bernhard (1993): Kein Konsens im Land der Menschenketten. Zur Vorgeschichte einer »Zentralen Gedenkstätte der Bundesrepublik Deutschland«. In: Stölzl (Hg.), Die Neue Wache. S. 172 ff.

Schulze, Winfried (1989): Deutsche Geschichtswissenschaft nach 1945 (= Beiheft 10 der Historischen Zeitschrift). München.

Schütz, Heinz (1988): Transformation und Wiederkehr. Zur künstlerischen Rezeption nationalsozialistischer Symbole und Ästhetik. In: Kunstforum international 95. S. 64 ff.

Schwarz, Gudrun (1990): Die nationalsozialistischen Lager. Frankfurt / M.

Schwarz, Hans-Peter (Hg.) (1988): Die Architektur der Synagoge (Ausstellungskatalog Deutsches Architekturmuseum Frankfurt / Main). Frankfurt / M.

Schwencke, Olaf (Hg.) (1986): Museum – Verklärung oder Aufklärung? Kulturpolitisches Kolloquium zum Selbstverständnis der Museen. Rehberg-Loccum.

Seitz, Norbert (1985): Die Unfähigkeit zu feiern. In: ders. (Hg.), Die Unfähigkeit zu feiern, Der 8. Mai. Frankfurt / M. S. 9 ff.

Sembritzki, Gerd (1987): Synagoge Levetzowstraße. In: Engel u. a. (Hg.), Geschichtslandschaft, Bd. 2. Teil 2. S. 134 ff.

Senatsverwaltung für Bau- und Wohnungswesen (Hg.) (1993): Beschränkter, kooperativer Realisierungs- und Ideenwettbewerb. Ausstellungshalle, Besucher- und Dokumentationszentrum: Topographie des Terrors. Ergebnisprotokolle und Dokumentation. Berlin.

Sheehan, James (1990): Zukünftige Vergangenheit. Das deutsche Geschichtsbild in den neunziger Jahren, in: Korff / Roth (Hg.), Museum. S. 277 ff.

Simmel, Georg (1983): Die Ruine. In: ders., Philosophische Kultur. Über das Abenteuer, die Geschlechter und die Krise der Moderne. Berlin. S. 106 ff.

Simon, Hermann (1992²): Die Neue Synagoge. Berlin.

Sington, Derrick (1948): Die Tore öffnen sich. Hamburg.

Sonnet, Peter (1987): Gedenkstätten für Opfer des Nationalsozialismus in der DDR. In: Puvogel, Gedenkstätten. S. 769 ff.

Spickernagel, Ellen / Walbe, Brigitte (Hg.) (1976): Das Museum: Lernort contra Museumsstempel. Gießen.

Spiel, Hilde (1987): Glanz und Untergang. Wien 1866 bis 1938. München.

Spielmann, Jochen (1990): Entwürfe zur Sinngebung des Sinnlosen. Zu einer Theorie des Denkmals als Manifestation des »kulturellen Gedächtnisses«. Der Wettbewerb für ein Denkmal für Auschwitz. Diss. Berlin.

Spielmann, Jochen (1992): Denkmale in Bewegung. In: Lutz u. a. (Hg.), Über-Lebens-Mittel. S. 103 ff.

Sprenger, Heinrich (1985): »Bitburg über alles«. Versöhnung oder psychologische Nachrüstung? In: Vorgänge 24. H 4. S. 31 ff.

Springer, Peter (1989): Denkmal und Gegendenkmal. In: Mai / Schmirber (Hg.), Denkmal. S. 92 ff.
Staatliche Antikensammlung München / Stadtarchiv München (Hg.) (1991): Der Königsplatz 1812-1988. München.
Stein, Harry (Hg.) (1994): Das Konzentrationslager Buchenwald. Eine Geschichte des Verbrechens. Konzeption für ein Historisches Museum zur Geschichte des Konzentrationslagers Buchenwald. Weimar.
Steinbach, Peter (1981): Nationalsozialistische Gewaltverbrechen. Die Diskussion in der deutschen Öffentlichkeit. Berlin.
Steinbach, Peter (1987): Vergangenheit als Last und Chance. Vergangenheitsbewältigung in den 50er Jahren. In: Jürgen Weber (Hg.), Die Bundesrepublik wird souverän 1950-1955. Paderborn u. a. S. 309 ff.
Steinbach, Peter (1988): Widerstandsforschung im politischen Spannungsfeld. In: Aus Politik und Zeitgeschichte B 28. S. 3 ff.
Steinbach, Peter (1994): Widerstand im Dritten Reich – die Keimzelle der Nachkriegsdemokratie? In: Ueberschär (Hg.), 20. Juli. S. 79 ff.
Steinbach, Peter (1994a): Vermächtnis oder Verfälschung? Erfahrungen mit Ausstellungen zum deutschen Widerstand. In: Ueberschär (Hg.), 20. Juli. S. 171 ff.
Steinbach, Peter / Tuchel, Johannes (Hg.)(1994): Widerstand gegen den Nationalsozialismus. Berlin u. Bonn.
Steinhauser, Monika (1993): Erinnerungsarbeit. Zu Jochen Gerz' Mahnmalen. In: Daidalos 49. S. 104 ff.
Steininger, Rolf (Hg.) (1994): Der Umgang mit dem Holocaust. Europa – USA – Israel. Wien, Köln, Weimar.
Stiefel, Dieter (1981): Entnazifizierung in Österreich. Wien.
Stierle, Karlheinz (1993): Der Mythos von Paris. Zeichen und Bewußtsein der Stadt. München.
Stoltzfus, Nathan (1994): Women of Courage. The Rosenstraße Protest in Nazi Germany. New York.
Stölzl, Christoph (Hg.) (1988): Deutsches Historisches Museum. Ideen – Kontroversen – Perspektiven. Frankfurt / M. und Berlin.
Stölzl, Christoph (Hg.) (1993): Die Neue Wache Unter den Linden: Ein deutsches Denkmal im Wandel der Geschichte. Berlin.
Stürmer, Michael (1987): Geschichte in geschichtslosem Land. In: »Historikerstreit«. Die Dokumentation der Kontroverse um die Einzigartigkeit der nationalsozialistischen Judenvernichtung. München. S. 36 ff.

Taylor, Brandon / van der Will, Wilfried (eds.) (1990): The Nazification of Art. Art, Design, Music, Architecture and Film in the Third Reich.
Thamer, Hans-Ulrich (1986): Verführung und Gewalt. Deutschland 1933-1945. Berlin.
Thamer, Hans-Ulrich (1987): Nationalsozialismus und Faschismus in der DDR-Historiographie. In: Aus Politik und Zeitgeschichte B 13. S. 27 ff.
Thape, Ernst (1969): Von Rot zu Schwarz-Rot-Gold. Lebensweg eines Sozialdemokraten. Hannover.
Tietz, Jürgen (1993): Schinkels Neue Wache Unter den Linden. In: Stölzl (Hg.), Die Neue Wache. S. 21 ff.
Timm, Angelika (1994): Der 9. November 1938 in der politischen Kultur

der DDR. In: Rolf Steininger (Hg.), Der Umgang mit dem Holocaust. Weimar. S. 246 ff.

Toyka-Seid, Christiane (1994): Gralshüter, Notgemeinschaft oder gesellschaftliche »Pressure-Group«? Die Stiftung »Hilfswerk 20. Juli 1944« im ersten Nachkriegsjahrzehnt. In: Ueberschär (Hg.), 20. Juli. S. 157 ff.

Triebel, Armin (1994): Orte der Verfolgung und Unterdrückung. Prinz-Albrecht-Straße, Wilhelmstraße, Hedemannstraße. In: Engel u. a. (Hg.), Geschichtslandschaft, Bd. 5. S. 117 ff.

Trostorff, Klaus (1975): Die Nationale Mahn- und Gedenkstätte Buchenwald. In: Neue Museumskunde 18. H2. S. 85 ff.

Trümmler, Hans (1979): »Deutschland, Deutschland über alles«. Zur Geschichte und Problematik unserer Nationalhymne.

Tscheschner, Dorothea (1990): Der Wiederaufbau des historischen Zentrums in Ost-Berlin. In: Berlinische Galerie (Hg.), Hauptstadt. S. 217 ff.

Tuchel, Johannes (1992): Am Großen Wannsee 56-58. Von der Villa Minoux zum Haus der Wannsee-Konferenz. Berlin.

Tümpel, Christian (Hg.) (1992): Deutsche Bildhauer 1900-1945. Entartet. Zwolle.

Ueberschär, Gerd R. (Hg.) (1994): Der 20. Juli 1944. Bewertung und Rezeption des deutschen Widerstands gegen das NS-Regime. Köln.

Vieregg, Hildegard (1993): »Menschen seid wachsam«. Mahnmale und Gedenkstätten für die Opfer der NS-Gewaltherrschaft 1933-45. München.

Virilio, Paul (1989): Der negative Horizont. Bewegung, Geschwindigkeit, Beschleunigung, München.

Virilio, Paul (1992): Rasender Stillstand. München.

Virilio, Paul (1992a): Bunker-Archäologie. München.

Voigt, Rüdiger (Hg.) (1989): Politik der Symbole. Symbole der Politik. Opladen.

Vollnhals, Clemens (1988): Die evangelische Kirche zwischen Traditionswahrung und Neuorientierung. In: Broszat u. a. (Hg.), Stalingrad. S. 113 ff.

Vollnhals, Clemens (1992): Die Hypothek des Nationalprotestantismus. Entnazifizierung und Strafverfolgung von NS-Verbrechen nach 1945. In: Geschichte und Gesellschaft 18. H1. S. 51 ff.

Walden, Hans (1979): »Symbol deutschen Soldatentums«. Zum Kriegerdenkmal am Stephansplatz in Hamburg. In: Sammlung 2. S. 97 ff.

Walden, Hans (1994): Der Streit um das Hamburger Kriegsdenkmal von 1936. In: Eberhard Grillparzer u. a. (Hg.), Denkmäler. Hannover. S. 14 ff.

Warning, Rainer (1993): Vergessen, Verdrängen und Erinnern in Prousts *A la recherche du temps perdu*. In: Haverkamp / Lachmann (Hg.), Memoria. S. 160 ff.

Wasmuth, Ulrike C. u. a.(Hg.) (1992): Konfliktverwaltung. Ein Zerrbild unserer Demokratie? Analysen zu fünf innenpolitischen Streitfällen. Berlin.

Wassermann, Rudolf (1994): Widerstand als Rechtsproblem. Zur rechtlichen Rezeption des Widerstands gegen das NS-Regime. In: Ueberschär (Hg.), 20. Juli. S. 203 ff.

Weber, Hermann (1985): Geschichte der DDR. München.

Weber, Jürgen (Hg.) (1992²): Die Bundesrepublik wird souverän 1950-1955. München.

Wehler, Hans-Ulrich (1988): Entsorgung der deutschen Vergangenheit? Ein polemischer Essay zum »Historikerstreit«. München.

Werkgruppe Prora (Hg.) (1994): 1. Prora-Symposium am 6. und 7. Mai 1994 im Kinosaal Prora / Rügen. Texte, Presse, Briefe. MS. Berlin.

Werner, Gabriele (1988): Welche Realität meint das Reale? Zu Alfred Hrdlickas Gegendenkmal in Hamburg. Eine Erwiderung auf Dietrich Schubert. In: kritische berichte 16. H3. S. 57 ff.

Werner, Johannes (1987): Kirchenbau mit Kriegsruinen. Rückblick auf die Trümmerarchitektur. In: Das Münster 40. H3. S. 199 ff.

Weyerer, Benedikt (1988): München zu Fuß. 20 Stadtteilrundgänge durch Geschichte und Gegenwart. Hamburg.

White, Hayden (1986): Auch Klio dichtet oder Die Fiktion des Faktischen. Studien zur Tropologie des historischen Diskurses. Stuttgart.

Wiehn, E. (1991): Die Shoah von Babi Jar. Konstanz.

Wiesenthal, Simon (1990): Jeder Tag ein Gedenktag. Chronik jüdischen Leidens. Frankfurt / M. und Berlin.

Willms, Johannes (Hg.) (1994): Der 9. November. Fünf Essays zur deutschen Geschichte. München.

Winkler, Heinrich A. (Hg.) (1979): Politische Weichenstellungen im Nachkriegsdeutschland 1945-1963 (Geschichte und Gesellschaft, Sonderheft 5). Göttingen.

Wippermann, Wolfgang (1982): Steinerne Zeugen. Stätten der Judenverfolgung in Berlin. Berlin.

Witt, Peter Christian (1988): Die Gründung des Deutschen Reiches von 1871 oder dreimal Kaiserfest. In: Uwe Schutz (Hg.), Das Fest. Eine Kulturgeschichte von der Antike bis zur Gegenwart. München. S. 306 ff.

Wittig, Manfred (1990): »Der Tod hat alle Unterschiede ausgelöscht«. Anmerkungen zur Geschichte und Ideologie des Volksbundes Deutsche Kriegsgräberfürsorge nach 1945. In: Hütt u. a. (Hg.), Unglücklich. S. 91 ff.

Wodak, Ruth u. a. (1994): Die Sprache der Vergangenheiten. Öffentliches Gedenken in österreichischen und deutschen Medien. Frankfurt / M.

Yerushalmi, Yosef Hayim (1988): Zachor: Erinnere Dich! Jüdische Geschichte und jüdisches Gedächtnis. Berlin.

Yerushalmi, Yosef Hayim (1993): Ein Feld in Anatot. Versuche über jüdische Geschichte. Berlin.

Young, James E. (1992): Beschreiben des Holocaust. Darstellungen und Folgen der Interpretation. Frankfurt / M.

Young, James E. (1993): The Texture of Memory. Holocaust Memorials and Meanings. New Haven / London.

Young, James E. (1994): Mahnmale des Holocaust. Motive, Rituale und Stätten des Gedenkens. München.

Zelnhefer, Siegfried (1991): Die Reichsparteitage der NSDAP. Geschichte, Struktur und Bedeutung der größten Propagandafeste im nationalsozialistischen Feierjahr. Nürnberg.

Zimmer, Dieter E. (1988): Die Vernunft der Gefühle. München.

Zimmerhof, Martin (1981): Die Umgestaltung von Schinkels Neuer Wache in Berlin zum Ehrenmal. Magisterarbeit. Göttingen.

Zimmermann, Michael (1992): Negativer Fixpunkt und Suche nach positiver Identität. Der Nationalsozialismus im kollektiven Gedächtnis der alten Bundesrepublik. In: Loewy (Hg.), Holocaust, S. 128 ff.

Bildnachweis

Arbeitsgemeinschaft ehem. KZ Flossenbürg e. V.: 104
Archiv KZ-Gedenkstätte Buchenwald, Weimar: 132, 133
Archiv KZ-Gedenkstätte Mittelbau-Dora, Nordhausen: 136, 137
Archiv des Landeswohlfahrtsverbandes Hessen, Fotosammlung: 108 (Frank Mihm, Kassel)
Archiv Topographie des Terrors: 197; 199 (Margret Nissen, Berlin), 201 (2) (M. Nissen)
Klaus G. Beyer, Weimar: 130
Bildarchiv Preußischer Kulturbesitz, Berlin: 178, 189, 190, 203 links, 204 oben, 205 oben, 210, 234, 235, 238
Klaus Dettmer, Berlin: 179
Bernd Eichmann, Unkel: 105
Christine Esmyol, Grafik Design, München: 63
Foto Sessner, Dachau: 150 (2)
Gedenkstätte und Museum Sachsenhausen: 139 oben (Schulz)
Jochen Gerz, Paris: 121 (2), 152
H. G. Göllner, Frankfurt am Main: 74 rechts
Jürgen vom Grafen / Arbeitskreis Gedenkstätte Grafeneck, Gomadingen-Marbach: 107
Wolfgang Haut / FAZ, Frankfurt am Main: 75
Katrin Hobusch / Dietmar Rübel, Hamburg: 100, 109, 113, 120, 131, 134, 138, 139 unten, 140 (2), 146, 147 (2), 148, 155 (2), 156 (2), 167, 203 rechts, 208, 212, 213, 242, 258
Ingeborg Hunzinger, Berlin: 223
Institut für Stadtgeschichte, Frankfurt am Main: 74 links, 98
Jüdisches Museum Frankfurt am Main: 99 (Andreas Pohlmann), 101
Christa Kujath, Hamburg: 79
Landesbildstelle Baden-Württemberg, Stuttgart: 114
Landesbildstelle Berlin: 180, 181 (2), 198, 203 oben, 204 unten, 205 unten, 220 (2), 221 (2), 227, 239 (2)
Paul Langrock / ZENIT: 185
Daniel Libeskind, Berlin / Santa Monica: 142
Herbert Liedel, Nürnberg: 53
Frank Mihm, Kassel: 125
Wolfgang Neeb, Hamburg: 119 (2)
Winfried Nerdinger, München: 64, 69
Pädagogisches Institut, Nürnberg: 58
Peter Piehl, Hamburg: 90, 92 links
Ottmar von Poschinger, Hamburg: 116
Peter Reichel, Hamburg: 115
Rheinisches Bildarchiv, Köln: 76, 77
Martin Schönfeld / Aktives Museum, Berlin: 192
Staatliche Landesbildstelle Hamburg: 78, 84, 85, 92 rechts, 94, 95, 96
Stadtarchiv Nürnberg: 55
Stadtarchiv München: 67, 68, 70
Bettina Secker, Bad Honnef: 87
Stiftung Haus der Geschichte der Bundesrepublik Deutschland, Bonn: 250 (Axel Thünker)
Ruth Walz, Berlin: 187 (2)

Namenregister

Abendroth, Wolfgang 278
Abusch, Alexander 38
Adenauer, Konrad 43, 158, 251, 264
Adler, H. G. 45
Adorno, Theodor W. 32, 259
Aicher-Scholl, Inge 241
Albertz, Heinrich 241
Améry, Jean 16, 30, 171
Arendt, Hannah 45, 295
Arndt, Adolf 44, 262, 280

Bab, Julius 217
Baeck, Leo 214
Bappert, Theseus 205 f
Barlach, Ernst 83, 112
Bartetzko, Dieter 101
Barzel, Amnon 259 f
Bauer, Fritz 43, 102, 299
Baum, Herbert 214, 222
Bauman, Zygmunt 31, 45
Becher, Johannes R. 265
Beck, Ludwig 225, 308
Behrens, Peter 234
Ben Ari, Ytzhak 295
Benda, Ernst 44
Bender, Peter 321
Benjamin, Walter 14, 33, 123 ff, 177, 217, 259
Benz, Wolfgang 189
Bergson, Henri 25
Bergsträsser, Ludwig 264
Bertram, Christoph 320
Beutler, Ernst 72 f
Bismarck, Otto von 48, 196, 276
Bloch, Ernst 115, 217
Blücher, Gebhard Leberecht von 239
Blunck, Erich 234
Bodemann, Y. Michal 312
Boehlich, Walter 100 f
Boenisch, Peter 283, 304
Börne, Ludwig 97, 102
Boltanski, Christian 28, 122 f
Bonhoeffer, Dietrich 105, 225
Bonhoeffer, Emmi 241
Bonhoeffer, Walter 241

Boockmann, Hartmut 247
Bourdieu, Pierre 24
Brandt, Gerhard 281
Brandt, Willy 251, 278, 292 f, 304, 310
Brauer, Max 163 f, 310
Braun, Otto 234, 236
Brecht, Arnold 267
Brecht, Bertolt 15 f
Breitscheid, Rudolf 216 f, 220, 225, 308
Breker, Arno 183
Breuste, Hans Jürgen 58 f
Broniatowski, Karol 208
Bronisch, Paul 182
Broszat, Martin 62, 172
Bruckmann, F. 68
Brück, Wolfram 99 f
Bruyn, Günter de 322
Buber-Neumann, Margarete 144
Bubis, Ignatz 101, 245
Buddensieg, Tilmann 185, 243 f
Büchner, Georg 97
Butler, Reg 80

Cagli, Corrado 115
Canaris, Wilhelm 105
Carstens, Karl 279
Celan, Paul 313, 319
Cobler, Sebastian 280
Conradi, Peter 314
Coppi, Hans 224
Coppi, Hilde 224
Craig, Gordon 281
Cremer, Fritz 108 ff, 130 f, 220
Czech, Hermann 142

Daucher, Elmar 114 f
Dehler, Thomas 44
Delp, Alfred 225
Demandt, Alexander 297
Demski, Eva 98, 101, 320, 323
Demitschew, P. N. 290
Diem, Carl 184
Diepgen, Eberhard 200
Dimitrijévic, Braco 113
Dirks, Walter 73, 292

Döllgast, Hans 68 ff, 238
Dönhoff, Marion Gräfin 315
Dohnanyi, Klaus von 166, 305
Domansky, Elisabeth 318 f
Dregger, Alfred 241, 283, 291 f
Durisch, Thomas 202
Durkheim, Èmile 25

Ebert, Friedrich 228, 265, 267
Eckhardt, Ulrich 260
Egert, Jürgen 305
Ehre, Ida 313, 319
Eichmann, Adolf 44, 317
Eiermann, Egon 76
Eiffel, Gustave 123
Einstein, Albert 207, 216
Eisenhower, Dwight D. 66
Eisler, Hanns 16, 38, 265
Eisner, Kurt 220
Elbogen, Ismar 207
Elser, Johann Georg 93
Engelberg, Ernst 321
Engels, Friedrich 48, 110
Enzensberger, Hans Magnus 296
Erenz, Benedikt 255 f
Estaing, Giscard d' 287

Fallersleben, Heinrich Hoffmann von 265
Fassbinder, Rainer Werner 99
Faulenbach, Bernd 141, 146
Faulhaber, Michael 66
Fehrenbach, Gerson 207
Felsenstein, Walther 38
Feuchtwanger, Lion 217
Filbinger, Hans 252, 294, 303 f
Fischer, Joschka 305
Fischer, Oskar 39
Fischer, Samuel 217
Förster, Otto H. 76
Fohrbeck, Karla 57 f
Fontane, Theodor 173
Forster, Kurt W. 174
Frank, Anne 9, 156
Frank, Robert 200 f
Freisler, Manfred 190
Friedländer, Saul 30, 172
Friedrich I. von Preußen 266
Frisch, Max 72
Fürst, Michael 316

Galen, Clemens August von 225
Galinski, Heinz 145, 312, 316, 322
Gall, Lothar 247, 249
Gansel, Norbert 314
Gaulle, Charles de 240, 287
Gebirtig, Mordechai 313
Geißler, Heiner 305 f
Gerz, Jochen 28, 119–122, 152 f
Gierek, Edward 166
Giesler, Paul 64
Giordano, Ralph 18
Glaser, Hermann 59
Globocnik, Odilo 317
Glotz, Peter 283
Gneisenau, August Wilhelm Anton von 239
Goebbels, Joseph 186, 222
Goerdeler, Carl Friedrich 231, 264, 306, 308
Göring, Hermann 182, 197, 211, 251, 297
Göschel, Wolfgang 218
Goethe, Johann Wolfgang 72 f, 129
Goetze, Ursula 226
Goldmann, Nahum 158
Gollwitzer, Helmut 241
Gorbatschow, Michail 289
Gottmann, Günther 61, 137
Grab, Walter 271
Graetz, René 108 f
Grass, Günter 292 f
Greiffenhagen, Martin 322
Grese, Irma 161
Groener, Wilhelm 236
Grotewohl, Otto 130, 220
Grosz, George 236
Grube, Hans 234
Grüber, Klaus Michael 186
Grützke, Johannes 75
Grzimek, Waldemar 138

Haacke, Harald 233
Haase, Volkmar 207
Habermas, Jürgen 256
Haffner, Sebastian 43, 317
Halbwachs, Maurice 14, 25
Hallet, Theo 284
Hamm-Brücher, Hildegard 307, 314
Harnack, Arvid 192, 226
Hartung, Klaus 316

Hasenclever, Walter 217
Hassell, Ulrich von 225
Hassemer, Volker 248
Haubach, Theodor 220
Hauff, Volker 102
Heigert, Hans 322
Heilmann, Ernst 225
Heine, Heinrich 97
Heinemann, Gustav 247, 261, 269, 302f
Henselmann, Hermann 239
Herbrich, Peter 205f
Herding, Klaus 178
Hertlein, Hans 183
Herzog, Chaim 155
Heß, Richard 205
Heuss, Theodor 43, 53, 157, 264f, 300, 310
Heydrich, Reinhard 92f, 193
Hilberg, Raul 45, 102, 295
Hildebrand, Klaus 249
Hilferding, Rudolf 217, 220
Himmler, Heinrich 129, 197, 317
Hindenburg, Paul von 236, 263
Hitler, Adolf 10, 17, 20ff, 34, 36, 43, 49f, 52, 57, 65, 68, 89, 93, 102, 127f, 135, 157, 164, 171, 175ff, 179, 184, 186, 188, 195, 209, 218, 224ff, 228ff, 236, 252, 260, 267, 275, 277, 279, 283, 288–292, 295–298, 300, 302, 304, 307, 309f, 316f, 319, 321
Hobbes, Thomas 95
Hobsbawm, Eric 325
Hochhuth, Rolf 316
Höffner, Joseph 291
Hölderlin, Friedrich 186f
Hoffmann, Hilmar 184
Hoffmann, Klaus 83
Hoffmann-Axthelm, Dieter 199f, 202, 208, 257
Hofmann, Gunter 296
Holzer, W. 322
Honecker, Erich 206, 290, 309
Hrdlicka, Alfred 57, 83, 87f
Hunzinger, Ingeborg 223

Jäckel, Eberhard 132, 134, 247
Jäger, Herbert 295
Janßen, Karl-Heinz 307, 321
Jenninger, Philipp 11, 252, 270, 313–320

Jens, Walter 316ff
Jesenska, Milena 144
Jessel, Leon 217

Kafka, Franz 144
Kantorowicz, Alfred 217
Karavan, Dani 123ff
Kempner, Robert 316
Kerr, Alfred 217
Kertész, Imre 9
Kies, Hans 110, 220
Kiesinger, Georg 311
Kisch, Egon Erwin 216f
Klarsfeld, Beate 311
Klenze, Franz Karl Leo von 67
Klimsch, Fritz 228
Kluge, Alexander 80, 161o
Köstlin, Thomas 255
Kogon, Eugen 276
Kohl, Helmut 11, 158, 200, 232, 244, 247f, 251, 253, 257, 279ff, 283-286, 316, 322
Kollwitz, Käthe 11, 76f, 112, 232f, 237f, 242–245
Kokoschka, Oskar 78
Kolbe, Georg 180
Korn, B. 99
Korn, Salomon 237
Koselleck, Reinhart 243, 245
Kracauer, Siegfried 236f
Kraft, Joseph 285
Kreis, Wilhelm 83, 94, 178, 235
Krempel, U. 121
Külz, Wilhelm 263
Kunert, Günter 15, 133
Kuöhl, Richard 84, 86f
Kwasnitza, Lothar 239
Kwiet, Konrad 46

Lambsdorff, Otto Graf 321
Lammert, Will 108, 122, 212
Lampugnani, V. 259
Landauer, Gustav 220
Lang, Nikolaus 200
Lanzmann, Claude 30
Laqueur, Renata 159
Lasker-Schüler, Else 216
Laurain, Jean 287
Laurien, Hanna-Renate 307

Leber, Julius 225, 303, 307
Lederer, Hugo 83
Lehmann, Wilhelm 226
Lehmbruck, Wilhelm 112
Leicht, Robert 315
Lenin, Wladimir I. 33, 110
Leo, Annette 170
Lepsius, M. Rainer 35f, 128, 175
Lersch, Heinrich 85f
Leuschner, Wilhelm 225, 231, 306
Leygue, Louis 208
Libeskind, Daniel 142f, 258f
Lichtenberg, Bernhard 225
Liebknecht, Karl 110f, 210, 220
Löber, Ulrich 249
Löns, Hermann 155
Loewy, Hanno 103
Lohse, Eduard 291
Ludwig II. von Bayern 67
Lübbe, Hermann 17
Lübke, Heinrich 158, 240, 301f
Lüder, Wolfgang 314
Lummer, Heinrich 304
Luther, Hans 263
Luxemburg, Rosa 110, 220, 311

Mann, Thomas 73, 83, 276, 317
March, Werner 55, 184
Marcks, Gerhard 96, 112
Marx, Karl 48, 110
Marx, Wilhelm 263
May, Michael 316
Mayer, Arno 45
Mayer, Hans 312
Meckel, Markus 307
Meier, Christian 18, 41
Melcher, Peter 215
Melnikow, Daniil 308
Menge, Wolfgang 316
Mertes, Alois 284
Merz, Gerhard 243
Meyer, Carl Heinrich 249
Michel, Karl Markus 193
Mierendorff, Carlo 225
Mies van der Rohe, Ludwig 110, 176, 235
Mitterand, François 281, 287
Mittig, Hans-Ernst 65, 178, 237
Modrow, Hans 321
Möller, Horst 249

Molotow, Wjatscheslaw 211
Moltke, Helmut von 241
Mommsen, Hans 46, 169f, 255
Morsch, Günther 143
Moshamer, Paul 184
Mosse, George L. 93
Musil, Robert 32, 114

Nachama, Andreas 260
Nagel, Wolfgang 218
Negt, Oskar 80
Nietzsche, Friedrich 13, 15, 17, 40, 129, 324, 326
Nohl, Herman 73
Nolte, Ernst 18, 322
Nora, Pierre 14, 22
Norden, Albert 38, 308

Ophir, Adir 30
Ossietzky, Carl von 216, 305
Oster, Hans 105, 225

Pevsner, Nikolaus 52
Pieck, Wilhelm 110, 220, 231, 306
Pinnau, Cäsar 184
Pinthus, Kurt 216
Poelzig, Hans 83, 235
Prantl, Karl 59
Proust, Marcel 14

Rabin, Jitzhak 141
Radbruch, Gustav 299
Radermacher, Norbert 28
Raemisch, Waldemar 183
Rathenau, Walter 267
Rauch, Christian Daniel 234
Reagan, Ronald 155, 157f, 281ff, 285f
Rebmann, Georg Friedrich 271
Redslob, Edwin 267
Reichhardt, Hans J. 177
Reichwein, Adolf 220, 225, 307
Reichwein, Rosemarie 307
Reinhardt, Max 217
Reitlinger, Gerald 45
Remer, Otto-Ernst 43, 299
Renner, Paul 183
Reuter, Ernst 227f, 265, 298
Ridgeway, Matthew 285
Rittmeister, John F. 226

Roloff-Momin, Ulrich 243, 307
Ronneburger, Uwe 314
Rosenberg, Joachim von 218
Rosh, Lea 209, 218
Rostock, Jürgen 60
Roth, Leonhard 150
Rovan, Joseph 271
Rückriem, Ulrich 116, 243
Rühe, Volker 231, 306
Rühmann, H. D. 79
Rühmkorf, Peter 86
Rürup, Reinhard 170, 201, 323

Sachs, Nelly 216
Saefkow, Anton 307
Sänger, Fritz 301
Sagebiel, Ernst 182
Saizew, M. M. 290
Salmon, Françoise 165
Salomon, Alice 216
Salomon, Charlotte 216
Schäuble, Wolfgang 321
Scharfe, Martin 325
Scharnhorst, Gerhard Johann David von 239
Scharoun, Hans Bernhard 191, 226
Scheel, Walter 247, 279, 312
Scheffler, W. 199
Scheibe, Richard 227 f
Schiller, Friedrich 129
Schily, Otto 294
Schinkel, Karl Friedrich 196, 232 ff, 237, 240
Schlaffer, Heinz 273
Schlegelberger, Franz 102
Schmidt, Helmut 279, 311 f
Schneider, Manfred 20 f
Schneider, Oscar 241
Schneider, Reinhold 303
Schnitzler, Karl Eduard von 308
Schoeler, Andreas von 101 f
Schönberg, Arnold 258
Schoenberner, Gerhard 193
Schönherr, Albrecht 312
Scholem, Gershom 214, 217
Scholl, Hans und Sophie 305
Schottmüller, Frida 234
Schröder, Gerhard 297 f
Schröder, Rudolf Alexander 264

Schütz, Klaus 195
Schütz, Wieland 216
Schulte-Frohlinde, Julius 182
Schulze, Hagen 247
Schulze-Boysen, Harro 192, 226
Schulze-Rohr, Jakob 209
Schumacher, Fritz 83 f
Schumacher, Kurt 225
Schwab, Eugen 112
Schwarberg, Günther 165
Schwarz, Josef 215
Schwarz, Rudolf 74, 76, 238
Schwerin, Gerhard Graf von 227
Seghers, Anna 38, 109
Serra, Richard 191, 243
Shalev-Gerz, Esther 28, 119 ff
Sichrowsky, Peter 280
Siedler, Wolf Jobst 184
Sindermann, Horst 290
Sington, Derrick 160
Sokolow, S. L. 289
Speer, Albert 176−179, 185, 188
Spielberg, Steven 9
Stadler, Karl 41
Stalin, Josef 291, 304
Stauffenberg, Claus Schenk Graf von 225, 231, 275, 295, 300, 304, 306−309
Stauffenberg, Franz Ludwig Schenk Graf von 231, 304, 306
Stein, Charlotte von 130
Steinbach, Peter 307
Steinhoff, Johannes 285
Sternberger, Dolf 261
Stimmann, Hans 259
Stobbe, Dietrich 247
Stölzl, Christoph 232
Stolpe, Manfred 145
Strauß, Franz Josef 230, 272, 284
Streibl, Max 66
Stresemann, Gustav 267
Stürmer, Michael 247
Süssmuth, Rita 321

Tarnowski, Wolfgang 166
Taut, Bruno 235
Tessenow, Heinrich 232 f, 235 ff, 239
Thälmann, Ernst 110, 131, 308
Thälmann, Rosa 144
Thape, Ernst 263

Thatcher, Margaret 281, 288
Thorak, Josef 182, 228
Tieck, Ludwig 52
Tischler, Robert 94, 112
Todt, Fritz 31, 92, 211
Tresckow, Henning von 225
Troost, Paul-Ludwig 65, 68
Tucholsky, Kurt 213, 216, 251
Turgeman-Lewald, Miriam 161
Twain, Mark 173

Uhrig, Robert 226
Ulbricht, Walter 197, 220, 231, 306, 310
Ullmann, Wolfgang 307
Urschlechter, Andreas 57

Vergin, Siegfried 169
Virilio, Paul 31
Völger, Gisela 256
Vogel, Bernhard 284
Vogel, Hans Jochen 321
Vollmer, Antje 293, 322

Wackenroder, Heinrich 52
Wackerle, Josef 185
Wagner, Richard 52
Wallmann, Walter 99f

Walser, Martin 321
Wapnewski, Peter 321
Wassermann, Jakob 212
Wehner, Herbert 304
Weichmann 165
Weiß, Ernst 216
Weizsäcker, Richard von 11, 124, 229, 247, 278, 294ff, 307, 314, 317, 322
Wenzel, Jürgen 200, 205f
Wiesel, Elie 282
Wiesenthal, Simon 145, 316
Wilhelm II. von Preußen 210
Wirmer, Ernst 264
Wirmer, Josef 264
Wisniewski, Roswitha 169
Wulf, Joseph 194f

Yorck von Wartenburg, Hans David Ludwig Graf 239
Young, James E. 28f, 254

Zeiler, Robert W. 305
Zetkin, Clara 224
Zipfel, Friedrich 228
Zumthor, Peter 202
Zweig, Arnold 38, 317

Joseph Rovan
Geschichte der Deutschen
Von ihren Ursprüngen bis heute
1995. 848 Seiten, mit 18 historischen Karten

Rovans *Geschichte der Deutschen* leistet einen Beitrag zum Verständnis zwischen den Nationen Europas, sowohl durch die Einwände, die es beim Leser provoziert, als auch durch die zum Nachdenken anregenden, eigenwilligen Urteile, die es bietet. *Die Zeit*

Geradezu jugendlich und selten ist der Mut zu nennen, mit dem Joseph Rovan noch einmal die ganze *Geschichte der Deutschen* erzählt, um von der Zukunft Europas eine Idee zu geben. *F.A.Z.*

Joseph Rovan zählt zu jener ersten Garde von Geistesdiplomaten, die an der deutsch-französischen Verständigung maßgeblichen Anteil hat... Rovan zeichnet die »*Geschichte der Deutschen. Von ihren Ursprüngen bis heute*« nach. Mehr noch, er erzählt die Geschichte beinahe altmeisterlich und doch auf dem aktuellen Stand der Forschung, sachlich und gleichzeitig ohne Scheu vor dezidierter Subjektivität. Es ist nicht zuletzt dieser persönliche Stil, der den interessierten Laien dazu animiert, auf über 800 Seiten den Wechselfällen eines Volkes zu folgen, das immer wieder nach der Weltmacht griff, Wohlstand und Frieden aber eher im Partikularen fand; das im Konzert der Mächte in die erste Reihe drängte, als Nation jedoch verspätet zur Einheit fand. *Rheinischer Merkur*

Eric Hobsbawm
Das Zeitalter der Extreme
Weltgeschichte des 20. Jahrhunderts
1995. 778 Seiten

Eric Hobsbawm ist der bedeutendste lebende Meister der historischen Synthese... Seine umfassende Gelehrsamkeit und seine Fähigkeit, die unterschiedlichsten und komplexsten Phänomene auf luzide Weise zusammenzufassen, sind erstaunlich. Politik und Kriegsereignisse bilden zwar den Kern seiner Darstellung, er ist aber ebenso zu Hause in der Nachzeichnung der Entwicklung von Kunst, Wirtschaft, Technologie und Kommunikation... Ein großes Buch eines großen Mannes. *New Statesman & Society*

Eric Hobsbawms *Zeitalter der Extreme* ist sein Meisterstück. Erst einmal ist das Buch die triumphale Fortsetzung seiner Trilogie über das 19. Jahrhundert und bringt diese ungemein kraftvolle Geschichtsdarstellung der Moderne zum Abschluß. Dann ist es aber noch ein ganz anderes Buch: viel origineller und persönlicher, und, unvermeidlich, viel politischer... Das *Zeitalter der Extreme* möchte die Geschichte des 20. Jahrhunderts nicht in irgendeiner konventionellen Manier erzählen. Das Werk bietet statt dessen einen dramatischen Aufriß für deren Deutung. *Guardian*

Das Zeitalter des Extreme, kraftvoll und intellektuell provozierend, ist ein weiterer Beweis dafür, daß die besten Geschichtswerke, wenn es zur Deutung kommt, diejenigen sind, in denen der Autor frei seiner persönlichen Perspektive folgt... Das erfrischende meisterhafte Werk eines reichen, scharfen Geistes. Es beweist die Vitalität und Bedeutung eines Zugangs zur Geschichte, der weitreichende Entwicklungslinien und die Dynamik ökonomischer und sozialer Systeme hervorhebt. *The New York Times Book Review*

Niemand wird *Das Zeitalter der Extreme* ohne Genuß lesen können. Es ist ein ungeheuer intelligentes Buch, das nicht nur von großem historischen Schwung getragen wird, sondern auch von scharfer Beobachtung und sprachlicher Klarheit. Wie nicht anders zu erwarten, ist es auch mit Eleganz und Witz geschrieben. *Times Literary Supplement*

Peter Reichel
Der schöne Schein des Dritten Reiches
1991. 452 Seiten. 50 Abbildungen

Eine wichtige und lesenswerte Bilanz unserer Kenntnisse zur Kulturgeschichte im Dritten Reich. *F.A.Z.*

Eine anregende Zusammenschau der ästhetischen Erscheinungsweisen des Faschismus. *Die Welt*

Eine Arbeit, an der jede noch zu schreibende Kulturgeschichte des Dritten Reiches sich wird messen lassen müssen. *Universitas*

Wer sich umfassend und systematisch informieren will, erhält über Kulturpolitik, »Volksgemeinschaft« und Personenkult, Propaganda und Unterhaltung, politische Magie und militärische Macht, Arbeit und Freizeit, Bauen und Wohnen, Erbauung und Repräsentation – so lauten die einzelnen Kapitel des Buches – einen materialreichen Überblick, der aus dem historisch zurückgreifenden Eingangskapitel über »politische Kunst oder ästhetische Politik«, vor allem aber aus der umfangreichen Einleitung seine analytisch-theoretischen Grundlagen bezieht. Das Buch verdient eine breite Diskussion.
Medienwissenschaft